TRADUÇÃO DE
GUILHERME KROLL

Título original
SLUGFEST
INSIDE THE EPIC FIFTY-YEAR BATTLE BETWEEN
MARVEL AND DC

Copyright © 2017 *by* Reed Tucker

Todos os direitos reservados. Nenhuma parte desta obra pode ser reproduzida ou transmitida por qualquer forma ou meio eletrônico ou mecânico, inclusive fotocópia, gravação ou sistema de armazenagem e recuperação de informação, sem a permissão escrita do editor.

FÁBRICA231
O selo de entretenimento da Editora Rocco Ltda.

Direitos para a língua portuguesa reservados
com exclusividade para o Brasil à
EDITORA ROCCO LTDA.
Av. Presidente Wilson, 231 – 8º andar
20030-021 – Rio de Janeiro – RJ
Tel.: (21) 3525-2000 – Fax: (21) 3525-2001
rocco@rocco.com.br/www.rocco.com.br

Printed in Brazil/Impresso no Brasil

CIP-Brasil. Catalogação na fonte.
Sindicato Nacional dos Editores de Livros, RJ.

T826p   Tucker, Reed
         Pancadaria: por dentro do épico conflito Marvel vs. DC / Reed Tucker; tradução de Guilherme Kroll. – Primeira edição – Rio de Janeiro: Fábrica231, 2018.

         Tradução de: Slugfest: inside the epic fifty-year battle between Marvel and DC
         ISBN 978-85-9517-044-5
         ISBN 978-85-9517-046-9 (e-book)

         1. Marvel Comics Group – História. 2. DC Comics, Inc. – História. 3. Histórias em quadrinhos – Estados Unidos – História e crítica. 4. Concorrência – Estados Unidos – Estudo de casos. I. Kroll, Guilherme. II. Título.

18-50134   CDD-338.7617415
                                     CDU-338.45:741.5

Meri Gleice Rodrigues de Souza – Bibliotecária CRB-7/6439

O texto deste livro obedece às normas do
Acordo Ortográfico da Língua Portuguesa.

*Para os fãs que, durante décadas,
vêm debatendo incansavelmente esta questão com suas vozes,
teclados... e ocasionalmente seus punhos.*

SUMÁRIO

Prólogo • IX
Introdução • XIII

1 A DC se torna o gorila de quatrocentos quilos da indústria • 1
2 A poderosa Marvel vem balançando • 14
3 A rivalidade pega fogo • 31
4 A DC persegue a Marvel desesperadamente • 50
5 A "Distinta Concorrência" desfere um golpe digno das manchetes • 70
6 Os universos finalmente colidem • 91
7 A DC renasce para conquistar a Marvel • 108
8 Você vai acreditar que um homem pode voar • 134
9 A batalha chega a uma nova arena – a gibiteria • 146
10 A enorme e ousada aposta da DC • 161
11 Do crescimento enorme ao fracasso hediondo • 176
12 A guerra fica incivilizada • 212
13 Filmes e séries de super-heróis dominam o mundo • 234
14 A rivalidade vai das estantes de quadrinhos para as reuniões executivas • 266

Epílogo • 279

Agradecimentos • 283
Notas • 285
Índice • 301

PRÓLOGO

Meu primeiro vislumbre da verdadeira cultura das histórias em quadrinhos surgiu quando um amigo me levou a uma loja chamada Dave's Comics, em Richmond, na Virgínia, no meio dos anos 1980.

A Dave's ficava em um pequeno centro comercial perto de uma universidade. Para as novas gerações que viveram quase toda a vida com os super-heróis já dentro do *mainstream*, para aqueles que acham que visitar uma gibiteria significa ir a um lugar parecido com um café, limpo, bem iluminado e administrado por *hipsters*, é difícil transmitir como histórias em quadrinhos costumavam ser marginalizadas.

A Dave's Comics ficava literalmente em um beco, ladeada por um salão de cabeleireiro com cheiro químico de um lado e uma lixeira no outro. A loja era pequena – sessenta metros quadrados, talvez. O espaço parecia ter sido um depósito para o equipamento de manutenção do shopping antes do proprietário ter a ideia de que poderia limpar o lugar e alugá-lo por alguns dólares.

Os quadrinhos novos estavam dispostos em duas prateleiras modestas de madeira, à altura dos ombros, e naqueles dias a produção semanal inteira da DC e da Marvel cabia em uma dúzia de expositores. Hoje em dia, provavelmente ocuparia todo o shopping.

O resto da loja estava preenchido – enterrado, na verdade – com estoque armazenado em longas caixas brancas de papelão empilhadas e contendo Deus sabe quantas maravilhas.

Se isso parece um lugar divertido para uma criança passar um dia, na verdade não era. A Dave's tinha uma rígida regra contra folhear, para salvaguardar a condição das mercadorias, e o proprietário e sua equipe agiam como militantes dessa regra. No sentido de milícia mesmo. Se você começasse a folhear uma caixa aleatória, gritariam rapidinho com você. Se quisesse uma edição antiga específica, precisava pedir timidamente, fazendo o funcionário suspirar alto, levantar por trás da caixa registradora e começar a puxar caixas não marcadas das pilhas, esforçando-se para remover e retornar ao menos três antes de encontrar a correta.

A Dave's Comics eventualmente acabou indo para outro lugar no shopping, que oferecia amenidades novas que a loja original não tinha – como ventilação. A loja, antes de fechar em 2015, após a morte inesperada de seu proprietário, parece ter ido bem por si só ao longo dos anos. E como muitas das lojas de quadrinhos, o crescimento foi provavelmente conduzido, em parte, por uma base de clientes que se expandiu à medida que mais e mais leitores perceberam que, nas palavras de diversas notícias clichês de jornal, "quadrinhos não são mais só coisa de criança".

Eu cheguei a essa mesma conclusão enquanto ainda era criança. Consigo me lembrar de estar em uma gibiteria em 1986 e notar um display ao lado da caixa registradora ostentando a imagem mais fodona do Batman que já vi.

O funcionário do caixa me encarou, sem ser realmente solicitado, e disse: "Você deveria comprar isso. Vai mudar a sua vida."

Comprei, e aquela HQ era *O Cavaleiro das Trevas*,[1] de Frank Miller, também conhecida como a coisa mais legal que a civilização ocidental produziu. (Isso pode variar.)

Eu soube imediatamente que aquilo era um tipo diferente de quadrinhos – e não só porque custou um rombo na mesada de 12,95 dólares. Para começar, parecia um livro propriamente dito, e foi impresso em papel resistente, que não parecia se dissolver ao virar as páginas. A arte era explícita e cinética, e o herói apresentado naquelas páginas era sombrio e violento, uma assustadora figura escura que pendurava criminosos no topo de edifícios e quebrava pernas com poderosos golpes. Esse Batman tinha pouca semelhança com aquele cujas aventuras eu via nos desenhos animados matinais. Aquilo parecia perigoso e adulto. Até mesmo o seu traje era mais sombrio e sem a cômica elipse amarela em seu emblema no peito.

Eu não sabia na época, mas *O Cavaleiro das Trevas* foi um verdadeiro marco na história dos quadrinhos. Foi um dos avanços mais influentes e

---

1 *The Dark Knight Returns*, no original, saiu no Brasil como *Batman – O Cavaleiro das Trevas* pela primeira vez em uma minissérie pela Editora Abril, em 1987. (N. do T.)

importantes na revolução que estava então varrendo o meio, dando um ar mais sofisticado aos super-heróis. E eu tive a sorte de estar na idade perfeita para me beneficiar dessa revolução.

Nos Estados Unidos em que eu nasci, histórias em quadrinhos eram consideradas quase exclusivamente assunto de criança. Algo para ser lido por alguns anos, antes de você inevitavelmente superá-las, por volta dos onze anos. A partir de então, você se voltaria para outros hobbies, como tentar convencer alguém no estacionamento do supermercado a comprar cerveja para você, e um leitor mais novo o substituiria e o ciclo seguiria em frente.

Demorei a vida inteira para quebrar esse padrão. Logo quando eu estava a caminho de me tornar adulto e deixar os super-heróis para trás, os super-heróis vieram comigo.

Com a publicação de mais títulos adultos, como *Watchmen* e *Monstro do Pântano*, bem como a recente onda de programas de TV e filmes baseados em quadrinhos, o material cresceu. Como resultado, minha geração se tornou a primeira que não precisou chegar a uma idade de abandonar os super-heróis. Vá a qualquer convenção de quadrinhos hoje em dia e você encontrará diversos adultos formados, navegando pelos estandes e lutando com espadas de plástico enquanto usam trajes vermelhos brilhantes do Deadpool. Provavelmente não é uma imagem boa para um perfil no Tinder, mas, em termos de cultura *mainstream*, essas pessoas nunca estiveram tanto na moda.

A indústria de super-heróis agora vale bilhões de dólares e, como era há mais de cinquenta anos, Marvel e DC permanecem sendo os únicos grandes jogadores – a Coca-Cola e a Pepsi dos collants –, continuando a batalhar um contra o outro, como Batman e o Coringa.

Eu nunca caracterizaria pessoalmente qualquer uma das empresas como vilã. Não tenho nenhum favorito na luta Marvel *vs.* DC. Eu não leio quadrinhos de nenhuma das duas nos dias de hoje, prefiro, em vez disto, quadrinhos independentes ou histórias que não sejam de super-heróis, como *Saga*, *Criminal*, *Jogos de Poder* e *The Walking Dead*.

Se eu tiver algum viés, é a respeito dos filmes da Marvel, que acho que é seguro dizer que são objetivamente melhores do que os da DC. Pelo menos quando se trata da produção recente da DC. Por dez anos, eu cobri cinema para o *New York Post* – um trabalho divertido, que me permitiu ver filmes gratuitamente durante o horário de trabalho –, e digamos que, quando se trata de *Batman* vs. *Superman: A Origem da Justiça*, eu preferia ter ficado sentado no escritório. Eu não acho que isso faça de mim um "marvete". Só faz de mim uma pessoa capaz de enxergar.

Fãs raivosos em ambos os campos discutiram sem parar a questão de qual é melhor, Marvel ou DC, por literalmente décadas, e não tenho certeza de que este livro vai resolver essa discussão. Pode nunca ser resolvida. Acho que na Comic-Con de San Diego de 2045, frequentadores ainda estarão se esbofeteando nos debates para saber se a sétima versão cinematográfica do Lanterna Verde poderia vencer a décima versão na telona do Wolverine.

E será que nós, os fãs, faríamos isso de outra maneira? Muito do que torna o mundo das histórias em quadrinhos divertido é a paixão e o entusiasmo dos fãs, sem mencionar aqueles que trabalham na indústria. A competição entre Marvel e DC é combustível para esse fogo. Sem essa rivalidade, a indústria de quadrinhos seria muito menos interessante. E algo entediante é aquilo que envelhece rapidamente para adultos e crianças.

INTRODUÇÃO

Esta é uma história sobre inovação.

Por mais que os leitores gostem de romantizar o negócio dos quadrinhos, é exatamente só isso: um negócio. Art Spiegelman, ganhador do prêmio Pulitzer, responsável por *Maus – A História de um Sobrevivente*, chama os quadrinhos de "a cria bastarda da arte e do comércio". E dinheiro (medido em parte pelas vendas) ainda é um dos componentes mais importantes em cada uma dessas edições que você colocou em um papelão, ensacou e guardou com amor no armário – se não para os autores envolvidos, então certamente para seus chefes corporativos em seus aquários.

E, assim como em qualquer negócio, inovação é tudo. É a chave para o sucesso, e um único salto inovador pode abalar uma indústria, lançar novas trilhas e reverberar por anos ou até décadas vindouras. Pode literalmente mudar o mundo. A Apple fez isso com o iPhone, George Lucas fez com *Star Wars*, e a Taco Bell fez com o transcendente Doritos Locos Taco.

Na maioria das vezes, a empresa com as melhores ideias é aquela que sai na frente. O cenário dos super-heróis hoje é realmente um produto de duas inovações de peso: uma feita pela DC há oitenta anos e outra pela Marvel há quase sessenta. Ambos os avanços foram tão modernos, tão revolucionários, que a indústria de quadrinhos – e, em última análise, a carreira de Robert Downey Jr. – nunca mais seria a mesma.

Essas inovações ajudaram cada editor a cimentar sua identidade e, na época, ganhar uma vantagem crucial na competição. As reverberações de ambos os saltos ainda definem a indústria dos quadrinhos.

Por mais difícil que possa ser imaginar agora, com o domínio completo e total da Marvel sobre a cultura pop global por meio de seu estúdio cinematográfico, a editora, no passado, era secundária no mundo dos super--heróis.

Pela maior parte do século XX, foi a DC, na época conhecida como National, a líder incontestável no jogo dos collants, tendo criado o gênero com a HQ do Superman, de Joe Shuster e Jerry Siegel, em 1938. Por muito tempo, a DC tinha a maior parte do dinheiro, os melhores talentos e escritórios confortáveis dentro de um arranha-céu revestido em ouro no centro de Manhattan. Seus títulos vendiam milhões de cópias por ano e seus personagens icônicos eram familiares para quase todos nos Estados Unidos.

Superman, Batman e Mulher-Maravilha – a DC tinha todos eles. Era a empresa sólida do setor, a Ford numa comparação em que todos os outros eram montadoras menores.

No final dos anos 1950, a Marvel Comics era apenas uma lojinha caindo aos pedaços com basicamente um funcionário. Seu escritório de sala única ficava no fim do corredor de uma revista pornô. Havia sido fundada como Timely nos anos 1930 e, em um voto de confiança decepcionante em relação à força de sua marca, tinha operado sob vários nomes diferentes nas décadas que se seguiram.

Durante os anos 1950 e começo dos 1960, a produção consistiu principalmente em títulos de segunda linha, incluindo várias antologias de guerra, monstros e faroeste, bem como histórias de romance há muito esquecidas, incluindo *My Girl Pearl*.

Estava sendo dirigida por um pretenso romancista de meia-idade que trabalhava no negócio de quadrinhos desde os dezessete anos, produzindo centenas de histórias, mas que de alguma forma não conseguiu se destacar. Estressado e sentindo a futilidade de sua carreira, ele finalmente resolveu fazer o que deveria ter feito anos antes, se ainda tivesse alguma esperança de ganhar um salário digno e um mínimo de respeito próprio: desligar as luzes, fechar a porta do escritório e sair do negócio de quadrinhos para sempre. Mas, como um detetive que está ficando velho em um filme policial ruim, ele não poderia se aposentar até que fizesse uma última tentativa.

Aquele pretenso romancista era Stan Lee, e sua última tentativa foi *Quarteto Fantástico* nº 1, ao lado de Jack Kirby.

Com essa publicação, de agosto de 1961, e o subsequente lançamento de uma onda de revistas igualmente revolucionárias, a ascendente Marvel mudou o negócio de super-heróis para sempre e rapidamente se estabeleceu como a alternativa mais ousada e antenada do que a velha e indigesta DC.

A DC foi pega de surpresa pelo desafio, e desde então a editora tem corrido atrás, tentando capturar um pouco do que é legal na Marvel e lutando para fazer sua própria frota de personagens ficar mais relevante para leitores contemporâneos. Às vezes, ela é bem-sucedida. Em outras, é vacilante.

Por grande parte da vida da DC, corporações maiores detiveram a editora e, sendo assim, a burocracia, a lentidão e outros problemas que andam de mãos dadas com o estereótipo da vida corporativa têm sido um empecilho. Corporações raramente procuram inovações. Eles raramente rompem fronteiras ou provocam revoluções, especialmente quando se trata de atividades criativas.

E nada exemplifica melhor a falta de noção corporativa da DC – sua busca atrapalhada atrás da Marvel – do que o que aconteceu no meio dos anos 1960.

No meio da década, a DC estava em chamas à medida que o pequeno estábulo de títulos da Marvel estava mostrando sucesso crescente mês após mês. Por mais improvável que pudesse parecer na época, a Marvel estava ganhando da poderosa DC. Você pode imaginar o queixo caído dos executivos, perplexos com a ideia de que esta pequena empresa impertinente ousasse sugar algumas de suas vendas.

A chefia da DC certamente tinha motivos para se preocupar. A Marvel ainda não chegava perto de superar sua rival em termos de unidades totais, mas suas revistas apresentavam uma melhor porcentagem de vendas – o que significa um percentual menor de exemplares devolvidos à editora, itens não vendidos nas prateleiras das lojas. Qualquer título que sofresse mais de 50 por cento de devolução estava encrencado. Os leitores estavam agarrando cerca de 70 por cento dos gibis da Marvel, enquanto a DC estava pairando perto da marca de 50 por cento.

No décimo andar da sede da DC, na Lexington Avenue – um espaço corporativo sem graça, onde havia poucos adornos para lembrar as pessoas que aquela era uma empresa que imprimia as divertidas e coloridas revistas de super-heróis –, os engravatados estavam agitados. Algo precisava ser feito.

Então a DC fez o que uma grande empresa faz quando enfrenta vendas em declínio e uma possível falência: convocou uma reunião.

Nessa, e em uma série de reuniões subsequentes, o vice-presidente, Irwin Donenfeld, o diretor editorial, Carmine Infantino, e o editor de Superman, Mort Weisinger, juntamente com uma equipe desconcertada, encontraram-se para tentar entender o segredo do sucesso da Marvel. O que a Marvel tinha que a DC não? Era o que eles se perguntavam. Como essa editora de nada podia estar fungando no cangote da DC?

Mas eles estavam preocupados.

"Lembro-me de que eles não entenderam por que estavam se arrastando nas vendas", conta John Romita Sr., na época um artista nos títulos de romance da DC. "Estávamos convencidos de que a DC era o ponto de referência da qualidade dos quadrinhos."

Um dos editores pegou uma pilha dos lançamentos recentes da Marvel, incluindo *Quarteto Fantástico* e *Vingadores*, e os gibis estavam espalhados por uma mesa da sala de reuniões ou suas capas foram colocadas em um painel ao lado das da DC. As forças ali reunidas estudaram o produto e tentavam dar ideias.

"Na DC, às vezes havia uma tendência de resistir a aprender com a concorrência, já que era a concorrência", diz Mark Evanier, um roteirista e antigo freelancer para a DC. "E quando eles aprenderam, francamente aprenderam as coisas erradas."

Uma forte teoria para explicar a popularidade da Marvel era que devia ter algo a ver com as capas. A hipótese certamente combinava com a crença de Donenfeld de que "capas boas e intrigantes eram tudo o que importava" no negócio dos quadrinhos.

Talvez tivesse algo a ver com a quantidade de vermelho que a Marvel estava usando, alguém sugeriu. As crianças podiam se sentir atraídas pelo vermelho?

Outro funcionário notou a quantidade de balões de fala que estava na frente das revistas da Marvel. Talvez fosse àquilo ao que os leitores estavam respondendo?

"Eles concordaram que as capas eram 'espalhafatosas', com logos inúteis e balões prolixos", diz Romita Sr.

Infantino, que ainda jurava que a Marvel estaria fora dos negócios em alguns meses, apenas resmungou.

Finalmente, os gibis foram abertos e a arte interior foi rapidamente analisada. As imagens não eram particularmente bonitas; os rostos pareciam grotescos. E quem é esse esquisito aqui? E o que é essa máquina bizarra?

De forma compreensível, o interior das revistas da Marvel afastou a chefia. A arte era blocada e mais experimental do que na DC, onde os títulos eram desenhados no estilo seguro e polido da casa. Os editores da DC consideraram a arte da Marvel, especialmente a de Jack Kirby, Steve Ditko e Dick Ayers, como crua e infantil. E talvez aí estivesse o seu apelo.

"Eles achavam que talvez os leitores gostassem de arte ruim porque era grosseira, como uma criança desenharia", diz Jim Shooter, ex-editor-chefe da Marvel que trabalhou na DC nos anos 1960. "'Talvez devêssemos falar para os artistas desenharem pior.' Isso foi algo que ouvi."

Por fim, a DC teve um monte de ideias naquelas reuniões, e a editora testou algumas modificações, incluindo alterar o estilo de colorização em certos títulos ou mudar o tamanho de alguns painéis em uma tentativa desesperada de copiar a Marvel.

Nada disso funcionou.

"Eles encontraram explicações imbecis e autoenganadoras", diz Roy Thomas, um roteirista e editor que trabalhou por um curto período de tempo na DC, em 1965, antes de pular para a Marvel.

O que Infantino, Donenfeld e os outros não notaram naquela sala de reuniões nos anos 1960 era que a Marvel estava vencendo por motivos que não tinham nada a ver com o número de palavras nos balões ou com as capas. Também não tinha nada a ver com as cores ou forma dos quadrinhos.

De acordo com Stan Lee, a ascensão da companhia se resumia a uma coisa simples: "Nós éramos mais espertos que eles", disse.

A inteligência pé no chão da Marvel certamente era melhor. Lee tinha ouvido falar das reuniões de estratégia da DC e as mudanças que surgiram, e teve grande alegria em enfrentar o seu rival, movimento a movimento. Quando a DC decidiu colocar mais balões de fala nas suas capas, numa tentativa de emular a Marvel, Lee respondeu fazendo com que suas capas ficassem com menos texto. Quando a DC começou a carregar de vermelho as capas, Lee parou com isso de uma vez.

"Não fazia nenhuma diferença nas vendas", Lee disse em 2000. "Deve ter deixado eles loucos. Entramos nesse joguinho por meses... Eles nunca nos pegaram."

Compare, por exemplo, a capa de *Quarteto Fantástico* nº 15, de junho de 1963, com números que vieram alguns anos depois. A capa da edição 15 está povoada com 83 palavras, incluindo cinco balões de fala, bem como o clássico epíteto: "A maior revista em quadrinhos do mundo." No meio dos anos 1960, as capas das revistas tinham ficado mais como pôsteres, com uma única imagem em movimento e pouco texto. "Tem que haver um final!", proclama a edição 43 (outubro de 1965) sobre uma ilustração de Kirby dos quatro caídos, derrotados em seu quartel-general destruído.

Enquanto isso, na DC, uma edição como *Mulher-Maravilha* nº 159, lançada no fim de 1965, é um sufoco cheio de legendas em uma tentativa equivocada de copiar o estilo anterior da Marvel. A ilustração da heroína ocupa uma pequena tira no lado esquerdo da capa, e o resto da frente da revista é invadido com caixas de texto cheias de exclamações e manchetes, como: "Agora! Finalmente! Pela primeira vez desde a Era de Ouro dos quadrinhos!"

Como Lee tinha percebido, em parte pelas centenas de cartas de fãs que inundavam a sede da editora, as capas tinham pouco a ver com o sucesso da Marvel. A verdadeira atração estava no fato de que a empresa de histórias em quadrinhos estava oferecendo um produto diferente de qualquer outra coisa. Não que os responsáveis pela DC pudessem notar. Os executivos não conseguiram fazer a única coisa mais importante que você deveria fazer com uma HQ.

"Os mais velhos não se rebaixavam para ler a concorrência", diz o ex-gerente de produção da DC, Bob Rozakis, que tinha se juntado à empresa em 1973. Donenfeld, chefe da National e filho de um dos fundadores, uma vez alegou que a única HQ que ele lia era *Sugar and Spike*,[2] um gibi infantil de humor sobre bebês.

Porém Rozakis e tantos outros jovens pelos Estados Unidos estavam devorando os quadrinhos da Marvel todos os meses, amando a nova toada para os super-heróis que Lee e seus artistas estavam entregando.

As crianças estavam certamente conectadas, mas os executivos acima delas estavam fora. A maioria nasceu no tempo em que a viagem do zepelim estava em voga, e você poderia usar a palavra *cavalheiros* para descrevê-los. Eles se vestiam de forma conservadora e pensavam de forma conservadora.

"[O editor da DC] Carmine Infantino costumava se referir a nós como 'as crianças', mas nós, 'as crianças', estávamos realmente lendo os gibis da Marvel, e sabíamos que havia uma ideia completamente diferente, uma

---

2 Publicado no Brasil na revista *Anjinho*, pela Ebal, entre 1959 e 1964, com o nome de *Tutuca e Teleco-Teco*. (N. do T.)

sensação diferente", Rozakis diz. "Mas Carmine falava: 'Bem, nós não precisamos ouvir as crianças.' Ele pensou que éramos apenas fãs que gostavam de histórias em quadrinhos, que só estavam lá para que pudéssemos consegui-las de graça."

"Eu estive em diversos encontros com Mort [Weisinger] e algumas pessoas", Shooter diz. "Eles estavam segurando os quadrinhos Marvel e os ridicularizando. Havia uma edição de *X-Men* com uma imagem do herói alado Anjo – uma imagem de página inteira –, e o texto falava sobre as glórias de voar. E a atitude deles foi: 'O que tem de mais nisso? O Superman voa o tempo todo.' E eu falei: 'Vocês não entenderam? Ele voa o tempo todo e ninguém dá a mínima.' Um cara segurou uma edição do *Homem-Aranha* e disse: 'Eles têm duas páginas de Peter Parker conversando com sua tia. As crianças vão morrer de tédio com isso.' Nada disso."

"Nada disso" mesmo.

A nova abordagem da Marvel para contar histórias mudou não só o negócio de quadrinhos, mas também a forma como os super-heróis eram tratados no geral – uma abordagem que ainda hoje fornece o modelo que faz dos super-heróis uma galinha dos ovos de ouro multibilionária e multimídia.

A ascensão da Marvel também provocou uma batalha com a DC que perdurou por décadas. Por mais de meio século, Marvel e DC têm se enfrentado em bancas de jornal e prateleiras giratórias, rivais no negócio de bilhões de dólares de super-heróis. As duas empresas basicamente detêm a publicação de quadrinhos na América do Norte, e passaram os últimos cinquenta anos disputando o mercado e tentando uma derrubar a outra, tanto aberta quanto veladamente. Não são apenas as vendas que estão em jogo, mas a relevância cultural e os corações de milhões de fãs.

A guerra às vezes fica feia, acontecendo nas páginas das revistas, com os editores trocando insultos nas seções de cartas e parodiando – ou descaradamente tomando emprestado – personagens da outra empresa. Batalhas também foram travadas no mundo real, à medida que a DC e a Marvel tentaram se superar mutuamente com guerras de preços e esquemas criativos de marketing.

E como em qualquer guerra, é melhor você escolher um lado. Leitores de quadrinhos costumam ser ferrenhamente leais a um dos times, o que, naturalmente, coloca-os em oposição. Dentro de gibiterias empoeiradas, em convenções e em fóruns online, debates a respeito da superioridade de cada editora têm perdurado por décadas.

O debate dificilmente é trivial. Possivelmente, a pergunta mais reveladora que você pode pedir a um fã de quadrinhos é "Marvel ou DC?". A resposta é tão importante como parte integrante de sua personalidade quanto qual Beatle que ele prefere ou seu sorvete favorito. As duas empresas foram moldadas por épocas diferentes, têm diferentes filosofias publicitárias e representam duas visões de mundo completamente diferentes.

A DC nasceu na década de 1930, os principais heróis da Marvel só viriam a surgir mais de 25 anos depois.

Se a DC representa os Estados Unidos de Eisenhower, a Marvel é como o país de John F. Kennedy. A editora era mais jovem, mais descolada e provavelmente estava indo para a cama com alguém. A Marvel moderna que chegou em 1961 rapidamente sacudiu a indústria de quadrinhos de uma forma que refletia os dramáticos sofrimentos culturais e políticos que todo o país estava experimentando.

A Marvel representava mudança. Era contracultura, o azarão contra o *establishment* da DC. Suas capas anunciavam aventuras para "A Nova Geração de Leitores de Quadrinhos".

"Eu acho que os quadrinhos da Marvel são ótimos por um motivo muito presunçoso", um estudante da Universidade de Ohio chamado Barry Jenkins escreveu em um animado artigo em 1966 na *Esquire*. "Uma pessoa tem que ter inteligência para lê-los. Sinto que a leitura de quadrinhos passa por três estágios. Primeiro, as figuras cômicas de cães, porcos e patos falantes. Depois, conforme a pessoa cresce, chega ao mundo das pessoas 'reais'. (Como exemplificado pela DC.) Finalmente, quando tem a capacidade [sic], vai para o mundo da Marvel."

Mesmo que o jeito de escrever de Barry não fosse lá muito universitário, ele tinha um argumento. As HQs da Marvel eram mais inteligentes e diferentes para a época – exatamente como Stan Lee alegava.

Começando pelo Quarteto Fantástico e depois continuando com Hulk, Homem-Aranha, os X-Men, Homem de Ferro e muitos mais, o roteirista e editor Lee e seus talentosos cocriadores, incluindo Kirby e Steve Ditko, começaram a mudar a forma como as histórias de super-heróis eram contadas. E, na época, isso significava fazê-las de forma diferente do padrão dourado de capas esvoaçantes da DC.

A abordagem da narrativa mostrou-se popular entre os leitores, incluindo aqueles em idade universitária, uma faixa demográfica que não era grande compradora de quadrinhos na época. Não demorou muito para que a Marvel fizesse o que antes parecia impensável: derrotou a poderosa DC nas vendas. Os polos no mundo dos quadrinhos se inverteram, e subitamente o antigo azarão se tornou o favorito. A Marvel nunca olhou para trás.

Agora, no século XXI, a DC também está na trilha da Marvel no mundo multibilionário do cinema. A empresa está implantando uma estratégia semelhante à que tornou a Marvel tão dominante nos multiplex, desencadeando uma longa série de filmes tanto com personagens solo como em equipe, como *Liga da Justiça*.

A DC certamente publicou sua parte de grandes projetos individuais ao longo dos anos. *Sandman*, *Watchmen*, *O Cavaleiro das Trevas* e *Monstro do Pântano*, todas expandiram os limites do meio e estavam entre as mais importantes *graphic novels* já impressas. Mas, como uma marca, a DC muitas vezes ficou para trás da Marvel, não apenas em participação no mercado, mas também em medidas intangíveis, como em burburinho e em relevância. Embora não seja por falta de tentativas. A estratégia multimídia da DC, que inclui várias séries de TV bem-sucedidas, bem como o ambicioso projeto de cinema, colocou finalmente a empresa de volta no topo?

Esta é a história da batalha de cinquenta anos entre as duas empresas, um pouco impulsionada pelo desejo da DC de copiar a Marvel, um pouco impulsionada pelo desejo da Marvel de copiar a DC, e algumas histórias – as coisas mais legais, sejamos honestos – impulsionadas por pura competitividade e rancor. Afrouxem suas máscaras, deixem suas capas na lavanderia e vamos começar.

1

A DC se torna o gorila de quatrocentos quilos da indústria

"Veio a mim subitamente... Eu concebi um personagem como Sansão, Hércules, e todos os homens fortes que já ouvi falar se juntaram em um. Só que ainda mais."

– Jerry Siegel, cocriador do Superman

Ao entrar nos escritórios da DC em 1960, os visitantes seriam perdoados se achassem que estavam entrando em uma empresa de seguros. As salas espaçosas no décimo andar do Edifício Grolier, no número 575 da Lexington Avenue, em Nova York, transpiravam uma insipidez particular, como se alguém houvesse esquecido: "Ei, nós fazemos super-heróis aqui." Elas eram limpas e confortáveis – o prédio com sua fachada de alumínio anodizado dourado acabara de ser construído –, mas não acumulavam muitos pontos no quesito personalidade. Uma fileira de escritórios ficava alinhada em uma parede, cercando uma área de produção central. Arquivos que guardavam artes originais se espalhavam por ali.

"Poderia ser qualquer tipo de escritório", recorda-se Steve Mitchell, que visitou a DC quando adolescente e trabalhava no departamento de produção. "Poucas coisas mostravam que quadrinhos eram publicados ali. Claro, cada editor tinha um quadro de cortiça com suas últimas capas, mas, fora isso, não havia muito mais. Se você viu a quarta temporada da série *Mad Men*, os escritórios da DC tinham paredes semelhantes de vidro fosco em armações de metal."

"Era uma empresa bem tradicional", conta Mike Friedrich, um fã que se tornou profissional e começou a escrever para a DC no fim dos anos 1960. "Eles meio que imitavam a cultura corporativa."

Uma das características da cultura da época era que todo mundo usava terno e gravata – absolutamente todo mundo. As crianças que estavam curtindo os gibis divertidos e coloridos sobre exploradores espaciais e heróis mascarados provavelmente não tinham qualquer indício de que eles eram produzidos por homens vestidos para uma entrevista de emprego na IBM.

"Mesmo as pessoas do departamento de produção usavam gravata quando estavam cortando balões, pescando letras e fazendo todas as outras coisas que faziam", Friedrich diz. O zelador provavelmente comprava roupas na Brooks Brothers.

Jim Shooter, um garoto-prodígio de Pittsburgh que tinha começado a escrever histórias para a empresa em 1965, com apenas treze anos, visitou o endereço no nº 575 da Lexington Avenue, em 1966, para falar de negócios. Seu editor insistiu em encontrar o jovem escriba em um hotel nas proximidades primeiro, para ter certeza de que Shooter estivesse devidamente vestido e que não fosse deixar ninguém "constrangido".

Quando Shooter teve autorização para entrar, o que ele encontrou foi um ambiente sufocante, povoado por pessoas "respeitáveis" andando de mansinho, falando com "solenidade", como se estivessem discutindo fundos de ações ou algo assim.

E quanto aos homens estrangulados pelo colarinho diariamente? Os editores da DC estavam longe de ser os desleixados que largaram a faculdade de arte, o tipo de gente que se espera encontrar em um negócio cuja base era tinta e papel Canson. Em vez disso, eles eram tipos de meia-idade com planos de carreira, pessoas que poderiam ser confundidas no metrô com um gerente de filial de banco. Eles tinham esposas, casas, hipotecas e pertenciam a organizações profissionais. Eram homens sérios, respeitáveis, cujas mortes mais tarde estariam no obituário do *New York Times*.

"Os editores tinham um pequeno clube de cavalheiros", o falecido editor e desenhista Joe Orlando, que se juntou à DC em 1968, disse em 1998.

A DC SE TORNA O GORILA DE QUATROCENTOS QUILOS DA INDÚSTRIA

"Todos os dias, um almoço de duas horas. Eles usavam cotoveleiras de couro nos seus ternos de tweed, sugavam cachimbos vazios e debatiam as questões liberais daquele dia."

Eles dominavam seus feudos do alto, cada um controlando uma estrebaria de títulos – às vezes por décadas. Um freelancer que trabalhou para a DC nos anos 1960 se recorda que foi exigido que ele comprasse para o seu editor um presente de Natal, e não o contrário.

Provavelmente, o mais poderoso do grupo era Mort Weisinger, que estava no comando da família de HQs mais vendidas do Superman, que também incluía *Superman's Girlfriend Lois Lane* e *Superman's Pal Jimmy Olsen*.[3]

Weisinger nascera no Bronx, em 1915, e tinha entrado nas publicações através do fandom de ficção científica. Ele se juntou à DC em 1941, onde ficaria por cerca de trinta anos. Era firme, inteligente e havia estudado em Yale. Era também um idiota de primeira classe.

As histórias dos seus abusos chegam às dezenas, ou até centenas. Se você o conhecesse, provavelmente teria uma que valeria ser contada. Shooter, que escreveu para Weisinger nos anos 1960, conta que o editor o tratava como "lixo" e lançava insultos contra ele, como "retardado". Um garoto que fez o tour nos escritórios da DC alegou que pegou o elevador com o editor, e Weisinger chegou a brincar com ele sobre uma emocionante história da revista da Lois Lane. Lane, em mais uma tentativa desesperada de descobrir se Superman e Clark Kent eram a mesma pessoa, inventa um esquema louco para sentir as bolas de Superman e checar se elas combinavam com as de Kent.

Outra história – muito provavelmente apócrifa – envolve o funeral de Weisinger em 1978. Tal como é a tradição nas despedidas judaicas, os participantes foram convidados a se levantar e discursar sobre as boas qualidades do falecido. A oferta foi recebida com silêncio. Finalmente, alguém na parte de trás da sala que estava de pé disse: "O irmão dele era pior."

Apesar de seu temperamento difícil, Weisinger conseguiu brilhar com consistência em publicações de prestígio fora da indústria de quadrinhos, e escreveu um romance descartável chamado *The Contest* [O concurso].

---

3 HQs que eram publicadas no Brasil pela editora Ebal no início dos anos 1970, na revista *Os amigos do Super-Homem – Míriam Lane e Jimmy Olsen* (no passado, Lois Lane foi rebatizada de Míriam Lane em terras tupiniquins). (N. do T.)

Ele gostava de se gabar de ter recebido 125 mil dólares para os direitos de cinema do livro, e nunca parecia ter problemas com dinheiro. Ele dirigia um enorme Cadillac branco e sua antiga mansão em Great Neck – o mesmo subúrbio de Nova York que uma vez foi lar de F. Scott Fitzgerald – agora vale 3,2 milhões de dólares.

Um amigo de infância de Weisinger, Julius Schwartz, também trabalhou muito tempo como editor da DC, e em 1960 geria uma série de títulos que incluíam histórias de faroeste e ficção científica. Quando eram adolescentes, Schwartz e Weisinger conheceram um grupo de ficção científica chamado Scienceers, e mais tarde a dupla publicou um fanzine de ficção científica. Já adultos, abriram a primeira agência literária especializada em ficção científica e fantasia, representando Ray Bradbury, H. P. Lovecraft e Leigh Brackett (coautora de *O Império Contra-Ataca*), dentre outros nomes do gênero.

Schwartz, conhecido carinhosamente como "Tio Julie", podia ser irritável e exigente. Ele punha mãos à obra e muitas vezes se sentava com escritores, trabalhando nas histórias. Nos seus 42 anos na DC, participou de inúmeros momentos cruciais e acabou por se tornar uma das pessoas mais importantes do mercado.

"Julie Schwartz fazia questão de ser mal-humorado e rabugento", diz Joe Rubinstein, um arte-finalista que tem trabalhado para a Marvel e a DC desde os anos 1970. "Esse era o jeito de Julie. Era como estava escrito em algum lugar na Bíblia ou no Talmude: não lhes demonstre amor – isso os deixa molengas."

Robert Kanigher durou quase tanto quanto Schwartz na DC, tendo entrado no mundo dos quadrinhos em 1945. Em 1960, ele estava no comando dos quadrinhos de guerra da editora, bem como da *Mulher-Maravilha*. Fotos desta época revelam um homem com um ar de professor e uma cabeleira preta cheia, vestindo um terno alinhado e segurando um cachimbo. Ele gostava de escaladas e de esquiar, dizia ser "inebriante". Era literalmente um homem que gostava de fazer referência a Dante e El Greco em entrevistas.

Como Weisinger, Kanigher podia ser abusivo. Ele era notoriamente difícil de se dar bem e tinha um temperamento vulcânico. São abundantes as histórias em que ele destruiu alguém que criticou sua escrita, ou um

A DC SE TORNA O GORILA DE QUATROCENTOS QUILOS DA INDÚSTRIA

artista que ousou fazer uma pequena mudança em seu roteiro. Há um rumor de que ele teria causado a um desenhista um completo colapso nervoso.

Kanigher, Weisinger e Schwartz compunham o centro editorial da DC em 1960 – apenas um ano antes do início da chamada era Marvel dos quadrinhos – e eles representavam uma mentalidade antiquada que, em poucos anos, se encontraria tristemente fora de compasso com os novos tempos. Eles tinham valores e prioridades diferentes das gerações mais novas. A chefia da DC tinha crescido durante a Grande Depressão, que havia imprimido sobre eles um respeito pelo trabalho e pela empresa que os empregavam. Em suma, eram homens que vestiam a camisa.

"Essa era a atitude, especialmente entre os caras da era da Depressão", diz Mark Evanier, que entrou nos quadrinhos em 1969, como assistente de Jack Kirby. "A empresa tinha colocado comida em suas mesas, e todos aqueles caras que cresceram na Depressão tinham uma percepção muito, mas muito forte sobre quem pagava o salário no final da semana. Eles achavam que não se fazia graça com a empresa da mesma forma que não se fazia graça com seu pai."

Não eram apenas os editores da DC que se mantinham particularmente conservadores. Esse conservadorismo estava no sangue da editora. Foi fermentado desde o começo da empresa. A DC tinha sido criada em parte como uma maneira para os seus questionáveis fundadores limparem sua imagem. A editora atingiu a maioridade durante uma época complicada, quando os quadrinhos estavam enfrentando ataques constantes de moralistas, e a indústria estava desesperada para expurgar qualquer indício de inadequação de suas páginas, na esperança de apaziguar os críticos e manter as luzes acesas.

O início da DC remonta a 1935, quando um ex-oficial de cavalaria e autor de literatura *pulp* chamado major Malcolm Wheeler-Nicholson criou a *New Fun Comics*. O tabloide preto e branco era notável por ser o primeiro gibi a incluir material original. Editores vinham republicando ralas coletâneas de tiras dominicais desde a década de 1920, mas a *New Fun Comics* é considerada a primeira revista em quadrinhos moderna.

A empresa de Wheeler-Nicholson, chamada de National Allied Publications, lançou mais cinco edições antes de ficar sem dinheiro. Precisando de recursos, o major se uniu a uma empresa chamada Independent News, empreendimento de publicação e distribuição que tinha sido lançado em

1932 por um imigrante judeu, Harry Donenfeld, e seu gerente de negócios, Jack Liebowitz. Donenfeld era um negociador malandro, e havia rumores de que tinha conexões com a Máfia. Liebowitz era o homem dos números, discreto.

Donenfeld estava no negócio das revistas desde os anos 1920, e ganhou seu dinheiro bancando uma série de romances populares picantes.

Suas revistas e outras similares ficaram sob fogo cerrado no início da década de 1930. Um grupo autointitulado Comitê de Cidadãos da Decência Cívica de Nova York lançou uma campanha contra a obscenidade e, em 1934, Donenfeld entrou em águas extremamente turbulentas depois de publicar uma foto de uma mulher nua, com uma porção de pelos pubianos expostos, na revista *Pep!*.

Foi nesse ambiente social hostil que Donenfeld e Liebowitz chegaram a um acordo com Wheeler-Nicholson para financiar mais quadrinhos. A Independent News estava procurando diversificar seu catálogo, focado no público feminino, e expandi-lo para áreas mais inocentes do mercado editorial. As histórias em quadrinhos pareciam oferecer exatamente isso.

O novo empreendimento foi chamado de Detective Comics, Inc., e mais tarde daria seu nome à editora consolidada. O primeiro título lançado sob a nova parceria foi em março de 1937, a revista *Detective Comics* nº1. A edição oferecia uma série de histórias curtas, incluindo uma com o advogado Speed Saunders[4] enfrentando um vilão chamado Cap'n Scum, e outra estrelando o investigador particular Slam Bradley, criado por Jerry Siegel e Joe Shuster.

Wheeler-Nicholson, ainda enfrentando problemas de fluxo de caixa, foi forçado a sair em 1938, e Donenfeld e Liebowitz assumiram o controle da *Detective*, bem como dos outros dois títulos, *More Fun* e *New Adventure*.

A empresa logo se expandiria em junho de 1938, com o lançamento de *Action Comics* nº1, a estreia do Superman.

Foi ele que começou tudo – e Donenfeld pagou apenas 130 dólares pelos direitos. Este foi o gibi que nos deu o arquétipo do super-herói como agora o conhecemos, e marcou o início de uma forma de arte americana.

---

[4] Cyrill "Speed" Saunders, além de ser um dos primeiros personagens da DC, é primo da Mulher-Gavião original (Shiera Saunders) e avô de outra (Kendra Saunders). No Brasil, foi batizado de "Cyril Sanders" (na revista *Mirim*) e "Cirus Sanders" (no suplemento *Lobinho*), ambos das décadas de 1930 e 1940. (N. do T.)

A DC SE TORNA O GORILA DE QUATROCENTOS QUILOS DA INDÚSTRIA

Os criadores Siegel e Shuster combinaram com habilidade a aventura acelerada das tiras dominicais, como Tarzan, com personagens mascarados que combatiam o crime nos *pulps*, como o Sombra, e disso surgiu algo novo e excitante, algo que crianças e adultos pelos Estados Unidos estavam dispostos a gastar dez centavos para ler. Superman era uma inovação que mudaria as indústrias de publicação e entretenimento para sempre, e isso ajudaria a colocar sua editora, a DC, no topo da pilha dos collants.

O Superman de 1938 era um herói muito mais pé no chão (literalmente) do que a versão que ele evoluiria para ser posteriormente. Seus poderes eram limitados. Ele não podia voar. Em vez disso, tinha o poder de apenas saltar duzentos metros. Ele tinha uma força aumentada, mas estava longe de ser invulnerável. Diziam que um morteiro seria capaz de perfurar sua pele.

Os tipos de casos que ele escolhe lidar são igualmente mundanos. Em suas primeiras aparições, ele jogou contra a parede um marido que espancava a mulher, revelou um sistema judicial corrupto e acabou com um linchamento. Superman agia menos como o benfeitor de coração de ouro que se tornaria mais tarde e mais como um ativista hippie que poderia morar no fundo do corredor da sua república universitária.

Superman – e a inundação de heróis impressos em quatro cores que logo se sucedeu – acumulou grandes vendas ao entregar entretenimento escapista barato em um momento sombrio, quando a nação estava abalada pela Grande Depressão, abalada pelo fenômeno climático de tempestades de areia que assolou o país, o Dust Bowl, e à beira da guerra. Eles forneceram fantasias de poder para muitos americanos que se sentiam impotentes.

A DC imprimiu 202 mil exemplares da *Action Comics* nº 1 e vendeu 64 por cento da tiragem – um sucesso impressionante. A chefia, entretanto, não estava certa de qual das oito histórias da *Action* estava levantando as vendas, então, na *Action Comics* nº 4, uma pesquisa foi incluída, pedindo que os leitores fizessem um *ranking* das suas cinco favoritas. Uma esmagadora maioria de 404 das 542 respostas colocou o Homem de Aço como favorito.

Super-heróis – e especialmente Superman – estavam claramente se tornando a galinha dos ovos de ouro. As vendas da *Action Comics* subiram mês a mês, e, em 1940, a DC estava lançando 1,3 milhão de exemplares por edição, com o título parceiro *Superman* vendendo 1,4 milhão. As lojas também foram inundadas com mercadorias, incluindo camisas, sabão, lápis, cintos e relógios.

A primeira aparição do Superman foi seguida no ano seguinte, pelo Batman – um vigilante sombrio criado por Bob Kane e Bill Finger que fez sua estreia na edição 27 da *Detective Comics*, em 1939.

A terceira integrante da chamada Trindade da DC, a Mulher-Maravilha, apareceu em 1941. Ela foi criada por William Moulton Marston, um psicólogo formado em Harvard que imaginou uma "personagem feminina com toda a força do Superman, mais todo o fascínio de uma mulher bondosa e bela", como ele mesmo descreveu na época.

Os dias felizes não durariam muito.

Apenas dois anos depois de *Action Comics* nº 1, um sério desafio existencial para a DC e o meio dos quadrinhos em si estava se formando. Em 1940, um colunista chamado Sterling North publicou um editorial no *Chicago Daily News* intitulado "Uma desgraça nacional", atacando os efeitos "tóxicos" da mídia que crescia a passos largos: histórias em quadrinhos.

Aquilo marcou um dos primeiros ataques nacionais contra os quadrinhos e ajudou a lançar uma guerra prolongada, que se estenderia por mais 14 anos e culminaria em nada menos que interrogatórios do Governo Federal.

Nesse editorial, North alega ter examinado 108 gibis disponíveis em bancas de jornal, e descoberto, para o seu terror, que pelo menos 70 por cento continham "material que nenhum jornal respeitável aceitaria". Ele prossegue: "Heroísmo de super-homens, mulheres voluptuosas com roupas escassas, metralhadoras resplandecentes, 'justiceiros' mascarados e propaganda política barata são encontrados em quase todas as páginas."

Outros críticos logo subiram a bordo, incluindo Fredric Wertham, um psiquiatra baseado em Nova York que culpou os quadrinhos pelo comportamento ruim que ele havia visto entre os seus jovens pacientes.

A reação atingiu seu clímax quando, em abril de 1954, um Subcomitê do Senado sobre Delinquência Juvenil convocou uma audiência sobre os males do meio.

Os editores não esperaram muito pelas conclusões da comissão, que seriam divulgadas no mês de março. No outono de 1954, a indústria produziu seu próprio código de conduta, o qual quase todas as empresas de quadrinhos concordaram em cumprir. A longa lista de regras governava tudo, desde títulos de revistas até a forma como a violência era retratada e aparência dos trajes.

Muitas editoras não conseguiram se adaptar e, três anos após a adoção do código, 24 dos 29 membros signatários originais haviam fechado as portas. Em 1952, cerca de 630 títulos tinham chegado às bancas de jornal. O número caiu para apenas 250 em 1956 – uma queda surpreendente de 252 por cento. O negócio de quadrinhos estava sendo estrangulado lentamente até a morte.

A DC foi uma das poucas editoras que conseguiu enfrentar a crise, devido em parte ao seu direcionamento amigável para a família. No verão de 1941, ela formou um conselho editorial para garantir que o seu conteúdo estivesse dentro de padrões morais "saudáveis". Após o código, Irwin Donenfeld, filho de Harry e diretor editorial da DC na época, viajou pelo país falando para grupos de associações de pais e mestres e aparecendo em programas de TV para falar sobre como os quadrinhos ajudavam a ensinar as crianças a ler.

Esta era ajudou a estabelecer a DC ainda mais firmemente como a primeira da lista no setor, bem diferente das editoras de baixa qualidade – com sua produção barata, arte amadora e existências irresponsáveis – que já haviam povoado a indústria.

"A DC era parte da National Periodical Publications, uma empresa de verdade", diz o ex-roteirista da DC, Jim Shooter. "Eles tinham uma mentalidade de que estavam em um patamar acima. A DC sempre se apegou ao pretexto de que eles tinham classe, e ficaram nessa por um longo tempo."

Essa atitude arrogante que se cristalizou nos primeiros anos da DC seria uma das razões pelas quais a editora teria problemas para se adaptar às mudanças de gostos e tempos nas décadas seguintes, e parte da razão pela qual ainda está atrasada até hoje.

"O que permitiu a DC sobreviver aos anos 1950 e ao subcomitê do Senado foi Liebowitz, Donenfeld e o editor Whit Ellsworth procurarem fazer histórias limpas e acessíveis, de modo que você não se importasse se um filho de seis anos estivesse lendo quadrinhos", diz Bob Greenberger, historiador dos quadrinhos e antigo editor da DC. "E isso os manteve presos", ele diz – presos em uma postura defensiva e uma mentalidade conservadora.

Uma das razões pelas quais os integrantes da Trindade da DC, Superman, Batman e Mulher-Maravilha, tornaram-se personagens tão icônicos é que, ao contrário de seus pares, eles estão em publicação contínua desde a sua estreia. Sua longevidade tem sido realmente notável e fala não só do apelo dos personagens, mas também da estabilidade da sua editora, a DC. (Assim como a quantidade de dinheiro que está sendo ganho com mercadoria temática relacionada a esses personagens, mas essa é uma história para um pouco mais tarde.)

A maratona que tem sido o período de publicação desses personagens nem sempre foi uma certeza. A indústria dos quadrinhos é cíclica, com gêneros e personagens entrando e saindo de moda como um jeans de cintura alta. Faroestes foram quentes por alguns anos, depois sumiram. Quadrinhos de romance estavam a toda, depois era impossível conseguir um exemplar de *Flaming Love*. O mesmo tem sido verdade para os super-heróis.

Cerca de dez anos depois de Superman ter aparecido pela primeira vez, o público começou a ficar um pouco entediado com a ideia de superpoderes, e o gênero vacilou. Títulos foram cancelados por todo o mercado, inclusive alguns na DC. As aventuras do herói que possuía o anel, o Lanterna Verde, chegou a um fim abrupto em 1949, e em 1951 a DC desceu o machado na Sociedade da Justiça da América, uma superequipe composta pelo rol de personagens da editora da época da Segunda Guerra Mundial, incluindo Gavião Negro, Homem-Hora e Senhor Destino.

Como qualquer um que lê quadrinhos sabe, no entanto, um herói nunca permanece morto por muito tempo.

Mas não seria um truque de mágica ou algum *deus ex-machina* interdimensional que reviveria os super-heróis; seria outro dispositivo do meio já testado e comprovado: reciclar ideias velhas.

Mesmo com a cruzada antiquadrinhos paralisando o mercado, a DC precisava de material novo, mas o chefe da empresa, Jack Liebowitz, estava reticente quanto a lançar novos títulos, temendo que cancelar uma série depois de apenas algumas edições criaria pânico entre leitores e distribuidores. Irwin Donenfeld surgiu com uma solução original: uma série a ser chamada de *Showcase*, na qual cada edição apresentaria um novo personagem. Foi uma maneira inteligente e barata de testar novos conceitos sem ter que investir no lançamento de um novo título.

Os editores da DC se revezariam para produzir edições da *Showcase*, e Weisinger cuidaria da primeira edição. Ele desencalhou uma ideia para uma história sobre bombeiros, em grande parte porque oferecia uma chance de uma imagem de capa potencialmente atraente.

"A DC tinha um monte de listas que circulavam pela editora sobre capas que vendiam, e eles discutiram sobre isso em reuniões editoriais", Evanier diz. "Weisinger acreditava que fogo nas capas era vendável e que as crianças se interessavam por bombeiros."

Acabou que não foi bem assim. "*Showcase* nº1 foi um fracasso espetacular", Evanier conta. "Vendeu tão mal que não conseguiam acreditar, e todos os outros editores ficaram zombando de Weisinger." (Daí em diante, Weisinger raramente se afastaria do mundo seguro e confiável do Superman.)

A edição nº 2 apresentou o herói indígena de Kanigher, e a nº 3, outra história escrita por Kanigher sobre os mergulhadores da Marinha. Essas duas, como a nº1, fracassaram.

Na *Showcase* nº4, a responsabilidade caiu no colo de Schwartz. A ideia que ele lançou em uma reunião editorial mudaria a história dos super-heróis e lançaria a chamada Era de Prata dos quadrinhos. Ele sugeriu reviver o Flash, um velocista cuja popularidade, como a de quase todos os outros heróis mascarados, tinha caído no final dos anos 1940 e no início dos anos 1950. Seu título solo tinha sido cancelado em 1949. Os colegas de Schwartz ficaram céticos.

"Eu ressaltei que o leitor médio de quadrinhos começava a lê-los aos oito anos e os abandonava aos doze", o falecido Schwartz escreveu em sua autobiografia, *Man of Two Worlds*. "E uma vez que mais de quatro anos já haviam passado, existia um público totalmente novo que realmente não sabia que o Flash tinha fracassado, e talvez eles pudessem dar uma chance."

Para desenhar a HQ, Schwartz escalou Carmine Infantino, um artista nascido no bairro do Brooklyn que tinha começado adolescente no negócio dos quadrinhos. O estilo de lápis suave de Infantino viria a definir a DC em anos posteriores, devido em parte ao seu sucesso no Flash.

O Flash original tinha aparecido pela primeira vez na edição *Flash Comics* nº 1, de 1940, escrita por Gardner Fox e desenhada por Harry Lampert. Ele era Jay Garrick,[5] um estudante universitário que ganhou supervelocidade depois de exposto a águas pesadas.

A *Showcase* nº 4 apresentou uma nova versão do personagem. Agora ele era Barry Allen (batizado em homenagem aos apresentadores de programas de entrevistas Barry Gray e Steve Allen), um cientista da polícia que ganha seus poderes depois que um raio atinge uma prateleira cheia de produtos químicos. Kanigher escreveu a história e introduziu o detalhe divertido no qual o traje vermelho do herói – com um novo design assinado por Infantino – iria magicamente pular do anel de Allen.

A edição de outubro de 1956 chocou a Nacional com seu sucesso. Vendeu 59 por cento da tiragem de 350 mil exemplares. Uma sequência foi agendada rapidamente e o Flash retornou oito meses depois na *Showcase* nº 8, depois de novo na nº 13 e na nº 14. As edições subsequentes também venderam bem, e o personagem foi promovido para seu próprio título. *Flash* estreou em 1959, embora na edição nº 105, em vez da nº 1, seguindo a numeração de onde a série do personagem anterior havia parado em 1949.

Mesmo que o Flash tivesse uma numeração que seguia um legado em sua capa, havia obviamente um frescor em seu conteúdo, e o público respondeu a isso. A reintrodução do personagem inaugurou uma nova mania de super-heróis, que levou a uma segunda explosão de títulos do gênero – explosão que ajudaria a disparar o renascimento da Marvel poucos anos depois.

"O Flash iniciou novamente todo o negócio de super-heróis, e percorreu um longo caminho para salvar o ramo dos quadrinhos da extinção", Infantino escreveu. "A DC continuou com o Lanterna Verde e em seguida com todo o grupo de super-heróis... Portanto o Flash começou a festa dos super-heróis mais uma vez, mudando o curso de toda a indústria."

A DC logo revelou versões renovadas do Átomo[6] e do Gavião Negro.

---

5 No Brasil, o personagem a princípio foi renomeado de Joel Ciclone, e fez sua primeira aparição no suplemento *O Lobinho*, 2ª Série, nº 1, também em 1940. (N. do T.)

6 Assim como muitos dos personagens, Atom também foi rebatizado no Brasil. Porém, a primeira versão, de 1940, ganhou a tradução literal de Átomo. Quando veio a versão da Era de Prata, os editores da Ebal optaram por rebatizá-lo como Eléktron, para evitar confusões com seu antecessor. Contudo, recentemente, o antigo Eléktron acabou assumindo o nome de Átomo por aqui. (N. do T.)

Em 1960, a empresa estava desfrutando vendas rentáveis em seus títulos e seguiu praticamente sem ser desafiada no reino dos super-heróis. Certamente não pela empresa que se tornaria a Marvel, que, no final da década de 1950, vivia somente em torno das glórias do passado.

"Naquela época, ambas as empresas eram negócios familiares que tinham acabado de passar por uma crise existencial que quase as derrubaram, com a situação política nos anos 1950 e o colapso do seu sistema de distribuição", Friedrich diz. "Não havia muita competição. Elas faziam parte de uma indústria sitiada que estava tentando sobreviver."

Essa situação logo mudaria com o surgimento da Marvel como uma empresa de super-heróis mais uma vez.

A poderosa Marvel vem balançando

"O fato é que os quadrinhos da Marvel são os primeiros na história em que um pós-adolescente escapista pode se envolver pessoalmente. Porque as histórias em quadrinhos da Marvel foram as primeiras a evocar, ainda que metaforicamente, o mundo real."

– *The Village Voice*, 1º de abril de 1965

Por grande parte do começo da sua vida, a Marvel era o equivalente a uma banda cover ruim. Era menos "A Casa das Ideias", como ficaria conhecida posteriormente, e mais "a casa das ideias das outras pessoas".

"Éramos uma empresa de macacos de imitação", Stan Lee diz da empresa à qual ele se juntou em 1940, como office boy.

O fundador da Marvel, Martin Goodman, natural do Brooklyn, começou fazendo revistas baratas, assim como os homens que fundaram a DC. Na década de 1930, seu império tinha crescido para dezenas de diferentes entidades editoriais. (Parece impressionante, mas era, na verdade, para evitar impostos.) Muitos dos seus negócios giravam em torno de revistas masculinas de aventura baratas, como a *Swank* e a *Stag*, mas suas empresas também vomitavam dezenas de títulos de faroeste, aventuras na selva e de detetive.

Goodman lançou sua primeira HQ em 1939, sob o selo Timely, e a *Marvel Comics* nº 1, como muitas das revistas que chegaram às bancas durante aqueles anos, foi projetada para seguir o sucesso do Superman da DC. O gibi introduz os primeiros super-heróis da editora: o androide que entrava em combustão de Carl Burgos, Tocha Humana, e o tritão voador Namor, o Príncipe Submarino, de Bill Everett.

"Nós tentamos superar o Superman", disse o falecido Everett sobre o Príncipe Submarino, em 1971.

Esses dois personagens permaneceram relevantes (embora com níveis variáveis de popularidade), mas pouca coisa daqueles primeiros dias tiveram resultado igual. Goodman tentou construir o sucesso a partir da *Marvel Comics* nº 1, produzindo uma lista de super-heróis menos duradouros, incluindo o Bala Fantasma, o Blue Blaze e a Loura Fantasma. Quando as vendas de quadrinhos de heróis fantasiados caíram no final dos anos 1940, ele passou para outros gêneros.

"A Marvel foi feita em cima da ideia 'Vamos ver o que as outras pessoas estão vendendo e copiar'", diz o autor e historiador Evanier. "Essa era a história do fundador da Marvel, Martin Goodman. Ele era notório quanto a isso, e seguia isso o tempo todo."

O chefe da Marvel, uma vez, resumiu sua estratégia de negócios como "se você conseguir um título que se popularize, então acrescente mais alguns e vai ter um bom lucro".

Essa filosofia peculiar pode ser boa no saldo geral, mas, quando se trata de criar um produto de qualidade, deixa muito a desejar. Basta perguntar a quem se deparou com aquele segundo filme sobre um asteroide em um curso de colisão com a Terra ou o segundo filme sobre um vulcão assassino.

Durante os anos 1940 e 1950, a Marvel saltou de moda em moda, com pouca originalidade ou vanguardismo em evidência. Quando os quadrinhos policiais começaram a decolar, a Marvel deu aos leitores *Lawbreakers Always Lose* [Contraventores sempre perdem] e *All-True Crime* [Só crimes de verdade]. Se a Turma do Pernalonga e animais divertidos eram a coisa do momento, ela empurrava o *Wacky Duck*. Quando faroestes de segunda começaram a fazer sucesso em Hollywood, a Marvel desenrolou *Ted Chicote* e o *Arizona Kid*. A empresa até publicou um título chamado *Homer the*

Happy Ghost, que tinha mais do que uma simples semelhança com *Gasparzinho, o Fantasminha Camarada*.

Poucos desses gibis foram memoráveis ou tiveram um impacto duradouro. Eles existiam simplesmente para existir – para pegar um espaço na banca de jornal com a esperança de que alguém pudesse esbarrar em um deles e comprar apenas pelo assunto específico.

Devido ao seu estilo de seguir a maré de fazer negócios, por muitos anos a Marvel não teve uma identidade forte. Não tinha um tom ou tema que unisse sua linha de títulos. As capas das revistas geralmente não possuíam um design estético especial, uma roupagem comercial identificável ou um logotipo facilmente reconhecível.

A empresa era o pior tipo de imitador. O que nos leva a uma das maiores ironias da história dos quadrinhos. O imitador notório por seguir preguiçosamente as tendências e pegar ideias de outras empresas, subitamente, em 1961, se tornou o nome mais original em matéria de super-heróis.

E fez isso ao pegar inspiração de outra empresa.

O grande salto da Marvel iria lançá-la em uma nova e excitante direção, e colocá-la no caminho para se tornar a entidade multibilionária que conhecemos hoje. E ressuscitaria uma empresa cujos melhores dias estavam para trás.

Os problemas de Goodman remontam a 1951, quando ele dispensou sua distribuidora (a intermediária responsável por levar as revistas para as lojas) e lançou sua própria. Ele a chamou de Atlas News Company, e de 1951 a 1956, cuidar da própria distribuição permitiu que Goodman lançasse uma enxurrada de revistas, liberando mais títulos do que qualquer outra empresa na indústria.

No meio dos anos 1950, contudo, a Atlas estava no vermelho. (Se as perdas vieram do encolhimento do mercado ou de alguma besteira na contabilidade, não está claro.) Goodman fechou a Atlas, e, no verão de 1956, ele assinou um acordo de cinco anos com a distribuidora American News Company.

A decisão seria catastrófica para Goodman. Poucos meses depois, em maio de 1957, a American News Company fechou as portas de forma abrupta, deixando Goodman sem nenhuma chance de levar seus gibis às prateleiras.

Goodman foi forçado a despedir toda a equipe de quadrinhos, com a exceção de Stan Lee. Não demorou muito para a DC, percebendo que a Atlas estava ferida de forma fatal, começar a sondar. Em uma jogada que parece absurdamente baixa para o mercado hiperinflado de super-heróis de hoje, a DC se ofereceu para comprar os personagens da Atlas – Capitão América, Príncipe Submarino e Tocha Humana – por 15 mil dólares (cerca de 126 mil dólares em valores atualizados). Goodman considerou a oferta, mas acabou recusando. O que era 15 mil dólares para um milionário como ele?

Imagine o quão diferente seria o mundo hoje se esse acordo fosse aprovado. Nós nunca saberemos. Goodman manteve seus títulos e voltou sua atenção para seu problema imediato: encontrar uma nova distribuidora disposta a aceitar sua conta e evitar que seu negócio caísse no esquecimento. Em questão de meses, a Atlas/Timely – ou qualquer que fosse o nome que Goodman estivesse usando naquela semana – passou de uma das editoras mais prolíficas do mercado para uma das menores.

Goodman precisava agir. A boa notícia era que, no mês seguinte, ele encontraria uma distribuidora disposta a aceitar sua conta. A má notícia era que essa distribuidora era a Independent News, empresa fundada por Donenfeld. A razão pela qual a Independent estava disposta a lidar com um competidor direto tinha pouco a ver com altruísmo; pelo contrário, ela e sua empresa irmã, a DC, estavam preocupadas de parecer que estavam montando um monopólio, e um acordo para distribuir a linha Goodman seria um jeito de dissipar essas acusações. Sem esse novo acordo de distribuição, a Marvel provavelmente teria morrido nos anos 1950.

Independentemente das motivações, a Independent deve ter gostado de ficar com sua concorrente principal. Os termos do acordo de distribuição que dominava a rival eram draconianos, permitindo que a Marvel lançasse apenas oito títulos por mês.

"Nós não queríamos a competição", Liebowitz, o chefe da DC, escreveu em um livro de memórias ainda inédito. Goodman optou por tirar o máximo partido da limitação e, em vez de publicar oito títulos mensais, escolheu lançar 16 bimestrais. A primeira onda de títulos trazendo o símbolo "IND", denotando a nova distribuidora, chegou nas bancas no verão de 1957. A primeira leva incluía *Gunsmoke: O Poderoso, Kid Colt Trieste, Love*

Romances e *Marines in Battle*, dentre outros. A segunda leva tinha *World Fantasy*, *Two-Gun Kid*,[7] *Strange Tales* e *Navy Combat*.

No ano seguinte, em 1958, a empresa de Goodman publicou apenas 96 gibis, a menor quantidade desde 1944. E os super-heróis não estavam no seu cardápio. Além de uma tentativa fracassada de reviver o gênero no começo dos anos 1950, a empresa que se tornaria a Marvel havia praticamente desistido de heróis fantasiados. O Capitão América foi colocado no gelo em 1949. O gibi do Príncipe Submarino foi enterrado no mesmo ano.

A empresa não mais apresentava muita competição para a poderosa National. Em 1960, o maior sucesso de vendas da DC vendia 810 mil cópias, enquanto o da Marvel, *Tales to Astonish*, mal conseguia 163 mil.

E foi quando Goodman se deparou com seu maior sucesso, ao confiar em seus antigos métodos de cópia.

Na DC, o Flash tinha sido relançado em 1956, e o gênero do super-herói de repente ficou quente outra vez. Não demorou muito para que os competidores tomassem conhecimento, e a Atlas/Marvel certamente foi uma delas.

Múltiplas versões do que aconteceu a seguir foram disseminadas, a sua preferida provavelmente irá depender do seu nível de cinismo.

A versão oficial é a seguinte: em um dia em 1961, Goodman estava jogando uma partida amigável de golfe com Jack Liebowitz, da DC, quando Liebowitz começou a se gabar das vendas do seu novo título, *Liga da Justiça da América*, lançado em 1960, que combinava os heróis marcantes da empresa – Superman, Batman, Mulher-Maravilha, Aquaman, Flash – em um único supertime poderoso. (Ambos mais tarde insistiram que nunca jogaram golfe juntos.)

Outra versão coloca Goodman juntando os pontos com o chefe da distribuidora, a Independent News. Outra ainda circulou entre os freelancers da época, onde o astuto Goodman descobriu as informações de vendas com espiões plantados na Independent.

Qualquer que seja o caso, o resultado foi o mesmo. Goodman voltou para seus escritórios na Madison Avenue com a 60th Street e ordenou que Lee sonhasse com uma nova equipe de heróis para competir com a DC.

---

7 *Two-Gun Kid* foi lançado no Brasil tanto com o título original quanto com outros nomes, tais como Bill Dinamite (pela RGE), Kid Ducolt (pela Ebal), "Jack Johnny" e "Defensor Mascarado" (Abril). (N. do T.)

"Goodman disse: 'Ei, talvez ainda haja um mercado para super-heróis. Por que você não traz uma equipe como a Liga da Justiça? Podíamos chamá-los de a *Liga Correta* ou algo do tipo'", Lee recordou-se da história em 1977. "Eu trabalhava para ele, e tinha que fazer o que ele queria, então estava disposto a fazer uma equipe de super-heróis. Mas achei que estaria condenado se apenas copiasse a DC."

Lee tinha entrado para a empresa de Goodman em 1940, quando era adolescente, realizando qualquer trabalho tedioso necessário pelo escritório, incluindo revisar provas, fazer o café e as entregas. Ele se tornou editor em 1941 e permaneceu no cargo desde então, apesar de suas aspirações de se tornar um grande romancista. Os quadrinhos não eram um negócio de prestígio na época, e eram considerados inúteis por alguns e desprezíveis por outros. Quando estranhos lhe perguntavam o que ele fazia para viver, o envergonhado Lee respondia vagamente que trabalhava com "editoração".

Conforme o Superman da DC seguia ganhando estatura ao longo dos anos – até mesmo ganhando o próprio desenho animado em 1941–, Lee se limitava a empurrar histórias para as revistas esquecíveis de Goodman, como se faz com carvão em um forno. De 1941 a 1961, Lee escreveu centenas de histórias rápidas em vários gêneros, do romance ao faroeste, todas com muito pouca satisfação profissional.

"Martin achava, naqueles dias, que nossos leitores eram crianças muito, muito pequenas, ou então pessoas mais velhas que não eram muito inteligentes, ou não estariam lendo quadrinhos", Lee disse em um comentário em áudio em 2006 para o livro *Stan Lee's Amazing Marvel Universe*. "Eu não acho que Martin tivesse mesmo grande respeito pela mídia, e, por isso, recebi a ordem de não fazer histórias que fossem muito complexas, não me alongar demais em diálogos ou em caracterizações."

Então, quando Goodman pediu por um novo time de super-heróis para competir com a *Liga da Justiça*, Lee estava determinado a fazer algo fora da norma de histórias regulares de super-heróis, algo mais próximo do que ele gostaria de ler.

Para esse empreendimento, teve o bom senso de usar Jack Kirby como seu colaborador. Kirby não deveria precisar de nenhuma apresentação, mas em todo caso: nasceu em 1917, cresceu no bagunçado bairro do Lower East Side, em Nova York. Artista autodidata com um estilo visual único, foi cocriador do Universo Marvel e é considerado por muitos como o ilustrador mais influente que o meio já viu.

Kirby tinha circulado pela indústria de quadrinhos por anos. Ele havia cocriado o Capitão América para a Marvel em 1940, antes de sair para a DC em 1941. Voltou para a Marvel no final dos anos 1950, depois de ter uma desagradável disputa legal com um dos editores da DC sobre royalties por conta de uma tira distribuída para jornais. A perda da DC foi um ganho da Marvel.

"A DC não via Jack Kirby como a grande figura dos quadrinhos que ele era", o antigo editor-chefe da Marvel, Roy Thomas, diz. "Ele era apenas um cara que eles tinham banido porque entrou com uma ação contra um dos seus principais editores. Ele não teria ido à Marvel se não fosse por isso, porque estava ganhando mais dinheiro na DC. Então a DC meio que se matou, na medida em que colocou Stan e Jack juntos."

Ao chegar na Marvel, Kirby passou grande parte do tempo produzindo histórias de segunda linha sobre monstros, como "A Criatura de Krogarr". Em 1961, Kirby e Lee se uniram para um novo tipo de história de super-herói, e os resultados seriam muito mais memoráveis.

O que eles criaram foi uma equipe de aventureiros que ganham poderes fantásticos depois de voar para o espaço e ser bombardeados por raios cósmicos. O cientista Reed Richards, também conhecido como Sr. Fantástico, ganha a habilidade de esticar seu corpo como elástico. Sua namorada, Sue Storm, tem o poder de se tornar invisível e ganha o codinome de Garota Invisível. O irmão dela, Johnny Storm (o Tocha Humana), descobre-se capaz de explodir em chamas, e o amigo de Reed, Ben Grimm (o Coisa) é transformado em um monstro laranja de pedras.

Parece bem ordinário, e o conceito tem alguns ecos de uma HQ que Kirby fez para a DC em 1957, *Desafiadores do Desconhecido*, sobre um grupo de quatro aventureiros que sobrevivem a um acidente de avião e enfrentam missões. Mas *Quarteto Fantástico*, que chegou nas bancas de jornal em 1961, tinha uma diferença crucial em relação ao título da DC, bem como a maioria de todos os outros títulos de super-heróis que vieram antes.

"Tentamos injetar todos os tipos de realismo, como chamamos, nas histórias", Lee disse em uma entrevista de rádio em 1968. "Nós dizemos a nós mesmos que só porque você tem superpoderes não significa que não possa ter caspa, ou dificuldade com as meninas, ou ter problemas para pagar suas contas."

Kirby e Lee tentaram incutir um pouco de humanidade a esses personagens épicos, dando pela primeira vez aos super-heróis problemas e ansiedades do mundo real, deixando-os mais tridimensionais.

"Estas são pessoas reais que calharam de ter superpoderes, ao contrário de pessoas superpoderosas que estão tentando ser reais", John Byrne, o desenhista e roteirista de longa data da Marvel, disse à *Comics Feature* em 1984.

No mundo do Quarteto Fantástico, poderes não necessariamente levavam à alegria; se serviam para alguma coisa, era para ser fonte de mais problemas. Os quatro reagiram às suas novas habilidades como uma cena tirada diretamente de um filme de terror. O Coisa fica deprimido por estar preso em sua forma pedregosa e laranja. Sue fica aterrorizada quando começa a desaparecer.

Outro toque inovador: os personagens discutiam um com o outro como crianças em uma longa viagem de carro.

"Para evitar que tudo fique sempre bem, há atrito entre o Sr. Fantástico e o Coisa, com o Tocha Humana ficando do lado do Sr. Fantástico", Lee escreveu na sinopse original datilografada de 1961 para o gibi.

Na edição nº 2, o Coisa discute com Reed e Johnny, enquanto Sue diz: "Nós vamos nos destruir se ficarmos pulando no pescoço um do outro! Vocês não percebem?"

Esta nova maneira de lidar com super-heróis era revolucionária, em grande medida porque era completamente diferente do que a DC – que tinha inventado os super-heróis e basicamente detinha o mercado em 1961 – vinha fazendo.

"Duvido que você possa imaginar o impacto absoluto que aquela única HQ teve naquela época desértica e faminta por quadrinhos, em 1961", Alan Moore, o grande autor britânico por trás de *Watchmen*, declarou sobre *Quarteto Fantástico* nº 3 em um ensaio de 1983. "Para alguém que tinha começado a se familiarizar com a delicadeza limpinha de *Liga da Justiça da América*, aquilo era um material inebriante, de fato."

Os heróis da DC eram insossos, mais estáveis e menos propensos a serem consumidos por suas emoções. Eles tinham menos fraquezas humanas e pouca caracterização além de fazerem o bem. Como resultado, eles pareciam mais como recortes de papelão do que pessoas reais.

"Se voltarmos até os primeiros quadrinhos da DC, como *World's Finest*,[8] onde que você tinha o Superman, o Batman e a Mulher-Maravilha – e foi o Steve Gerber [roteirista da Marvel durante os anos 1970] que disse isso –, você podia trocar as pontinhas dos balões de fala entre um personagem e outro que não faria a menor diferença", diz David Anthony Kraft, um roteirista e editor da Marvel nos anos 1970. "Todos eles falam exatamente a mesma coisa porque era como se não fossem vivos, não eram personagens."

Não era apenas o diálogo que separava a Marvel de sua concorrente; o panteão da DC era geralmente composto por membros mais poderosos, divinos e sem falhas.

"Há algo fundamental sobre o ambiente em que esses heróis foram imaginados", diz Joan Hilty, um editor da DC de 1995 a 2010. "Todos os heróis da DC são realeza. Superman é o último filho de um planeta alienígena. Batman é um cara super rico. A Mulher-Maravilha é uma princesa. O Lanterna Verde é um piloto de combate de primeira linha. Aquaman é o rei dos mares. Todos esses heróis surgiram nos anos 1930 e 1940, durante as Guerras Mundiais e a partir de um desejo de encontrar arquétipos que pudessem salvar países inteiros. Os personagens da DC são muito perfeitos e vinculados a um tempo diferente."

Os *alter egos* dos heróis também representavam a lei, a ordem e os valores convencionais. Jim Corrigan, o Espectro, é um policial. Katar Hol, o Gavião Negro, também é um policial, mas de um planeta alienígena. Barry Allen, o Flash, trabalha como um cientista da polícia. Ray Palmer, Átomo, é um professor universitário. Clark Kent, Superman, ajuda a corrigir os problemas da sociedade com sua máquina de escrever, trabalhando como jornalista no *Planeta Diário*.

Os mundos em que viviam eram limpos e arrumados. A DC já tinha dado o passo emocionante de montar seus heróis em um supertime, levando jovens leitores a um frenesi delirante, apenas para entregar uma história na qual o grupo gasta tempo debatendo as regras da etiqueta para as reuniões. As regras de procedimento parlamentar eram o maior supervilão deles. A primeira aparição da Sociedade da Justiça da América, da DC, em

---

[8] *World's Finest Comics* foi um gibi publicado pela DC, entre 1941 e 1986, e trazia sempre histórias com Superman e Batman reunidos para uma aventura. Ocasionalmente, outros personagens convidados apareciam, como a Mulher-Maravilha. No Brasil, as histórias saíram em diversos títulos de várias editoras ao longo dos anos, muitas vezes sob o nome de *Melhores do Mundo*. (N. do T.)

1940, mostra na capa Gavião Negro, Flash, Lanterna Verde e o resto deles... sentando-se serenamente ao redor de uma mesa como se estivessem prestes a discutir os índices gerais de preço.

Durante as audiências do subcomitê do Senado de 1954, perguntaram à assessora da DC, dra. Lauretta Bender, se ela achava que Superman era uma boa influência.

"Uma boa influência", ela respondeu afirmativamente. "As crianças sabem que o Superman sempre vai estar do lado correto."

E, na década de 1960, cada vez mais isso se tornava um problema. Os heróis antissépticos da DC eram bem adequados para os conservadores dos anos 1940 e 1950, uma época em que McGraw-Hill produziu um vídeo educacional para o local de trabalho chamado "O problema com as mulheres", e Elvis Presley só podia aparecer na TV da cintura para cima.

Porém, na década seguinte, os Estados Unidos estavam mudando. Uma guerra impopular no Vietnã estava crescendo, mudando as noções de muitos americanos sobre a justiça do país. Os protestos pelos direitos civis estavam se espalhando por todo o território. A Alemanha Oriental levantou o muro de Berlim, e o confronto nuclear com a União Soviética parecia mais próximo do que nunca. Os Estados Unidos estavam se retirando da relativa segurança dos anos 1950 e atingindo uma idade mais volátil. E certos leitores estavam em busca de um tipo moderno de narrativa, que parecesse mais sofisticada, mais atual.

Lee e seus colaboradores, fosse por meio do bom senso ou por pura sorte, conseguiram introduzir um tipo diferente de herói em um momento em que os Estados Unidos estavam entrando em um período de revolta social histórica. Quem queria ler sobre um herói policial ingênuo quando se via a verdadeira polícia no noticiário, batendo em afro-americanos nas ruas? Como você não poderia revirar os olhos em uma história do Superman onde o herói usa seu poder praticamente ilimitado para descobrir quantas balas estavam em uma jarrinha misteriosa?

Quarteto Fantástico foi um sucesso imediato. O novo estilo de super-heróis de Lee e Kirby mexeu com o público, particularmente entre leitores mais maduros e experientes.

"Grande arte, personagens fantásticos e uma abordagem mais adulta para as histórias do que qualquer outro gibi", o leitor Len Blake escreveu em uma carta publicada em *Quarteto Fantástico* nº 4. "Vocês estão definitivamente começando uma nova tendência em quadrinhos – histórias sobre personagens que agem como pessoas de verdade, não apenas samaritanos bonzinhos que insultam a inteligência dos leitores."

Claramente a Marvel estava preparando algo, e, nos meses que se seguiram, Lee e seus colaboradores lançariam mais heróis dentro do molde inovador do *Quarteto Fantástico*. Muitas vezes eram pessoas comuns a quem – citando uma frase famosa – "grandes responsabilidades" tinham sido impostas, e eles tinham dificuldades em lidar com suas novas habilidades e com a melhor maneira de usá-las.

O Hulk, apresentado por Lee e Kirby em 1962, era o cientista Bruce Banner, atingido pela explosão de uma bomba de raios gama depois de correr para salvar um adolescente que equivocadamente andava pelo campo de testes. Ele então começou a transformar-se espontaneamente em um monstro irritado que poderia esmagar qualquer coisa em seu caminho. Assim como os personagens do Quarteto Fantástico, Banner entra em conflito com seus novos poderes, irrompendo em lágrimas pelo que ele se tornou na edição de estreia.

O Homem-Aranha fez sua estreia na revista *Amazing Fantasy* nº 15, com capa datada de agosto de 1962. O personagem era uma colaboração entre Lee e Steve Ditko, um recorrente freelancer da Marvel cujo estilo pendia para o estranho. Seus personagens eram desajeitados e esquisitos, tornando-se a escolha perfeita para desenvolver a história do nerd Peter Parker, um garoto infeliz e caxias do ensino médio que é mordido por uma aranha radioativa e ganha superforça e superagilidade. Embora o novo status do adolescente dificilmente resolva todos os seus problemas.

"Às vezes, eu odeio meus poderes de Homem-Aranha", o herói reclamou em uma das suas primeiras histórias. "Às vezes, eu gostaria de ser como um adolescente normal."

Reza a lenda que Goodman detestava aranhas e inicialmente recusou-se a publicar a história, antes de finalmente permitir que saísse em *Amazing Fantasy*, um título que já estava para ser cancelado.

Em 1963, a Marvel já tinha Homem-Formiga, Thor e o feiticeiro místico Dr. Estranho no seu curral. O Homem de Ferro, que estreou em março de 1963, serviu como um teste para esta maneira moderna de contar histórias. Como Lee diz, ele queria criar um personagem que os leitores achariam, na superfície, desagradável. E o que poderia ser mais desagradável no auge da Guerra Fria do que um fabricante de armas rico e arrogante?

Como os heróis que vieram antes dele, Homem de Ferro (escrito pelo irmão de Stan, Larry Lieber, e desenhado por Don Heck) também decolou.

"O sucesso da Marvel tinha a ver com a narrativa e com colocar um espelho diante do mundo real, não apenas para crianças, mas para um grupo crescente de adultos que estavam cansados dos personagens tradicionais da DC dizendo as mesmas coisas que diziam nas décadas de 1940 e 1950, 'Puxa vida!'", John Romita Sr. diz.

O que Lee e sua gangue haviam feito – como o jornal da contracultura *Village Voice* sugeriu em um artigo de 1965 – foi trazer os anti-heróis para os quadrinhos.

"Como um personagem tão irremediavelmente saudável como o Superman poderia competir com este símbolo vivo do dilema moderno, esse neurótico dos neuróticos, o Homem-Aranha, o super-anti-herói do nosso tempo?", Sally Kempton perguntou em um texto sobre o crescente tratamento "cult" em relação à Marvel.

O conceito de anti-heróis que a Marvel cooptou estava borbulhando na literatura há pelo menos uma década, começando em 1951 com *O apanhador no campo de centeio* e continuando com o clássico *beat* de 1957: *On the road – Pé na Estrada*. Foi um conceito que se mostrou particularmente atraente para aqueles tempos de moral turva. Os heróis da Marvel não eram os velhos personagens limpos e de queixo quadrado. Eles nem sempre agiam de forma heroica. Na verdade, a primeira onda de personagens da Marvel, de 1960, parecia ter mais em comum com os monstros que povoavam os gibis da empresa alguns anos antes.

"A DC veio de um tempo em que os heróis descendiam dos *pulps* – Doc Savage e O Sombra. Esses heróis nasceram bons. Tinham sorrisos brilhantes; tinham boas aspirações quando eram mais jovens", diz Neal Adams. Adams começou a desenhar para a DC em 1967 e se tornou um dos artistas que definiram a época, bem como uma das mais importantes forças dos bastidores da indústria.

A Marvel ergueu seu modelo tradicional lançando pessoas moralmente questionáveis como protagonistas. Peter Parker é um pária social que decide se tornar o Homem-Aranha apenas depois de sua inação para pegar um ladrão que levaria ao assassinato de seu amado tio. Dr. Estranho é um cirurgião arrogante que aprende sobre humildade – e os caminhos da magia – depois de perder o uso de suas mãos em um acidente. E o Hulk? Ele é literalmente um monstro.

"Todos esses personagens são babacas", Adams diz. "São pessoas ruins. Não são heróis. Todos os personagens de Marvel começaram como histórias de monstros, e de alguma forma encontraram o caminho para fazer coisas boas em suas vidas."

Os gibis de super-heróis da Marvel foram escritos de dentro para fora, com foco na caracterização, emoção e na turbulência interna dos heróis.

"As histórias da Marvel eram completamente sem estrutura", o ex-roteirista da Marvel e da DC, Mike Friedrich, diz. "Elas eram todas bagunçadas, movidas por emoções e pelos personagens. A DC falava com você sobre tramas, conflitos, resoluções e toda a análise tradicional de criação de histórias."

Para dar um dos exemplos preferidos de Stan Lee do estilo de narração da DC: aparecia um mistério o qual Batman seria requisitado para resolver. Surgia uma pista. Batman pegava a pista e, na última página, resolvia o mistério. Fim. Era tudo muito limpo e arrumado.

A nova linha da Marvel começou a crescer aos trancos e barrancos. A editora vendeu cerca de 18,9 milhões de revistas em 1960. Em 1964, esse número tinha explodido para 27,7 milhões.

"A Marvel vende rápido! A Marvel vende tudo!", promovia um anúncio de 1965. "Quando os fãs AVISTAM, eles COMPRAM!"

As limitações, porém, de seu acordo de distribuição com a Independent continuavam a aleijar a Marvel. Goodman e Lee não conseguiram colocar títulos individuais para seus heróis cada vez mais populares, e os personagens foram forçados a dividir espaço em um único título. Capitão América e Homem de Ferro dividiam *Tales of Suspense*, por exemplo.

O acordo de distribuição pobre de Goodman tinha um lado bom que se tornou evidente apenas em retrospecto. Permitia que um editor solitário, Stan Lee, supervisionasse toda uma linha de quadrinhos, impondo uma única visão e voz em todos os títulos. Nesse sentido, se você gostasse de uma revista da Marvel, era provável que fosse gostar de outra. A Marvel finalmente emergia como uma marca coesa.

"Stan tinha a intenção de construir uma empresa, construir uma entidade que seria chamada de Marvel Comics", diz Denny O'Neil, um antigo roteirista e editor da DC e da Marvel e um veterano de cinquenta anos da indústria. "Nunca houve tal intenção na DC. Eles publicavam quarenta títulos por mês, mas sem qualquer intenção de torná-los títulos característicos da editora."

Na DC, era como se cada um dos editores representasse uma marca separada.

"Desde a década de 1940, até a década de 1960, os editores de DC eram feudos independentes, nunca lendo os livros uns dos outros e raramente usando o talento um do outro", Bob Greenberger, antigo editor da DC, diz.

Como resultado, cada gibi de um editor tinha uma cara e uma pegada que poderia diferir em relação ao do outro cara no fim do corredor.

Na Marvel era diferente. Porque Lee tinha sido responsável por esta nova linha de super-heróis emergentes desde o início, ele conseguiu construir algo especial.

Um universo coerente.

E aquele universo Marvel provou ser um enorme argumento de venda para a empresa na década de 1960 e além.

O conceito de que os heróis viviam no mesmo mundo não era novo, é claro. O primeiro crossover entre super-heróis ocorreu em um gibi de 1940, *Mystery Comics* nº 8. Ali, os dois personagens originais da Marvel, Tocha Humana e Príncipe Submarino, lutaram um contra o outro na ponte do Brooklyn. A história foi tão épica que se espalhou para a próxima edição.

A DC também publicava crossovers ocasionais, embora os editores fossem notoriamente territorialistas e não gostassem de emprestar seus personagens a editores que trabalhavam em outros títulos.

Batman e o Homem de Aço se uniram nas páginas da edição nº 76, de 1952, de *Superman*, e os heróis da Segunda Guerra Mundial da empresa também apareciam lado a lado na *Sociedade da Justiça da América* durante a década de 1940. Mas a DC não tinha de fato um universo coeso.

Nem a Marvel. Tudo mudou em *Quarteto Fantástico* nº 4, de 1962. Nessa edição inovadora, Johnny Storm encontra um homem misterioso em um abrigo de sem-teto, que era, na verdade, o Príncipe Submarino. Com essa simples reviravolta, Lee e Kirby não só fizeram todos que tinham idade o suficiente para se lembrar da figura desaparecida da Era de Ouro pirarem, como também introduziram a ideia de que os integrantes do Quarteto

Fantástico não eram os únicos personagens superpoderosos habitando aquele mundo.

Lee e Kirby também tiveram o bom senso de fazer com que o mundo em quatro cores parecesse o máximo possível com o nosso. Eles colocaram o Quarteto Fantástico e as aventuras dos heróis que vieram a seguir em Nova York, em oposição às cidades ficcionais dos títulos da DC, como Metrópolis e Central City.

O cenário da vida real ajudou a fundamentar histórias da Marvel – John Byrne, o futuro artista da Marvel, admitiu que quando lia *Quarteto Fantástico* quando criança, no Canadá, pensou que eles poderiam ser reais –, e isso permitiu uma maior continuidade entre os títulos. Logo, o Incrível Hulk estava batendo no Coisa, e o Aranha faria uma tentativa de entrar para o Quarteto Fantástico em *O espetacular Homem-Aranha* nº 1. No que talvez seja a maior reviravolta de todas, o Capitão América foi revivido na edição nº 4 dos *Vingadores*, em 1964, tendo passado as décadas anteriores preso em um bloco de gelo. Ele logo foi integrado ao universo Marvel contemporâneo, tornando-se uma das suas figuras mais importantes. Compare isso com a volta da Sociedade da Justiça da América na década de 1960, feita pela DC, que colocou em quarentena os heróis veteranos em um universo alternativo em relação àquele habitado pelos nomes contemporâneos da DC.

A Marvel também foi pioneira na ideia de histórias contínuas. Em 1962, Lee estava cada vez mais ocupado e já não tinha tempo para elaborar histórias apertadas e autônomas. Como uma trapaça, ele pegava uma história e a esticava em várias edições, deixando um gancho no final de cada uma. A ideia ia contra as práticas padrões da indústria, porque a natureza aleatória da distribuição de quadrinhos significava que um cliente nunca poderia ter certeza de que poderia encontrar edições consecutivas em sua banca local.

Mas o novo formato não fez com que os leitores abandonassem a Marvel; na verdade, eles estavam sendo atraídos mais profundamente para este mundo ficcional crescente, e, em alguns casos, comprando todos os títulos que a empresa produzia.

Os leitores também estavam curtindo a arte, em grande parte entregue por Kirby. Seu traço era meio rochoso, suas silhuetas meio que encaixotadas, e os dedos dos personagens eram quadrados nas pontas, dando aos gibis uma qualidade mais crua do que os dos concorrentes da Marvel.

"Apenas alguns meses depois, eu não conseguia olhar para Infantino ou [Gil] Kane ou [Curt] Swan ou qualquer um dos outros artistas da DC desse período sem sentir que faltava algo", Alan Moore escreveu sobre a descoberta dos primórdios da Marvel. "Uma falta de agressividade, ou coisa assim."

Além de oferecer um aspecto artístico único, Kirby ajudou a estabelecer o estilo visual da Marvel. Seu modo de contar histórias logo se tornaria o padrão na editora, e Lee usaria as páginas de Kirby como um guia para mostrar aos outros artistas o que fazer. Kirby tornou-se tão importante para a Marvel que o colorista Stan Goldberg costumava brincar que, quando ele e o arte-finalista Frank Giacoia almoçavam com Kirby, os dois ficavam um de cada lado do artista-estrela ao atravessar a rua, para proteger Kirby do tráfego que se aproximava.

A arte de Kirby era como um filme mudo que explodia apenas nos momentos mais dramáticos. Tudo ia para o volume máximo. Mesmo as ações mais simples tinham que ser exageradas. Nada ficava no meio do caminho. Se alguém fosse desferir um soco, o artista desenharia os desdobramentos de uma rebatida tão poderosa que parecia que iria arrancar o braço do lugar. Quando um personagem estava com raiva, todos os tendões de seu corpo se retesavam.

A arte da Marvel transmitia uma sensação de movimento e drama que poucos gibis tinham na época.

"O que me atraía na Marvel era, em primeiro lugar, o seu senso de dinamismo", o escritor Peter Gillis, que roteirizou os títulos dos *Defensores* e *Dr. Estranho* para a Marvel nos anos 1970 e 1980, disse em 1985. "Eu peguei uma edição de *Tales of Suspense* com uma história de dez páginas do Capitão América desenhada por Jack Kirby, e havia mais emoção nessa história do que em praticamente todos os gibis da DC que eu li até aquele ponto."

"É uma coisa simples, mas mesmo hoje eu não acho que a DC entenda completamente", Lee disse em 2000.

Se a arte da Marvel era um café expresso duplo, a DC era como um agradável chá-verde. A editora gostava de um estilo mais limpo, mais tecnicamente correto do que o que Kirby, Ditko e os outros estavam fazendo para a Marvel.

Os artistas da DC eram forçados a trabalhar dentro de um estilo já estabelecido da casa, que dominava o layout da página e a aparência dos desenhos. O lema do editor Julie Schwartz era: "Se não for limpo, é inútil."

Carmine Infantino e outros artistas favoritos da DC na época sem dúvida eram homens talentosos. A arte que eles produziram era bela. Era correta nas referências e precisa anatomicamente. Faltava apenas um certo arroubo, uma certa energia, um certo perigo que fizesse o coração dos leitores disparar.

A Marvel era mais experimental, mais agressiva.

"A Marvel é uma cornucópia de fantasia, uma ideia selvagem, uma atitude espalhafatosa, uma fuga do monótono e do prosaico", Lee escreveu, resumindo o que era a Marvel. "É... uma celebração literária de criatividade desenfreada, juntamente com um toque de rebeldia e um desejo insolente de cuspir nos olhos do dragão."

No meio dos anos 1960, o cuspe começaria a entrar no caminho da DC.

3

A rivalidade pega fogo

"No começo, éramos apenas nós dois no escritório. A DC era tão grande, e nós éramos os pequenos. Eles tinham Batman e Superman. Era como noite e dia, uma pequena empresa diante de uma grande empresa."

– Flo Steinberg, antiga assistente de Stan Lee

Em 1962, o barco da DC estava furado e se enchendo de água. A empresa estava começando a afundar – só não sabia ainda.

Enquanto os executivos permaneciam felizes e ignorantes, dois funcionários precavidos tentaram soar o alarme.

Tanto Bob Haney quanto Arnold Drake estavam escrevendo para a editora desde meados da década de 1950. Haney era um homem grande – que viera ao mundo com colossais cinco quilos – e havia crescido na era da Grande Depressão em favelas conhecidas, como Hoovervilles, próximas da Filadélfia. Ele havia trabalhado principalmente nos quadrinhos de guerra da DC. Drake era nativo da cidade de Nova York e um judeu praticante. Escrevia para as antologias de ficção científica e de mistério da DC.

Em uma noite, enquanto trabalhavam até tarde, a dupla decidiu ir até o outro lado do número 575 da Lexington Avenue, onde ficava a Independent News, para folhear (e possivelmente roubar) algumas revistas que a empresa irmã da DC estava distribuindo.

E foi quando – apenas alguns meses depois da publicação de *Quarteto Fantástico* nº 1 – eles tiveram sua primeira noção de que a indústria estava prestes a ser virada de cabeça para baixo.

"Olhamos para aquelas coisas da Marvel e dissemos: 'Olha isso!'", o falecido Haney disse em 1997. "Kirby estava fazendo coisas excelentes, e Stan Lee estava editando e escrevendo. E nós dissemos: 'Esse material é sensacional! São quadrinhos estranhos, legais de verdade!'"

Embora ambos estivessem quase na faixa dos 30, alguma coisa daquele estilo jovem e descolado da Marvel deixou-os alvoroçados. Drake e Haney pegaram algumas revistas e mais tarde foram ver o editor da DC, Irwin Donenfeld. Eles empurraram as revistas da Marvel com confiança na direção dele e pediram para o executivo dar uma olhada. Aquilo sim, os escritores alegaram, era "um material ótimo", e era melhor que Donenfeld reconhecesse que algo novo estava acontecendo no mercado.

Donenfeld os dispensou. Ele não viu o que Haney e Drake tinham visto. "Faturamos 100 milhões de dólares por ano e eles faturam 35 milhões", o editor disse, na defensiva.

"O que estava acontecendo era a revolução Marvel, e nós apontamos para ele", Haney disse. "E ele não reconheceu. Então as vendas da DC começaram a cair… Éramos como a General Motors, que não conseguia mais vender cada carro que fazia."

O gigante estava vacilando. As vendas da DC atingiram o pico em 1963 e começaram a cair em 1964. As da Marvel, contudo, continuariam a subir ao longo da década.

O problema que a DC logo enfrentaria não era a quantidade de quadrinhos vendidos, mas qual porcentagem. Na época, os quadrinhos eram tratados como outras publicações periódicas. A editora produzia uma grande tiragem, que o distribuidor entregava às bancas de jornal e outros estabelecimentos. Os gibis eram colocados à venda por um período de tempo fixo e, no final desse período, as capas daqueles que não haviam sido vendidos eram retiradas e devolvidas por crédito. Na maioria dos casos, um número significativo de exemplares não era vendido, e, eventualmente, era destruído, custando à editora papel, impressão e custos administrativos.

Em 1962, enquanto Drake e Haney alertavam Donenfeld a respeito da potencial adversária da DC, o executivo tinha boas razões para se sentir invencível. A DC lançou 343 gibis naquele ano, mais do que qualquer outra editora no mercado (um feito que ela manteria até 1973). *Superman* era o título número 1 de todos, e a DC monopolizava sete das outras posições entre os dez primeiros. Na superfície, a editora parecia dominante. Por baixo, os números começariam a revelar outra história.

A DC estava no topo apenas porque imprimia muito mais títulos. O problema era que a taxa de vendas da editora, o percentual da tiragem que os consumidores estavam realmente comprando, era mais frágil em relação ao da Marvel. Era um indicador claro de que os leitores da sua concorrente estavam em menor número, mas eram muito mais entusiasmados.

"A Marvel estava indo muito bem", Carmine Infantino, da DC, disse em uma entrevista em 2000. "Sabíamos disso porque a DC – a Independent News – distribuía a Marvel na época e os números estavam subindo. A Marvel tinha gibis como *Homem-Aranha* vendendo 70, 80 e até 85 por cento das tiragens. E nós tínhamos gibis que vendiam 40, 41 e 42 por cento. Algo estava errado e os executivos da DC não sabiam como consertar."

A Marvel estava se tornando tão popular – e rentável para sua distribuidora – que, em 1963, a Independent News aceitou uma expansão dos títulos. A Marvel já podia ter de dez a quatorze gibis por mês.

Os super-heróis estavam em voga, então Goodman pediu que Lee criasse mais alguns. Lee inicialmente se uniu ao criador do Príncipe Submarino, Bill Everett, para criar um novo personagem. Mas quando Everett ficou para trás no cronograma de arte, Lee foi forçado a recorrer ao plano B. Usando um truque da DC, Lee reuniu membros existentes do rol de super-heróis da editora em um único time poderoso, exatamente como a Liga da Justiça. O uso de personagens já existentes serviu para que ele e o artista Jack Kirby se livrassem da tarefa de criar alguns novos, e permitiu que a edição fosse finalizada mais rapidamente e pudesse chegar à gráfica a tempo.

Vingadores nº 1, com data de setembro de 1963 na capa, apresentava Homem de Ferro, Homem-Formiga, Thor, Vespa e Hulk se juntando para derrotar Loki – outro personagem preexistente apresentado na revista do Thor no ano anterior.

O outro novo título da Marvel daquele mês tinha ainda mais em comum com um certo título da DC – muito mais. As semelhanças eram tão misteriosas, tão escancaradamente inacreditáveis, que as teorias da conspiração rapidamente brotaram e persistem até hoje.

A revista dos *X-Men* estreou no verão de 1963, e – nenhuma surpresa aqui – foi escrita por Lee e desenhada por Kirby. Era sobre o Professor X, um homem preso a uma cadeira de rodas que administrava uma escola com base em Westchester para jovens superdotados. O Fera era um gênio com porte símio e habilidades atléticas, a Garota Marvel possuía o poder da telecinese, Ciclope podia disparar um feixe de energia de seus olhos, o Homem de Gelo controlava o frio e o Anjo podia pairar pelo ar com asas de pássaro. A diferença aqui é que esses heróis não tinham adquirido os seus poderes por raios cósmicos ou algum acidente científico: eles nasceram com eles graças a uma mutação genética.

Lee ofereceu a série a Goodman e a chamou de "Os Mutantes". Goodman rejeitou o título, argumentando que as crianças não teriam nenhuma ideia do que seria um mutante. Lee saiu da reunião pensando: "Isso demonstra como algumas pessoas em grandes posições são idiotas", como ele contou na edição de 2016 da Comic Con de Nova York. Então Lee sugeriu *X-Men* no lugar – o X significando "extra", em referência às habilidades dos garotos.

A capa da edição nº 1 prometia "os super-heróis mais estranhos de todos!". Só que não eram. A DC derrotou a Marvel nisso.

Três meses antes, a rival da Marvel tinha lançado na *My Greatest Adventure* nº 80 a primeira aparição de um novo time, chamado Patrulha do Destino. O artista era Bruno Premiani, e o roteirista era ninguém menos que Arnold Drake – ou seja, um dos poucos na DC que pareciam estar prestando atenção no que estava rolando na Marvel. Sendo assim, provavelmente não foi coincidência que a Patrulha do Destino foi o que chegou mais perto de um gibi da Marvel dentre as coisas que a DC produzia na época.

"Um dos poucos artistas que encararam o desafio estilístico da Marvel foi Arnold Drake", diz Paul Kupperberg, um antigo roteirista e editor da DC que reiniciaria as histórias da Patrulha do Destino em 1977. "*Patrulha do Destino*, se você ler hoje, era um gibi muito sofisticado para a época. Tinha uma continuidade impetuosa e aquela interação entre os personagens no estilo Marvel. Arnold viu o que estava acontecendo."

A Patrulha do Destino nasceu quando Murray Boltinoff, outro editor de longa data da DC, decidiu mudar a *My Greatest Adventure*. A antologia, que contava com uma ampla variedade de histórias, de ficção científica a monstros, estava cambaleando, e Boltinoff tentou aumentar as vendas injetando o sabor do momento: super-heróis. Ele pediu ideias para Drake.

Durante um único fim de semana, Drake, com a ajuda de seu amigo Haney, teve uma série de ideias que, como Drake descreveu, tentaria deslocar o super-herói para o mundo real e afirmar: "eles também têm problemas. Não se vive sem problemas."

A história mostrava um gênio preso a uma cadeira de rodas, conhecido como Chefe, reunindo uma equipe de esquisitos para combater o crime e corrigir o que estava errado. A atriz Rita Farr, o piloto de testes Larry Trainor e o piloto de corrida Cliff Steele são todos sobreviventes de acidentes bizarros que lhes concederam poderes especiais. Depois de inalar gases vulcânicos na selva africana, Farr torna-se capaz de encolher e esticar seu corpo, assumindo o nome de Mulher-Elástica. Trainor (também conhecido como Homem-Negativo) é exposto à radiação cósmica enquanto pilota um avião na atmosfera, e de repente pode projetar de seu corpo um ser de energia negativa. Steele é mutilado de forma horrível durante uma corrida de automóveis, e seu cérebro é transferido para um corpo mecânico, transformando-o no Homem-Robô.

Como os integrantes do Quarteto Fantástico da Marvel, esses personagens ressentiam as grotescas transformações às quais seus corpos tinham sido submetidos e odiavam ser super-heróis. A primeira edição se refere a eles como "vítimas de um destino cruel e fantástico".

Estes não eram os típicos heróis da DC, luminosos e de "dentes brilhantes" (como Neal Adams os definia). Eles eram aberrações falhas. "Decidi que queria um super-herói para os nerds do mundo", Drake dizia sobre o Chefe.

My Greatest Adventure nº 80 chegou às prateleiras em abril de 1963. *X-Men* nº 1 chegou em julho, e os paralelos eram – digamos – fabulosos. As chances de que duas editoras de quadrinhos, de forma completamente independente, lançassem um novo gibi sobre uma equipe de aberrações lideradas por um mentor com intelecto de um gênio, numa cadeira de rodas, num intervalo de algumas semanas, pareciam tão prováveis quanto

Aquaman investir nas ações do Seaworld. As semelhanças eram muito flagrantes para ser coincidência. Pelo menos na mente de Drake.

Depois que *X-Men* nº 1 apareceu, Drake entrou no escritório de Weisinger para levantar a questão. O editor simplesmente o dispensou, dizendo a Drake: "Não fique muito alvoroçado. Seu homem na cadeira de rodas não é uma ideia nova. Nero Wolfe nunca deixa suas orquídeas para resolver um crime."

Mas os clássicos detetives das poltronas na ficção, como Wolfe, não eram paraplégicos. Professor X e o Chefe eram. Stan Lee tinha copiado a ideia dos X-Men de Drake?

Mais uma situação nebulosa vinha de outro paralelo incrível. Na edição de março de 1964, a Patrulha do Destino enfrentou um grupo de patifes chamados a Irmandade Negra. No mesmo mês, em *X-Men* nº 4, o Professor X e seus mutantes combatiam a Irmandade de Mutantes. Uma única coincidência é uma coisa. Duas é difícil de engolir.

Porém, no fim das contas, pode ter sido exatamente isso: coincidência. A logística da criação de quadrinhos torna improvável a perspectiva de um plágio. Teria sido impossível para o editor da Marvel ter lido *My Greatest Adventure* nº 80 em abril e então escrever, desenhar, letreirar e imprimir um copião em julho – simplesmente não havia tempo de execução suficiente. Por mais improvável que pareça, a coisa toda poderia ser resumida como acaso – uma conclusão que Drake aceitou. Inicialmente, pelo menos.

Quando perguntaram a ele em 1984 a respeito da possibilidade da Marvel ter copiado a Patrulha do Destino com os X-Men, Drake minimizou as chances. "Não, a menos que alguém estivesse olhando por cima do meu ombro enquanto eu escrevia", ele disse. "*X-Men* saiu quase ao mesmo tempo – apenas um pouco depois."

Mas, no final de sua vida, ele reconsiderou as acusações, alegando que Stan Lee tinha "conscientemente" roubado a ideia dos X-Men dele.

"Inicialmente, eu raciocinei que não havia tempo o bastante para ter sido um plágio. Mas naquela época eu não sabia que havia tantos artistas da DC que já estavam trabalhando para Stan", Drake disse em 2003. "Em resumo, a partir do dia em que eu deixei meu primeiro roteiro de Patrulha do Destino na mesa de Boltinoff, alguma notícia poderia ter vazado para a Marvel sobre uma 'equipe de anti-super-heróis liderada por um gênio cientista em uma cadeira de rodas'. Então a questão do plágio permanece aberta. E, a menos que alguém dê um passo à frente e diga: 'Sim, um dia eu contei a Stan a respeito disso', nunca será fechada."

Quanto à coincidência da Irmandade, é possível que tanto Lee quanto Drake pudessem ter simplesmente se inspirado nos jornais. Um artigo de 24 de setembro de 1963 sobre o crime organizado foi distribuído para diversos jornais do país, trazendo um título em que se lia: "Irmandade do Mal". É possível que ambos os homens tenham visto a matéria enquanto preparavam as edições de suas respectivas revistas, que seriam lançadas quatro meses depois, e gostaram do som da frase.

Da sua parte, Lee afirma que não tinha ideia de que a DC havia produzido um gibi com um líder de equipe em uma cadeira de rodas, caso contrário ele nunca teria feito os X-Men. "A última coisa no mundo que eu queria fazer era algo que fosse como a DC", ele disse em 2003.

Em 2005, dois anos antes de morrer, Drake recebeu um prêmio honorário durante a Comic-Con de San Diego. Ele recebeu o prêmio em frente a uma casa cheia de profissionais de quadrinhos, e antes de sair do palco não conseguiu resistir a uma última cutucada em Lee. Drake terminou seu discurso com uma música à capela que ele escreveu, que incluía os versos "Ouvi alguém dizer / que Stan Lee ficaria com os créditos / do Homem-Aranha ao Novo Testamento". Muitos presentes engasgaram.

A tragédia de Drake é que poucas pessoas fora do meio dos fãs de quadrinhos sabem que a Patrulha do Destino (a primeira série foi cancelada em 1968) era uma série e um conceito indiscutivelmente inovadores e originais como os X-Men. Mas, como tantos outros duelos apertados entre as duas empresas, a Marvel de alguma forma saiu por cima.

Stan Lee certamente ganhou a batalha de relações-públicas. Pelas seções de cartas das suas revistas e em seu editorial, Lee falava diretamente aos leitores com um tom casual que ajudou a Marvel a estabelecer a personalidade divertida e jovial que conserva até hoje. Lee fazia os leitores se sentirem como se fossem parte de um clube especial, para aqueles que são inteligentes e seletivos o suficiente para ler os gibis da Marvel. Enquanto os editores da DC saíam nos impressos da forma que eram – homens de meia--idade, tensos, tipos executivos –, Stan trouxe uma sagacidade brincalhona e uma personalidade amigável.

> "Eu não sei se o material deles se deteriorou ou se vocês subiram o nível tanto assim, mas a concorrência agora parece uma porcaria, eca!"
>
> – Paul Gambaccini, em uma carta impressa em *O espetacular Homem-Aranha* nº 7, em dezembro de 1963

> "Há, entretanto, uma empresa que lança quadrinhos que eu não hesito em chamar de lixo total. A empresa tem a pachorra de se referir a vocês como 'Marca Eca' enquanto eles relaxam e lançam os piores quadrinhos da história."
>
> – Robert Wilczynski, em uma carta impressa em *The Flash* nº 161, de maio de 1966

Parte de sua persona incluía dar cutucadas espirituosas na DC nas páginas das revistas. Ele se referia a eles como "Marca Eca", uma brincadeira com "Marca X", um eufemismo comum em publicidade usado para se referir a um produto concorrente que não se quer nomear. Lee lamentava que os "gatinhos assustados" tentavam desesperadamente imitar a Marvel e se oferecia para vender roteiros para eles.

A DC respondia às provocações ao se referir defensivamente à Marvel em suas seções de cartas como "Marca I", de imitadores, ou "Marca Ego". Robert Kanigher usava a sigla "CC Comics", supostamente para "copiadora" ou "cópia em carbono". A revista *Brave and Bold* nº 74 (novembro de 1967) abria com o Batman girando acrobaticamente em torno de um mastro de bandeira, vangloriando-se: "Aqui está algo que eu fiz antes de qualquer um, incluindo um certo cabeça-de-teia Peter-sei-lá-o-quê!" O insulto contra o Homem-Aranha provocou alguns fãs da Marvel.

Enquanto a Marvel dava largada à "Era Marvel" dos quadrinhos, a DC na maior parte do tempo permanecia alheia a tudo. A Marvel, desde 1961, tinha crescido o bastante para poder parodiar e pegar no pé da DC nas seções de cartas, mas, para aqueles que dirigiam a estimada editora, eles ainda não representavam uma grande ameaça na perspectiva comercial.

"Parecia que os editores da DC estavam tão institucionalizados, tão orgulhosos de suas maravilhosas conquistas, assumindo e mantendo os créditos de inventores dos super-heróis e agindo como se ninguém mais pudesse criar um super-herói tão bem quanto eles", disse o editor da DC

Joe Orlando em 1998. "Eles estavam apanhando da Marvel nas bancas de jornal e não estavam lendo aqueles gibis, nunca analisavam ou tentavam descobrir o que a concorrência estava fazendo. Eles tratavam sua concorrente com total desprezo."

Uma teoria sugerida pelo editor da DC, Irwin Donenfeld, para o sucesso da Marvel era que aquilo fora simplesmente um acidente. As crianças estavam ficando confusas nas bancas e, erroneamente, compravam gibis da Marvel em vez dos da DC, que eram o que elas realmente queriam. No início de 1966, Donenfeld procurou remediar o problema e o resultado foi uma das ideias mais ridículas da história da indústria.

Começando com os títulos datados de abril de 1966, Donenfeld tentou dar à linha DC um visual padronizado, acrescentando uma faixa quadriculada na parte superior da capa. "Não hesite", os anúncios da editora da época ordenavam, "escolha as revistas com o xadrez transado!".

"Naquela época, os quadrinhos estavam nas bancas nos espaços verticais para as revistas", Donenfeld disse em 1998. "Eu queria ter algo que mostrasse que a DC Comics era diferente de qualquer outra coisa... Então, onde quer que essas revistas estivessem expostas, você sempre conseguia ver um gibi da DC bem de longe. Era para nos distinguir dos outros."

O xadrez transado cumpriu seu papel. Eles distinguiram os gibis da DC de outros nas bancas. Só que talvez não tenha sido uma coisa tão legal.

"Foi a ideia mais idiota que já ouvimos", Infantino disse uma vez sobre os quadriculados, "porque os gibis eram ruins naqueles dias, e isso só mostrava às pessoas o que não comprar".

Por volta da época em que o xadrez circulava, Arnold Drake estava levando outra punhalada ao tentar fazer a administração da DC levar a sério o desafio apresentado pela Marvel. No dia 3 de fevereiro de 1966, Drake datilografou um memorando inflamado de sete páginas para Donenfeld, enumerando os motivos pelos quais ele acreditava que a Marvel estava na ascendente e também as mudanças que recomendava que a DC fizesse para acompanhar o ritmo.

"A Marvel era bem-sucedida por dois motivos principalmente", Drake escreveu no memorando. "Primeiro, eles estavam mais em consonância com o que estava acontecendo no país do que nós. E, o que talvez seja mais importante, direcionam seu material para uma faixa etária que nunca tinha lido quadrinhos na vida, em um número impressionante – o nível universitário (idades entre 16 e 19 ou 20 anos, digamos)."

Drake sugeriu o desenvolvimento de gibis voltados para diferentes faixas etárias. Os gibis que servissem de entrada, como o juvenil *Superman*, de Weisinger, teriam como alvo os leitores mais novos. O próximo passo seria os gibis de super-heróis de Julie Schwartz, como *Flash* e *Liga da Justiça da América*. Esses seriam para o leitor pré-adolescente. Finalmente, títulos como *Patrulha do Destino*, de Drake, seriam direcionados a outras faixas demográficas e teriam "conceitos adultos, linguagem adulta, um pouco de erotismo, um pouco de iconoclastia e algumas coisas mais 'cerebrais' de vez em quando".

A resposta de Donenfeld ao memorando era similar à sua resposta em 1962, quando Drake e Haney soaram o alarme.

"Você está falando muita merda", disse, irritado, o executivo para Drake. "Nós vendemos o triplo da Marvel."

A diretoria da DC pode ter sido desatenta quanto ao mercado em evolução, mas a editora mostrou alguns sinais de mudança durante a década. Sem dúvida, o ajuste mais duradouro foi a tentativa de criar um universo DC mais coerente, como a Marvel estava ocupada fazendo. Começando em 1963, cerca de dois anos depois do moderno universo Marvel ter nascido, a DC tomou medidas para simplificar todos os seus personagens dentro de um único mundo e acertar a continuidade entre os títulos.

Os heróis da DC já tinham aparecido nos gibis uns dos outros antes de 1963: Batman visitou a Fortaleza da Solidão do Superman na edição de 1958 da *Action Comics* nº 241, por exemplo, e o Flash foi convidado especial na edição nº 13 do *Lanterna Verde*, em 1962. Mas o universo não parecia particularmente coerente, e os editores da DC, irritadiços e territorialistas, muitas vezes não estavam tão interessados em permitir que seus heróis se cruzassem em outros títulos.

Essa resistência começou a diminuir com a publicação de *Brave and Bold* nº 50 (novembro de 1963). A série já tinha sido um local de testes para novos conceitos, similar a *Showcase*. A partir da edição 50, a revista passou a focar estritamente no encontro de dois super-heróis. A história inaugural estrelava o Caçador de Marte[9] e o Arqueiro Verde – não exatamente uma dupla campeã de audiência, mas as parcerias seguintes seriam escolhidas pelos votos dos fãs, como um anúncio prometia. Logo os Homens Metáli-

---

9 Por muitos anos chamado de Ajax no Brasil. (N. do T.)

cos juntavam forças com Átomo, e Batman lutava ao lado do Lanterna Verde.

Na mãe de todos os encontros, os dois superesquadrões da empresa – a Liga da Justiça e a Sociedade da Justiça – se cruzaram em *Liga da Justiça da América* nº 21 (agosto de 1963). A história se chamava "Crise na Terra Um", e se provou tão popular entre seus compradores – mas provavelmente não para o artista Mike Sekowsky, que deve ter conseguido uma tendinite ao desenhar todos aqueles personagens diferentes – que se tornou uma tradição anual. Também instaurou a palavra "Crise" como a marca da editora para eventos gigantescos envolvendo numerosos heróis.

A DC estava começando a forjar um universo. Diferente da Marvel, cujo universo tinha sido quase todo criado poucos anos antes e era controlado por um editor, a DC tinha que lutar com décadas de linhas narrativas (frequentemente contraditórias) criadas por dezenas de escritores, editores e artistas. O resultado foi uma cronologia confusa, onde nem tudo o que era publicado se encaixava perfeitamente.

O problema da continuidade seria algo com o qual a DC lutaria pelos anos seguintes e ainda luta hoje em dia, mas a empresa começou a tentar lidar com erros flagrantes que irritariam os leitores mais radicais, que cada vez mais se importavam com esse tipo de minúcia.

Mystery in Space nº 75 (de maio de 1962) foi o primeiro a corrigir retroativamente um erro passado, a fim de fazê-lo se adequar com a continuidade, uma prática que se tornaria típica da indústria nos últimos anos. A *Liga da Justiça da América* nº 4, de maio de 1961, incluiu uma cena em que novos membros são nomeados para inclusão no grupo. O Flash sugere Adam Strange porque "ele alcançou um excelente recorde".

Strange, um herói de ficção científica, apareceu pela primeira vez em 1958. Ele era um arqueólogo terrestre ordinário que, de repente, se vê transportado para um mundo alienígena chamado Rann. Lá ele faz amizade com uma linda mulher e se junta na luta de Rann contra invasores alienígenas.

Entretanto, como um leitor apontou na seção de cartas da *Liga da Justiça da América* nº 6, a Liga não poderia conhecer Adam Strange porque nunca foi mostrado o encontro entre eles.

Schwartz resolveu a discrepância ao escrever uma história em *Mystery in Space* que se passava entre *LJA* nº 3 e nº 4, detalhando um encontro entre Strange e os super-heróis.

Por volta dessa época, a DC também começou a renovar alguns dos seus personagens, sendo mais notável o trabalho feito com o Batman. O herói é uma franquia de vários bilhões de dólares nos dias de hoje, mas no início da década de 1960, Batman estava à beira do cancelamento e correu o risco de desaparecer no esquecimento como outros personagens da era dos *pulps*, como o Fantasma. Imagine um mundo sem os filmes do Christopher Nolan, sem os desenhos animados matinais, sem os cereais açucarados do Batman...

Donenfeld passou para Julie Schwartz e o desenhista Carmine Infantino a tarefa de criar um "novo visual" para o personagem, e as vendas melhoraram.

Histórias com abordagens mais modernas também atingiram outros heróis da DC. O alter ego do Lanterna Verde, Hal Jordan, pediu a namorada, Carol Ferris, em casamento em 1966. Quando ela diz não, ele fica arrasado e sai vagando pelos Estados Unidos em uma história de várias partes. Em uma edição, ele vai trabalhar como investigador de seguros no estado de Washington – um dos seres mais poderosos do universo reduzido a investigar colisões entre automóveis.

Um roteirista que introduziu uma sensibilidade estilo Marvel na DC foi Jim Shooter, um nativo de Pittsburgh que vendeu sua primeira história para a DC em 1965, na tenra idade de 13 anos.

Shooter crescera lendo os gibis da DC, mas os abandonou depois que achou que estava muito velho para eles. Poucos anos depois, durante uma internação hospitalar aos doze anos, descobriu uma pilha de quadrinhos em seu quarto. Folheou *Superman* e descobriu que não tinha mudado muito desde que era um garotinho. Jogou o gibi de lado, entediado. Então pegou uma pilha de quadrinhos da Marvel e sua mente juvenil pirou. Lá, ele testemunhou uma maneira totalmente nova de contar histórias, uma maneira mais madura de lidar com super-heróis.

"Os personagens da Marvel pareciam mais reais, mais como as pessoas", Shooter diz. "Daí eu pegava um gibi do Superman e lá estava ele inaugurando uma ponte ou algo do tipo."

O roteirista em ascensão começou a formular um plano para ganhar dinheiro para sua família em dificuldades. Ele pensou que poderia ajudar a elevar as histórias mais fracas da DC, enviando aos novos editores roteiros no estilo de Stan Lee.

Ele criou um conto da Legião dos Super-Heróis, um grupo de jovens benfeitores do século XXX, porque sentiu que era a revista que "precisava de mais ajuda". Então mandou a história, não solicitada, a Mort Weisinger. O editor gostou, e logo Shooter estava escrevendo as histórias do Superman, bem como as aventuras da Legião.

Shooter começou a injetar nas suas histórias na DC alguns dos mesmos elementos que o atraíram na Marvel. Apresentou vilões memoráveis, incluindo o Parasita, e tentou ampliar a caracterização para estar mais alinhado com o estilo único da Marvel. Sob sua batuta, os integrantes da Legião dos Super-Heróis começaram a ter suas próprias personalidades distintas. Ferro, um personagem feito na onda do Homem de Ferro, que tinha poderes de transformar a si mesmo em metal, foi morto em uma reviravolta chocante, que trouxe uma certa angústia do estilo Marvel.

Shooter logo se tornou conhecido pela DC como o "escritor Marvel" – e isso não era um elogio. Os colegas de Weisinger o criticavam frequentemente por usar alguém que escrevia como Stan Lee.

"Mort me proibiu de ler os quadrinhos da Marvel porque achava que eles eram uma má influência", Shooter diz. "Eu o ignorei."

Quando a Marvel lançou um fã-clube em 1964, Shooter se inscreveu nele alegremente. Mais tarde, quando Lee prometeu imprimir o nome de cada integrante nas páginas das revistas da Marvel, Shooter viveu aterrorizado por meses, temendo que Weisinger visse seu nome e o demitisse. Isso nunca aconteceu, e Shooter continuou a escrever para a DC.

Apesar de toda a animosidade de Weisinger e da atitude desdenhosa entre o resto dos caciques da DC em relação à Marvel, eles estavam claramente preocupados com a empresa rival e tentaram copiá-la.

"Havia essa dicotomia estranha", Shooter diz. "As pessoas na DC ridicularizavam a Marvel Comics, mas também odiavam o fato de que eles estavam vendendo. Não conseguiam entender, pensavam que era como o bambolê, que era apenas uma moda e que iria embora, mesmo enquanto se esforçavam para imitá-los."

"Eu acho que a DC estava preocupada em permanecer relevante em um momento em que a relevância nos quadrinhos tinha sido transferida para outras pessoas", diz Brian Augustyn, ex-editor da DC. "A DC começou a tentar mexer com algumas das armadilhas da Marvel, os elementos superficiais, que conseguiam dar conta. Mas naquele momento eram homens de 45 anos tentando entender o que estudantes universitários queriam."

Um dos elementos da Marvel que era uma marca registrada e a DC tentou copiar foi a seção Bullpen Bulletins ("Boletins do Escritório"), a página de notícias e de bate-papo da Marvel com seus leitores. Em março de 1966, a empresa introduziu sua coluna de próximas atrações, chamada Direct Currents ("Corrente Contínua"). A coluna era uma demonstração clara de quanta dificuldade a DC teve ao copiar o sucesso da Marvel. Repetidamente, a editora se fixava em elementos de sua rival e tentava imitá-los de maneira equivocada ou errônea.

As Direct Currents tentavam imitar o máximo possível o estilo solto e cheio de gírias de Lee, mas acabou saindo como se tivesse sido feito por um computador chamado Aliterador 3000.

"Leia nesta página uma poderosa previsão das publicações populares produzidas pela DC!", lia-se em uma edição de junho de 1967. "Descubra que fabulosa ficção, forrada de facetas fascinantes, estará esperando por você nas bancas de jornal do seu bairro!"

Você praticamente consegue ouvir o escritor gritando desesperadamente escritório afora: "Alguém consegue se lembrar de outra palavra que comece com F?!"

As Direct Currents não tinham nada das Bullpen Bulletins. Não ofereciam um vislumbre do mundo dos quadrinhos da DC, nem do dia a dia no escritório, muito menos transformava os desenhistas e escritores da empresa em personalidades confiáveis. Não criava um vínculo especial com os leitores. Só estava lá.

"A DC tentou se equiparar e dizer: 'Ei, estou com vocês. Sou um de vocês', mas eles nunca conseguiram realmente", diz Scott Edelman, um editor da Marvel nos anos 1970. "Então eles faziam coisas que acabavam sendo zombadas. Era como se você assistisse episódios antigos de *A Família Sol-Lá-Si-Dó* ou *A Família Dó-Ré-Mi*, e sempre tivesse um velho vestindo um colete indiano com um símbolo *ankh* e cabelo meio comprido tentando se enturmar com crianças."

Parte da falta de fraternidade da DC com o leitor vinha da sua filosofia. A empresa não queria apresentar os leitores à sua equipe porque preferiria que aqueles que liam seus gibis não soubessem quem os criava. Para a DC, os personagens eram as estrelas. "Eu não quero que ninguém saiba quem *vocês* são, eu quero que eles gostem do Superman", Mort Weisinger disse uma vez para um de seus roteiristas.

Fazer quadrinhos foi uma atividade anônima por muitos anos. O escritor, o desenhista, o arte-finalista, o colorista, o letrista e outras mãos que os produziam raramente recebiam crédito pelo seu trabalho nas páginas das revistas. O artista poderia ocasionalmente esconder uma assinatura em uma página dupla ou colocá-la em segundo plano, como, por exemplo, em uma placa de carro. (Embora a DC normalmente apagasse isso antes das páginas serem impressas.) Créditos oficiais não eram parte do que era normal no negócio.

Até Stan Lee aparecer.

Os nomes dele e de Jack Kirby estão rabiscados no canto superior direito da primeira página de *Quarteto Fantástico,* nº 1, e a edição nº 9 do gibi começou a incluir uma página de créditos apropriada, dando parte daqueles que trabalharam na edição.

"Eu colocava o nome de todos. Eu até coloquei o nome do letrista embaixo", Lee diz. "Eu queria que parecesse um pouco como um filme. Queria que os leitores conhecessem quem éramos e se tornassem fãs. Eu queria personalizar as coisas, e não ficar só no: 'Estes são os gibis. Você os compra ou não compra. Você não sabe quem os fez e você não se importa.' Eu queria dar uma sensação amigável, como se fôssemos parte de um grupo de fãs, e de que gostávamos do que fazíamos e nos conhecíamos."

A DC foi lenta em seguir isso. Julie Schwartz tinha impresso os créditos para o escritor Gardner Fox e o artista Joe Kubert em uma edição de 1961 de *Brave and Bold* com o Gavião Negro, e fez o mesmo em outras histórias. Mas os créditos para os talentos da DC permaneceram dispersos durante os anos 1960.

"A DC não gostou que a Marvel colocara créditos na frente dos seus gibis", diz Peter David, um escritor de longa data de quadrinhos que tem trabalhado para a DC e para a Marvel desde os anos 1980. "Eles consideraram Stan um pujante filho da puta, colocando seu nome nos quadrinhos junto com o artista e o arte-finalista. Isso era algo que não se fazia."

A DC segurou, até que seus talentos forçaram a mão.

"Eles acabaram seguindo a abertura da Marvel quando vários criadores começaram a dizer: 'Espera aí – como a Marvel faz isso e vocês não?'", David diz.

Os únicos que não estavam obtendo o crédito apropriado na Marvel eram aqueles a quem a editora havia atraído da DC. À medida que a editora ascendente começou a engatar, vários artistas da DC começaram silenciosamente a fazer trabalhos freelancer para a Marvel. Muito silenciosamente. Muitos esperavam continuar recebendo da DC e, para evitar a ira dos seus editores, os artistas precisavam usar nomes falsos.

"Eu ouvi muitos freelancers falarem que era como o Muro de Berlim", diz o ex-editor da Marvel, David Anthony Kraft. "Você trabalhava para a Marvel ou para a DC. Não se trabalhava para ambas. Eu acho que a DC tinha uma política realmente rígida: você seria um traidor se fizesse alguma coisa para a Marvel."

Os primeiros a cruzarem o muro foram o arte-finalista Frank Giacoia, um competente artista que tinha trabalho no *Flash* e em alguns dos títulos de romances, e o desenhista de *Mulher-Maravilha*, Mike Esposito. A partir de 1965, o trabalho de Giacoia na Marvel aparecia creditado como "Frankie Ray", e o de Esposito como "Mickey Demeo". Jack Abel, especialista em Superman, começou a arte-finalizar o Homem de Ferro sob o nome de "Gary Michaels", e Gil Kane, o cocriador da versão dos anos 1960 do Lanterna Verde, assumiu o nome de "Scott Edward" para desenhar uma história do Hulk.

Lee se esbaldava com os roubos e ria da quantidade de grandes artistas que a DC tinha enterrado nos gibis de romance. A Marvel deu a esses caras a chance de realmente brilhar, mas a deserção poderia ser perigosa: os artistas corriam o risco de perder seu contracheque da DC, que na época era uma aposta muito mais estável que a Marvel.

O problema com a estratégia do pseudônimo era que os artistas muitas vezes desenhavam com um estilo distinto, e reconhecer seu trabalho não era tão difícil, independentemente do nome assinado.

Gene Colan, outro dos artistas subutilizados da DC, começou a trabalhar como freelancer para a Marvel sob o nome de "Adam Austin" em 1965.

"O jogo de adivinhação favorito de todo mundo hoje em dia é tentar descobrir a verdadeira identidade do poderoso desenhista do Príncipe Submarino, Adam Austin!", Lee escreveu em dezembro de 1965 na Bullpen Bulletins.

Colan desenhava com um delicado estilo a lápis, com um sombreamento exuberante, e não demorou muito para que o artista fosse descoberto. Logo depois que seu trabalho na Marvel começou a aparecer, Colan recebeu um telefonema de um fã dizendo: "Nem tente me enganar com essa história de Adam Austin. Eu reconheceria seu trabalho em qualquer lugar."

A sentença de morte veio depois, quando Colan estava nos escritórios da DC entregando algum trabalho. Quando ele se dirigiu ao elevador para ir embora, as portas se abriram e de lá saiu o chefão da Marvel, Martin Goodman. "Oi, Gene", Goodman disse, e, com isso, todos os planos de Colan de continuar a trabalhar escondido para ambas as empresas desapareceram.

No dia seguinte, Lee lhe ofereceu um trabalho em tempo integral, e ele passou a ser fixo da Marvel, desenhando *Demolidor*, *Capitão América* e *Doutor Estranho*, dentre muitos outros.

Deserções de escritores eram menos comuns na época, em parte porque Lee conseguia lidar com todos os títulos que ele tinha permissão para lançar dentro do contrato de restrição da Independent News. À medida que a Marvel ganhava autorização para lançar mais material, uma maior mão de obra se fazia necessária. O salvador de Lee viria da DC.

Roy Thomas era um professor de ensino médio do Missouri que estava entre os fãs mais proeminentes da indústria. Publicava o fanzine *Alter Ego* desde 1964, e suas cartas apareciam com frequência tanto em publicações da DC quanto da Marvel.

Thomas, por meio da base de fãs, desenvolveu inúmeros contatos na indústria de quadrinhos e, em 1965, deixou o Missouri e se mudou para Nova York para assumir um trabalho na DC como assistente de Mort Weisinger. Ele finalmente realizou o sonho de estar na indústria dos quadrinhos.

Esse sonho logo se tornou um pesadelo ao trabalhar para o monstruoso Weisinger. Depois do trabalho, Thomas voltava para casa, um quarto de hotel sujo, e sentia lágrimas descendo pelos olhos. Desesperado, decidiu escrever uma carta para Stan Lee, apenas dizendo ao editor da Marvel que era fã de seu trabalho. Lee logo telefonou para Thomas, oferecendo-lhe um teste de roteiro. Thomas foi aprovado e recebeu uma oferta de emprego durante um almoço, apenas oito dias depois de começar na DC.

Ele voltou do almoço direto para os escritórios da DC para dar a notícia, e Weisinger o enxotou do escritório imediatamente, acusando-o de ser um espião da Marvel.

A contratação acabaria por ser transformadora para a Marvel, e Thomas se tornaria uma figura importante no desenvolvimento da empresa nos anos 1960 e 1970, à medida que as vendas da editora avançavam.

O crescimento da Marvel era tão forte e sem precedentes que seu editor logo declarou vitória sobre a DC. Em abril de 1968, a coluna Soapbox, escrita por Lee, proclamava que a Marvel era "líder incontestável da indústria de quadrinhos".

A bravata era típica do estilo prepotente de Lee. A Marvel ainda não era bem a número 1 – marco que demoraria mais alguns anos –, mas tinha crescido de maneira notável.

Os títulos da Marvel vendiam tão bem que, em 1967, Goodman conseguiu torcer o braço da Independent News para permitir que eles lançassem ainda mais títulos. Subitamente, os personagens que antes tinham sido forçados a dividir os chamados gibis meio a meio conseguiram seus títulos independentes. *O Incrível Hulk, O Príncipe Submarino, O Invencível Homem de Ferro, Nick Fury: Agente da S.H.I.E.L.D.* e *Capitão América* apareceram nas bancas, aumentando substancialmente a presença da Marvel em 1968.

A expansão não era apenas para saciar o desejo dos leitores por mais Marvel, Goodman tinha um motivo oculto para impulsionar a produção da empresa – ele estava tentando lançar as bases para que a Marvel fosse vendida. Depois de décadas no negócio, produzindo *pulps*, revistas masculinas e quadrinhos, Goodman ficou cansado e desejava passar mais tempo com a família.

"Em 1968, Goodman já vinha publicando há quarenta anos", diz Robert Beerbohm, um historiador e revendedor que abriu uma das primeiras gibiterias dos Estados Unidos, em Berkeley, na Califórnia, em 1972. "Goodman dobrou ou triplicou suas publicações. Você podia pegar *Homem de Ferro* nº 1 e *Capitão América* em seus próprios títulos. De uma hora para outra, ocorre uma pequena enxurrada de quadrinhos de romance e guerra. As reimpressões entraram em linha de produção. Isso dava a percepção de números de circulação mais elevados, então ele ganhou mais dinheiro do que deveria ter obtido quando vendeu a Marvel."

Goodman repassou a Marvel em 1968 por cerca de 15 milhões de dólares para a Perfect Film and Chemical Corporation, um conglomerado miscelânea com um nome tão genérico que soava como uma frente corporativa para um vilão do James Bond. A Perfect Film tinha uma série de interesses, de livros de bolso aos "plásticos" citados em *A Primeira Noite de um Homem*. A venda levaria a Marvel de uma empresa modesta e familiar para uma corporação, e daria um passo significativo em seu longo e lento caminho de uma editora voltada para crianças até a fábrica de licenciamento corporativo e propriedade intelectual que hoje eles são.

Os novos proprietários da Marvel não possuíam nenhum interesse particular em super-heróis. A editora era apenas mais uma no cinto corporativo da Perfect Film.

"Eles eram péssimos proprietários. Eles não prestavam", diz Mike Hobson, publisher da Marvel entre 1981 e 1996. "Eles não se importavam com as coisas. Apenas tentavam comprar tudo."

A Perfect Film tinha, porém, um recurso que logo se provaria valioso para a Marvel: a Curtis Circulation, uma distribuidora de revistas.

O acordo de Goodman com a Independent News estava prestes a expirar, ele e o pessoal na Marvel sentiam que ter seu competidor controlando seu acesso às bancas de jornal era uma grande desvantagem, e que a Independent não trabalhava tão duro para vender os gibis deles como os da DC. Lee achava que a situação era similar à Ford ser contratada pela General Motors para vender seus carros.

Os vendedores da Independent alegavam que sua lealdade estava voltada acima de tudo para o que vendia bem, e que eles não mostravam nenhum favoritismo para a empresa-irmã. Esse poderia ser o caso. Infantino se recorda de visitar uma banca de jornal próxima do escritório da DC e ficar furioso ao encontrar os títulos de sua empresa atrás dos da Marvel.

"Eu estava... assistindo àqueles babacas proverem a Marvel em vez da gente – e eles estavam trabalhando para nós!", Infantino disse em 2010. "A Marvel conseguia lugares melhores nas bancas de jornal, o que não fazia sentido para mim."

Não importava se o trabalho com a Independent estava realmente prejudicando as vendas da Marvel – a empresa cortou os laços com o seu distribuidor de longa data e mudou-se para a Curtis. A partir das revistas de setembro de 1969, a Marvel tinha uma nova distribuidora.

Mais importante, a empresa cortou os laços financeiros com a DC. A rival da Marvel já não se beneficiava de todos os quadrinhos da Marvel vendidos e, de repente, o sucesso da Marvel se tornou uma ameaça muito maior.

A DC persegue a Marvel desesperadamente

"A mudança tinha que vir ou seríamos massacrados. Não podíamos continuar parados."

– Carmine Infantino, da DC

Os anos 1960 eram uma época mais simples, uma em que uma embalagem de seis cervejas custava 99 centavos, a TV oferecia só três canais e um par de rapazes suspeitos que administravam estacionamentos poderiam comprar a empresa líder de quadrinhos.

Estacionamentos. Batman e Superman, futuras propriedades de vários bilhões de dólares, estavam no mesmo nível que um pedaço de asfalto em Manhattan.

A Marvel não era a única que tinha novos proprietários no final dos anos 1960. A DC também havia sido comprada em 1967. A partir do início da década de 1960, o chefão da DC, Jack Liebowitz, se aproximando da idade de se aposentar, começou a procurar um potencial comprador para a empresa. Ele contratou um banco de investimentos para auxiliar na pesquisa e, em 1967, começou a negociar com o Kinney National Service, uma coleção acidental de empresas que se formou depois que uma empresa de estacionamentos de Nova York se fundiu com uma cadeia judia de cerimoniais fúnebres, uma empreiteira especializada em limpeza e outros negócios aparentemente não relacionados.

Havia rumores de que a Kinney teria conexões nefastas, mas Liebowitz não parecia se importar.

"Eles eram *hamisha* [tranquilos]. Judeus, ligados ao judaísmo", ele escreveu em seu livro de memórias.

Com a DC surfando na notoriedade e nos lucros gerados pela série de TV *Batman*, de 1966, Liebowitz sabia que estaria vendendo em um momento vantajoso. Kinney concordou em julho de 1967 em adquirir a DC por 60 milhões de dólares em ações. (Dois anos depois, Kinney, em sua tentativa aparentemente interminável de engolir outras empresas, comprou o estúdio de cinema Warner Bros. A DC mais tarde se tornaria uma divisão da Warner Communications.)

A fusão com a Kinney agitou fortemente a DC, levando-a às primeiras grandes mudanças de pessoal em anos. Liebowitz permaneceu no conselho de administração, mas Irwin Donenfeld, filho do cofundador da DC, Harry, foi forçado a sair.

"Eles me fizeram todos os tipos de promessas de que eu estaria nesta nova empresa," ele diria mais tarde. "E nenhuma dessas promessas se mostrou verdadeira."

Donenfeld saiu de forma tão abrupta que deixou para trás seus próprios exemplares de *Action Comics* nº 1, *Superman* nº 1 e outros quadrinhos antigos que hoje valem milhões.

O editorial também estava desmoronando sem uma liderança clara. Mort Weisinger e Jack Schiff eram considerados seniores, mas Liebowitz não queria nomear um deles como editor-chefe por medo de que o outro saísse, de acordo com Arnold Drake. Trazer um editor executivo de fora da empresa também foi discutido, mas Liebowitz concluiu que nenhum deles chegaria perto do pouco prestigiado negócio de quadrinhos.

Então Liebowitz fez uma escolha completamente inesperada.

"Eu entrei no escritório de Jack Liebowitz um dia e perguntei: 'Jack, a quem eu respondo agora? Quem está no comando?'", Carmine Infantino lembrou em 2010. "Ele disse: 'Você está.' Pá-pum, foi assim. Aquela foi bem direta, acertou em cheio. Fiquei atordoado. Todo mundo ficou atordoado."

Atordoado é o termo correto. Infantino era bem-visto como um artista – ele tinha desenhado o Flash renovado nos anos 1950 –, mas não tinha nenhuma experiência executiva, e sua promoção não inspirou exatamente a confiança entre as tropas. O desenhista Gil Kane quase caiu no chão rindo quando ouviu a notícia.

Indo mais fundo no assunto, a escolha não foi tão risível assim. Naquele momento, na história da DC, uma escolha segura não estaria de acordo com a situação. O mercado estava mudando, e a DC estava ficando para trás. Entregar as chaves para um membro entrincheirado da velha guarda não faria muito para ajudar a DC a recuperar o atraso.

"A Marvel estava acabando com a DC", Infantino escreveu em 2003. "A DC estava presa em um vórtice temporal, muito confortável com o que estava fazendo até a Marvel encontrar um material reluzente, novo e afiado e acabar com ela. A DC precisava de um chute no traseiro. E me colocaram no comando pra fazer isso."

Infantino também provou ser uma escolha lógica porque ele se destacava em uma área da publicação que seus chefes mais valorizavam: o design das capas. Antes de sua promoção a diretor editorial, Infantino havia sido encarregado de todas as capas da DC. Irwin Donenfeld, que analisava as vendas pelas imagens de capa como um apostador estudava um páreo de corrida, descobriu que as capas de Infantino vendiam melhor do que as desenhadas por outros artistas. Então Infantino parou de desenhar o *Flash* na edição nº 174, de novembro de 1967, e se concentrou quase que exclusivamente nas capas da editora.

O movimento chamou a atenção de Stan Lee, que logo entrou em contato com Infantino para oferecer-lhe um emprego na Marvel por três mil a mais do que os vinte mil dólares anuais que ele faturava na DC. O dinheiro falou mais alto, e Infantino decidiu aceitar a oferta. Ele chegou até a contar ao seu editor, Julie Schwartz, que ia sair.

Então Liebowitz telefonou, pedindo para levar Infantino para almoçar. Durante a refeição em um restaurante francês nas proximidades, o presidente da DC maliciosamente instigou o espírito de luta de Infantino. Ele disse ao artista: "Eu gosto bastante de você. Mas nunca pensei que tivesse medo de um desafio." A fala acertou Infantino em cheio, e ele prometeu voltar para a DC no dia seguinte.

Com um aumento, naturalmente. Graças à oferta de Lee, a DC aumentou o salário de Infantino para trinta mil dólares por ano. Era dinheiro bem gasto. As capas da DC logo melhoraram.

"Foi uma mudança muito sísmica, porque as capas da DC eram dirigidas pelos escritores", diz Mark Evanier. "Elas mostravam uma situação interessante, que você poderia descobrir se lesse os balões de fala. A maioria das capas de *Superman*, por um longo tempo, tinha Superman e Lois Lane apenas parados, reagindo a algum elemento da trama. E, então, depois que Carmine assumiu o design, as capas passaram a trazer cada vez mais cenas visualmente interessantes."

Na época, as capas da Marvel saltavam das bancas de jornal. Tinham energia e dinamismo, e muitas vezes capturavam a fração de segundo antes da violência cataclísmica entrar em erupção, completa com punhos e dentes cerrados. Um Surfista Prateado em movimento, prestes a acertar um retesado Thor, ou o Coisa e o Hulk prestes a trocar socos na cara. (Boatos diziam que os artistas da DC eram desencorajados de retratar conflitos violentos nas capas.)

"Marie Severin, que supervisionava cada capa que saía da Marvel, me deu um tutorial um dia", diz Steve Englehart, um futuro escritor notável que começou na Marvel em 1971. "Ela disse que todo o segredo da Marvel era: você pode estar de pé do outro lado da sala, olhar para uma capa da Marvel e saber o que acontece nela. Esse não era o caso das capas da DC. Ela disse que nossas capas eram mais fáceis de entender."

Severin realmente acreditava na superioridade das capas da Marvel – não apenas por sua capacidade de vender produtos, mas também de um ponto de vista filosófico. Um pôster da capa de *Flash* nº 198 (1970) estava preso na parede do seu escritório. A imagem sentimental mostra o herói de joelhos, as mãos cruzadas em oração, olhando para o céu com uma lágrima escorrendo pelo rosto, implorando: "Por favor, Deus, faça com que se torne verdade." Quando perguntaram por que ela decorou sua parede com essa imagem, Severin respondeu: "Porque eles são uns capados lá na DC."

Melhorar as capas da DC foi um passo na direção certa, mas, para citar um ditado de Jack Schiff, um editor da DC, "as capas vendem a edição do mês. Mas o conteúdo do miolo vende a edição do mês seguinte". O problema da DC em 1968 na administração de seus novos proprietários era que o interior de suas revistas não havia mudado tanto.

Mas Infantino, agora encarregado do editorial, se preparava para traçar um novo curso.

"Infantino certamente estava sob muita pressão", diz Friedrich, que começou a escrever para a DC em 1967. "A DC tinha donos corporativos.

A Marvel estava lançando toneladas de títulos e ameaçando o espaço da DC nas bancas de jornal. A DC estava ficando para trás, e sabia que tinha que fazer algo diferente."

O novo diretor editorial da empresa começou a tentar injetar "ar fresco" ao contratar novas pessoas. A DC até então tinha sido praticamente uma loja fechada, com os mesmos homens no editorial trabalhando com o mesmo grupo de escritores e desenhistas por anos. Os novos talentos nem sequer se preocupavam em tentar, porque sabiam que tinham poucas chances de entrar.

Um dos únicos rostos novos que conseguiu entrar foi Neal Adams. No começo dos anos 1960, Adams fazia trabalhos publicitários e desenhava uma tira distribuída para vários jornais. Quando ela foi cancelada, ele foi procurar trabalho. Telefonou para a DC e, para sua surpresa, recebeu uma proposta de reunião com o editor dos gibis de guerra da editora, Bob Kanigher. Os editores o tinham dispensado anteriormente, mas agora, com a ascensão da Marvel, a DC estava em pânico e precisava de sangue novo.

"Eu era o único contratado que tinha vindo do nada, do ponto de vista deles, e eles não iriam contratar mais ninguém. Eu fui o único desde 1953", Adams disse. "Eles haviam criado esse hábito há décadas – manter todas as outras pessoas fora, dar trabalho às pessoas que já tinham, protegê-las, e é isso. Sem mudanças. Eu pude penetrar nessa loucura."

"Vocês notaram a deprimente bagunça que são as IMITAÇÕES do material da Marvel que estão aparecendo recentemente? Imitações podem ser a forma mais sincera de elogio e tal, mas queremos ter a certeza de que não há nenhum 'marvete' com uma dessas versões inferiores da 'Marca Eca'."
– Stan Lee sobre seus competidores, em outubro de 1965

"É por isso que todos chamam as revistas dele de Marca I. I de imitador, I de "Incrível que sou". Na verdade, nós sentimos que essa porcaria só será lembrada quando Shakespeare e Scott forem esquecidos – e não antes disso!"
– O editor de *Superman*, Mort Weisinger, sobre Stan Lee, em março de 1966

Adams recebeu da DC algumas histórias curtas para fazer no começo de 1967. Na verdade, ele poderia ter acabado na Marvel em vez disso.

"Quando *Ben Casey*, a tira de Adams nos jornais, foi cancelada, corri para o escritório de Stan para fazê-lo ligar para o Neal e assinar com ele", diz John Romita Sr., um antigo desenhista e diretor de arte da Marvel. "Mas ele já tinha fechado com a DC."

Teria sido uma oportunidade perdida. Adams criou algumas das imagens mais icônicas da história da DC – e dos quadrinhos –, e sua arte ficaria intimamente associada à editora durante esse período de formação.

A DC aos poucos foi dando trabalhos mais substanciais ao seu novo artista, incluindo a estreia do Desafiador, introduzido na edição de outubro de 1967 de *Strange Adventures*. O Desafiador era o fantasma de um acrobata assassinado, que tinha o poder de possuir seres vivos. Os quadrinhos, escritos originalmente por Arnold Drake, estavam dentre as ofertas mais sofisticadas da DC e seriam um passo importante na maturação da forma de arte.

A arte de Adams certamente foi um salto à frente. Detalhada e quase fotorrealista, sem vestígios de um traço cartunesco, aquilo era algo novo para a DC. Adams também abalou suas páginas com layouts criativos, com quadros além do padrão de "grade" habitual. A aparência era tão chocante que foi preciso algum tempo até que os leitores da DC ficassem aclimatados.

"A arte do Neal Adams estava terrível", um leitor se irritou na seção de cartas de *Espectro* nº 4 (junho de 1968), outros quadrinhos de super-herói que Adams estava desenhando. Hoje em dia, os originais das capas e das páginas dessa mesma arte "terrível" são vendidos por dezenas de milhares de dólares em leilões.

Em 1968, Infantino começou a arejar as fileiras editoriais bolorentas da DC. Ele achava que os editores tinham uma inclinação "literária" (os cachimbos e as cotoveleiras contribuíam), e tentou enfatizar o lado artístico do negócio, para variar. Histórias em quadrinhos são, afinal, um meio visual. Infantino ajudou a trazer quatro novos editores, todos os quais eram artistas. O movimento era um risco e representava uma grande ruptura com a tradição. Editores eram tipicamente escritores, não artistas. Os artistas sabiam o suficiente sobre história e diálogo para supervisionar a produção de quadrinhos?

Os dois primeiros que foram contratados foram Joe Orlando e Dick Giordano. Orlando era um imigrante italiano que desenhava para a revista *Mad* e para uma revista de terror chamada *Creepy*. Giordano, considerado um dos melhores arte-finalistas de todos os tempos, trabalhava na Charlton, uma editora de segundo escalão em Connecticut que produzia histórias em quadrinhos de super-heróis, guerra e terror.

"Quando fui para a DC, eles queriam que eu respondesse à Marvel", o falecido Giordano disse em 1998. "Estavam à procura de novos editores porque estavam confortavelmente sentados em seus barcos a remo e a Marvel os ultrapassou, velejando direto para a liderança da indústria. A DC então procurava maneiras de voltar para o negócio."

Joe Kubert também foi trazido para a equipe. Kubert, um artista profissional desde os anos 1940, era mais conhecido por seus trabalhos nos quadrinhos de guerra da DC e por cocriar o Gavião Negro da Era de Prata. Nos anos 1970, ele abriu uma escola de desenho em Nova Jersey com o seu nome.

"Use uma gravata", Infantino falou para Kubert. "Agora somos editores."

O último da nova leva de contratações editoriais foi Mike Sekowsky, um desenhista alto e pálido cuja cabeça tinha uma grande cicatriz de um acidente de infância. Sekowsky tinha trabalhado na Marvel antes de embarcar numa longa fase da *Liga da Justiça* na DC.

Editores de longa data, como Julie Schwartz e Murray Boltinoff, foram mantidos para ter um "equilíbrio", nas palavras de Infantino, mas aqueles considerados um atraso na direção nova e ousada da DC foram deixados de lado, incluindo George Kashdan, que estava cuidando do *Aquaman* e do *Metamorfo*. Jack Schiff, que tinha supervisionado o *Batman* no fim dos anos 1950 e começo dos 1960, se aposentou.

Para Orlando e os outros, a entrada na cultura arraigada da DC em 1968 foi uma experiência intimidante.

"Era como entrar em um banco e pedir um empréstimo sem garantia", Orlando disse em 1975. "A analogia é que eu não tinha nenhuma garantia como um editor e lá estava eu sentado atrás de uma mesa, tomando decisões. Eu ouvia uns cochichos do tipo: 'Isso não vai durar.'"

Com os novos editores, veio um fluxo de novos talentos – jovens escritores e artistas, tipos que a DC não via há anos. A migração causou um choque de cultura.

Certo dia, em 1969, os executivos da DC estavam reclamando com os editores que dois entregadores foram autorizados a se sentar em um escritório externo o dia todo. "Não são entregadores", Giordano disse a eles. "São roteiristas."

Os "entregadores" eram Steve Skeates e Denny O'Neil, ambos com cerca de 20 anos. Skeates havia anteriormente trabalhado na Marvel e escrito histórias do Mestre Judoca, personagem da Charlton, um herói das artes marciais. O'Neil era um ex-jornalista e um rebelde da contracultura. Quando ele se formou no ensino médio, o diretor falou para sua mãe: "Nós nunca mais, sob nenhuma circunstância, queremos ver Dennis aqui de novo." O'Neil tinha sido atraído pelos quadrinhos por seu status marginal.

"Os quadrinhos tinham uma reputação ruim, o que para mim era ótimo", O'Neil diz.

Como Skeates, O'Neil também trabalhou para a Marvel e com Giordano na Charlton, e foi atraído para a DC com a promessa de mais dinheiro. (Durante os primeiros dias na DC, os dois foram proibidos de ir até o escritório da presidência, para que o velho não tivesse um ataque cardíaco por conta da aparência descuidada deles.)

Mike Friedrich era outra cara nova. Ele se tornou conhecido dos editores da DC ao escrever cartas de fã, e vendeu seu primeiro roteiro profissional em 1967, quando ainda era adolescente. Desesperada por agitar a empresa envelhecida, a DC estava subitamente determinadíssima a trabalhar com pessoas que tinham nascido depois dos tempos da charrete. O novo editor, Orlando, jurou que não contrataria um escritor com mais de 35 anos.

"Eu escrevi alguns roteiros no meu ano de calouro, e no ano de 1968 eles estenderam o tapete vermelho para mim e me trataram como a segunda vinda de Jesus à Terra", Friedrich diz. "Eu era o cara que iria fornecer a perspectiva jovem."

Marv Wolfman e Len Wein, fãs de longa data, que tinham vinte e poucos anos, também começaram a trabalhar. Sangue novo também passou a fazer parte do lado da arte. Os editores foram pressionados a modernizar a aparência de seus gibis, e a solução muitas vezes era trazer novos desenhistas e arte-finalistas.

"Quando Carmine ascendeu ao poder, ele começou a dispensar um monte de freelancers antigos", Evanier diz. "Havia muitos caras que trabalhavam para a DC desde os anos 1940, e Carmine decidiu que o trabalho estava obsoleto, o que talvez fosse verdade."

Muitos dos artistas que há anos vinham cuidando da arte nos títulos do Superman foram dispensados, incluindo Wayne Boring, Jim Mooney e George Papp.

"Antes de Carmine ser colocado como diretor editorial, havia um estilo estrito da casa, e se você não conseguisse desenhar nesse estilo, não conseguiria trabalhar", diz o ex-gerente de produção Bob Rozakis.

Infantino continuou a tentar tornar a DC um lugar amigável para quem vinha de fora. Ele montou uma sala de descanso onde freelancers e escritores poderiam se sentar e conversar amenidades – mas não editores. Adams, que muitas vezes trabalhava no escritório, também passou a convidar amigos desenhistas para passar o tempo ali. Isso acabou servindo como uma entrada pela porta dos fundos da empresa.

"Quando surgia um problema, Joe Orlando ou alguma outra pessoa descia e falava: 'Tenho uma nova história para passar. Quem quer fazer?'", Adams diz. "Eu falava: 'Tenho que terminar umas coisas. Quer tentar outra pessoa? Bernie Wrightson está bem aqui'."

Dessa forma, Wrightson, um especialista em terror que seria um dos criadores da longeva criatura da DC, o Monstro do Pântano, em 1971, entrou no esquema. Assim como Howard Chaykin, Alan Weiss e outros que se tornariam pilares da indústria. Quando os editores da DC precisavam de um artista, Adams provavelmente tinha um escondido em sua sala.

As fileiras dos escritores experimentaram seu próprio abate depois que Arnold Drake, Otto Binder, o escritor de *Superman*, Bill Finger, o escriba de *Batman* e outros abordaram o publisher da DC, Liebowitz, e demandaram benefícios, como pagamentos mais elevados, seguro-saúde e um plano de aposentadoria. Liebowitz, que nunca tinha sido particularmente generoso com o talão de cheques, de forma sagaz – e cínica – utilizou o sistema bipartidarista da indústria para a sua vantagem. Ele falou para os escritores irem falar com a Marvel, e se a diretoria de lá concordasse em aceitar as demandas do grupo, ele faria o mesmo. É possível que você saiba onde isso iria dar.

Drake ligou para a Marvel e foi informado de que a editora concederia os benefícios se a DC também fizesse isso. E isso teve muitas idas e vindas, até que a DC finalmente dispensou os veteranos.

"Sempre houve argumentos de empobrecimento [da equipe gerencial]: 'Não podemos dar royalties, não podemos dar seguro-saúde'", O'Neil diz. "No entanto, o cara que estava dizendo isso chegava ao trabalho em uma limusine alemã com motorista."

O expurgo dos escritores, por fim, deixou mais trabalho para os jovens. A revolta marcou uma transição geracional na DC, já que os veteranos que ajudaram a criar os super-heróis nos anos 1930 e 1940 passaram o bastão para os fãs que cresceram lendo seu trabalho. A mudança também marcou a chegada da sensibilidade da Marvel na DC.

"Nós, jovens escritores, estávamos amando os gibis da Marvel", diz Wolfman, que estava escrevendo histórias para a antologia de mistério da DC no final dos anos 1960. "Porém acredito que os editores de longa data da DC sentiam que, desde que a empresa tivesse o Superman, ela nunca seria derrotada. Mas, como um grande fã do Superman na época – e ainda hoje –, eu não concordava. A Marvel estava fazendo gibis muito legais –, e a DC, na época, ainda estava mirando em vender para criancinhas."

Gerry Conway, outro futuro autor de destaque que começou a trabalhar na DC no fim dos anos 1960, ainda adolescente, recorda uma reunião com a equipe jovem da editora para entender quais eram as forças da Marvel que a DC poderia adotar.

"A atitude real era muito defensiva", Conway diz. "[O gerente de produção] Sol Harrison começou a reunião dizendo: 'Queremos falar sobre o que há de tão bom na Marvel. Não pode ser a arte, porque a arte é terrível, e não pode ser a escrita, porque todos querem escrever e desenhar para a DC. Então, o que vocês acham que é?'"

Conway levantou a mão e educadamente falou que nem todos queriam escrever e desenhar para a DC. A maioria dos jovens funcionários desejava estar na Marvel. O queixo dos executivos da DC caiu.

"Eles pensavam que eram o topo de linha", Conway diz. "Não conseguiam entender por que as pessoas estavam saindo da DC e passando para a Marvel – pessoas como Frank Giacoia, Gene Colan e John Romita. Eles se perguntavam: 'Por que estão indo embora?'"

Algumas pessoas do alto escalão talvez não tivessem entendido o apelo da Marvel, mas o sucesso da Marvel forçou a DC e Infantino a começarem a fazer jogadas agressivas para modernizar sua linha.

Diversos novos títulos chegaram às bancas em 1968, produzidos pelo número recordista de novos editores da DC. O Rastejante, um super-herói demoníaco, pouco convencional, com uma juba laranja selvagem, obteve sua própria série, cortesia do escritor Denny O'Neil e do artista Steve Ditko, o idiossincrático criador do Homem-Aranha, que, magoado, deixara a Marvel dois anos antes.

O Sexteto Secreto mostrava uma equipe de agentes peritos que tinham sido reunidos por um misterioso líder mascarado para enfrentar um vilão louco. Foi concebido como um gibi mais enérgico e realista – pelo menos para os padrões da DC.

Rapina e Columba, de Skeates e Ditko, apresentava dois irmãos que ganharam superpoderes e logo se viram divididos em como usá-los: Rapina argumentava que era preciso agir de forma mais agressiva e Columba defendia a não violência. O conceito era uma visão não muito sutil sobre o clima político da época, quando o movimento dos direitos civis e a Guerra do Vietnã estavam dividindo os Estados Unidos.

Sem dúvida, a novidade mais estranha era *Irmão Poder*, um nome que provoca um riso perplexo até hoje. Irmão Poder era um Frankenstein da Califórnia. Um manequim pertencente a um grupo de hippies é atingido por um relâmpago e de repente ganha vida, inspirando maravilhas em alguns e medo em outros. A série era escrita e desenhada por outro recém-contratado da DC, Joe Simon, o cocriador do Capitão América com Jack Kirby, na Marvel. Para alguns, uma medida desesperada.

"Você tem o Jack Kirby fazendo todas essas coisas novas na Marvel", Neal Adams diz. "E então o que você faz na DC? Contrata Joe Simon, seu ex-parceiro. Isso é muito desespero."

Os títulos de super-heróis já estabelecidos da DC continuaram a ser modificados, pois os editores tentaram tornar sua linha mais descolada e em consonância com os gostos contemporâneos. Ou pelo menos o que eles pensavam ser os gostos contemporâneos. A DC há muito tempo se encostava no sucesso de seus heróis fundadores, Batman, Superman e Mulher-Maravilha, mas agora, cerca de três décadas após a sua criação e com a evolução da indústria, devido, em parte, à Marvel, era necessária uma nova conduta.

"O que aconteceu com a DC foi que ela ficou sem casos bem-sucedidos para duplicar, de modo que, quando Superman e Batman começaram a falhar, eles não tinham nada para imitar", o artista Gil Kane disse em 1978. "Em vez disso, tiveram que ir ao único outro estilo que estava ganhando dinheiro e, claro, era o estilo de Stan Lee."

No relatório de 1966, Arnold Drake tinha avisado a gerência da DC que a empresa precisava evoluir nos seus próprios termos, e, se não o fizesse, correria o risco de ser forçada a imitar a Marvel para sobreviver.

Foi basicamente o que aconteceu.

O que aconteceu nos anos que se seguiram à aquisição da DC pela Kinney foi – nas palavras do escritor de quadrinhos Grant Morrison – uma série de "imitações fracas e ruins do estilo narrativo que surgia naturalmente para Lee".

"Houve um período em que muitos escritores foram informados de que a Marvel Comics era mais bem escrita em algum nível, e o que eles aprenderam foi: 'Oh, vamos colocar um monte de piadas nos diálogos', ou 'vamos colocar pequenos comentários divertidos nas notas de rodapé'", diz Evanier. "Falávamos com o leitor de forma divertida. Há uma série de edições posteriores do *Átomo* onde Gardner Fox escrevia como alguém fazendo uma imitação ruim de Stan Lee."

"Tínhamos homens de 50 anos que respondiam à ideia de que tínhamos que acelerar. Coisas terrivelmente equivocadas começaram a acontecer na DC", diz o ex-editor da DC, Brian Augustyn. "Era uma esquisitice absurda vinda de pessoas que estavam sob pressão para fazer tudo parecer mais legal."

Uma das histórias mais estranhas apareceu na revista *Superman's Girlfriend Lois Lane* nº 106 (novembro de 1970). A narrativa, escrita por Robert Kanigher, tinha o título "I'm Curious (Black)!"[10] e envolvia Lois Lane usar uma máquina de transformação do Superman para se tornar uma mulher negra e investigar uma história no bairro "Little Africa", em Metrópolis. Sacou? Eu também não.

Essa história era apenas um pouco mais embaraçosa do que as gírias que começaram a entrar nos gibis da DC.

Batman apareceu em uma edição de 1967 do *Falcão Negro* e falou para a equipe de soldados da Segunda Guerra Mundial: "Os Falcões Negros são do arco da velha e estão por fora... Para dizer na lata, eles não têm gingado!"

---

10 "Estou curiosa! (Negra)", referência ao filme sueco *I Am Curious (Yellow)*, de 1967, dirigido por Vilgot Sjöman e conhecido pela sua montagem inovadora e suas polêmicas cenas de sexo. (N. do E.)

Os exemplos mais constrangedores de adaptação inadequada ao que estava na moda podiam ser encontrados em *Jovens Titãs*. O grupo de heróis consistia nos jovens parceiros-mirins dos super-heróis mais marcantes da DC – Robin, Aqualad, Kid Flash e Moça-Maravilha –, e tinha estreado em uma história-teste em 1964 e mais tarde cresceu para ter seu próprio título. Na tradição da DC, os jovens eram limpos, agradáveis e bem educados, e raramente pareciam experimentar o tipo de angústia adolescente que as pessoas reais passavam.

Praticamente, a única coisa que os marcava como adolescentes era sua linguagem. No fim dos anos 1960, o escritor Bob Haney encheu os balões de fala dos personagens com gírias vergonhosas, que pareciam ser a ideia de um homem de meia-idade de como adolescentes falavam. Haney alegou que pegou as palavras e as frases do seu barbeiro em Woodstock, Nova York – um hippie que já estava ficando velho –, mas não está claro se alguém no planeta Terra já falou assim.

"Eu gosto de gingar, mas esses carinhas são uma brasa", Aqualad diz em uma edição.

"Amo Bob Haney e adoro seu trabalho, mas Bob tinha um certo estilo", o ex-escritor da DC Paul Kupperberg diz. "Quando Bob escrevia *Jovens Titãs*, ele estava, na verdade, escrevendo diálogos de Maynard G. Krebs [um personagem *beatnik* do seriado de TV de 1959, *Os Amores de Dobie Gillis*] para adolescentes e hippies de 1968. Então é algo como 'Legal, coroa'. Ninguém diz 'coroa' em 1968, exceto os Jovens Titãs."

A Mulher-Maravilha também foi arrastada aos berros para o mundo moderno. As vendas de sua revista estavam em queda livre durante toda a década de 1960, de 230 mil cópias por mês em 1961 para 166.365 em 1968. A partir da edição nº 178 (outubro de 1968), a heroína sofreu uma reformulação dramática, graças ao escritor O'Neil e aos artistas Sekowsky e Giordano. Pra começar, a Mulher-Maravilha perdeu os poderes, o que era um truque fácil e cada vez mais comum para aproximar os heróis divinos da DC dos personagens mais pés no chão da Marvel. Em vez de ser a Mulher-Maravilha, tornou-se a boa e velha Diana Prince, abriu uma loja de roupas e começou a vestir-se na moda – minissaias descoladas, vestidos evasês e macacões colados no corpo saídos diretamente da série de TV *Os Vingadores*.[11]

---

11 Série de TV britânica sobre espionagem, feita e exibida originalmente entre 1961 e 1969. Passou no Brasil na extinta TV Tupi, entre 1968 e 1969. (N. do T.)

Também é digno de nota que Prince, como os heróis da Marvel, começou a operar em Nova York, não em uma das cidades ficcionais nas quais as histórias da DC costumavam acontecer.

"Essa renovação foi totalmente uma reação ao sucesso da Marvel", diz Tim Hanley, autor de *Wonder Woman Unbound: The Curious History of the World's Most Famous Heroine*. "Ela virou uma mulher normal na cidade de Nova York, com um trabalho normal e tal, assim como um personagem da Marvel, e o gibi ficou mais maduro. Havia mais morte, mais angústia."

O novo direcionamento incrementou as vendas – por um tempo, pelo menos. As vendagens das novas edições subiram "loucamente", chegando a bater de 60 a 65 por cento, de acordo com Infantino.

"A nova Mulher-Maravilha tinha recebido uma chance – (uma última chance para o gibi) – e funcionou!", Sekowsky escreveu na edição nº 189, dois anos após a renovação. "Posso dizer honestamente que estou bastante satisfeito por ter feito das tripas coração aqui... Eu pessoalmente sinto que muitas histórias da DC ainda estão sendo escritas e planejadas para o ano de 1940, em vez de 1970."

Um dos gibis que ainda estava preso em 1940 era *Batman*. O gibi irmão do Cruzado Encapuzado, *Detective*, passou por um *reboot*, um reinício, muito alardeado em 1964, mas, devido a obrigações contratuais, Bob Kane e seu estúdio ainda estavam cuidando do *Batman*. Quando Kane ouviu sobre a proposta de venda da DC para a Kinney, ele ameaçou melar o negócio, então Liebowitz o pagou para que ele saísse. Kane saiu com 1 milhão de dólares, em pagamentos anuais de cinquenta mil, por vinte anos. A DC agora estava livre para começar a usar artistas que poderiam trazer um aspecto mais contemporâneo para o personagem.

"Todo mundo ficou feliz que Bob Kane partiu", Infantino disse.

As histórias da DC também começaram a mostrar um pouco da caracterização patenteada da Marvel. Os dias em que todos os heróis eram tão homogêneos que você poderia alternar seus balões de fala estavam desaparecendo. O'Neil assumiu a *Liga da Justiça da América* no outono de 1968, e, de repente, os heróis passaram a se estranhar como algo saído diretamente do *Quarteto Fantástico*.

"Estamos tentando fazer uma reunião. Guarde sua conversa mole para mais tarde", um irritado Superman fala para Batman, Arqueiro Verde e

Átomo na edição nº 66 (novembro de 1968). "Desculpe aí, Superman!", o Átomo dispara de volta, com sarcasmo. "Nós não queríamos ofender você."

"As histórias começaram a ser influenciadas pelo Stan Lee", O'Neil diz. "Essa caracterização veio de Stan. Não estamos aqui falando de uma caracterização sutil, de romances do século XIX. Mas você poderia diferenciar um personagem de outro."

No final, os novos títulos e as reformulações de Infantino provaram ser mais audaciosos do que vendáveis. Muitos dos recentes acréscimos à linha de publicações foram rapidamente cancelados. *Irmão Poder* nem sequer chegou ao nº 3. A série foi cortada sem cerimônia ainda em sua infância, após o tenso editor Weisinger ter arrumado um exemplar e invadir o escritório de Liebowitz.

"Você sabe o que é isso aqui?", Weisinger disse. "Isso é sobre a cultura das drogas, hippies e gente das ruas. Não podemos publicar algo assim."

Liebowitz capitulou, e o gibi *Irmão Poder* foi cancelado após duas edições paz e amor.

Rapina e Columba foi cancelado no nº 6 e *O Sexteto Secreto* no nº 7. Os gibis não ficaram disponíveis o bastante para atrair o público. Antes de 1968, a DC geralmente demonstrava mais paciência, dando aos gibis um ou dois anos para encontrar a sua base. Isso mudou sob o comando de Infantino, e agora matava-se os títulos rapidamente, quase com sede de sangue.

"Carmine não tinha treinamento em administração, ele não tinha real noção do mercado em mudança", o ex-editor da DC, Bob Greenberger, diz. "Carmine mudava de opinião muito rápido, e estava aprovando e cancelando títulos quase que por capricho. Carmine não deixava os gibis respirarem. No primeiro palpite, ele cancelava, e então a gerência vinha e dizia: 'Você precisa de mais cinco pontos percentuais nas bancas de jornal', e Carmine aprovava títulos por capricho, sem parar para pensar: "Será que esse é o gibi certo para o momento?"

O calendário errático frustrava os leitores. Evanier, futuro escritor da DC, era presidente de um clube local de histórias em quadrinhos no fim dos anos 1960. Todas as semanas ele ficava na frente dos membros e apresentava um relatório de notícias sobre a indústria. E todas as semanas ele anunciava que um título da DC tinha sido cancelado. Tornou-se uma piada recorrente.

"Tínhamos um piano no clube onde nos encontrávamos", Evanier conta. "Havia outro membro que tocava piano muito bem, e eu me levantava e dizia: 'E agora é hora de...', e o cara no piano tocava um pequeno tema e então falávamos do cancelamento da DC da semana. Se eu anunciasse que estavam cancelando O *Sexteto Secreto*, todos riam e falavam: 'Bem, lá se vai mais um.' Isso não é uma atmosfera saudável para sua empresa."

"A DC experimentava, porém sem direção", Neal Adams diz: "Eles não tinham um plano geral. Era como disparar armas no escuro. Eles não sabiam o que estavam fazendo."

Uma vez, os executivos agitados da DC tentaram desenvolver uma estratégia falando com grupos focais de crianças. Adams foi convidado para uma dessas pesquisas no final dos anos 1960 nos escritórios da DC.

"Acontecia em uma merda de sala de reuniões e um dos executivos dizia: 'Certo, estamos aqui para bater um papo sobre quadrinhos.'" Adams recorda. "Argh, sério? Começou muito bem. Sala de reuniões e um cara falando em bater papo sobre quadrinhos."

Perguntaram para as crianças: se vocês pudessem criar um super-herói, como ele seria? Um garoto falava que seu herói seria como Batman, só que maior e mais forte. Uma garota dizia que sua heroína seria como a Mulher-Maravilha, só que mais inteligente e mais bonita. E assim por diante.

"Saímos da reunião e os executivos falaram: 'Não entendemos. O que isso quer dizer?'", Adams diz. "Eu respondi: 'Significa que eles não querem criar personagens. Eles gostam dos personagens que temos. Só querem que façamos melhor e que seja surpreendente.'"

Apenas fazer quadrinhos melhores não era o bastante. Um problema que a DC enfrentou no final da década de 1960 era que o mercado de quadrinhos – e a mídia impressa em geral – estava encolhendo. Menos estabelecimentos carregavam seus produtos, conforme bancas de jornal e lojas de doces de bairro começaram a desaparecer. O país estava se tornando mais uma cultura de carros, já que o êxodo das cidades mudou a maior parte da população americana das áreas urbanas mais densas para os subúrbios. A TV também começou a consumir mais tempo de lazer.

O aumento nos preços em 1969 também não ajudou, infringindo um golpe incapacitante em um mercado já em dificuldades. No início daquele ano, a DC foi forçada a reajustar seus preços de capa de 12 para 15 centavos. A Marvel fez o mesmo alguns meses depois. O aumento de 20 por cento evidentemente comprometeu o orçamento dos mais jovens. Os leitores deram no pé, e as vendas de alguns títulos da DC amargaram uma queda de 20 por cento. O declínio foi menos vertiginoso na Marvel, e pela primeira vez a editora conseguiu entrar na lista dos dez mais vendidos. *O espetacular Homem-Aranha* atingiu uma circulação média de 372.352 exemplares em 1969, fazendo dele o sétimo título mais vendido no ano.

O mercado ficou tão complicado que o novo diretor da DC quase tomou uma medida drástica – e permanente.

"Eu me lembro de Denny [O'Neil] chegar no corredor em 1969 e dizer que a diretoria da Kinney tinha votado para fechar a DC", conta o escritor Mike Friedrich. "E eles optaram por não fechar por conta da receita complementar, que já era suficiente em 1969 para que valesse a pena manter uma empresa do ramo editorial que estava no vermelho."

Um dos poucos sinais positivos, além do dinheiro gerado por todo o merchandising em torno dos super-heróis, veio com a vitória de Giordano como melhor editor na edição de 1969 do Alley Award – um título que Stan Lee vinha faturando todos os anos desde 1963. A notícia motivou uma comemoração nos escritórios da DC.

Mas nem todos os talentos estavam entrando pela porta da DC no final da década de 1960. Alguns estavam saindo. Neal Adams, intrigado com o nível de controle que os artistas da Marvel tinham sobre as histórias e o layout, foi se encontrar com Stan Lee para discutir a possibilidade de pegar algum trabalho. Adams, uma estrela ascendente no mercado, já era conhecido por Lee.

"Stan disse: 'Vou ser sincero com você. O único gibi da DC que o pessoal da Marvel está lendo é o *Desafiador*'", Adams conta.

A Marvel ofereceu ao desenhista a revista que ele quisesse. Literalmente, qualquer revista. Em vez de optar por *Homem-Aranha* ou *Quarteto Fantástico*, Adams perguntou qual era a revista que vendia menos. A resposta foi *X-Men*.

"Lee falou: 'Vamos cancelar'", Adams recorda. "Eu respondi: 'Legal, eu fico com ela. Você não vai prestar muita atenção em mim.'"

Lee concordou, mas depois exigiu que, se Adams ia trabalhar para a Marvel, ele teria que deixar a DC para trás. Adams disse que não e se levantou para sair. Antes de chegar na porta, Lee correu atrás dele. "Ei, espere aí. Sem problema."

O primeiro trabalho de Adams para a Marvel apareceu em *X-Men* nº 56 (maio de 1969). A revista começou forte em 1963, mas há muito tempo tinha perdido força, já que a equipe fundadora Lee e Kirby havia saído. Desde então, uma sucessão de artistas e escritores (incluindo Arnold Drake, cuja Patrulha do Destino fora bem similar aos X-Men) tinham feito o gibi, mas com pouco brilho.

Adams, junto com o escritor Roy Thomas, trouxe um pouco de barulho ao título outrora moribundo. Adams quebrou a página em formas incomuns e desenhou figuras que irrompiam os limites das bordas dos painéis. Em momentos-chave, ele salpicou as histórias com impressionantes desenhos de página inteira, que praticamente atingiam o leitor no rosto, tamanha a dramaticidade.

"Era eletrizante", diz Chris Claremont, na época um assistente na Marvel. "Quando chegavam as coisas do Neal, eu olhava e dizia: 'Isto é magnífico.'"

A coisa mais chocante na sua edição de estreia não veio nas páginas da história, apareceu nos créditos. Seguindo os nomes de Lee, Thomas, do arte-finalista Tom Palmer e do letrista Herb Cooper, uma linha alardeava: "E apresentando a magia a lápis de Neal Adams." Nenhum pseudônimo. Nenhum nome artístico criado pela combinação dos nomes de seus filhos. Adams, um dos principais artistas da DC, estava usando seu nome de verdade em uns quadrinhos da Marvel. E, com isso, todo o esquema dos nomes falsos entrou em colapso. Freelancers agora podiam trabalhar para ambas as empresas sem ter que agir como espiões se esgueirando pela Berlim Oriental.

"Quando alguém acredita que determinada coisa é verdade, ao acreditar naquilo, essa coisa se torna de fato real", Adams diz. "Quando se comprova que aquilo não é verdade, que é apenas uma coisa inventada por algum idiota, tudo isso cai por terra."

Adams informou a Infantino que estava trabalhando para a Marvel e assegurou ao chefe que isso não afetaria seu trabalho na DC. Infantino estava irritado, mas, no final, escolheu não brigar por causa disso.

"Carmine não disse nada", segundo Adams. "Ele teria que ter colhões naquela manhã para dizer alguma coisa."

Outro nome da DC que perambulou até a Marvel foi Jim Shooter. O menino prodígio vinha construindo uma reputação ao escrever a Legião dos Super-Heróis desde 1966, mas estava ficando cada vez mais infeliz com o abuso que sofria nas mãos de seu editor, Mort Weisinger.

"Eu vivia em Pittsburgh, e Mort e eu tínhamos uma ligação telefônica agendada todas as terças, depois da série de TV do *Batman*", Shooter conta. "Ele ligava para examinar o que enviei e, de repente, o cara estava no telefone, me xingando de idiota, imbecil, tonto, perguntando se eu sabia soletrar. Eu tinha 14 anos e um cara importante de Nova York estava me ligando para me chamar de imbecil."

Farto daquilo, Shooter telefonou para Stan Lee em busca de um novo emprego.

"Eu sou um escritor de quadrinhos e preciso de um lugar para trabalhar", Shooter falou a Lee.

"Onde você trabalha?", Lee perguntou. Quando Shooter contou onde era, Lee rejeitou: "Nós odiamos as coisas da DC. Se você escreve para a DC, você não pode trabalhar para nós."

Shooter insistiu que ele era diferente.

"Meu apelido na DC é 'o escritor da Marvel'", Shooter revelou. E com isso, foi marcada uma reunião. Shooter apareceu nos escritórios da Marvel e ele e Lee se entenderam, conversando sobre quadrinhos por cerca de três horas. Ele saiu com uma oferta de emprego.

Quando Shooter contou a Weisinger que estava indo para a Marvel, o editor ficou furioso. "Agora você me apunhala pelas costas, seu traíra!", ele gritou.

Aquele foi um dos últimos insultos que o misantropo rabugento iria disparar estando na DC. Weisinger vinha ameaçando se aposentar há anos, e, a cada vez, Liebowitz dava mais dinheiro para ele continuar. Era um esquema bom... até que finalmente deu errado.

Em 1970, Weisinger disse a Infantino, mais uma vez, que estava pensando em se aposentar, e Infantino, que já estava cheio dos estratagemas do editor, respondeu: "Certo, OK. Vamos sentir sua falta. Tchau." Weisinger ficou em choque. Duas semanas depois, ele voltou para o escritório, dizendo a Infantino que havia reconsiderado e não queria se aposentar. Ele gostava das mudanças que DC tinha feito e gostaria de ficar, muito obrigado. Infantino permaneceu firme, dizendo ao editor do Superman que a carreira dele na DC tinha acabado.

Depois de três décadas, Mort Weisinger, o homem que já tinha comparado escritores com laranjas – "Você os espreme até não ter mais nada, depois joga fora" –, o homem que melhor encarnava a mentalidade conservadora da DC, o homem que tantos não gostavam, tinha saído. Suas últimas edições foram *Action Comics* nº 393 (outubro de 1970) e *Superman* nº 232 (janeiro de 1971).

Aquele mesmo ano traria uma notícia ainda maior. A DC estava se preparando para dar, talvez, o maior golpe da história da rivalidade, um ato descarado de competição que poderia mudar potencialmente o equilíbrio de poder da indústria. Em sua tentativa cada vez mais desesperada de competir com os quadrinhos da Marvel, meias medidas já não eram boas o bastante. Em vez disso, por que não ir diretamente na fonte e roubar o homem que provavelmente era responsável pelo sucesso da Marvel?

Em 1969, a DC estava pronta para fazer exatamente isso.

A "Distinta Concorrência" desfere um golpe digno das manchetes

> "Carmine estava tentando vencer a Marvel ao pegar o Jack Kirby, o cocriador deles. Ele achou que poderíamos chegar lá mais rápido tendo Kirby do nosso lado."
>
> – Dick Giordano, editor da DC

"Possivelmente a maior notícia da história da Marvel", a revista de fãs *Marvelmania* proclamou sem fôlego na época. Outro fanzine, o *Newfangles*, lançou uma edição "extra" para cobrir o evento importante.

Jack Kirby estava indo para a DC.

A deserção bombástica já vinha sendo maturada há algum tempo. Kirby e Carmine Infantino, dois dinossauros da indústria, se conheciam há anos, e o irmão de Infantino, Jimmy, tinha trabalhado com Kirby por um curto período nos anos 1950. Quando Infantino foi posto na chefia da DC, em 1967, Kirby telefonou para o seu antigo conhecido para dar felicitações cordiais.

"Carmine falou para Jack que, se um dia ele quisesse sair da Marvel, poderia ir para a DC", diz Steve Sherman, que trabalhou como assistente de Kirby no final da década de 1960.

A "DISTINTA CONCORRÊNCIA" DESFERE UM GOLPE DIGNO DAS MANCHETES

No fim de 1969, Infantino se viu na Califórnia, trabalhando na produção do futuro desenho animado da DC, *Superamigos*. Ele telefonou para Kirby, que havia se mudado de Nova York para a Califórnia no início do ano, para convidá-lo para jantar. Os dois falaram sobre negócios, e Kirby mostrou a Infantino três capas para uma linha de séries de quadrinhos interligados: *Povo da Eternidade*, *Novos Deuses* e *Senhor Milagre*.

"São sensacionais. Quando a Marvel vai lançar?", Infantino perguntou.

"São minhas criações, e não quero lançá-las na Marvel", Kirby disse. "Você me faria uma oferta?"

Ninguém precisaria pedir duas vezes para Infantino. Ele elaborou um contrato rapidamente, que garantia a Kirby mais do que ele estava ganhando na Marvel. Exigia que o escritor-desenhista produzisse 15 páginas por semana – uma quantidade excruciante para a maioria, mas não para o veloz Kirby.

"Foi simples assim", Infantino escreveu mais tarde.

Kirby segurou as notícias até um pouco antes de finalmente telefonar para Stan Lee, seu colaborador de longa data, em março de 1970, e soltar a bomba atômica: ele estava indo para a "Distinta Concorrência", como a revista *Marvelmania* a havia batizado. Lee ficou magoado e confuso.

"Eu costumava me perguntar por que ele saiu", Lee disse em 1993. "Eu disse a mim mesmo que ele estava cansado dos créditos sempre dizerem: 'Por Stan Lee e Jack Kirby', sendo eu o editor. Acho que ele queria provar o quão bom era sem mim, mas não tenho como saber se isso é verdade."

Kirby estava ficando cada vez mais infeliz na Marvel, e estava especialmente insatisfeito com o novo contrato que estavam lhe oferecendo. Ele também estava se distanciando de Lee, um homem que já fora seu office boy, mas agora era seu chefe. Kirby sentia que Lee estava ficando com todo o crédito pelo sucesso da Marvel, e também estava desanimado com o fato de que a empresa o afastava de suas criações. Quando um gibi solo do *Surfista Prateado* foi lançado em 1968, foi John Buscema o escolhido para desenhar, e não Kirby, criador do personagem.

"Na DC eu tenho o privilégio de estar associado às minhas próprias ideias", Kirby disse em 1971. "Se eu tivesse uma ideia na Marvel, eles iriam tirá-la de mim e eu perderia toda a associação com ela. Nunca recebi crédito pelo que escrevi. A maior parte da escrita na Marvel é feita pelo artista a partir do roteiro."

Lee anunciou o desligamento na edição de setembro de 1970 da Bullpen Bulletins, diminuindo a importância. "É assim que estamos – com menos pessoal, subequipados e subnutridos –, mas espalhafatosos e perplexos como sempre!", ele escreveu. "Então, cuidado com os fogos de artifício, amigo."

"Na Marvel, eles demonstraram coragem, mas estavam claramente chateados e não tinham certeza do que aconteceria", diz Mike Friedrich.

A ideia da Marvel Comics sem Kirby parecia quase inconcebível. A mão de "Jolly Jack" foi de grande influência na criação de tantos dos agora icônicos personagens da Marvel – Quarteto Fantástico, Thor, Homem de Ferro, os X-Men, Doutor Destino. Stan Lee podia ser o rosto público da Marvel, mas Kirby era o coração. Naquele ponto, em 1970, ele era praticamente sinônimo da editora. E agora a DC o tinha.

A recepção para Kirby foi um pouco fria.

"O problema era que nem todos na DC ficaram felizes em ter Jack por lá", conta o assistente de Kirby na época, Mark Evanier. "Eles trabalharam para a empresa por anos e anos, e de repente agora ela estava puxando o saco do cara que fazia os gibis da Marvel, que supostamente eram inferiores."

Qualquer animosidade que possa ter existido não impediu o marketing a todo vapor da DC. "O Grandioso está vindo!", gritava um anúncio da primavera de 1970. "Pessoas! Lugares! Coisas! Com conceitos tão poderosos que é quase assustador!"

Apesar da expectativa, o anúncio de Kirby aterrissou com um baque.

De acordo com Kirby, Infantino tinha inicialmente pedido para que ele "salvasse" a nau capitânia da DC, *Superman*. É difícil para nossos cérebros insignificantes conceberem tal possibilidade. O maior e mais reconhecível desenhista da Marvel fazendo o super-herói mais reconhecível do mundo. Kirby estava relutante em assumir o cargo, temendo que alguém perderia o trabalho para abrir caminho para ele.

Nas palavras de Infantino, contudo, Kirby fez lobby para assumir *Superman*, mas o diretor editorial hesitou em lhe dar um trabalho de alto perfil e queria acomodá-lo aos poucos no universo da DC.

De todo jeito, o resultado foi o mesmo: Jack Kirby, o maior artista de quadrinhos em atividade, foi colocado no título... *Superman's Pal Jimmy Olsen*.

Como é que é?

O título estrelava o fotógrafo sardento e parceiro mirim do Homem de Aço, e muitas vezes apresentava aventuras bobocas, como na vez em que Olsen coletou as lágrimas de Superman e acabou construindo por engano uma bomba com elas, ou quando ele se transformou em um super-herói chamado Ultra-Olsen.

Kirby assumiu na edição nº 133 (outubro de 1970) e imediatamente mudou tudo. Ele introduziu conceitos vanguardistas e sequências de histórias que tinham pouca semelhança com a tolice juvenil inofensiva que haviam aparecido apenas uma edição antes. De cara, Kirby entrou em conflito com os poderes corporativos da DC. Seu estilo mais áspero e quadrado não necessariamente se mesclava à aparência limpa e suave da sua nova empresa.

"Havia também algumas pessoas na DC que não gostavam do jeito que ele desenhava", Evanier recorda.

Um que discordava do estilo dele era Sol Harrison, o intimidante gerente de produção da editora, membro da velha guarda que, agora que Mort Weisinger tinha se aposentado, era o que mais representava a inerte e conservadora DC.

"Quando encontrei Harrison pela primeira vez em 1970, a primeira coisa que ele disse foi: 'Você pode pedir pro Jack parar de desenhar dedos quadrados? Ele deveria desenhar mais como o Curt Swan [o desenhista de Superman favorito da DC]'", Evanier lembra. "Mas eu me perguntei quem ele pensava que tinha contratado. O melhor artista do ramo cai no seu colo e você quer que ele desenhe como tudo o que você vem publicando há vinte anos?"

Kirby logo encontrou problemas com sua representação do Superman. O personagem era uma licença lucrativa para a DC, aparecendo em lancheiras e camisetas, e a editora insistia que o personagem sempre aparecesse seguindo um modelo nos quadrinhos, desvios ou experimentações não seriam tolerados. Mas Kirby desenhava o Homem de Aço no seu distinto estilo – um pouco menos bonito, um pouco mais angular. Depois que Kirby entregava suas páginas de arte, a DC ordenava que outros artistas, cujo trabalho estava mais próximo da aparência preferida da DC, redesenhassem a cara do Superman. Apesar da DC falar da boca pra fora sobre procurar novos caminhos, a empresa ainda não conseguia sair da sua zona de conforto.

"Não gostamos de mudar o trabalho de um artista", Infantino escreveu em sua autobiografia. "Toma tempo e custa dinheiro, mas às vezes é necessário."

As mudanças eram potencialmente mais do que apenas licenciamento. Os engravatados da DC odiavam tanto o estilo Marvel que eles simplesmente não conseguiam lidar com uma versão "marvelizada" de seu principal personagem, de acordo com Evanier. O editor da DC Mike Sekowsky uma vez disse ao assistente de Kirby que, para Infantino, fazer o Superman de Kirby ser redesenhado era uma vitória sobre a Marvel. Era prova de que o artista estelar da Marvel ainda não era bom o bastante para a DC. (Infantino negou essa acusação.)

Kirby aparentemente estava infeliz com os retoques, mas não protestou tanto. Afinal, ele não tinha ido para a DC para desenhar o Superman; ele queria ser livre para botar para fora seus próprios conceitos selvagens e originais, que fariam uso de sua imaginação e impulsionariam o meio para frente.

Mais tarde, em 1970, os primeiros quadrinhos novos em folha de Kirby chegavam às prateleiras. O chamado Quarto Mundo era uma ambiciosa saga cósmica composta por três títulos conectados no mesmo mundo, com personagens sobrepostos. Começou com *Povo da Eternidade* e *Novos Deuses*, lançados em dezembro de 1970, e continuou alguns meses depois com *Senhor Milagre*.

A família de títulos envolvia uma batalha entre seres divinos que habitavam planetas gêmeos, criados a partir da destruição de um mundo maior. Nova Gênese, um utópico planeta fértil, representava o bem, enquanto Apokolips, um ardente e estéril mundo distópico, representava o mal.

"Nova Gênese e o infernal Apokolips, sempre à deriva na sombra um do outro", um personagem diz em *Novos Deuses* nº 1, descrevendo um relacionamento eternamente binário que, se pensarmos bem, resume perfeitamente o estado da publicação de quadrinhos de super-heróis.

A série introduziu uma sequência de novos personagens, muitos dos quais se tornariam pilares do universo da DC. Darkseid era o governante de cabeça angular de Apokolips e um dos grandes vilões de quadrinhos. Seu filho, Órion, fora criado em Nova Gênese e cresceu para se opor ao pai. O Quarto Mundo era um caldeirão poderoso de mito, simbolismo e angústia familiar, e veio carregado com um fluxo constante de conceitos tão ine-

A "DISTINTA CONCORRÊNCIA" DESFERE UM GOLPE DIGNO DAS MANCHETES   75

briantes que provavelmente induziriam a *flashbacks* de ácido dos anos 1960. Tubos de explosão? Whiz wagon, o veículo futurista? Caixas maternas? Tantas coisas loucas estavam presentes em cada página que, para os habituais leitores de quadrinhos de super-heróis em 1971, deve ter sido como beber água direto de uma mangueira de incêndio.

Uma vez na DC, a animosidade de Kirby em relação ao seu antigo empregador começou a se manifestar em seu trabalho. Na edição nº 6 de *Senhor Milagre*, lançada no fim de 1971, o herói encara um charlatão chamado Funky Flashman,[12] que era uma duplicata exata de Stan Lee, inclusive na barba, na peruca e nas brincadeiras impertinentes. O personagem foi originalmente concebido como uma sátira de um homem que dirigia um fã-clube da Marvel e roubou seus membros, mas assim que Kirby começou a desenhar a história, Flashman se transformou em Lee.

"No mundo sombrio entre o sucesso e o fracasso, vive o homenzinho determinado que sonha em ter tudo!!!", lia-se em um recordatório que descrevia Flashman. "O oportunista mimado sem caráter ou valores, que transforma tudo em presa, como um canibal!!! – incluindo você!!!"

(Kirby devia estar recebendo por ponto de exclamação.)

"Lembro-me de quando ele me mostrou as páginas", diz o ex-assistente de Kirby, Sherman. "Ele estava rindo. Todos nós rimos."

Flashman administrava uma plantação com escravos e era pago por admitidamente não fazer nada. À medida que a história se abre, Flashman é visto literalmente tirando dinheiro da boca de um busto que se parece, de forma suspeita, com Jack Kirby. Flashman é acompanhado por seu companheiro obsequioso, Houseroy, que claramente parecia representar o braço direito de Lee na Marvel, Roy Thomas. Os dois enganam o Senhor Milagre usando as matreiras habilidades verbais de Flashman.

"Funky Flashman era um negócio desagradável", Roy Thomas diz. "Eu acho que Stan ficou um pouco magoado com aquilo, ver aquela maldade vindo de Jack. Em 1974, ao ter uma reunião com Jack quando eu ainda era editor-chefe e ele estava pensando em voltar para a Marvel, disse-lhe que o lance do Funky Flashman tinha magoado Stan, mas que ele não usaria aquilo contra Jack. Jack apenas riu e disse que era só brincadeira, mas eu

---

12 Funky Flashman é mais comumente conhecido pelo seu nome original no Brasil, mas já chegou a ser vertido como "*O Vigarista*" nas edições da editora Ebal, na década de 1970. (N. do T.)

sabia que ele estava mentindo. E acho que ele sabia que eu sabia. Hoje em dia, eu mesmo às vezes me chamo de 'Houseroy', mas isso não quer dizer que não ache que aquilo foi o ponto mais baixo da carreira de Jack."

Embora Kirby fosse praticamente uma fábrica de um homem só – ele escrevia, desenhava e editava seus quadrinhos da sua casa na Califórnia –, ele ainda precisava de um arte-finalista. O profissional atribuído pela DC seria um desastre e levaria a outro capítulo estranho na rivalidade Marvel/DC.

Vinnie Colletta era um artista nascido na Sicília que a palavra "pitoresco" sequer começa a descrever. Ele parecia saído diretamente de *O Poderoso Chefão*, com o charme de um vendedor e uma atitude de Hollywood. Seu cabelo prematuramente grisalho estava impecavelmente cheio de estilo em todos os momentos, e ele se vestia de forma espalhafatosa, muitas vezes com múltiplas correntes de ouro. Uma vez ele apareceu em uma convenção vestindo um terno branco, sapatos brancos e uma camisa preta desabotoada quase até o umbigo.

"Vinnie me disse que achava que as pessoas dos quadrinhos eram as mais maçantes do mundo", diz o arte-finalista veterano Joe Rubinstein, que começou a trabalhar para a DC, na década de 1970. "E eu não sei se ele era ou não, mas tentava fingir ser um minimafioso, um agiota, um durão, que conhecia gente e coisas do tipo."

Colletta estava trabalhando de forma constante desde a década de 1950 em gibis da DC e da Marvel, e recentemente tinha feito a arte-final de Kirby em *Thor*. Sua reputação era de ser mais um artista rápido do que um artista bom.

"Vinnie se orgulhava muito pelo fato de que ele resolvia os problemas de todo mundo ao arte-finalizar um trabalho que duraria dez dias em apenas três", Rubinstein diz. "Ele era um herói porque fazia o trabalho. Uma das maneiras como fazia era apagando cenários e escurecendo figuras. É como o [desenhista] Gil Kane dizia: 'Vinnie é o melhor arte-finalista, só fica atrás de todos os outros.'"

A DC colocou Colletta para trabalhar nos gibis de alto nível do "Quarto Mundo", em parte porque Colletta era barato e a empresa estava pagando tanto a Kirby que precisava economizar em algum outro lugar. Também pode ter sido uma maneira de suavizar a arte de Kirby e deixá-la mais de acordo com o estilo da DC.

A "DISTINTA CONCORRÊNCIA" DESFERE UM GOLPE DIGNO DAS MANCHETES

Kirby trabalhava rápido e, pelo menos no caso dos *Novos Deuses*, a primeira edição foi finalizada cerca de seis meses antes de ser impressa – uma raridade no mundo frenético dos quadrinhos periódicos. Trabalhar tanto à frente era ótimo para os prazos. Por outro lado, não era o ideal no quesito segurança. O Quarto Mundo era o trabalho novo, original e de grande destaque de Kirby para a DC, e Kirby tinha uma grande preocupação de que as páginas fossem vazadas para seu antigo empregador.

"Jack estava sempre sendo paranoico ou cuidadoso – escolha você a melhor palavra", o antigo assistente de Kirby, Evanier, diz. "Jack não queria que a Marvel corresse para fazer imitações do seu trabalho na DC, o que ele pensou ser possível, então ele o mantinha fechado a sete chaves."

Mesmo os outros editores da DC não estavam autorizados a espiar os novos títulos de Kirby antes de serem publicados. Quando Evanier visitou os escritórios em 1970, Julie Schwartz – um chefe bastante antigo na empresa – implorou para que ele contasse o que sabia a respeito de *Novos Deuses*.

A paranoia de Kirby talvez não tenha sido infundada.

"Naquela época, havia uma série de casos em que a Marvel produziu coisas que Jack estava convencido de que tinham sido roubadas dele, como capas e algumas ideias para quadrinhos", Evanier diz.

Em um caso, Kirby tinha desenhado duas páginas de uma proposta chamada de *Galaxy Green,* sobre uma guerreira espacial. Era para uma revista mais *underground* da DC, que acabou nunca vendo a luz do dia. A Marvel fez uma história similar em tema e estilo.

A edição de maio de 1971 da revista da Marvel, *Savage Tales,* continha uma HQ chamada Femizons, de Stan Lee e John Romita, sobre uma raça futurista de amazonas. Fosse ou não uma coincidência, Kirby acreditava que sua ideia havia sido roubada.

Kirby podia ser paranoico, mas o fato era que a espionagem entre as duas empresas era uma preocupação na época.

Em 1971, quando o Quarto Mundo de Kirby estava saindo, a DC descobriu que tinha um supervilão real em suas fileiras. Tarde da noite, depois que a maioria tinha ido para casa, um certo funcionário freelancer estava saqueando os escritórios da empresa, passando por mesas e procurando informações corporativas para vazar para publicações de fãs ou, pior ainda, para a Marvel.

Para pegar o espião, a equipe chefe da DC lançou uma campanha de desinformação inteligente que, como todas as operações secretas, até tinha seu próprio codinome: Arrasa-quarteirão. Infantino elaborou um memorando corporativo falso para seus editores, anunciando que a DC aumentaria os preços e começaria a lançar quadrinhos de quinhentas páginas custando 1 dólar.

"Eles colocaram o memorando debaixo de uns papéis na bandeja de 'saída' de alguém no departamento de produção, porque era ali que o espião estava trabalhando, e basicamente apenas esperaram para ver o que ia acontecer", lembra o ex-diretor de produção da DC, Bob Rozakis.

A armadilha funcionou. A notícia dos novos gibis arrasa-quarteirão misteriosamente surgiu em vários fanzines e, claro, nos escritórios da Marvel em Manhattan. O que se ouviu logo em seguida foi que Stan Lee estava falando sobre fazer uma revista de quinhentas páginas por um dólar.

Nenhuma das empresas chegou a produzir as edições arrasa-quarteirão. Quanto ao espião, ele logo foi pego, depois de se expor acidentalmente.

"Ele se entregou ao falar sobre o arrasa-quarteirão em uma conversa com alguém na DC", Rozakis diz. O freelancer, a partir de então, não podia mais ficar no escritório da DC depois de determinada hora.

Por volta da mesma época, Larry Lieber se candidatou a trabalhar na DC Comics. No papel, Lieber era um candidato forte. Era um escritor calejado, com anos de experiência em títulos de alto escalão, como *Homem de Ferro*. Mas ele tinha um grande contra: era irmão de Stan Lee.

"Eu mandei o trabalho para a DC e nunca recebi nenhuma resposta", Lieber conta.

Então, um dia, ele encontrou Carmine Infantino em um evento social em Manhattan. "Eu o lembrei que tinha mandado um trabalho e nunca tive resposta", Lieber diz. "Ele olhou para mim e falou: 'Quer dizer que aquilo foi sincero?!' Eles pensaram que a Marvel estava me mandando para espionar e pegar seus maravilhosos segredos."

Jack Kirby, porém, logo se tornaria vítima de espionagem real envolvendo seus gibis do Quarto Mundo. Um dia, em uma visita de Evanier a Nova York, o assistente de Kirby deu uma passada nos escritórios da Marvel, onde descobriu algo chocante. Ele viu fotocópias de páginas ainda não publicadas de *Novos Deuses* nº 1 pregadas na parede. Ele ficou horrorizado.

As páginas haviam sido mantidas sob sete chaves, e ainda assim tinham chegado na competição.

"[A diretora de arte da Marvel] Marie Severin me pediu o endereço de Jack em Los Angeles, e eu dei para ela", Evanier recorda. "Quando eu voltei para Los Angeles, liguei para Jack e disse: 'Você não vai gostar de saber, mas *Novos Deuses* nº 1 já está no escritório da Marvel. Eles leram.' E Jack respondeu: 'Eu sei, acabei de receber uma carta de fã da Marie.'"

O vazamento irritou Kirby, e eles logo identificaram um culpado: Vinnie Colletta, talvez o único homem que tinha acesso ao trabalho e poderia ter dado à Marvel. A notícia surpreendeu Kirby, que suspeitava que Colletta fosse um espião da Marvel.

Também não foi um grande choque para o diretor editorial da DC, Carmine Infantino. Colletta já havia ido até ele com uma oferta peculiar. "Eu conheço Stan Lee, conheço você bem", Colletta disse. "Posso trazer histórias de lá para cá, o que vocês quiserem." Infantino recusou.

"Colletta tentou fazer de si algo que não era: alguém importante", Infantino disse em 2010.

O vazamento das páginas de Kirby pode ter sido apenas isso.

"No caso de Vinnie, ele estava apenas tentando obter favores", diz Gerry Conway, que estava trabalhando para a Marvel na época. "Ele estava sempre tentando. Não era apropriado, mas não acho que fazia parte de um plano de mestre da Marvel."

Por conta do vazamento, Colletta foi demitido dos gibis do Quarto Mundo, e Mike Royer assumiu em *Novos Deuses* nº 5, *Senhor Milagre* nº 5 e *Povo da Eternidade* nº 6. A mudança pode ter melhorado a arte-final, mas os novos gibis de Kirby na DC infelizmente não iriam durar muito.

Os títulos venderam de forma bastante satisfatória no início, com a empolgação da deserção da maior estrela da Marvel gerando interesse. A edição na qual ele assumiu *Superman's Pal Jimmy Olsen* representou o maior salto de vendas na história da DC de uma edição para outra em um título estabelecido. Leitores de quadrinhos mais aficionados, que haviam crescido em número nos anos 1970, pareciam ser especialmente encantados por Kirby.

"Nós apenas o seguíamos", diz Rick Newton, um fã de histórias em quadrinhos desde os anos 1960 que preferia a DC, mas se apaixonou por Kirby. "Meus amigos da Marvel seguiriam ele, mesmo se eu não o fizesse.

Eles sabiam muito antes de mim que ele era o que a maioria dos artistas e escritores estava tentando ser nesse meio."

Para muitos leitores, entretanto, Kirby era ótimo com grandes ideias e conceitos viajantes, mas precisava de um escritor para fazer os diálogos de suas histórias e um editor para focar seu trabalho. Por mais que isso o incomodasse, ele precisava de alguém como Stan Lee. Sem ele, Kirby parecia à deriva.

"Eu me lembro de oferecer uma ideia para Julie Schwartz que envolveria alguns dos personagens de Jack, e Julie foi altamente resistente a isso", diz o escritor Mike Friedrich. "Havia muita relutância em tocar as coisas de Jack porque eles não as entendiam. E quem entendia? A maior parte era incompreensível."

"No meu entendimento, ele não conseguia escrever", diz Steve Englehart, um escritor da Marvel na época. "Eu tenho dito por um bom tempo: gostaria que a DC republicasse o Quarto Mundo na nossa língua."

Infantino finalmente engoliu o orgulho, aceitou a derrota e fez o que precisava ser feito. *Novos Deuses* e *Povo da Eternidade* foram descontinuados depois de onze edições. *Senhor Milagre* foi até o nº 18, e Kirby foi colocado em outros projetos na DC.

"Quando roubaram Kirby da Marvel em 1970, Carmine disse a Kirby que poderia fazer o que quisesse", diz o ex-gerente de produção da DC, Rozakis. "E ele fez por um tempo, até que começaram a receber os relatórios de vendas e então pensaram: 'Talvez não seja uma ideia tão boa.'"

A aquisição de Kirby talvez não tenha funcionado tão bem quanto a DC esperava, mas a editora não estava intimidada. Eles também tentaram roubar para si alguém que era ainda mais a cara da Marvel do que o famoso desenhista: Stan Lee.

Em algum momento no início dos anos 1970, os chefes da empresa-mãe da DC entraram em contato com Lee para discutir a possibilidade dele se tornar o novo editor-chefe. Se a deserção de Kirby tinha caído como uma bomba atômica, essa notícia teria sido como uma supernova.

Lee estava cada vez mais incomodado na Marvel à medida que o fundador da editora, Martin Goodman, transferia mais poder para o seu filho, Chip.

"Stan vivia um pouco intimidado por Martin por conta de seu vínculo familiar, e porque Martin era o publisher, mas Chip era apenas um garoto

A "DISTINTA CONCORRÊNCIA" DESFERE UM GOLPE DIGNO DAS MANCHETES

que conseguiu um emprego por ser o filho", Roy Thomas diz. "Stan não queria trabalhar para Chip, por isso estava pensando em sair e conseguir um bom acordo na DC."

Lee teve pelo menos uma reunião na DC para conversar sobre trocar de lado. Pode ter sido simplesmente uma tática de negociação com a Marvel. Alguns meses depois, em 1972, ele foi elevado a publisher, e seu braço direito, Roy Thomas, se tornou editor-chefe e em grande parte responsável pela operação diária da Marvel.

Quem saberia dizer o quão diferente a indústria seria caso Lee tivesse decidido sair. A DC precisava dessa ajuda. A Marvel estava à beira de conquistar o que parecia impensável alguns anos antes. A pequena empresa, que cresceu a partir de um empreendimento praticamente de um homem só, estava se aproximando da DC em vendas, e o impulso que os colocou finalmente na frente envolveria uma traição tão perversa que era quase shakespeareana na sua grandeza.

Tanto a Marvel quanto a DC usavam a mesma gráfica em Illinois, e a gráfica informou às empresas que os preços do papel e da impressão estavam aumentando. Para manterem o acordo, ambas as empresas teriam que aumentar o preço de uma HQ padrão para 15 centavos.

Em vez de implementar um pequeno reajuste de alguns centavos, como haviam feito anteriormente, a DC – impulsionada pelos seus chefes na distribuidora Independent News – decidiu ir atrás de uma mudança ainda mais radical. A começar pelos gibis datados de agosto de 1971, a editora aumentou o seu número de páginas de 32 para 48, e elevou o preço para 25 centavos – um enorme aumento de 67 por cento. O novo pacote continha uma história original e também reimpressões de histórias antigas do arquivo da DC.

Três meses depois, a Marvel fez exatamente a mesma coisa, convertendo sua linha em edições maiores por 25 centavos. Como a Marvel sabia que mudanças a DC iria fazer? Essa é a pergunta de 64 mil dólares.

É possível que a gráfica tenha contado a eles. Infantino havia dito que o representante da gráfica mantinha a DC por dentro das mudanças que seus competidores planejavam.

Existe outra possibilidade mais interessante, no entanto: as duas empresas se juntaram e concordaram em aumentar o preço e o número de páginas. Em resumo, conluio, o que provavelmente teria sido ilegal, embora talvez não esteja fora de questão em uma indústria tão pequena e insular.

"Eu não sei que tipo de conluio havia, mas não consigo imaginar que foi uma coincidência incrível quando ambas mudaram o preço ao mesmo tempo", Roy Thomas diz.

A lenda diz que o editor da Marvel, Martin Goodman, concordou com a mudança de preço com a DC, porém, depois de apenas um mês com o preço mais alto, ele baixou de novo a linha para 32 páginas, com o preço de 20 centavos. O novo preço de capa era cinco centavos mais caro do que tinha sido dois meses antes, mas, comparado aos 25 centavos da DC, parecia uma pechincha.

O que Goodman queria era uma guerra de preços, e foi o que conseguiu. O chefe da Marvel confidenciou a Thomas que a DC estava prestes a "tomar uma lavada" se não seguisse a Marvel imediatamente e baixasse o preço para 20 centavos.

"Carmine pensou que tinha um acordo com Goodman, e Goodman mal podia esperar para furar com ele", diz o historiador Robert Beerbohm. "Foi aí que a Marvel começou realmente a pisar na DC, porque dava para comprar cinco gibis da Marvel com o mesmo dinheiro que se comprava quatro da DC."

A Marvel aplicou o golpe mortal aumentando seu desconto para distribuidores de 40 para 50 por cento. A mudança colocou as mercadorias da Marvel a um valor muito melhor e deixou a DC em uma grave desvantagem, tornando seus quadrinhos de uma hora para a outra tão atraentes quanto a sífilis para as pessoas cujo trabalho era levá-los ao mercado.

"Os distribuidores estavam jogando os gibis de volta na nossa cara!", Infantino recordou em 1998. "Eles estavam empurrando os gibis da Marvel, então, de fato, se tornou um massacre."

"Há indícios de que a DC está em sérios problemas", o fanzine *Newfangles* escreveu na época. "Os vendedores não estão tão interessados nos gibis de 25 centavos, as vendas da Marvel estão disparando... Os títulos da DC também estão morrendo aos montes nas bancas de jornal, isso se eles chegarem a tanto: os atacadistas preferem lidar com os gibis de 20 centavos, aparentemente."

A "DISTINTA CONCORRÊNCIA" DESFERE UM GOLPE DIGNO DAS MANCHETES

É possível que a súbita mudança de preço não fosse uma traição intencional de Goodman. O impulso de mudar para os quadrinhos menores e de menor preço depois de apenas um mês poderia ter sido conduzido pela falta de material da Marvel que pudesse ser reproduzido nas páginas extras disponíveis no novo formato de 25 centavos. A DC tinha uma extensa biblioteca de material secundário, de mais de décadas, tudo meticulosamente preservado em filme. A Marvel não.

"A Marvel estava sempre se preparando para preencher essas páginas extras, e de alguma forma descobriram, no meio dessa primeira edição, que não conseguiriam", conta o escritor Englehart. "Ou teriam uma reação negativa imediata. Eu acho que Martin Goodman provavelmente deu para trás no acordo, mas não sei se foi premeditado."

Conforme as vendas da Marvel subiram, Lee começou a provocar a DC com anúncios nas capas, se gabando da falta de material de reimpressão da Marvel. "Tudo novo, tudo ótimo!", anunciava um box colorido em *Quarteto Fantástico* nº 118 (janeiro de 1972).

No fim da primavera de 1972, a DC finalmente conseguiu seguir o exemplo, diminuindo a contagem de páginas e baixando o preço para 20 centavos. Mas o estrago já estava feito.

Naquele ano, finalmente aconteceu. A parte de cima veio para baixo, leste se tornou oeste, os polos do mundo dos quadrinhos se inverteram e subitamente o antigo azarão se tornou o favorito.

A Marvel passou a DC em vendas.

Foi preciso apenas 11 anos desde o lançamento de *Quarteto Fantástico* nº 1.

"Havia definitivamente uma sensação de que estávamos nos tornando os meninos grandes na rua", diz o escritor da Marvel, Conway. "O prestígio de trabalhar para a Marvel não era mais apenas fazer um trabalho interessante, era também ser a empresa maior – a empresa que estava crescendo mais rápido, a empresa que estava correndo mais riscos, que estava se expandindo rapidamente."

Para celebrar a vitória, Goodman reuniu todo o escritório da Marvel e ofereceu um jantar. E sua escolha de restaurante não poderia estar mais carregada de significado: ele levou o pessoal da Marvel para o Friar Tuck's, do outro lado da rua dos escritórios da DC, na época na Third Avenue com a 55th Street, e o lugar favorito de encontros do pessoal da DC.

"Fomos todos lá, e todo mundo se divertiu", diz Englehart. "Tenho certeza de que, do ponto de vista de Martin Goodman, tomar o lugar foi bastante satisfatório. Tenho certeza de que ir ao restaurante favorito da DC era uma coisa pessoal. Ele queria enfiar os dedos nos olhos deles. Estávamos competindo com eles, e os vencemos, então íamos ao restaurante deles, ponto final."

Na DC, a notícia da ascensão da Marvel foi recebida com distração.

"Eu estava em uma reunião editorial naquele primeiro mês em que as vendas da Marvel ultrapassaram as da DC, e alguns dos veteranos estavam dizendo que isso era uma coisa temporária, que estaríamos de volta ao topo em um ou dois meses", diz Denny O'Neil. "Bem, aquilo foi há cinquenta anos, e a DC nunca mais voltou ao topo, exceto por um ou outro mês isolado."

A Marvel conseguia farejar sangue, e a empresa aumentou suas publicações, lançando outra tática editorial já testada antes para empurrar um competidor para fora das bancas. De 1971 a 1973, os lançamentos da Marvel explodiram, indo de 270 a 513 edições por ano. Novos títulos e reimpressões logo abundaram. O Homem-Aranha ganhou um segundo título, com *Marvel Team-Up*. Doutor Estranho, Hulk, Surfista Prateado e Príncipe Submarino foram reunidos em uma equipe chamada de *Os Defensores*. Com tantas revistas, literalmente não haveria espaço para a DC Comics nas bancas de jornal. A empresa corria o perigo de ser lançada ao esquecimento.

Carmine Infantino não estava aceitando nada daquilo. "Que se danem", ele reclamou, prometendo se equiparar à Marvel "gibi por gibi". Ele aumentou o número de publicações da DC ao reviver *Patrulha do Destino* e *Homens Metálicos* como títulos de republicação, e ao lançar algumas novas séries, como *Sword of Sorcery*.

Ninguém parecia dar boas-vindas ao excesso, dos leitores aos vendedores, passando pelos próprios editores. Em uma reunião em especial na Comics Code Authority – uma das poucas vezes em que representantes tanto da Marvel quanto da DC estiveram juntos em uma reunião comercial oficial –, o representante da gráfica reclamou que havia quadrinhos demais. Infantino ofereceu um acordo corajoso. Marvel e DC ficariam com apenas vinte títulos cada, e eles veriam quem ficaria em primeiro. A proposta pareceu aceitável para a gráfica e para todos na reunião. Todos, exceto Stan Lee.

"Meus gibis vendem, então não vou recuar", ele disse.

No entanto, muitas das novidades não conseguiram chamar a atenção e foram rapidamente canceladas. (Alguém se lembra de *Champion Sports* e *Black Magic*?) Um dos poucos gibis que teve um impacto duradouro a sair dessa enxurrada foi *Monstro do Pântano*, da DC. O cientista atormentado transformado em monstro se tornaria um dos principais pilares da empresa, e chegou a estrelar filmes e um programa de TV. O personagem era parte de uma explosão de terror que começou em 1972, e nos fornece um dos cruzamentos mais estranhos entre a Marvel e a DC desde a conspiração X-Men–Patrulha do Destino, em 1963. Aquilo foi bastante estranho, mas as ligações não intencionais entre o Monstro do Pântano e a Marvel correm o risco de ser ainda mais esquisitas. Tudo começou em uma edição de *O espetacular Homem-Aranha*.

Em 1970, o Departamento de Saúde, Educação e Bem-Estar dos Estados Unidos escreveu para Stan Lee, perguntando se ele poderia fazer uma história em quadrinhos antidrogas. Lee concordou e escreveu uma história destinada a *O espetacular Homem-Aranha* nº 96 (maio de 1971), com uma subtrama envolvendo um adolescente viciado em pílulas que pula de um prédio antes de ser salvo pelo Homem-Aranha. As edições seguintes revelaram que o colega de quarto de Peter Parker, Harry Osborn, estava lutando contra o vício em drogas.

Pelos padrões de hoje, seria apenas material banal de telenovela. Em 1971, contudo, o código da Comics Code Authority proibia qualquer retratação de drogas, mesmo com uma mão tão pesada como a encontrada em *O espetacular Homem-Aranha*. Quando enviada para aprovação, a Comic Code Authority rejeitou a edição antidrogas do principal título da Marvel. Mas, em vez de implementar mudanças ou cancelar a história, Stan Lee seguiu em frente, publicando as edições nº 96, nº 97 e nº 98 sem a aprovação. Foi a primeira vez que a Marvel ou qualquer grande editora de quadrinhos tomou essa decisão – meio como se a Disney lançasse um filme com classificação etária de 18 anos – e ela se mostrou controversa. Pelo menos para os rivais da Marvel do outro lado da cidade. A DC ficou horrorizada com aquilo que eles viam como uma violação da decência.

"Vocês sabem que eu não lançaria quadrinhos em nenhuma forma ou disposição sem que as autoridades apropriadas tivessem avaliado e concluído que não causará nenhum mal, não só à indústria, mas também às crianças que estão lendo", Infantino disse na época.

Depois das edições serem publicadas, Lee alegou ter recebido congratulações de reverendos, professores e agências governamentais, e a decisão ajudou a cimentar a reputação da Marvel como uma fornecedora de conteúdo maduro e de vanguarda. O que devia ser irritante para a DC, que poderia ter chegado lá primeiro.

Alguns meses antes da controversa edição das drogas em *O espetacular Homem-Aranha*, Neal Adams havia desenhado uma capa de *Lanterna Verde e Arqueiro Verde* com uma descrição chocante e realista do Ricardito, o jovem companheiro do Arqueiro Verde, injetando heroína como se fosse o quinto integrante da banda The Doors. Adams e o escritor Denny O'Neil assumiram a série em dificuldades em 1970, e estavam tentando impulsionar as vendas mergulhando suas histórias de super-heróis em questões sociais do mundo real, como o racismo e a poluição.

Adams levou a capa da heroína para Julie Schwartz, que a princípio "largou como se fosse uma batata quente". Aquilo era demais para o editor da velha guarda. Algumas semanas depois, Schwartz se acalmou, e os funcionários da DC começaram a debater se deviam ou não lançar a capa. E foi aí que a edição sobre drogas do Homem-Aranha apareceu.

A controvérsia forçou a Code Authority a reexaminar suas regras, e, em uma reunião em fevereiro de 1971, o órgão de censura votou para afrouxar as restrições sobre os quadrinhos, inclusive permitindo a representação do uso de drogas. Naquele verão, a edição sobre heroína de *Lanterna Verde e Arqueiro Verde* foi finalmente publicada. Os autores não deixaram de notar a ironia de que Stan Lee foi necessário para que ela fosse impressa.

Um outro efeito colateral da revisão do código foi que eles também cancelaram a proibição que havia há muito tempo contra monstros. Os editores agora estavam livres para lançar gibis sobre lobisomens, vampiros e outras criaturas que viviam embaixo da cama de criancinhas, e aproveitaram o momento.

O que nos traz de volta ao Monstro do Pântano.

O escritor Len Wein, que tinha sido encarregado de conceber os gibis de mistério da DC, sonhava com a ideia do monstro. O Monstro do Pântano surgiu quando ele estava no metrô, indo para o trabalho um dia. A criatura fez sua primeira aparição em *House of Secrets* nº 92 (julho de 1971), apenas alguns meses depois do Comics Code ser alterado. Bernie Wrightson o desenhou como uma touceira ambulante de verde, coberta de

A "DISTINTA CONCORRÊNCIA" DESFERE UM GOLPE DIGNO DAS MANCHETES

videiras e vegetação – uma planta na forma humana. Algo na história fisgou o imaginário dos leitores, e a edição foi a mais vendida da DC no mês. O Monstro do Pântano logo ganhou seu próprio título, embora ele não estivesse sozinho ao vagar pelos pântanos infestados de crocodilos.

Dois meses antes, a Marvel tinha lançado sua própria história de um monstro do pântano, chamado Homem-Coisa, em *Savage Tales* nº 1 (maio de 1971). A ideia veio de Stan Lee, que havia dito a Roy Thomas, seu editor assistente, que escrevesse uma história sobre um cientista que trabalhava com produtos químicos experimentais que caía em um pântano e saía de lá como um monstro. Thomas mais tarde passou a trama para Gerry Conway, que escreveu a primeira aparição.

As similaridades entre o Homem-Coisa e o Monstro do Pântano eram impossíveis de ignorar. Suas origens, locais, designs de personagens e a alarmante ausência de calças eram praticamente idênticas. Para confundir ainda mais as coisas, os principais arquitetos de ambas as criaturas – Wein e Conway – eram colegas de quarto na época.

"Havia algumas óbvias correlações entre a primeira edição do Homem-Coisa e a primeira de Monstro do Pântano", diz Conway. "Acontece que eu tinha a arte da primeira edição do Homem-Coisa no apartamento que eu dividia com Len, enquanto ele estava preparando a sinopse da primeira edição do *Monstro do Pântano*. Não digo que ele roubou, mas existe a influência de se ver alguma coisa, aquilo ficar na sua cabeça e sair de outro jeito."

Nem a DC nem a Marvel ficaram particularmente felizes com a coincidência. Lee mandou uma carta ameaçadora para Infantino assegurando que o Homem-Coisa tinha vindo alguns meses antes que o Monstro do Pântano, e que se a DC não abandonasse o personagem, a Marvel o processaria. Infantino contra-atacou ao apontar que ambos os personagens derivavam de The Heap, um monstro de sujeira que apareceu pela primeira vez em 1942. E, ele assegurava, seria possível montar um caso parecido sobre o Incrível Hulk da Marvel. Ele não ouviu mais reclamações sobre o Monstro do Pântano vindas de Lee.

Conway se recorda de outra maneira.

"A DC estava ameaçando processar", Conway diz. "A Marvel contra-atacou com 'vocês sabiam que Gerry e Len eram colegas de quarto?'. O processo desapareceu. Porque o que se podia fazer?"

"Len e Bernie fizeram do Monstro do Pântano quadrinhos melhores do que o Homem-Coisa em muitos sentidos", Thomas diz. "No fim das contas, eles eram diferentes o bastante. Uma vez que superamos isso, uma origem é só uma origem. Não é o tipo de coisa que daria um bom processo."

O Monstro do Pântano não era o único título da expansão da DC com problemas legais no começo dos anos 1970.

A Fawcett Comics apresentou o Capitão Marvel em 1940, durante o *boom* inicial dos super-heróis, e o título chegou a ser tão popular quanto *Superman*. Como o Homem de Aço, o Capitão Marvel vendia milhões de cópias e estrelava seu próprio programa de rádio.

Ele era Billy Batson, uma criança que se transformava em um super-herói de capa todo-poderoso ao invocar sua palavra mágica: "Shazam!" A premissa aparentemente tinha pouco em comum com o Superman, mas os olhos implacáveis da equipe jurídica da DC viram semelhanças suficientes entre os dois personagens para processá-los por violação de direitos autorais. O processo seguiu por anos, até que a Fawcett aceitou fazer um acordo, concordando em deixar de publicar o Capitão Marvel. Em 1953, o herói desapareceu das bancas de jornal.

No entanto, sua popularidade dentre os fãs mais dedicados permaneceu forte, e, em 1972, a DC fez um acordo com a Fawcett para publicar uma nova série. A empresa que cruelmente destruiu o Capitão Marvel décadas antes o trazia de volta – e em um momento em que as vendas de seu próprio herói principal, Superman, estavam vacilando. Mesmo depois de uma muito alardeada renovação em 1971, que recolocou o repórter de jornal Clark Kent como um garboso repórter de TV, o título estava com uma tiragem de trezentas mil cópias em 1972 – menos da metade do que tinha sido uma década antes. Infantino se vangloriou na época que a aquisição do Capitão Marvel criaria uma "ressurreição da indústria dos quadrinhos".

Talvez uma ressurreição nas horas faturáveis de um advogado. A Marvel de modo algum se sentaria e permitiria que a DC publicasse um título chamado Capitão Marvel.

Depois da Fawcett ter parado de imprimir o Capitão Marvel em 1953, a marca registrada foi eventualmente abandonada. Em 1966, uma empresa de quadrinhos especializada em terror barato chamada M. F. Enterprises tentou se apropriar do nome do Capitão Marvel ao lançar um apressado título, chamado Capitão Marvel, mas sem estrelar o personagem da Fawcett. (O alter ego desse era Billy Baxton, não Billy Batson.)

Naturalmente, a Marvel não ficou nada satisfeita com a ideia de outra editora usar o nome da empresa em um título concorrente. Discussões legais se seguiram, e a editora iniciante foi forçada a se retirar por 4.500 dólares.

Para solidificar os direitos sobre o Capitão Marvel, Stan Lee – sob ordens de Martin Goodman – rapidamente criou um novo personagem com o mesmo nome para o universo em rápida expansão da Marvel. Aparecendo pela primeira vez em *Marvel Super-Heroes* nº 12 (dezembro de 1967), este Capitão Marvel era um guerreiro de uma raça interplanetária chamada Kree, que usava um traje verde e branco com um símbolo de um planeta no peito. Em 1968, ele ganhou sua própria série, que durou dois anos.

Quando a DC licenciou o Capitão Marvel da Fawcett em 1972, ela se deparou com um grande problema: a DC podia ter os direitos de publicar o Capitão Marvel, mas a Marvel detinha o nome.

"Não podíamos colocar as palavras 'Capitão Marvel' como uma logomarca na capa", diz Denny O'Neil, que escreveu a primeira edição.

O dilema legal forçou a DC a mudar o título da revista para *Shazam!*, a palavra mágica que Billy Batson grita para se transformar em Capitão Marvel. Como uma trapaça, nas primeiras edições, um subtítulo proeminente foi adicionado, em que se lia "O Capitão Marvel original", mas mesmo isso foi desautorizado. Pouco depois foi reajustado para "O mortal mais poderoso da Terra", no nº 15 (dezembro de 1974).

Anos mais tarde, com o lançamento do novo projeto do Capitão Marvel, a DC tentou de novo obter o uso do título. Sem jogo. A *graphic novel* de 1994, em vez disso, foi chamada de *The Power of Shazam*.[13]

"Fãs mais radicais do Capitão Marvel estavam sempre bravos por não poderem ser 'Capitão Marvel'", diz Jerry Ordway, o escritor e desenhista de *The Power of Shazam*. "Eu ainda leio sobre isso no Twitter. As pessoas entram em pé de guerra por isso."

---

13 Saiu no Brasil pela editora Abril em 1997, com o título *Shazam! – A Origem do Capitão Marvel*. Na época, a editora Abril publicava no Brasil tanto os quadrinhos da Marvel quanto os da DC. (N. do T.)

A DC teria uma curta vingança alguns meses depois da primeira edição de *Shazam!,* em 1972. Na revista *Fear* nº 17, da Marvel (outubro de 1973), o escritor Steve Gerber – um antigo redator de publicidade que se tornaria conhecido por suas criações mais estranhas, incluindo Howard, o Pato – introduziu um novo personagem, chamado Wundarr. Gerber queria que Wundarr fosse uma homenagem, ao Superman, mas nesse caso a linha entre homenagem e simplesmente pegar tudo do Superman para cumprir os prazos estava tênue.

Como Superman, Wundarr era um alienígena de um planeta distante que, quando criança, foi mandado pelo espaço por seus pais logo antes do sol do planeta explodir. Ele acaba na Terra, onde desenvolve superpoderes. Wundarr até se veste com um collant azul e vermelho. O Homem-Coisa descobre a nave dele em um pântano e os dois se atracam em um embate.

Quando a história chegou às bancas, a DC ficou compreensivelmente ofendida. A empresa alegou plágio. Stan Lee concordou e ficou tão bravo com Gerber quanto a DC – ele não tinha lido a história antes dela ser publicada.

"Eu tinha visto esse personagem antes de sair e disse a Steve: 'Tem que ser mudado.' E Steve ou não mudou, ou mudou muito pouco", Thomas diz. "Stan ficou bravo comigo, e ele estava pronto para dispensar Steve como um bode expiatório, em parte para acalmar DC, mas em parte porque sabia que Steve deveria saber que isso não se faz."

Depois de alguns telefonemas irritados, os dois lados concordaram com uma trégua. A Marvel poderia continuar usando Wundarr se sua origem fosse alterada o suficiente para diferenciá-lo de Superman.

As ameaças de ações judiciais, juntamente com a deserção de Kirby, fizeram do início da década de 1970 um momento de conflito entre as duas empresas. Em breve, no entanto, a Marvel e a DC entrariam em um novo período de trégua que permitiria algo que os fãs nunca pensaram ser possível: uma colaboração inédita nas páginas do mesmo gibi.

Os universos finalmente colidem

> "E se você acha que ia ser uma batalha, espere para ver a Marvel e a DC quando começarmos a discutir os royalties!"
>
> – Stan Lee falando sobre o revolucionário *Superman vs. O espetacular Homem-Aranha*

Quase desde o início, os quadrinhos exigiam participação. Eles incentivaram uma cultura de interatividade que se inspirava nos volumosos grupos de fãs de ficção científica que existiam no início do século XX. *Action Comics* nº 1, lançada em 1938, continha uma história em preto e branco em que os leitores eram convidados a colorir com giz de cera. Uma edição subsequente realizou uma pesquisa pedindo aos fãs para avaliar quais das histórias eram suas favoritas.

A DC lançou o Junior Justice Society [Sociedade da Justiça Júnior], um fã-clube para o seu primeiro supertime, bem como um devotado ao Superman no começo de 1940.

Aos poucos, os leitores se fizeram ouvir. Eles publicaram fanzines simples. Enviaram milhares de cartas para os editores, oferecendo ideias de histórias, personagens e críticas. Os fãs da Legião dos Super-Heróis foram convidados a votar no próximo líder da equipe nos anos 1960 (um truque revivido em 2010). Foram os pais e as mães fundadores e da base da cultura nerd que se tornou uma das forças mais poderosas no entretenimento moderno.

"Depois de um tempo, comecei a sentir que eu nem era um editor", Stan Lee escreveu em 1974. "Só estava seguindo ordens – ordens que vinham pelo correio."

A cultura dos fãs começou a ganhar forma nos anos 1960. Anteriormente, era desorganizada e dispersa, não fornecia um caminho fácil para o fanático pelo Superman que vivia no porão da casa de sua mãe em Illinois conhecer o fanático pelo Superman que morava no porão da casa da mãe na Califórnia.

As convenções começaram a surgir no início da década de 1960, primeiro como reuniões informais feitas pelos próprios fãs, às vezes na casa de alguém, e mais tarde em eventos maiores e mais bem organizados. Elas forneciam aos fãs um espaço para que eles se misturassem com outros amantes de super-heróis e completassem suas coleções sem julgamento. Alguns fizeram a comunhão com os quadrinhos atingir um novo nível ao se vestirem como seu super-herói favorito.

Fãs se reuniam para excursões oficiais nos escritórios – ou, em alguns casos, simplesmente apareciam na Marvel e na DC. Um editorial impresso em um programa da edição de 1964 da Comic Con de Nova York pedia encarecidamente aos fãs profissionais que começassem a frequentar as convenções, na esperança de diminuir o número de viciados em quadrinhos de fora da cidade, que "atrapalhavam os horários das editoras com suas visitas".

Os fãs envelheceram. Eles começaram a manter o hobby por mais tempo. A continuidade se tornou mais importante. Eles começaram a reconhecer e seguir artistas e escritores específicos. Tornaram-se mais sérios em relação à fidelidade à marca. E, especialmente depois que os super-heróis da Marvel explodiram na cena em 1961, o fandom foi dividido em dois campos. Tornou-se tribal. Cada vez mais você era um leitor da Marvel ou um leitor da DC, e, de forma muito parecida com as campanhas políticas de hoje, os dois lados se viam frequentemente em desacordo. Discussões explodiam nos playgrounds e nos refeitórios. Cada lado defendendo o seu time.

"Nos anos 1970, eu era um cara da DC, e eu andava com muitos caras da Marvel", diz Jonathan Hoyle, um fã de quadrinhos de longa data que vive em Pittsburgh. "São como torcedores. Eles vão zoar uns aos outros."

Os fãs da Marvel criticavam a DC por sua imagem limpa e sua mentalidade conservadora. Eles detonavam a empresa por ser ultrapassada.

"Nós [fãs da DC] éramos zoados porque até os anúncios da nossa editora eram um pouco bobos", Hoyle diz.

A base da DC não conseguia entender como alguém gostava da Marvel. Era só melodrama e emoção exagerada. E por que mesmo que esses supostos heróis estão se enfrentando de novo?

Com o fandom de quadrinhos cada vez mais dividido, o debate inevitavelmente iria para o lado da superioridade dos personagens de cada empresa.

"O grande tema sobre o qual sempre discutimos era quem era mais forte: Hulk ou Superman?", diz John Cimino, um vendedor de colecionáveis de Massachusetts e superfã do Hulk. "Eu costumava levar quadrinhos ao pátio na hora do recreio e lembro de alguém me ridicularizar quando o vilão Abominável dá uma sova no Hulk. 'Como você acha que o Hulk pode ganhar do Superman, quando ele sequer consegue ganhar deste cara?' Eu me lembro de ter ficado arrasado, pensando em como eu sairia daquilo."

"Não há competição. A Marvel venci [sic] e pronto."
– Página do Facebook "Marvel Is Better Than DC"
[Marvel é melhor que a DC]

"Eles podem falar o que quiserem, nós temos o Batman."
– Página do Facebook "DC Is Better Than Marvel"
[DC é melhor que a Marvel]

Quem *venceria* em uma luta entre esses dois personagens? Essa pergunta assolava os leitores de quadrinhos, das crianças pequenas que estavam descobrindo os super-heróis até os estudantes universitários chapados sentados em um dormitório. Agora os fãs estavam começando a exigir respostas.

A Comic Art Convention de 1970, uma reunião anual de fãs que acontecia no Statler Hilton Hotel, em Manhattan, trouxe um painel de debates com editores tanto da Marvel quanto da DC. Durante o painel, um garoto na plateia se levantou e perguntou o que provavelmente estava na cabeça de muitos leitores de quadrinhos: "Ei, por que vocês não fazem uma HQ com Superman se encontrando com o Homem-Aranha?"

Os profissionais riram, respondendo desdenhosamente que tal reunião nunca aconteceria – copyrights, burocracia, divisão de lucros e assim por diante.

"Foi algo como 'Oh, seus fãs estúpidos. Você não sabem como os negócios funcionam?'", diz Mark Evanier, que estava assistindo ao debate. "Aquele garoto foi humilhado, basicamente o trataram como se ele tivesse feito a pergunta mais idiota do mundo."

E não era. Alguns anos mais tarde, a guerra fria em curso entre as duas empresas teria um degelo por tempo suficiente para que eles unissem forças e contassem justamente a história que o garoto havia pedido. Seria uma publicação inovadora, bem como um enorme aceno para os fãs em uma indústria desproporcionalmente dedicada a eles. Mas, para chegar a esse marco histórico, seriam necessários alguns pequenos passos.

A ideia dos personagens da DC e da Marvel se cruzarem não era uma coisa que somente os leitores consideravam. Era algo que animava os jovens fãs que se tornaram profissionais e entraram na indústria no fim dos anos 1960 e começo dos 1970. Ao contrário dos pais fundadores da indústria – alguns dos quais eram trabalhadores rudes que labutavam em mangas de camisa e mascavam charuto, esperando o dia em que pudessem fazer algo mais digno –, essa nova onda de talentos via a vida dentro da indústria como um sonho que tinha se tornado realidade. Trabalhar naquilo era muito mais do que apenas ganhar a vida; era uma extensão de um passatempo, uma obsessão, uma maneira de moldar diretamente o universo que eles estavam lendo desde que eram crianças.

Conforme a década de 1970 ia chegando ao fim, as perguntas que preocupavam muitas pessoas do ramo começaram a mudar de "quando o pagamento vai cair?" para "não seria legal se as ondas cerebrais desse personagem que vimos pela última vez em 1964 fossem implantadas neste novo androide?".

Mike Friedrich fez uma pergunta do tipo "O que aconteceria se?" em uma festa no apartamento de Roy Thomas, na região do Upper East Side, em 1969. Friedrich conversava com Thomas, na época escrevendo para a Marvel o título *Vingadores*, e com Denny O'Neil, escritor de *Liga da Justiça da América*, da DC, quando Friedrich teve uma ideia.

"Por que vocês não fazem algum tipo de crossover?", Friedrich perguntou a eles.

Os três amaram a ideia. Ainda mais depois de alguns drinques. Mas eles sabiam que teria que ser feito por debaixo dos panos, sentindo – talvez com razão – que os chefes das respectivas empresas provavelmente não iriam tolerar essa ideia de fãs. Entendendo que um crossover oficial e autorizado editorialmente não seria possível, os escritores concordaram em apresentar em seus próprios quadrinhos uma superequipe que se assemelhava à da outra empresa.

Os esforços de Thomas apareceram primeiro em *Vingadores* nº 69 (outubro de 1969). Ali, ele introduziu um novo bando de vilões chamado Esquadrão Sinistro, criados por um ser cósmico amante de jogos para enfrentar os Vingadores. Os integrantes eram baseados na Liga da Justiça, com o personagem de capa Hyperion, análogo ao Superman, o vingador sombrio Falcão Noturno, análogo ao Batman, o velocista Relâmpago, similar ao Flash, e certo portador de gemas chamado Dr. Espectro como o Lanterna Verde.

O'Neil por fim penou para introduzir na DC uma equipe na linha dos Vingadores, e sua homenagem à Marvel acabou sendo bem mais sutil, talvez porque ele estava trabalhando sob a supervisão do controlador Julie Schwartz. A história dele, que apareceu em *Liga da Justiça da América* nº 75 (novembro de 1969), mostrava a Liga da Justiça sendo forçada a enfrentar versões malignas deles mesmos. Referências aos Vingadores foram salpicadas por toda a edição, mas você precisaria estar a par da piada na época para encontrá-las. Em um quadrinho, Batman lança uma tampa de uma lixeira no estilo do arremesso do escudo do Capitão América. Em outro, o irmão gêmeo maligno do Superman proclama que ele não seria derrotado porque era "tão poderoso quanto Thor".

Alguns poucos leitores pegaram a conexão entre a Liga da Justiça e o Esquadrão Sinistro, mas não está claro se alguém entendeu os acenos de O'Neil em *Liga da Justiça da América*. O crossover por baixo dos panos passou pelos editores. Thomas nunca disse a Stan Lee o que ele estava fazendo porque Lee estava tomando cuidado ao antagonizar a DC.

"Embora tenha repercutido bastante, aquele assunto nunca surgiu em nenhuma conversa [com Lee]", Thomas diz. "É claro que eu temia arranjar problema por fazer isso. Felizmente, a DC nunca enviou uma notificação judicial enfurecida ou coisa do tipo, como fizeram em um ou dois outros casos."

O chefe de O'Neil, Julie Schwartz, permaneceu alheio também.

"Ninguém notou, e ninguém ligou", O'Neil conta. "Contanto que não violássemos os direitos dos personagens, não fazia diferença para eles. Nunca me falaram nada sobre isso."

A parceria ilícita continuou dois anos depois, quando Friedrich assumiu a escrita de *Liga da Justiça da América*. Ele e Thomas articularam outro crossover escondido. Friedrich inventou um novo time, chamado Campeões de Angor, que apareceu em *Liga da Justiça da América* nº 87 (fevereiro de 1971) fazendo as vezes dos Vingadores.

Thomas reagiu em *Vingadores* nº 85 (fevereiro de 1971) apresentando o Esquadrão Supremo, um time de heróis cuja origem estava relacionada com o Esquadrão Sinistro, com as mesmas similaridades da Liga da Justiça.

Nos anos que sucederam o crossover de 1969, entretanto, o editor Julie Schwartz evidentemente tinha ficado mais esperto. Ele confrontou Friedrich sobre o crossover ilícito, brandindo um exemplar de *Vingadores* nº 85 e pressionando:

"Imagino que você ache isso engraçado."

"Acho", respondeu Friedrich.

"Não faça isso de novo", Schwartz disse.

"Eu não fui penalizado, nem gritaram comigo", Friedrich lembra. "As pessoas da DC não estavam lendo os quadrinhos da Marvel na época, então quem deu aquele gibi da Marvel para Julie? Nunca saberei."

(Marvel traria de volta o Esquadrão Supremo em uma minissérie de 1985, sugerindo em um anúncio que aquilo era como se fosse a Liga da Justiça feita do jeito certo. A jogada provocou telefonemas irritados da DC.)

O meta-crossover de sucesso logo encorajou a nova safra de escritores a tentar algo ainda mais radical. Eles tentaram costurar uma única história através de vários títulos da Marvel e da DC.

Em 1965, Roy Thomas tinha encontrado um fã que se chamava Tom Fagan em uma convenção de quadrinhos de Nova York. Fagan vivia em Rutland, Vermont, uma cidade com menos de vinte mil habitantes que sediava um animado desfile de Halloween em sua rua principal todos os anos. O evento se inclinou para os super-heróis quando Fagan sugeriu fazer do Batman o grande tema em 1960. Thomas participou em 1965 (vestido como Homem-Borracha), e as notícias a respeito de Rutland rapidamente se espalharam na comunidade dos quadrinhos. Logo, escritores e artistas estavam viajando para o Norte todo mês de outubro para se vestir como super-heróis e festejar na casa vitoriana de 23 quartos de Fagan.

Thomas fez uma história dos *Vingadores* em 1970 que se passava no desfile. Denny O'Neil e Neal Adams seguiram o exemplo e fizeram o mesmo em *Batman*, um ano depois. E o crossover de verdade começaria em 1973, orquestrado por Len Wein, da DC, e Gerry Conway e Steve Englehart, da Marvel. Englehart na época era relativamente novo no negócio. Começou a trabalhar com Neal Adams nos fins de semana, depois de se formar na faculdade em 1970, na esperança de se tornar um desenhista. Ele logo mudou de vocação e virou roteirista.

"Len, Gerry e eu éramos amigos, e estávamos reunidos e pensamos 'Por que não podemos fazer algo juntos?'", Englehart conta. "E a resposta era porque trabalhávamos em empresas diferentes. Então falamos: 'Bem, nós podemos resolver esse problema.'"

Os escritores, sem qualquer autorização de seus respectivos chefes, prepararam um enredo que se passava em Rutland e envolvia o carro de Englehart sendo roubado. A primeira parte do conto em várias partes foi publicada na revista de Englehart, *Amazing Adventures* nº 16 (janeiro de 1973), a segunda em *Liga da Justiça da América* nº 103 (dezembro de 1972), de Wein, e a parte final na revista de Conway, *Thor* nº 207 (janeiro de 1973). Cada história funcionava sozinha, mas, quando todas eram lidas juntas, forneciam uma narrativa mais completa.

"Nós pensamos: 'Será que dá pra fazer isso sem nenhuma das empresas ficar irritada?'", Englehart diz. "Aquilo ficou conhecido entre todos os grupos de fãs que existiam naquele momento, mas não ficamos exibindo ou dizendo: 'Ah, nós enfiamos aquilo na Marvel e na DC.' Nenhuma das empresas ficou irritada com aquilo."

Steve Englehart mais tarde faria outro crossover por baixo dos panos, quando uma das suas criações o acompanhou até a DC quando ele foi trabalhar lá. Mantis era uma expert em artes marciais de pele verde que debutou em *Vingadores* nº 112 (junho de 1973) e eventualmente se tornou uma integrante do time da Marvel. (Ela teve um papel proeminente no filme de 2017, *Guardiões das Galáxias 2*.) Mas depois que Englehart foi para a DC, para escrever *Liga da Justiça da América*, um fã em uma convenção perguntou se aquele seria o fim de Mantis. Ele pensou a respeito e decidiu que não deveria ser.

"Já tínhamos feito o lance de Rutland, então eu pensei que poderia colocá-la na Liga da Justiça, contanto que ninguém fosse processado", Englehart conta. "Claro que ela tem uma cor de pele distinta e um padrão distinto de falar, mas desde que eu a chamasse de outra coisa – isto parecia ser o padrão legal –, eu poderia fazer acontecer. Não me lembro de nenhuma reação adversa de nenhuma das empresas."

Esses primeiros crossovers espertinhos abriram o caminho para o primeiro crossover oficial, em 1975. Mas a eventual cooperação exigiria alterações gerenciais na Marvel, a fim de diminuir a tensão entre as duas rivais. Martin Goodman, que tinha sido comprado em 1968 pela Perfect Film, mas se mantinha no cargo de publisher, se aposentou em 1972. Seu filho, Chip – um empresário amador que já havia vendido os direitos para outras mídias de todos os personagens da Marvel por alguns milhares de dólares –, logo foi expulso. Tanto o pai quanto o filho não caíam de amores pela DC e eram conhecidos por guardar rancores e agir de forma vingativa.

"No começo dos anos 1970, as empresas se antagonizavam tanto no nível empresarial que você nunca conseguiria fazer essas pessoas se reunirem e conversarem", diz Gerry Conway, na época um dos principais escritores da Marvel.

O que não quer dizer que a Marvel e a DC não se comunicassem durante esse período. Lee e Infantino permaneceram amigos, embora seu relacionamento tivesse sofrido alguma tensão quando a DC roubou Kirby.

"Carmine Infantino era meu amigo", diz Lee. "Eu o encontrava a cada duas semanas, e ele levava alguns rapazes da DC. Eu ia com alguns caras da Marvel, tomávamos algumas bebidas e nos divertíamos."

Infantino foi promovido a publisher em 1972, e é evidente que ele e Lee se reuniam ocasionalmente para discutir questões comerciais – e nem sempre com os resultados mais positivos. Os dois se encontraram para um almoço um dia, no verão de 1974, e o que foi discutido teria consequências terríveis para a Marvel.

Um artista freelancer chamado Frank Robbins, que vinha desenhando *Batman*, andava à procura de trabalho na Marvel, e quando a Marvel perguntou o quanto ele recebia por página, ele exagerou no valor que a DC estaria pagando. Lee descobriu a mentira branca e se irritou. Discutiu o problema com Infantino durante o almoço, e os dois executivos concordaram em compartilhar seus valores no futuro.

Quando Lee voltou para os escritórios da Marvel, contou para o seu editor-chefe, Roy Thomas, o que havia acontecido no almoço, e Thomas ficou horrorizado. Ele mandou um memorando para Lee, chamando o conluio de "imoral, antiético e provavelmente ilegal". Lee perguntou se ele estava pedindo demissão, e Thomas disse que sim.

"Nenhum dos dois [Lee ou Infantino] pensou que estaria quebrando a lei", Thomas diz. "Eles sempre fizeram o que queriam fazer. Não era grande coisa."

A demissão de Thomas pode ter colocado o assunto de lado. Até onde ele sabe, a Marvel e a DC nunca checaram entre elas o pagamento dos freelancers nos anos seguintes. (Infantino mais tarde negaria que ele e Lee conversaram a respeito de valor de página.)

No ano seguinte, Lee e Infantino se depararam com outro problema inesperado entre eles. A Marvel estava planejando uma adaptação de *O Mágico de Oz* quando Lee descobriu que a DC já tinha uma em andamento. Em vez de arriscarem publicar quadrinhos concorrentes, Lee e Infantino concordaram em coproduzir a edição. *MGM's Marvelous Wizard of Oz*, lançado no fim do verão de 1975, se tornou o primeiro crossover entre as empresas.

O gibi foi histórico, mas nunca significou nada além de uma curiosidade para os fãs e colecionadores. Afinal, não era de fato uma junção entre a Marvel e a DC, era uma junção dos seus departamentos legais. Os leitores estavam atrás de mais do que os nomes das empresas reunidos com seus logotipos em uma revista; eles queriam ver os super-heróis das editoras rivais se encontrando de fato na mesma história e, se Deus quisesse, começando a trocar socos na cara em um confronto colossal, como algo jamais visto desde os dias do poema épico.

Eles não precisariam esperar muito tempo.

A história começaria com David Obst, um agente literário que representava Carl Bernstein e Bob Woodward, os jornalistas do caso Watergate por trás do livro *Todos os Homens do Presidente*. Obst era um fã de histórias em quadrinhos desde criança e, certo dia, no começo dos anos 1970, ele telefonou para Stan Lee e disse ao guru da Marvel: "Eu acho que a Marvel pode ser muito mais do que histórias em quadrinhos."

"E, como um idiota", Obst recorda, "em vez de dizer 'filmes', eu disse 'livros'".

Obst se juntou a Lee para lançar uma série de livros em capa dura para a editora Simon & Schuster, incluindo *Origins of Marvel Comics*, de 1974, e sua continuação, *Sons of Origins of Marvel Comics*.

Por volta da mesma época, Obst passava a noite na cidade de Nova York e conversou com Howard Kaminsky, o chefe da Warner Books, uma empresa-irmã da DC Comics. Obst disse a Kaminsky que ele estava trabalhando com Lee nos livros da Marvel, e sugeriu: "Por que não fazemos um livro juntos: Superman vs. Homem-Aranha?" Kaminsky amou a ideia e ofereceu ao pessoal da DC. Eles concordaram, e Obst a levou para Stan Lee.

Lee gostou do conceito, mas estava um pouco receoso em prosseguir, perguntando-se por que ele deveria dar uma ajuda à DC, cujas vendas estavam se deteriorando. Lee perguntou a Thomas, que havia abandonado o cargo de editor-chefe, mas ainda estava trabalhando para a Marvel, o que ele pensava. Thomas gostou, pois considerava que juntar os dois aumentaria o prestígio do personagem número um da Marvel, que naquele momento só existia há 13 anos.

"Eu disse a Stan: 'É um grande negócio para a Marvel'", Thomas conta. "É paridade. Você tem Superman, que sozinho era um dos três personagens fictícios mais conhecidos do mundo – Superman, Sherlock Holmes e Tarzan –, então só colocá-los juntos já era sugerir que Superman e Homem-Aranha eram iguais. Você estaria elevando o Homem-Aranha. Era uma situação que só traria benefícios."

Obst, sendo alguém de fora, podia servir como um árbitro neutro e funcionar como uma ponte entre as duas empresas. Ambos os lados eventualmente concordaram em prosseguir, mas resolver todos os detalhes do crossover provou ser uma tarefa difícil, à medida que tanto a Marvel quanto a DC manobravam para garantir que seus interesses fossem protegidos.

"Reuniões ecumênicas da Idade Média não eram adjudicadas com tamanho cuidado quanto aquelas", Obst conta.

Um dos obstáculos era o dinheiro. A DC inicialmente queria mais da metade dos lucros porque insistia que o Superman tinha uma distribuição maior. Eles também exigiam que o nome do Superman viesse primeiro no título, já que ele era um personagem mais icônico.

"Aquilo remontava o que eu considero ser a abordagem do Carmine, e não apenas dele, mas de todos os editores e o resto do pessoal na DC. Eles se achavam superiores", diz David Anthony Kraft, na época um editor da Marvel. "A Marvel nunca foi tão difícil. Você quer ter o nome do Superman primeiro? Tá bom. Que seja."

Para produzir o gibi, o contrato exigia a divisão do trabalho entre a Marvel e a DC. A Marvel forneceria o lápis e o colorista, a DC forneceria o escritor, o arte-finalista e o letrista. Até mesmo essa divisão direta do trabalho resultou em atritos e deu oportunidades para um lado pressionar o outro.

Quando chegou o momento da escolha do escritor, Infantino ignorou os veteranos da casa e, em vez deles, entregou o trabalho para Gerry Conway, que, não por coincidência, havia sido roubado da Marvel. O roubo não tinha sido tão marcante quanto o de Jack Kirby, mas causou reverberações na indústria.

Conway tinha começado a escrever quadrinhos ainda adolescente e encontrou trabalho fixo na Marvel no começo dos anos 1970. Ele logo subiu ao rol dos principais gibis da editora, *Quarteto Fantástico* e *O espetacular Homem-Aranha*. Neste último, ele introduziu o vigilante armado Justiceiro e matou a namorada de Peter Parker, Gwen Stacy, em um dos momentos mais chocantes da história dos quadrinhos.

Apesar de sua proeminência na empresa, Conway deixou a Marvel em 1975, depois de ter sido descartado para a posição de editor-chefe logo após a demissão de Roy Thomas. O posto, em vez disso, foi para Len Wein, que começou sua carreira na DC, mas se tornou um dos escritores que recorreram à Marvel em meados da década de 1970.

Conway procurou a DC e, em 1975, pulou do barco. As notícias não pegaram bem na Marvel.

"Nos anos 1970, você realmente se percebia como membro de uma equipe, fosse ela na Marvel ou na DC", Conway diz. "Ir para a DC, especialmente depois da ida de Kirby em 1970, causava no pessoal da Marvel a impressão de que eu estava de fato traindo a empresa."

A DC não perdeu tempo para promover sua nova e brilhante aquisição. Anúncios para a linha de gibis de Conway, conhecida como *Conway's Corner* [O canto do Conway], começaram a aparecer. Para Infantino, a aquisição de Conway era mais um passo para derrubar a Marvel.

"Nós vamos mostrar pra esses caras da Marvel", Infantino disse a Conway. "Nós vamos tomar a merenda deles."

Na sua primeira reunião editorial desde a contratação de Conway, Infantino percebeu que tinha cometido um erro. O chefe da DC sempre desprezou a nova safra de jovens funcionários da empresa, a quem ele se referia ironicamente como "as crianças", e nessa reunião em particular ele estava promovendo Conway e como o novo contratado ajudaria a DC a dar aos seus gibis uma cara mais parecida com a Marvel.

De repente, Carl Gafford, um jovem assistente de produção, olhou para Carmine e disse: "Você já reparou que Gerry é mais novo do que todos nós?"

"O queixo de Carmine caiu", diz Bob Rozakis, na época um jovem assistente. "Era como se alguém tivesse lhe dado um golpe. Ele estava convencido de que estava roubando um experiente editor da Marvel. Mas Gerry tinha vinte e poucos anos na época."

Jovem ou não, quando chegou a hora de escolher o escritor de *Superman vs. Homem-Aranha*, Infantino escalou Conway, porque ele já tinha escrito ambos os personagens. Mas a escolha também foi uma maneira de esfregar no nariz da Marvel a aquisição de Conway pela DC.

"Carmine era um cara competitivo, e me ofereceu o gibi porque sabia que isso iria irritar a Marvel", Conway diz. "Ele queria cutucar os olhos deles."

Para desenhar, Conway sugeriu Ross Andru, o desenhista de longa data de *O espetacular Homem-Aranha*. Conway já tinha trabalhado com ele antes na Marvel, e, como Conway, Andru foi um dos poucos no ramo que havia lidado tanto com o Homem-Aranha quanto com o Superman. A escolha tinha uma vantagem adicional para Infantino e para a DC: para desenhar o *crossover*, Andru precisaria fazer uma pausa de alguns meses no seu trabalho em *O espetacular Homem-Aranha*. O título na época era o que mais vendia na Marvel, e a perda de seu artista poderia prejudicar as vendas.

"Já tinha esse cara que deixou recentemente seu gibi mais vendido para trabalhar para a outra empresa, e agora ele está escrevendo uma grande HQ, e levando com ele o desenhista do seu gibi mais vendido", Conway diz. "Então teve um pouco de sacanagem ali também."

Embora Len Wein estivesse encarregado dos quadrinhos de super-heróis da Marvel, foi o presidente da Marvel, Al Landau, que concordou com a solicitação da DC pelos serviços de Andru. Quando Wein reclamou com Landau sobre a perda temporária do artista em *O espetacular Homem-Aranha* – um gibi que por acaso ele também estava escrevendo –, Landau disse que os detalhes sobre quem faria *Superman* vs. *Homem-Aranha* não eram "da porra da conta dele". Wein se jogou contra o executivo, determinado a "esganá-lo", e precisou ser segurado por Marv Wolfman.

A DC selecionou Dick Giordano para a arte-final. Giordano estava na leva de novos editores que chegaram na DC em 1968, na tentativa de modernizar a pesada empresa. Mas, depois de brigar com Infantino, Giordano saiu e formou seu próprio estúdio de arte com Neal Adams, a Continuity Associates, em 1971. Ele ainda fazia trabalhos freelancers extensivamente para a DC e incorporou o estilo da editora.

Com a equipe de arte no lugar, o trabalho voltou-se para a história. Na teoria, contar uma história isolada de dois caras usando cueca por cima da calça deveria ser descomplicado, mas na prática, provou-se uma tarefa espinhosa. Um dos desafios era o fato de que os heróis da Marvel e da DC tinham um enfoque diferente. Eles são filosoficamente diferentes e não se encaixam facilmente na mesma história. Os personagens da DC eram escoteiros limpinhos e de boas maneiras, e os da Marvel eram cheios de falhas e mais humanos. E também o nível de poder do Superman era muito superior ao do Homem-Aranha.

"Então nos sentamos e não conseguimos anotar duas frases enquanto os dois lados já começavam a gritar um com o outro", Obst conta. "Uma coisa que eu lembro de alguém ter dito foi: 'Tá brincando?! Se o Superman acertar o Homem-Aranha, ele vai mandá-lo para Júpiter.'"

"Eles discutiam como duas velhinhas", disse Denny O'Neil.

Outro desafio foi elaborar uma história de "um contra o outro" interessante com mocinhos dos dois lados. Nenhuma das empresas, por motivos óbvios, pretendia que seus personagens fossem retratados como vilões.

"Havia esse problema. Os heróis dos quadrinhos vivem em um mundo do bem contra o mal", Obst diz. "Você nunca pode colocá-los do lado do mal. Isso bagunça a marca. Como fazer bem *versus* bem e deixar interessante? Não dá."

Conway levou o desafio a sério.

"De um ponto de vista realista, uma luta entre Superman e Homem-Aranha duraria cerca de dois segundos", ele diz. "Eu sempre tentei ver o humor nesses personagens e nessas situações; então, para mim, havia maneiras de fazer a ideia do Homem-Aranha lutar contra o Superman acontecer, mas você pode se divertir bastante com o absurdo disso também."

Porque havia animosidade entre Conway e os editores da Marvel, Wein e Wolfman, por causa da saída de Conway, nenhum lado queria lidar muito com o outro. Chegaram no consenso de Roy Thomas, da Marvel, servir como um "editor consultor".

Conway por fim trabalhou a história colocando Superman e Homem-Aranha contra Lex Luthor, da DC, e Doutor Octopus, da Marvel. Mas antes dos heróis derrotarem os vilões, o Azulão e o Teioso se encontram e – num dispositivo narrativo que a Marvel lançou nos anos 1960 e que é agora um clichê – começam a lutar devido a um mal-entendido. O Homem-Aranha acerta um bom golpe. O Homem de Aço devolve o golpe, mas generosamente decide recolher a força do soco, não sem antes mandar o Teioso voando por centenas de metros. Era o momento que os fãs esperavam há anos.

A luta, é claro, termina em um empate, e o equilíbrio em todos os aspectos da edição especial era crítico. Superman e Homem-Aranha tinham que ter igual participação, incluindo o mesmo número de imagens grandes, de página inteira. A capa, feita por Infantino, apresentava os dois heróis no Empire State. Ela teve que ser revisada muitas vezes para dar igual importância aos dois.

Nenhum dos universos das empresas foi o principal também. Em vez de ter um herói lançado no domínio do outro, a decisão foi de fazer o crossover se passar em um mundo em que havia tanto a Metrópolis do Superman quanto a Nova York do Homem-Aranha, e um no qual os heróis estivessem cientes da existência um do outro, mas sem nunca terem se encontrado antes. A escolha significava que valiosas páginas de histórias não deveriam ser dedicadas a explicar que recurso narrativo de veracidade duvidosa serviria para teleportar o Superman para o universo Marvel ou vice-versa.

À medida que o trabalho sobre a edição progrediu e a arte começou a tomar forma, o pessoal envolvido com a indústria começou a ficar entusiasmado.

"Eu me lembro de uma página dupla da edição chegar – a primeira vez em que o Superman e o Homem-Aranha estavam juntos na mesma página", diz Joe Rubinstein, que estava trabalhando como assistente do Giordano na época e ajudou a preencher as hachuras da edição. "É bem banal agora, mas, naquela época, foi realmente emocionante. 'Oh, meu Deus! Clark e Peter juntos!' E foi ótimo."

Por causa de todas essas idas e vindas e de todas as aprovações necessárias das duas empresas, a edição levou sete meses para ficar pronta. *Superman* vs. *O espetacular Homem-Aranha* foi lançado na primeira semana de janeiro de 1976, custando estrondosos dois dólares – oito vezes o preço de um gibi regular da Marvel. A página de abertura tinha duas mensagens (de tamanho igual, naturalmente) de Stan Lee e Carmine Infantino comentando a natureza histórica da publicação.

"Os quadrinhos, que geralmente refletem a história, podem, neste empreendimento importante, demonstrar que as boas relações podem ser maiores do que na teoria", Infantino escreveu.

O gibi vendeu meio milhão de exemplares, de acordo com Infantino, apesar do seu tamanho estranho. O grande formato tabloide significava que *Superman* vs. *O espetacular Homem-Aranha* não caberia nas estantes habituais de vendas de quadrinhos, e as lojas podem ter ficado confusas sobre como e onde exibi-lo.

"Eles não fizeram tanto dinheiro quanto deveriam", Roy Thomas diz.

O projeto, mesmo com as tensões burocráticas que o acompanharam, diminuiu as hostilidades entre a Marvel e a DC e serviu como um lembrete encorajador do progresso daquele relacionamento. Apenas uma década antes, freelancers tinham que usar pseudônimos para trabalhar para ambas as empresas, e os editores arrogantes da DC nem sequer se dignavam a reconhecer a Marvel. Agora, as duas estavam se associando em um quadrinho de alto nível. As empresas colaborariam mais vezes, alguns anos depois – às vezes com sucesso, mas de forma tão desastrosa em um dos casos que o fracasso as levaria a uma nova guerra fria que duraria mais uma década.

Superman vs. *O espetacular Homem-Aranha* pode ter inaugurado uma era de cooperação entre os dois titãs dos quadrinhos, mas marcou o fim do reinado de Infantino na DC. Logo depois da turnê promocional da colaboração Marvel/DC, em janeiro de 1976, Infantino estava no meio de uma reunião editorial quando a chefia o convocou para o andar de cima. Os executivos não estavam satisfeitos com as perdas da DC, que foram impulsionadas pela queda das vendas no mercado como um todo e pela decisão de Infantino de tentar se igualar à volumosa produção da Marvel.

"Você perdeu 1 milhão de dólares no ano passado", Jay Emmett, o poderoso fundador do lucrativo braço de licenciamento da DC, a Licensing Corporation of America, disse a Infantino.

"Certo", Infantino retrucou, "e a Marvel perdeu dois milhões".

Os chefes não aceitaram o argumento e Infantino foi demitido na mesma hora. Sua dispensa pode ter tido outras razões além dos lucros e prejuízos. Além da falta de perspicácia para negócios, Infantino não era querido por todos. Admitia que bebia pela manhã para lidar com o estresse. Ele podia ser espinhoso e vingativo, falando mal das pessoas assim que saíam da sala.

"Carmine era um babaca", diz o arte-finalista Joe Rubinstein. "Uma vez eu estava no Continuity Associates, o estúdio do Neal Adams, e atendi o telefone. Era o Joe Orlando, editor da DC, que era um cara muito, muito gentil. Ele perguntou se o Neal estava lá. Eu respondi: 'Não, não está.' Ele então descarregou em mim: 'Diga àquele filho da puta etc., etc.', então ficou em silêncio. Daí ele falou: 'Desculpe, tive que fazer isso porque Carmine estava na sala.'"

Infantino tinha inimigos, incluindo o arte-finalista Vinnie Colletta, a quem ele havia removido dos aclamados gibis do Quarto Mundo de Jack Kirby. Boatos circularam pela DC em 1976 dizendo que Colletta havia mexido os pauzinhos com alguns dos elementos mais sombrios supostamente ligados à Warner Bros. para que Infantino fosse derrubado. No dia em que a cabeça rolou, Gerry Conway correu para o seu agora ex-chefe, que andava em direção aos elevadores. Infantino parecia abalado.

"O que houve? Você está bem?", Conway perguntou.

"Vai haver algumas mudanças por aqui. Eu realmente não posso falar sobre isso", Infantino respondeu. "Não se preocupe com isso. Conte comigo, garoto."

Com isso, Infantino entrou no elevador e se foi. Segundos depois, quase como uma deixa, as portas do elevador adjacente se abriram e Colletta saiu. Ele viu Conway lá parado e disse triunfante: "Eu finalmente me livrei daquele bastardo!"

"Aparentemente Vinnie sabia antes de qualquer outra pessoa, o que deu origem à suspeita de que ele tinha aprontado para cima de Carmine", Conway diz.

Infantino voltaria a fazer trabalhos freelancers para a empresa anos após sua demissão, mas a lenda é que ele ficou tão amargo com a maneira como foi tratado que nunca mais pisou nos escritórios da DC de novo.

Sua demissão abriu caminho para mais uma grande agitação na diretoria da DC, já que a empresa continuou a tentar acompanhar a Marvel, agora líder do mercado, e deter suas perdas no mercado de periódicos que estava em erosão. Antes que as coisas pudessem mudar, a DC seria atingida por uma grande catástrofe, que ameaçaria acabar com a empresa de uma vez por todas.

## 7

A DC renasce para conquistar a Marvel

> "Eu peguei os gibis que a DC mandou para mim e os mostrei para Stan Lee, e nós ficamos sentados, rindo do diálogo empolado e de todas as coisas estúpidas que eles faziam. Olha lá o Superman pousando na ponta do pé e com a perna dobrada. Ninguém faz isso."
>
> – Jim Shooter, antigo editor-chefe da Marvel

Trabalhar na DC no meio dos anos 1970, o artista Barry Windsor-Smith uma vez lamentou, era "um pouco como abandonar os quadrinhos".

O ambicioso Quarto Mundo de Kirby tinha fracassado, e o autor seguiu para títulos que faziam pouco mais do que cumprir suas obrigações contratuais. A linha da DC era uma mistura sem inspiração de sobras de títulos de mistério e de guerra junto com títulos natimortos, como *The Stalker* e *Richard Dragon, Kung-Fu Fighter*. Esse último, introduzido em 1975, tinha sido uma tentativa de capitalizar na febre de artes marciais no começo dos anos 1970, como a Marvel fizera com sucesso em *Mestre do Kung-Fu* dois anos antes.

O jovem escritor Denny O'Neil era um fã de filmes de kung-fu e, como o pessoal da Marvel, reconheceu seu potencial para serem traduzidos em quadrinhos logo de cara. Ele fez uma proposta de uma série de artes marciais para a DC em 1973, mas foi recusada.

"Eu fui até um dos caciques da DC e defendi minha proposta, e nunca vou esquecer o que ele disse, porque foi uma das coisas mais corporativas que ouvi", O'Neil recorda. "Ele disse: 'Não gosto dos números, amigo.'"

Dois anos depois, quando a DC caiu em si e deu sinal verde para a produção de *Richard Dragon*, a popularidade do gênero já havia esfriado, levando à piada permanente na DC que dizia que, no momento em que a empresa conseguisse seguir uma tendência, você poderia ter certeza de que a tendência já era passado.

As vendas dos principais títulos da DC também estavam caindo. A circulação de *Superman* tinha caído para menos de trezentos mil em 1975, 150 mil a menos do que cinco anos antes.

"Eu não tenho quase nada de bom pra falar sobre a desinteressante DC", David Anthony Kraft, antigo escritor da DC e posteriormente da Marvel, falou ao *Comics Journal* em 1977. "Há algum tipo de maldição que se espalha naquele lugar, uma certeza estranha de que, não importa o que você faça ou o quão duro você trabalhe, ainda assim o resultado vai ser um gibi igual a todos os outros gibis de merda que eles publicam... Eles não lançam quadrinhos, lançam papel higiênico."

Evidentemente uma nova direção era necessária. E uma nova liderança. Carmine Infantino "renunciou a seu posto" em janeiro, disse de forma caridosa o fanzine oficial da DC, e, na hora de escolher seu substituto, os executivos da Warner pareciam determinados a fazer uma escolha ainda mais ousada do que tinham feito com Infantino, já que escolheram alguém com três qualidades que ninguém do ramo esperava.

Primeiro, o novo contratado não tinha experiência na indústria dos quadrinhos. Segundo, a escolha foi alguém jovem, de 28 anos. E terceiro, e talvez o mais surpreendente de tudo, ele não era "ele". Uma empresa veneradal, em um campo historicamente ocupado quase que exclusivamente por homens, agora seria liderada por uma mulher. A lenda diz que, quando o editor da DC, Joe Orlando, ouviu a notícia, ele imediatamente foi ao banheiro e vomitou.

Jenette Kahn era a filha de um rabino e havia crescido na Pensilvânia. Ela lia quadrinhos quando era criança, depois que seu irmão os passava para frente. Era formada em história da arte no Radcliffe College, mas entrou no mundo das publicações com 22 anos, quando ela e uma amiga levantaram dinheiro para publicar *Kids*, uma revista infantil. Mais tarde ela lançou *Dynamite*, outra publicação para jovens.

Sua experiência na publicação infantil tornou-a atrativa para os engravatados da Warner Bros. (E também sugere como eles enxergavam as histórias em quadrinhos: estritamente coisa de crianças.) Bill Sarnoff, o chefe da Warner Publishing, convidou Kahn para almoçar em 1975. Enquanto comiam e conversavam, Sarnoff revelou achar que a DC não deveria mais publicar quadrinhos novos, e que deveria, em vez disso, focar apenas no licenciamento lucrativo. Kahn discordou, e explicou que ela via a DC como um importante laboratório de ideias, e, sem novas histórias, o valor dos personagens logo diminuiria.

Sarnoff deve ter gostado do que ouviu. No dia seguinte, ele ofereceu o emprego de publisher para ela, uma escolha que surpreendeu a indústria.

"Quando Jenette veio, foi um alívio. Não era outro velho branco", diz o ex-escritor da DC Paul Kupperberg.

"Nós não conhecíamos Jenette Kahn, e nos preocupávamos que ela não conhecesse os quadrinhos", diz Irene Vartanoff, que trabalhou nos departamentos editorial, de produção e de recursos humanos na Marvel e na DC nas décadas de 1970 e 1980. "Alguém chegou a pensar sobre o que, no fundo, a levou a ser escolhida para dirigir uma empresa de quadrinhos muito importante? Na verdade, não. Nós simplesmente queríamos que, quem quer que fosse, entendesse de histórias em quadrinhos."

Kahn começou a trabalhar na DC no dia 2 de fevereiro de 1976 e logo se estabeleceu como uma presença nova e enérgica – ainda que um pouco excêntrica.

"Jenette era incrivelmente criativa", diz Dan Raspler, um editor da DC nos anos 1980 e 1990. "Ela era meio avoada, mas como um tubarão. Era estranha, uma mulher impressionante com vestidos extravagantes. Ela costumava parecer com um vilão do Batman. Trajes loucos e um escritório louco, com móveis estranhos."

Kahn tinha dois itens em sua lista de tarefas assim que chegou: melhorar os quadrinhos e, em uma indústria notória por abusar de seus talentos, começar a tratar melhor os escritores e os artistas. Mais fácil falar do que fazer.

Kahn começou a aprender o negócio dos quadrinhos, muitas vezes sentando-se com Schwartz em seu escritório, enquanto o editor trabalhava uma história com um roteirista. Ela também tentou esmagar os feudos editoriais que ainda existiam e ajustar a continuidade da empresa, no que chamou de "centralização".

Kahn mudou a forma como novas séries passaram a ser desenvolvidas. A DC não mais despejaria imitações meia-bomba de fantasia, espada e magia só porque *Conan* estava fazendo sucesso, digamos. Novas séries seriam forçadas a subir uma escada, com aprovações em cada degrau, começando pela proposta, depois passando pelo roteiro e esboços de arte e, finalmente, concluindo com o gibi finalizado.

Um problema de idade ainda assolava a DC. Seus editores eram, como Kahn colocava, "de outra geração". O editor de *Batman* e de *Superman*, Julius Schwartz, já tinha mais de 60 anos, assim como Murray Boltinoff, que cuidava de alguns títulos de terror e guerra. Joe Orlando estava chegando perto dos 50. Um dos poucos jovens que eles tinham no seu pessoal, Gerry Conway, saiu algumas semanas depois da chegada de Kahn para se tornar editor-chefe na Marvel, sucedendo Marv Wolfman.

Kahn começou a recrutar novos talentos, e começou a ler quadrinhos da Marvel para ver quem poderia valer a pena trazer.

"Ela queria um clima mais jovem para a coisa toda", diz Bob Rozakis, editor-assistente da DC na época. "Ela reconhecia que os personagens da Marvel eram mais atraentes para o público, e queria ter o mesmo clima na DC."

Por fim, Kahn colocou dois nomes na mira. Um era John Buscema, o desenhista de *Conan* e *Quarteto Fantástico*, cujo estilo era tão representativo da Marvel que ele seria o coautor de um livro sobre como desenhar quadrinhos da Marvel em 1978.[14] Kahn recrutou o artista e achou que tinha arrumado um acordo para ele desertar. Mas Stan Lee percebeu a mudança e se intrometeu para fazer uma oferta a Buscema que ele não podia recusar, e o acordo com a DC deu em nada.

O outro nome da Marvel que Kahn colocou na alça de mira foi Steve Englehart. Logo após a chegada de Kahn na DC, Englehart saiu da Marvel depois de um desentendimento com o editor recém-instalado, Gerry Conway. Dois dias depois, ele recebeu uma ligação de Kahn, convidando-o para almoçar.

---

14 Lançado no Brasil com o título *Como desenhar quadrinhos no estilo Marvel*, de John Buscema e Stan Lee. São Paulo: WMF Martins Fontes, 2014. (N. do T.)

"Nos reunimos em Manhattan e ela disse: 'Eu quero que você faça pela *Liga da Justiça* o que você fez pelos *Vingadores*'", conta Englehart. "'Nossos personagens precisam ser rejuvenescidos. Você tem uma coisa legal rolando com os *Vingadores*, e queremos a mesma coisa com a *Liga da Justiça*.'"

Englehart, ansioso em dar o troco na Marvel por deixá-lo partir, concordou, sob as condições de que trabalharia por apenas um ano (ele tinha planos de viajar pela Europa) e que ele pudesse escrever o Batman. Kahn concordou.

O período de Englehart começou com a tentativa de renovação da *Liga da Justiça da América* no começo de 1977, estabelecendo um tom para servir como um modelo para os outros gibis da DC.

"Eles estavam tentando fazer seus quadrinhos ficarem mais como os da Marvel. É por isso que eu estava lá", Englehart diz. "O que a Marvel estava fazendo ainda era misterioso para a DC. Jenette me contou que as vendas estavam caindo porque a DC não estava conseguindo acompanhar a Marvel, e ninguém entendia o que estava acontecendo. A DC não tinha ninguém que pudesse fazer o que eu estava fazendo na Marvel, então eles foram e me pegaram."

O escritor também assumiu a *Detective Comics* e produziu uma série imensamente influente com o desenhista Marshall Rogers e o arte-finalista Terry Austin, que ajudou o Batman a voltar para suas raízes sombrias. A história, talvez pela primeira vez, introduziu o sexo no universo geralmente livre para todas as idades da DC.

"O que sempre me incomodou nas HQs da DC é que todos os seus super-heróis adultos agiam como meninos", Englehart diz. "Se Lana Lang ou Lois Lane dessem qualquer tipo de abertura romântica, todos esses homens crescidos ficavam atrapalhados e tímidos. Mesmo quando criança, achava aquilo estúpido."

Englehart criou um interesse romântico para o alter ego do Batman, Bruce Wayne, chamada Silver St. Cloud, e em uma página Silver é mostrada relaxando em um robe de chambre, dizendo a Bruce que ela está "exausta" depois de sua noite juntos.

"Eu queria dizer que Batman e Silver estavam tendo um relacionamento adulto, maduro e sexual", Englehart diz. "Isso não era nem indizível, mas *impensável*."

Certamente era impensável na DC. A política sexual da empresa sempre foi digna de um convento. Até pelo menos 2006, a posição oficial da DC era de que a Mulher-Maravilha era virgem, de acordo com o publisher Dan DiDio. O editor do Superman na década de 1940, Whit Ellsworth, recebeu a tarefa de "dessexualizar" Lois Lane e de desenfatizar a genitália do calção do Superman. A única coisa que o Batman conseguiu nos anos 1950 foi na cabeça demente do crítico Fredric Wertham, que afirmou que Batman e Robin eram "um sonho de dois homossexuais vivendo juntos".

A Marvel, assim como na maioria dos casos, era muito mais solta no que tangia a sexo. Uma edição de 1968 de *Nick Fury: Agente da S.H.I.E.L.D;* pelo escritor e desenhista Jim Steranko, de forma famosa e infame incluiu uma página com dez quadrinhos sem texto de imagens provocativas, incluindo um telefone fora do gancho e um close em lábios femininos, sugerindo um encontro entre Fury e uma espiã. Os resmungões no Comics Code Authority objetaram quanto a algumas das imagens, e o último quadrinho mostrando o casal preso em um abraço foi apressadamente substituído por um instantâneo de Nick Fury enfiando a arma no coldre – uma imagem que, em retrospectiva, é maravilhosamente mais sugestiva do que a que substituiu.

Em outra parte, o casal do Quarteto Fantástico, Reed Richards e Sue Storm, namoraram e se casaram em 1967. Mais tarde, eles tiveram filhos, sugerindo que a relação foi consumada. O Demolidor foi morar junto com sua namorada, a Viúva Negra, em 1972.

"Nós meio que demos a ideia de que nossos personagens são seres humanos razoavelmente normais, que não virarão pro outro lado se uma garota bonita chegar", Stan Lee disse em uma entrevista para uma rádio em 1970. "Não tentamos minimizar o sexo de forma alguma. Mas se uma história pede que alguém sinta atração por alguém do sexo oposto, ou seja o que for, tentamos colocar de uma maneira que faça sentido."

Para dar o devido crédito à DC, eles nunca reclamaram dos temas maduros que Englehart abordou na *Detective Comics*.

"Eu acho que eles estavam esperando que eu lhes desse ideias que nunca tiveram", ele diz.

A chegada de Kahn dividiu a DC em duas facções, com aqueles que abraçavam as mudanças de um lado e os que temiam do outro. Kahn logo promoveu aliados, colocando Joe Orlando no comando do departamento editorial e elevando Paul Levitz a coordenador editorial. Levitz era um antigo fã radical que publicava um fanzine popular quando era adolescente, antes de pousar em um trabalho de meio período na DC no começo dos anos 1970. Ele havia frequentado a Universidade de Nova York, mas a largou para trabalhar com quadrinhos. Continuaria a crescer nas fileiras nas décadas seguintes, acabando por ocupar o primeiro lugar.

Para o cargo de chefe do departamento de arte, Kahn fez uma escolha incomum.

"Uma coisa que realmente não funcionou muito bem foi a contratação de Vinnie Colletta como diretor de arte", diz Jack C. Harris, ex-editor da DC. "Havia rumores de que ele só ganhou o cargo porque era o único artista que ela conhecia na época."

Colletta pode não ter sido o maior artista do mundo, mas há poucas dúvidas de que ele trouxe uma incrível quantidade de cor para os sóbrios escritórios da DC.

"Meu escritório ficava no corredor, perto de Julie Schwartz, e qualquer pessoa que viesse dos elevadores teria que passar na minha porta", conta o roteirista da DC Paul Kupperberg. "Eu podia ver com bastante clareza a porta de Vinnie. Ele tinha um *bookmaker* que vinha regularmente, e havia uma variedade de garotas que, quando chegavam, a porta se fechava e não se abriria novamente por meia hora. Eu suponho que Vinnie andava fazendo grandes esboços com modelos vivos."

Havia um boato de que Colletta tinha um relacionamento próximo com a última *Bond-girl*. Ele também, de forma inexplicável, tinha uma parte em um restaurante de frango frito no centro de Manhattan. Ele costumava trabalhar no porão do lugar, apoiando sua mesa de desenho sobre caixas de refrigerante.

"Nós fomos lá uma vez e nos perguntamos: 'Por que Vinnie tem um restaurante de frango frito?' Ninguém sabia", Kupperberg diz. "Talvez fosse fachada para algo? Quem sabe?"

Colletta sairia do posto de diretor de arte três anos depois.

Outro dos objetivos de mudança de Kahn era o próprio nome da DC. Embora fosse informalmente conhecida como DC, o nome oficial da editora era National Periodical Publications. Kahn, com razão, achava que era anacrônico e obscurecia o fato de que a empresa estava no negócio de quadrinhos. O objetivo de Kahn era paralelo ao que o rival Martin Goodman havia feito na década de 1960, organizando os quadrinhos que eram publicados através de suas várias empresas menores (*Quarteto Fantástico* nº 1 foi oficialmente lançado pela "Canam Publishers Sales Corporation") sob um único e vigoroso novo nome, Marvel Comics.

"National Periodical Publications não tinha um nome que inspirava diversão", diz Denny O'Neil. "Jenette falou: 'Não, fazemos histórias em quadrinhos e temos que nos orgulhar disso. Somos uma forma de arte americana.'"

Em pouco tempo, a National Periodical Publications se tornou oficialmente a DC Comics, e a mudança se refletiu na venda dos gibis no final de 1976.

"Nós sempre nos referíamos à empresa como 'DC Comics', então recebemos bem a mudança", Harris diz. "Claro que alguém apontou que 'DC' originalmente era a sigla de *Detective Comics*, então o nome na verdade era 'Detective Comics Comics', o que era engraçado."

Os rivais da DC do outro lado da cidade não ficaram tão impressionados.

"Quando decidimos mudar nosso nome, pensei em Marvel, porque era uma ótima palavra para usar", Stan Lee diz. "Quando eles mudaram o deles, o que pensaram? DC. Acho que é um exemplo perfeito de por que os superamos em vendas. Quem quer que estivesse tomando as decisões por lá, não era nada imaginativo. Sinto muito por dizer isso."

Kahn também se propôs a atualizar o logotipo da empresa, que se tornou um círculo branco com um "DC" em vermelho no meio, flanqueado por duas estrelas vermelhas de cada lado. Para o trabalho, Kahn contratou Milton Glaser, o lendário designer por trás da campanha "I ♥ New York".

Glaser trabalhou por algumas semanas e apresentou para a chefia da DC diversas novas opções. O seu favorito era um círculo listrado com faixas em vermelho, amarelo e azul, e com um "DC" sem serifa jogado no meio. A novidade era que o logotipo veio em várias variações ligeiramente diferentes, que pareciam conter o movimento pelo espaço. Imagine um disco viajando pelo ar e como o objeto pode parecer diferente dependendo de onde você está parado, mas que ainda é reconhecível como um disco.

"Era como um objeto voador", Glaser diz. "Até onde sei, aquela foi a primeira vez em que uma coisa assim era mostrada, onde o logotipo muda baseado no seu ponto de vista. Eles aprovaram, e eu supus que aquele seria o logotipo deles."

Não foi. Por alguma razão, a DC optou por outra proposta que Glaser apresentou – uma versão do logotipo da época em que o círculo e as estrelas foram inclinados em 45 graus.

"Não tenho ideia de por que eles fizeram isso", o designer diz. "Eu acho que eles assumiram a posição mais conservadora. O que eles escolheram era sem risco. Eles sabiam que não sofreriam qualquer mal-entendido."

A bala da DC, como o logo ficou conhecido, estreou nos títulos de fevereiro de 1977, e a mudança fez alguns funcionários reclamarem que eles poderiam ter inclinado um círculo por muito menos do que os 25 mil dólares que os boatos alegavam que a DC teria gasto no processo.

O próprio escritório da DC foi atualizado na tentativa de tornar o clima mais animado. As paredes foram cobertas com um berrante papel de parede com bolinhas, e as placas com os nomes nas portas foram feitas na forma de balões de quadrinhos. Uma estátua do Superman foi instalada no saguão. Na época, quando as propagandas anunciavam a vinda de *Superman: O Filme*, Kahn mandou fazer uma jaqueta de beisebol para ela em que se lia "Superman: A História em Quadrinhos".

"Não eram mudanças que abalavam o mundo, mas elas te deixavam feliz em fazer histórias em quadrinhos", Denny O'Neil diz. "Tornou-se mais do que apenas um jeito de conseguir um salário."

A cultura de escritório rígida da DC começou a relaxar um pouco. Alguns dos funcionários mais jovens escapavam pelas escadas de emergência para o topo do prédio e acendiam um baseado. Mesmo o código de vestimenta notoriamente rigoroso da empresa começou a quebrar. Em 1977, dois escritores, Cary Bates e Marty Pasko, decidiram testar os limites, subindo para o escritório em paletós esportivos e camisas comuns, mas sem gravatas. E puderam entrar.

"A notícia varreu a indústria", conta Jim Shooter, na época editor-adjunto na Marvel. "Todo mundo estava ao telefone: 'Eles conseguiram entrar!' Foi uma grande coisa, como se tivessem derrubado o Muro de Berlim ou algo do tipo."

Por alguns anos, a Marvel e a DC estiveram engalfinhadas em uma guerra crescente, à medida que cada empresa aumentava sua produção em um esforço para sufocar a concorrente. Kahn lançou uma iniciativa ainda mais agressiva, anunciando que a DC forçaria um número ainda maior de títulos novos enquanto aumentava consideravelmente o número de páginas de cada quadrinho – bem como seu preço. Em junho de 1978, os quadrinhos da empresa subiram de 36 para 42 páginas, o que foi acompanhado por um aumento de preço de 35 para 50 centavos.

Kahn apresentou a mudança, conhecida como "Explosão DC", em um "publieditorial" que apareceu nos quadrinhos da editora. Ela prometia "uma explosão de novas ideias, novos conceitos, novos personagens e novos formatos".

Para produzir todo esse novo material, a DC foi forçada a adotar uma política editorial que o escritor Mike W. Barr cunhou como "teoria do corpo quente". Se um corpo estivesse quente, poderia escrever um título da DC. A empresa também roubou vários desenhistas e roteiristas da rival. Gerry Conway voltou após um breve período como editor-chefe da Marvel, e o desenhista de *O espetacular Homem-Aranha*, Ross Andru, aceitou um cargo como editor. Len Wein, outro antigo editor-chefe da Marvel, saiu da Casa das Ideias depois que a DC ofereceu a ele a *Detective Comics* e Stan Lee se recusou a deixá-lo trabalhar para ambas as empresas. O porta-voz da DC, Mike Gold, admitiu na época que a ação tinha sido feita também com a esperança de lesar a Marvel, de forma que ela não mais tivesse talentos que pudessem seguir a DC na produção de quadrinhos maiores e mais caros.

A DC não precisava ter se preocupado. Em uma palestra de faculdade em 1978, Stan Lee foi questionado sobre a Explosão DC e se ele seguiria o exemplo. Ele foi franco.

"A menos que eles se saiam muito bem e a garotada não compre nada além dos quadrinhos deles, e com isso nós percamos uma fortuna, nesse caso eu seguiria, mas acho que isso não vai acontecer", ele disse. "Tenho a sensação de que vamos vender mais gibis do que nunca, e eles vão cair de cara."

Além de um talento para o diálogo rápido e a autopromoção, parece que Lee também era um adivinho competente. Apenas três meses depois da Explosão DC ter começado, ela foi subitamente cancelada, levando a um dos maiores banhos de sangue da indústria dos quadrinhos.

A empresa-mãe da DC, a Warner Communications, se tornou cada vez mais preocupada com a pouca vitalidade nas vendas da divisão de quadrinhos, especialmente após uma demonstração particularmente brutal no inverno de 1977-1978. Parte dessa desaceleração pode não ter sido culpa da DC, no entanto.

"Bem no momento em que os gibis saíram para a distribuição, a região Nordeste foi atingida por uma tempestade de gelo, uma nevasca e outra tempestade", diz Rozakis, da DC. "Por três semanas, caminhões não puderam chegar na região e fazer entregas. Você tinha toda uma carga de quadrinhos impressos, enviados para os depósitos, e, depois de três semanas, enviados de volta. Então, quando o pessoal da Warner viu os números, disseram: 'Não, essa coisa toda é um fracasso.'"

Na cabeça dos executivos da Warner, medidas drásticas eram necessárias. E foi isso que a DC recebeu. Cerca de metade de toda a linha nova da DC foi morta em um único dia. Novatos foram cancelados, incluindo *Nuclear* e *Comandante Gládio*, bem como títulos planejados que nunca chegaram a ter uma primeira edição, como *Vixen*. Dos cinquenta títulos lançados pela DC naqueles últimos três anos, apenas seis foram poupados em 1978. Para melhor competir com a Marvel, o formato dos títulos restantes da DC voltou ao tamanho dos da concorrente. A contagem de páginas foi reduzida para 32 e o preço baixou para 40 centavos. Equipes foram demitidas. O expurgo tornou-se conhecido como "Implosão DC" – um trocadilho de humor negro com a Explosão –, embora os funcionários tivessem cuidado para não pronunciar a frase pelo escritório, na frente dos executivos.

"A Implosão foi uma grandiosa onda de choque", diz o artista Steve Bissette, na época um estudante na Kubert School, em Nova Jersey, onde as aulas eram ministradas por profissionais, incluindo alguns da DC. "Professores chegavam para trabalhar com os olhos vermelhos de terem vindo chorando no trem."

Os cortes foram dolorosos, mas a economia podia fazer sentido no longo prazo, conforme a Implosão permitiu à DC matar seus títulos marginais e focar em seus heróis mais marcantes, que traziam a riqueza do dinheiro de merchandising. Depois que o distribuidor pegava sua parte e os custos de produção eram contabilizados, um título de nível médio às vezes gerava apenas 400 dólares por edição para a DC – algo que dificilmente valeria o esforço. Mais uma vez, havia um medo nos escritórios da DC de que a empresa, na sua forma atual, poderia simplesmente acabar. O editorial seria fechado e a produção de material original desfeita em favor de reimpressões.

A redução dos títulos tirou o trabalho de vários freelancers. A DC de repente tinha muito menos páginas para preencher, e o dinheiro foi para aqueles cujo contrato garantia-lhes uma certa quantidade de trabalho a cada mês. No dia seguinte à Implosão, freelancers fizeram fila nos escritórios da Marvel às seis e meia da manhã na esperança de conseguir trabalho.

Os problemas da DC naturalmente beneficiaram a Marvel, e alguns funcionários reagiram de forma insensível à situação da DC. "Maior participação de mercado para a gente" era o sentimento de alguns.

Porém, a Marvel estava enfrentando os seus próprios desafios. O envolvimento de Stan Lee com o dia a dia das publicações estava diminuindo a cada ano, ele estava se concentrando mais em conseguir acordos para programas de TV e filmes para o cinema. "Os quadrinhos estavam bem abaixo dele", um escritor anônimo reclamou no *New York Times* em 1979. A abdicação de Lee do principal posto em 1972 deu lugar a tumultuados seis anos, em que se viu um jogo de cadeiras editorial, com uma procissão de cinco diferentes editores-chefes.

Cada um dos novos chefes apresentou dificuldade em manter o ritmo, à medida que a empresa aumentou sua produção de cerca de 12 títulos por mês para quarenta ou cinquenta em meados da década de 1970.

O crescimento da programação de produção da Marvel semeou o caos. Os erros saíam aos montes. Prazos eram perdidos, forçando substituições de última hora com material de reimpressão. Os escritores trabalhavam sob pouca supervisão editorial.

"Segundo Stan, você tinha três responsabilidades", diz o roteirista da Marvel Chris Claremont. "Entregue o gibi no prazo, escreva boas histórias e não encha o saco. Você podia escolher duas, mas ele preferia as três juntas. Então basicamente você tinha o gibi só para você."

"Nós planejávamos uma história e fazíamos o melhor que podíamos nela, mas não sabíamos como seria a edição seguinte", David Anthony Kraft, da Marvel, diz. "Então partíamos para a próxima trama. Fazíamos as coisas no improviso, e essa é a única maneira para que saiam coisas como Howard, o Pato."

Até mesmo o retorno de Jack Kirby não melhorou tanto os ânimos. Depois que a DC não conseguiu oferecer a Kirby um contrato de renovação que o deixasse satisfeito, ele voltou para a Marvel em 1975. Embora alguns funcionários não estivessem tão interessados em vê-lo voltar depois da sua deserção.

"Havia algumas pessoas que me diziam: 'Bem, ele partiu. Não o queremos de volta'", recorda Roy Thomas. "Eu as achava idiotas. Ele ainda era associado à Marvel. Ele era o melhor artista de super-heróis. E era melhor tê-lo conosco do que a DC ficar com ele, porque, apesar de suas coisas não terem feito sucesso lá, mais cedo ou mais tarde poderiam estourar."

Kirby assumiu sua cocriação, *Capitão América*, e logo lançou novos títulos, como *Dinossauro Demônio* e a saga cósmica *Eternos*.

"Ele voltou, pôde fazer seu Capitão América, e estava sentindo que o universo Marvel havia seguido em frente sem ele", diz o escritor anterior de *Capitão América*, Steve Englehart. "Stan foi capaz de fazer dar certo sem ele. Eu acho que ele estava bravo com o mundo, estava divorciado do universo Marvel, e pensou que faria apenas o que fosse material Kirby, porque aquele era o universo da Marvel."

O peso de trabalhar por tanto tempo em uma indústria que tinha se aproveitado tanto dele e o desvalorizado era evidente. Kirby, perto dos 60 anos, parecia estafado e desinteressado.

"Eu estava editando a *FOOM*, a newsletter da Marvel, e conversava com Jack pelo telefone, tentando promover *Dinossauro Demônio*", conta Kraft. "Perguntei se havia alguma coisa que ele podia me dizer pra ajudar a vender o título. Ele fez uma pausa e disse: 'Claro, Dinossauro Demônio. Ele é vermelho.' Foi tudo o que eu recebi."

O trabalho de Kirby polarizou os leitores, e muitos escreveram cartas críticas, impressas nas seções de cartas das revistas. Com seus poderes e sua eminência entre os fãs diminuindo, ele deixaria a Marvel pela última vez em 1978. Mais tarde, encontrou trabalho em animação.

"Kirby tinha recebido um tratamento muito ruim da Marvel no seu retorno lá, e ir para a animação foi como mudar da água para o vinho", diz o animador Darrell McNeil. "Ele começou a trabalhar com jovens, como eu, que amavam e reverenciavam seu trabalho, e o salário e os benefícios de saúde que ele recebia eram muito mais do seu agrado, ele se tornou uma pessoa muito mais feliz."

Enquanto isso, na Marvel, outro editor-chefe chegava àquele cenário caótico. Jim Shooter, o homem que começara a escrever para a DC aos 13 anos de idade, assumiu no início de 1978, e imediatamente trouxe uma rígida disciplina que faltava à libertina Marvel. Ele impôs novas regras e novos protocolos, e contratou novos funcionários, incluindo um gerente de tráfego e um especialista em produção para ajudar a aliviar a pressão sobre os editores sobrecarregados. Ele exigiu uma narrativa mais clara e supervisionou os gibis mais de perto. Ele cancelou títulos com baixo desempenho.

De certa forma, foi como se o sistema mais regulamentado da DC tivesse chegado à Marvel.

"Essa era a louca e desvairada Marvel", diz Kraft. "As pessoas faziam brigas de pistola de água, fazíamos praticamente tudo o que queríamos. E então chegou Shooter, vindo da DC. Ele estabeleceu um sistema no qual cada editor tinha uma família de títulos e um editor-assistente. Ele instituiu esse sistema que eu realmente desprezava."

Tendo ou não a equipe gostado, a nova ordem levou a empresa a um aumento das vendas. A vantagem da Marvel no mercado em breve aumentaria em dois dígitos.

Muito da ascensão da Marvel viria por causa de um título em particular, *Fabulosos X-Men*. A história dos párias mutantes havia deixado de publicar histórias originais e passou a trazer só republicações em 1970. O título foi revivido em 1975 com um novo conjunto de personagens, e logo se tornaria o título mais vendido da Marvel e uma força na indústria. E estranhamente, muito como o gibi *Quarteto Fantástico*, deveu sua existência em parte à DC.

A ideia de uma restauração do título veio no início da década de 1970, do então presidente da Marvel, que reconheceu a importância do licenciamento no exterior e sugeriu a criação de uma equipe composta por heróis internacionais. O escritor Mike Friedrich, o editor-chefe Roy Thomas e um freelancer chamado Dave Cockrum foram almoçar no centro de Manhattan para bolar um conceito. Thomas imaginou o título como uma versão mutante dos personagens Falcões Negros, da DC, um time de soldados de vários países.

Cockrum, que na época estava ilustrando a Legião dos Super-Heróis para a DC, estava se desdobrando para desenhar algo para a Marvel, e mostrou a Thomas esboços para um grupo de personagens que ele tinha desenvolvido para a DC em 1972. Um era um assassino que tinha presas, com uma cabeleira vasta e costeletas, a quem Cockrum chamou de Wolverine.

Outro era uma criatura azul demoníaca com três dedos e uma cauda, que se chamava Balshazaar. Outra personagem se chamava Typhoon e podia controlar o clima.

O editor de Cockrum na época, Murray Boltinoff, rejeitou os personagens porque ele "era muito conservador e não queria fazer nada que pudesse ofender os leitores".

A perda da DC foi um ganho para a Marvel. Muitos dos personagens foram adaptados para os renovados X-Men.

A nova série foi relançada em 1975 na revista *Giant-Size X-Men* nº 1, e a equipe incluía Wolverine (agora um canadense com garras afiadas que surgiam de suas mãos), o teleportador alemão Noturno (adaptado de Balshazaar), Colossus (um russo metálico e fortão) e Tempestade (uma africana capaz de controlar o clima, cujos poderes foram emprestados da personagem de Cockrum, Typhoon, e a aparência veio de outra de suas personagens, chamada Black Cat).

É divertido especular como a história dos quadrinhos poderia ter sido diferente se a DC tivesse aceitado personagens de Cockrum para a Legião dos Super-Heróis.

"Esses personagens provavelmente teriam desaparecido", diz Mike Friedrich. "Não teriam sido sucessos gigantescos. Tinha a ver com as posições relativas no mercado, e os X-Men eram uma marca maior em relação à Legião dos Super-Heróis."

O novo escritor do título era Chris Claremont, um editor associado da Marvel que ganhou o trabalho depois de oferecer sugestões de histórias para Cockrum e o editor-chefe Len Wein. Claremont, que era ator em meio período, levou seu talento para o drama ao título.

"Chris tinha uma pegada operística, como o Jack Kirby, mas tinha um pouco de telenovela, e personagens femininas fortes, além da ideia de párias andando juntos, cercados e caçados pelo resto do mundo", diz Ann Nocenti, a editora de *Fabulosos X-Men* nos anos 1980. "Era uma combinação de coisas que funcionaram lindamente."

John Byrne, um fã canadense que tinha se tornado artista, começou a desenhar o título em 1977, depois da saída de Cockrum, e logo o gibi dos *X-Men* explodiu, dando origem ao que agora são histórias clássicas.

"Quando os quadrinhos subiram para 35 centavos em 1976, foi ali que o número de leitores realmente caiu. Tínhamos centenas de leitores que tinham parado de ler quadrinhos", diz o vendedor da Califórnia Robert Beerbohm. "O que os trouxe de volta foram os *X-Men* de John Byrne. Eu comecei a fazer pedidos maiores. Na edição nº 114, de 1978, eu já vendia cerca de 10 mil exemplares por edição."

Os integrantes da equipe criativa de *X-Men* logo se tornariam superstars (a Marvel os mandou para uma turnê pela Europa nos anos 1980), e o sucesso da franquia ajudaria a revigorar os negócios de quadrinhos e se tornaria o principal motor da Marvel nos próximos anos, conforme a editora continuava a superar a DC.

O mapa de vendas de junho de 1979 publicado no *Comic Reader* mostrou a Marvel dominando completamente. O primeiro título da DC, a série de fantasia *Guerreiro*, aparecia na posição número 21.

"O diretor de circulação Ed Shukin e eu estávamos conversando uma vez", conta Jim Shooter, "e ele disse: 'A DC tem uma produção melhor do que a nossa. Eles nos superam em vinte vezes na publicidade. Tudo em seus gibis é melhor, exceto que os vencemos no conteúdo.'"

Mesmo na década de 1980, a DC continuou a se esforçar para entender o que fazia os gibis da Marvel vender e lançar um sucesso ao estilo deles. Isso mudaria em breve. E seria preciso pegar alguns talentos da Marvel para fazê-lo.

A tarefa da DC ficou mais fácil depois que Jim Shooter foi colocado no comando da Marvel em 1978. A nova ordem e a forma contundente de Shooter incomodaram alguns funcionários veteranos e os mandaram correndo para a DC.

"Lembro-me de alguém na DC falar que o Jim Shooter era o melhor recrutador que tinham", diz Denny O'Neil. "Havia apenas duas empresas. Se você não aguentasse mais a Marvel, a DC era para onde se poderia ir. E a DC recebeu alguns autores assim. Lembro-me de que Jenette mencionou isso."

Um dos principais pontos de disputa era a tolerância da Marvel em permitir que alguns escritores atuassem como seus próprios editores, um sistema parcialmente impulsionado pela enorme quantidade de títulos que a empresa estava lançando. Shooter quis encerrar a prática.

Um dos lesados foi Roy Thomas. A DC estava fazendo propostas para o escritor-editor desde o meio dos anos 1970, mas Thomas sempre resistiu, não muito ansioso para escrever os títulos dos super-heróis da DC. Porém, após uma amarga disputa de contrato com a Marvel em 1980, ele finalmente correu para a concorrência. Seus 15 anos na Marvel tinham acabado, e alguém que talvez só estivesse atrás de Stan Lee em estar tão intimamente ligado à Marvel estava indo para a DC.

"Há apenas duas ou três pessoas na Marvel de quem eu gostaria de viver perto", um raivoso Thomas disse na época.

Uma das razões pelas quais a DC cobiçava Thomas era por causa de seu sucesso escrevendo *Conan, o Bárbaro*, o título licenciado de espada e magia lançado pela Marvel em 1970 que tinha se tornado um fenômeno e deu origem a um monte de imitações. A DC pediu a Thomas para criar algo similar, e ele atendeu em 1981 com *Arak, Filho do Trovão*.

Gene Colan, um desenhista do sucesso *A tumba do Drácula*, saiu da Marvel em 1981, depois de ficar frustrado por Shooter o forçar a fazer correções. Shooter diz que Colan estava "secando", e seu trabalho estava ficando preguiçoso. Colan logo foi colocado no prestigiado *Batman*.

"Se Gene Colan está sendo posicionado como rejeitado pela Marvel Comics, só podemos dizer que esperamos que a Marvel continue a rejeitar todos os seus talentos de estatura comparável", Paul Levitz, da DC, falou ao *The Comics Journal* na época.

Provavelmente a deserção mais significativa foi a de Marv Wolfman, ex-editor-chefe da Marvel que estava escrevendo *Quarteto Fantástico* e *O espetacular Homem-Aranha*, dentre outros títulos. Wolfman ficou descontente quando não pôde mais ser escritor-editor, e depois que sua equipe de arte de longa data na aclamada *A tumba do Drácula* foi desfeita contra a sua vontade. Ele telefonou para Paul Levitz e logo fechou um contrato, que começava no primeiro dia de 1980.

"Eu realmente não fico ressentido pela DC estar com Marv", Shooter falou à imprensa na época. "Eu acho que eles realmente precisam de pessoas de alta qualidade lá, e é saudável para nós que tenham algumas pessoas de alta qualidade."

A Marvel não pareceu particularmente preocupada com a drenagem do talento. A empresa acreditava não só na força de seu talento restante, mas também na superioridade inerente de seus personagens e de técnica de narrativa – aquela fórmula mística que Jack Kirby e Stan Lee tinham invocado lá nos anos 1960. Não importa quem fosse o seu concorrente, eles acreditavam. A Marvel sempre teria a vantagem, não importa o que a DC fizesse.

Shooter uma vez recebeu uma notícia preocupante, quando um mensageiro interno informou-o de que um dos coloristas da equipe da Marvel estava ao telefone com os recentes desertores para a DC Len Wein e Marv Wolfman "contando para todo mundo na DC o que estávamos fazendo".

"Quer saber?", Shooter respondeu. "Vamos convidar o pessoal da DC para vir aqui. Deixe-os virem às nossas reuniões. Eles podem ouvir todas as malditas palavras que eu disser. Não me importo com o que saibam. Nós podemos fazer essas coisas, eles não podem. Nós somos melhores e vamos vencer."

Porém, em 1980, a DC produziria um genuíno gibi ao estilo Marvel – possivelmente o primeiro desde *Patrulha do Destino,* em 1963.

Quando Wolfman assumiu compromisso com a DC, uma das coisas que ele pediu foi que não fosse colocado nos quadrinhos de equipes. Ele não gostava deles. Esta proibição logo foi jogada pela janela, e graças a Deus para a DC que isso aconteceu. O escritor estava desenvolvendo ideias para um novo gibi com Len Wein, editor da DC e bom amigo de Wolfman. Os dois começaram a matutar em cima de uma versão moderna dos *Jovens Titãs*, um quadrinho sobre heróis adolescentes que tinha estreado em 1966 e que foi perdendo a força até ser cancelado em 1978.

Wein e Wolfman montaram uma equipe com personagens novos e pre-existentes e lançaram a ideia para Jenette Kahn. A publisher não ficou louca pela ideia, tendo detestado a encarnação anterior da revista do grupo – um dos poucos gibis na história da DC que foi cancelado não por não dar lucro, mas porque era considerado constrangedor pelo pessoal da empresa.

Kahn tornou-se mais aberta à ideia depois que Wolfman recrutou o artista George Perez, um fã de quadrinhos nascido no bairro do Bronx que, em seus primeiros anos, tinha trabalhado como caixa de banco na rua do escritório da DC. Perez virava um nerd quando os vários editores da DC iam fazer depósitos, e sonhava em um dia desenhar super-heróis profissionalmente. No meio dos anos 1970, ele conseguiu um trabalho como assistente de arte e logo começou a entregar trabalhos com regularidade para a Marvel. Isso acabou levando a uma passagem estelar nos *Vingadores*.

A DC estava tão entusiasmada com os *Novos Titãs* que uma prévia de 16 páginas foi incluída na revista *DC Comics Presents* nº 26, com um custo extra considerável para a empresa. Essa prévia foi seguida pelo número 1, lançado em agosto de 1980, e já nas primeiras edições ficou claro que a aventura desses heróis com idade de estar na faculdade seria mais sofisticada do que as encarnações anteriores. (A equipe criativa tinha esperança de tirar o "jovens" do título, mas não pôde por questões de copyright.[15]) A revista *Novos Titãs* era uma mistura similar de ação de super-heróis, caracterização de telenovela e subtramas penduradas que tornaram os *X-Men* da Marvel tão bem-sucedidos.

"George e eu sempre falávamos que era o primeiro gibi da Marvel da DC", Wolfman diz. O que não era surpresa, considerando que os três responsáveis pelos Titãs eram "três refugiados da terra de Shooter", como uma revista colocou.

"Era basicamente a nossa versão de *X-Men*", diz o ex-diretor de produção Bob Rozakis. "Definitivamente, estávamos tentando fazer o mesmo tipo de coisas que fazia *X-Men* vender."

Quase imediatamente, os fãs começaram a chamar o título de "X-Men da DC", embora a verdade fosse que Wolfman estava tentando fazer uma versão de *Quarteto Fantástico* – um gibi familiar. Os Titãs não eram parentes, mas compartilhavam quartos em uma torre e tinham uma dinâmica semelhante à de uma família, com toda a alegria, angústia, tensão e camaradagem. Robin, o líder, era como o pai responsável e severo; Moça-Maravilha, uma jovem amazona, era a mãe; Estelar, uma princesa alienígena vestida com poucas roupas, era a filha cheia de hormônios; Kid Flash era o irmão mais velho estudioso; e o transmorfo Mutano era o irmãozinho travesso. Cyborg era o adolescente irritado que ficava no seu canto. E Ravena, uma bruxa misteriosa de outra dimensão, era como a prima estranha que arruinava o Dia de Ação de Graças.

Novos Titãs rapidamente ganhou status e se tornou um grande sucesso para a DC, surpreendendo a muitos. Perez visitou uma loja de quadrinhos local depois que a primeira edição foi lançada, só para descobrir que a loja não havia encomendado muitas cópias, convencida de que o gibi seria cancelado em breve – afinal, a DC não tinha um sucesso há anos.

O fato de que *Novos Titãs* estava bem escrito e lindamente desenhado ajudava. Pode até ter sido um dos primeiros títulos da DC a quebrar os

---

15 No Brasil, quando publicada pela editora Abril, a série ganhou o título *Novos Titãs*, entre 1986 e 1996. (N. do T.)

zumbis da Marvel – aqueles fãs que compraram subservientemente tudo que a Marvel lançava. E apenas a Marvel.

"À medida que a Marvel se expandia, aquele colecionador zumbi da Marvel passou a enfrentar uma decisão financeira difícil, na qual ele não poderia mais colecionar todos", diz Bill Schanes, que, com o irmão, fundou a distribuidora Pacific Comics em 1971. "Quando os anos 1980 chegaram, muitos desses colecionadores se tornaram fãs de títulos específicos. Os preços estavam subindo, e a competição trazia itens mais interessantes, como *Novos Titãs*."

"Era um gibi divertido", diz o escritor de *X-Men* Chris Claremont. "Eu gostava de ler porque Marv é um escritor muito bom e George é um artista excelente, mas, honestamente, pensava que os personagens dos X-Men eram melhores. Se você olha para os Titãs – Robin, Kid Flash, Moça-Maravilha –, eles eram derivados de outros personagens [Batman, Flash e Mulher-Maravilha]. Cyborg e Mutano eram os únicos que não eram derivados."

"Depois que *Titãs* se tornou um sucesso, a Marvel tentou me atrair de volta para lá", Wolfman conta. "Mas estava muito feliz com a liberdade que tinha na DC para fazer os tipos de quadrinhos que amava."

Novos Titãs pode ter sido um enorme sucesso de vendas, mas, no início dos anos 1980, a revista permanecia sendo uma das poucas perspectivas promissoras da DC. A editora de quadrinhos continuou a vacilar e a Marvel ampliava sua liderança, chegando ao dobro da circulação da rival em junho de 1984.

"Estávamos preocupados com o número de vendas da DC, para ser honesto", conta o escritor Peter David, que na época trabalhava no departamento de vendas da Marvel. "Se existe rivalidade ou não, convenhamos, a indústria de quadrinhos não poderia realmente sobreviver se a DC acabasse. Sempre sentimos que a nossa sobrevivência mútua dependia um do outro."

A DC tinha introduzido um novo slogan de marketing em 1983, que proclamava: "Não há como nos parar agora!" Alguém fixou um dos anúncios no escritório da Marvel, e Claremont uma vez passou por ele e disparou: "Sim, não há como parar, porque eles dispararam ladeira abaixo."

O aumento da distância nas vendas reavivou a rivalidade entre as empresas.

"Não houve inimizade por um longo período entre a Marvel e a DC, até depois da Implosão, quando realmente começamos a assumir o controle", Shooter diz. "Aquilo mudou um pouco o cenário. Continuamos a vencer e a vencer. Eles começaram a ficar irritados."

Depois que o dono de uma gibiteria em Nova York falou a um jornal que a liderança da Marvel veio da disposição de Shooter em "jogar duro", o editor-chefe da Marvel prontamente mandou fazer uma placa com a frase e a pendurou com orgulho em sua porta.

Outro fator que aumentou a crescente hostilidade foi a mudança da Marvel em 1982 para novos escritórios, cerca de trinta quarteirões ao sul. Antes da mudança, os escritórios da DC e da Marvel estavam a uma curta distância um do outro, e também estavam perto do Central Park, e com isso os funcionários de ambas as empresas se encontravam lá para confraternizar e jogar voleibol.

"Agora estávamos muito longe", Shooter diz. "Não jogávamos mais voleibol juntos. Eles não apareciam mais e não saíamos mais juntos. Começou a ser eles e nós, e eles realmente pareciam nos odiar."

(Na época, Wolfman disse a um fanzine britânico que Shooter "mantinha sistematicamente seu pessoal distante da amizade que a DC e a Marvel costumavam ter".)

Assuntos que antes só diziam respeito ao negócio como um todo, como os aumentos de preços, de repente se tornaram motivos para briga entre as empresas. Depois que a DC anunciou um aumento de 40 para 50 centavos em 1980, a Marvel zombou, prometendo não seguir a liderança da rival.

"Isso realmente não me impressiona. Eu não acho que impressione as pessoas do andar de cima também", Shooter declarou ao *Comics Journal* na época.

Dois meses depois, contudo, a Marvel anunciou um aumento de preço idêntico, que entraria em vigor no mesmo mês que o da DC. Fotocópias de matérias anteriores acabaram afixadas no quadro de avisos da DC, com todas as citações que denegriam o aumento da DC alegremente destacadas.

Até mesmo os regulares jogos de softbol entre as duas empresas se tornaram acalorados, com as partidas casuais no Central Park assumindo um significado maior. Shooter, que jogava na primeira base, suspeitou que a DC poderia estar trapaceando. Em um jogo, Shooter notou um cara particularmente atlético na equipe da DC que ele não foi capaz de reconhecer, apesar de a indústria ser pequena na época.

"O que você faz para a DC?", Shooter perguntou ao estranho.

"Faço produção", o homem respondeu.

"Ah, você usa alguma cola especial? Como você trabalha lá?", o editor-chefe da Marvel perguntou."

O homem parou e disse:

"Ah, eu faço produção."

Um acordo de cooperação entre a Marvel e a DC para um um novo lote de crossovers em 1979 não ajudou as relações. Na verdade, isso piorou as coisas. Piorou muito.

O único encontro de super-heróis entre a Marvel e a DC, *Superman* vs. *O espetacular Homem-Aranha*, de 1976, tinha sido um sucesso aceitável, e Jenette Kahn estava ansiosa para fazer mais. Ela convidou Shooter para almoçar perto dos escritórios da DC, no Rockefeller Center, em 1979. Os dois estabeleceram um acordo para produzir pelo menos mais três crossovers nos anos seguintes, uma proposta que visava incluir um encontro entre o Hulk e a Mulher-Maravilha e outro entre Batman e Capitão América.

Os dois lados concordaram em deixar de lado as obrigatoriedades de produção, evitando potencialmente a manobra política que prejudicou a cooperação de 1976. Cada empresa teria direitos de aprovação, e os lucros seriam divididos pelo meio.

O primeiro item era um repeteco do encontro entre os personagens de destaque, Superman e Homem-Aranha, um gibi que sozinho somaria trezentos mil dólares aos cofres da Marvel. Para a equipe criativa, Shooter escolheu Marv Wolfman para escrever, John Buscema para desenhar e o veterano Joe Sinnott como arte-finalista, mas, depois que Wolfman desertou para a DC, Shooter optou por escrever ele mesmo, argumentando que era um dos poucos que tinham escrito tanto o Superman quanto o Aranha. Ele esboçou um enredo usando algumas das ideias de Wolfman e enviou à DC para aprovação. De acordo com Shooter, a DC levou quatro meses para retornar, deixando o projeto perigosamente atrasado.

Buscema começou a desenhar e trabalhou rápido na história, que colocava Superman e Homem-Aranha contra o Doutor Destino e o Parasita, um vilão da DC que podia absorver os poderes de qualquer um que tocasse. Shooter já estava acrescentando às pressas o diálogo nas páginas finalizadas quando a DC veio com a notícia de que a Warner Books iria publicar uma segunda versão menor, em tamanho de bolso, do quadrinho. Isso atrasou o prazo para mais quatro meses, dando um tempo ostensivamente maior para o atormentado projeto.

"Pensei que estávamos salvos", Shooter diz. "Mas o contrato ainda tinha a data de vencimento original. Não houve alteração. Não pensei que fosse necessário."

Alguns dias depois, Shooter foi ao habitual jogo de poquêr de sexta à noite com os profissionais de quadrinhos no apartamento de Paul Levitz, no bairro do Village.

"Quando vamos receber essa história? Está teoricamente atrasada", Levitz perguntou.

"A Warner Books passou quatro meses para frente", Shooter respondeu.

"Teoricamente está atrasada", Levitz afirmou.

Na quinta-feira seguinte, Shooter recebeu um telefonema de Levitz dizendo que se a DC não recebesse o gibi acabado na segunda-feira, eles cancelariam o projeto. Shooter estava programado para voar para a Inglaterra, para uma convenção de quadrinhos, no entanto dirigiu-se à DC para se encontrar com Kahn, Levitz e Joe Orlando, o editor de projeto designado pela DC.

"Eu ficava explicando: 'Eu tenho uma convenção. Chegará a vocês na segunda-feira seguinte'", Shooter diz.

Enquanto Kahn foi compreensiva, Levitz insistiu que, de acordo com o contrato, a história estava atrasada e devia ser entregue. Sem exceções, apesar do atraso da Warner Books de quatro meses.

"Eu estava fervendo. Não parecia certo", Shooter diz. "Eu falava: 'Qual é o seu problema, seu verme?' Se Paul fosse da metade do meu tamanho, eu o jogaria pela janela."

Shooter faltou à convenção e terminou o gibi no final de semana. *Superman e Homem-Aranha* (e o esforço de fazer o "e" ao invés do "vs." da edição de 1976 talvez sinalizasse alguma trégua que não existia entre as empresas) foi lançado na primavera de 1981. Foi seguido por *Batman* vs. *O Incrível Hulk* mais tarde naquele ano e, em 1982, *Os Fabulosos X-Men e os Novos Titãs*, um encontro que originalmente deveria trazer a Legião dos Super-Heróis, até que as vendas dos *Titãs* decolaram.

Esses encontros surgiram com alguns percalços aqui e ali, mas foram relativamente livres de atritos. Não foi assim com o crossover proposto em seguida – um projeto tão repleto de dificuldades e rancor que matou a cooperação entre as empresas por mais de uma década.

Os leitores já começaram a ver os personagens de ambas as empresas se encontrarem e, em alguns casos, lutarem, durante os três crossovers anteriores. Os gibis lançados até então tinham sido como o melhor das *fanfictions*, fornecendo histórias que alguns leitores nunca sonharam que veriam. Mas ainda havia uma pendência gigante. As duas superequipes de marca registrada das empresas ainda não haviam ficado frente a frente.

Os Vingadores iam ter que enfrentar a Liga da Justiça.

No papel, o projeto fazia todo o sentido do mundo e era apenas mais um da longa linha de esforços conjuntos entre a Marvel e a DC. A execução acabou por ser um desastre que arrasou a Terra e deixou os dois lados desejando a relativa civilidade de *Superman* vs. *O espetacular Homem-Aranha*.

LJA/Vingadores tinha sido anunciado em 1980 para um possível lançamento de 1981, e um contrato finalmente foi assinado em 1982. O editor-executivo da DC, Dick Giordano, que havia retornado à empresa em 1980, depois de uma década de freelancer, escalou Gerry Conway para escrevê-la. George Perez, o artista que estava bombando em *Novos Titãs*, foi alocado para desenhar a história.

A trama de Conway envolvia os vilões viajantes do tempo, Kang, da Marvel, e Senhor do Tempo, da DC, usando a gema do poder para manipular os heróis para que se enfrentassem em várias eras históricas.

Shooter achou que a trama não fazia sentido e a entregou para os funcionários da Marvel, para que a revisassem e tentassem consertá-la.

"Havia muitos buracos de roteiro", diz Tom DeFalco, na época editor da Marvel. "Uma cena permanece em minha mente. Em um ponto, Gavião Arqueiro e Arqueiro Verde estão diante um do outro, e eles disparam flechas que colidem no ar, o que era bem legal. As flechas acertam uma à outra e, então, por alguma razão, ambas viram a um ângulo de 95º e voam na direção de um disco que faz o tempo voltar. Voar a um ângulo de 95º? Lembro do editor Mark Gruenwald e eu rindo muito disso."

A Marvel exigiu que fosse reescrito, gerando meses de idas e vindas entre as duas empresas.

"Em um nível pessoal, eu fiquei realmente incomodado que Shooter tenha precisado me detonar para poder criticar", Conway diz. "Eu sou tão profissional como qualquer um, e dei a esse gibi 150 por cento da minha atenção e esforço, e acho que Jim é muito bom em muitas coisas, mas ele não é um dos melhores escritores de quadrinhos do mundo. E ele criticar meu trabalho, especialmente depois do trabalho que fez no crossover dele [Superman e Homem-Aranha], dizendo que não era profissional ou que era trabalho tapa-buraco foi realmente ofensivo, e eu fiquei muito ofendido."

(Shooter e Conway desde então fizeram as pazes e são amigos.)

No fim de agosto, a Marvel ainda não tinha dado sua aprovação, e Perez, com raiva, saiu do projeto, prometendo nunca mais trabalhar para a Marvel enquanto Shooter estivesse no comando.

LJA/Vingadores estava rapidamente ganhando uma má reputação com a imprensa de quadrinhos, conforme a base de fãs cada vez mais dispersa acompanhava a disputa e esperava o projeto atrasado ser finalmente impresso.

Em outubro de 1983, Paul Levitz, da DC, e o publisher da Marvel, Mike Hobson, se encontraram para um almoço em uma última tentativa de salvar LJA/Vingadores. Concordaram em fazer um release conjunto (que Hobson escreveria), dizendo que LJA/Vingadores estava de volta aos trilhos, mas isso nunca saiu. Levitz telefonou para a Marvel para discutir o assunto várias vezes, mas nunca recebeu uma resposta. Logo o projeto foi cancelado.

"Em um nível prático, de negócios, era algo tipo 'OK, o pessoal da criação não está conseguindo brincar direito e fazer isso acontecer'", Levitz diz. "Nós gostamos do nosso cara criativo [Giordano] e confiamos no que ele diz. Se ele diz que não consegue fazer aquilo funcionar, fim da história."

As empresas mais tarde dispararam um último tiro uma contra a outra na forma de editoriais desafiadores, publicados em seus respectivos quadrinhos. Os ensaios estranhamente transparentes tentaram explicar o que deu errado com o projeto "dos sonhos" e apontar o dedo para o outro lado para justificar o fracasso.

"A meu ver", Giordano escreveu em sua coluna, "o gibi LJA/Vingadores não será publicado porque alguém, ou vários alguéns na Marvel, simplesmente não quer que seja publicado". Um posfácio de quatro páginas numa edição de 1984 do fanzine oficial da Marvel, *Marvel Age*, chamou essa alegação de "infundada e tola".

"Havia inimizade entre Jenette, Paul e Shooter", diz o ex-diretor de produção da DC, Bob Rozakis. "Era um individualismo arrogante. Eu acho que vinha mais do lado do Shooter, sua personalidade. Ele tinha que ser o número um. Era como se ele pensasse: 'estou no comando da empresa número um, então tenho que ter a palavra final em tudo.'"

O ressentimento gerado pelo fracasso do crossover LJA/Vingadores azedou ainda mais o relacionamento entre as empresas e pôs fim aos encontros entre as editoras pelos anos seguintes. A DC desistiu oficialmente do projeto abortado e devolveu as artes não utilizadas para Perez em 1994. Ele vendeu tudo rapidamente.

O desmantelamento de LJA/Vingadores matou uma oportunidade de ganhos exepcionais, mas, em retrospectiva, seriam centavos em comparação com uma nova saída que a indústria estava apenas começando a explorar.

Filmes para o cinema.

8

Você vai acreditar que um homem pode voar

"De certa forma, nós éramos o laboratório de experimentos. Porque nós conseguimos, os outros vieram, de Batman a Dick Tracy e até mesmo os Flintstones."

– Christopher Reeve, astro de *Superman: O Filme*

Durante os dias mais sombrios da Implosão DC, a equipe se agarrou a um lampejo de esperança no horizonte. Sua salvação poderia vir não na forma de um novo quadrinho ou da milionésima atualização do Batman, mas de um meio inteiramente diferente. A versão cinematográfica do Superman deveria chegar seis meses depois, em dezembro de 1978, e com ela viria uma chance de reavivar o interesse na DC e em seu principal herói.

"A equipe começou a entender, de uma forma geral, que o destino da DC Comics estava atrelado ao destino do filme", Mike W. Barr, na época revisor da DC, disse.

Funcionários investigavam revistas e jornais em busca de quaisquer fatos e trocavam fofocas nos corredores, desesperados para saber mais sobre a direção do filme e seu potencial para o sucesso.

A perspectiva de que o seu empregador e, por extensão, sua sobrevivência pudesse depender de um filme de super-herói deve ter sido particularmente aterrorizante em 1978. Super-heróis haviam sido adaptados para a telinha e para a telona praticamente desde o nascimento do gênero, mas os resultados decididamente eram irregulares.

Sabiamente, a DC explorava seus personagens principais quase a partir do momento de sua criação. Em 1940, apenas dois anos depois da primeira aparição do Superman, a DC lançou um balão na parada anual de Ação de Graças da Macy's e contratou um ator para interpretar o Superman na Feira Mundial de Nova York. (Não podemos deixar de salientar que, enquanto os fundadores da DC ficaram fabulosamente ricos, os criadores do Superman, Siegel e Shuster, passaram grande parte de suas vidas desamparados, lutando por uma parcela justa das riquezas do personagem.)

Os primeiros passos da DC em outra mídia vieram com o popular programa de rádio do Superman, de 1940, seguido por uma série de curtas animados de Max e Dave Fleischer. Os desenhos eram lindamente finalizados e tinham uma direção de arte gloriosa. E eles custavam uma fortuna para fazer, com o estúdio Paramount gastando cinquenta mil dólares apenas no primeiro episódio de dez minutos.

A primeira adaptação da DC com atores não estrelava o Superman, mas o outro herói popular, o Batman. O Cruzado Encapuzado apareceu nas telas do cinema em uma série de baixo orçamento da Columbia, em 1943, com Lewis Wilson no papel principal. Superman conseguiu sua própria série em 1948.

A série do Batman geralmente é considerada uma porcaria, enquanto que a do Superman é tratada de forma mais favorável, mas o que é incomum é o quanto a DC exerceu controle sobre suas propriedades, mesmo numa época em que muitas pessoas viam quadrinhos como lixo, que não valia tanto a pena proteger. Mas a DC reconhecia o seu valor e exigia ter voz em quase todos os aspectos das adaptações, do traje ao elenco e à distribuição. Os executivos da DC chegaram a ponto de exigir que um candidato a Superman tirasse a calça para que pudessem dar uma olhada nas pernas antes de aprová-lo para o elenco.

A DC e seus parceiros de licenciamento também entendiam a importância de reforçar e proteger a imagem desses heróis. A série do Superman abria com a imagem de um quadrinho da DC – uma bem bolada ligação com o material de origem, que milhões veriam. Em outra famosa jogada de marketing, o produtor da série do Superman, Sam Katzman, fez uma coletiva de imprensa durante a pré-produção para anunciar que ele não conseguira encontrar um ator capaz de fazer o Homem de Aço, e que por isso o próprio Superman teria que aparecer. Nos créditos da série, o papel do Superman estava listado como "Superman", mesmo que fosse interpretado por Kirk Alyn.

Enquanto as séries da DC eram feitas pela Columbia Pictures, os primeiros esforços da Marvel vieram da Republic Pictures, uma casa independente de filmes B que ganhou o apelido "Repulsive Pictures" ["Filmes Repulsivos"].

A série de 15 episódios de *Capitão América*, lançada em 1943, é o tipo de esforço descaracterizado e nada fiel que, até a década de 2000, era o modelo mais comum nas adaptações de quadrinhos. O contrato da Republic não incluía nenhuma condição que garantisse proximidade com o material de origem, e o personagem na tela tinha pouca semelhança com o impresso. Em vez de Steve Rogers, um soldado franzino da Segunda Guerra Mundial que recebeu um soro experimental que o transformou em um super-herói, o público recebeu o ator Dick Purcell como Grant Gardner, um advogado que tinha uma máscara e fazia justiça com as próprias mãos. Pouca coisa separava este Capitão América de muitos outros combatentes do crime genéricos dos *pulps* e dos quadrinhos dos anos 1930 e 1940. A Marvel não ganharia outra adaptação até a década de 1960.

A DC, enquanto isso, voava alto. A série de TV de sucesso, *As Aventuras do Super-Homem*, exibida pela maior parte dos anos 1950, explodiu a popularidade do personagem e reforçou a imagem familiar da DC – apesar de o astro George Reeves ter sido assassinado, supostamente por um triângulo amoroso que deu errado. A série de TV de 1966 do *Batman*, embora espalhafatosa, foi um sucesso da cultura pop e ajudou a encher os cofres da DC em um momento em que as vendas de quadrinhos estavam em queda. A empresa recebia mil dólares e mais 20 por cento dos lucros de cada episódio que ia ao ar.

Como no mundo dos quadrinhos, a DC por muito tempo foi o padrão de qualidade no negócio de adaptações. A Marvel, mesmo após a sua revolução de super-heróis em 1961, acabou ficando para trás.

"Temos pessoas que estão trabalhando nesse momento em programas de televisão baseados em nossos roteiros", Stan Lee falou para uma plateia em Princeton, em 1966. "Quando eles vão a um patrocinador das redes de TV e dizem: 'Estamos representando a Marvel Comics e temos um episódio piloto' ou o que quer que seja, o patrocinador responde: 'O que é a Marvel Comics?' Nós ainda não atingimos o público geral."

Martin Goodman conseguiu forjar um acordo para uma série animada chamada *The Marvel Super Heroes*.[16] Ela estreou em 1966 e apresentava uma animação tosca, com movimentos limitados. As imagens foram tiradas diretamente dos quadros das revistas e o desenho acabou parecendo mais um *storyboard* do que um programa de TV finalizado.

No ano seguinte, a Marvel juntou-se com o mesmo animador de baixo orçamento e que logo iria à falência para produzir um desenho animado do Homem-Aranha. O desenho ficou ruim. A animação era tão fraca que parecia que tinha sido criada por mão de obra carcerária não qualificada em algum remanso asiático distante. Os animadores sequer se incomodavam em desenhar o padrão de teias em grande parte da fantasia do Aranha; sem dúvida achavam muito demorado.

Quando John Romita Sr., o grande artista que fazia o gibi *O espetacular Homem-Aranha* na época, expressou alguma reserva sobre a qualidade da produção e pediu para que Stan Lee não levasse o projeto ao ar, Lee recusou, dizendo a Romita que mesmo um produto deficiente era infinitamente melhor do que nada.

"Levar isso para a televisão é a primeira montanha a ser escalada", Lee disse.

Mas nenhum dos primeiros esforços da Marvel foi capaz de capturar o que fazia seus quadrinhos serem tão especiais. As séries existiam simplesmente para vender "café da manhã" para "crianças de quatro, cinco e seis anos", como Lee admitiu em 1974.

Ao longo dos anos 1970, a postura dominante na Marvel era a de que os personagens não valiam muito. O filho de Martin Goodman, Chip, fez um acordo terrível vendendo os direitos de opção de toda a Marvel por

---

16 No Brasil, cada uma das séries da *The Marvel Super Heroes* ganhou o nome do protagonista, virando *Homem de Ferro, Capitão América, Hulk* etc. (N. do T.)

apenas 2.500 dólares. Poucos anos depois, em 1976, a Marvel vendeu os direitos de 12 personagens para a Universal. O preço: apenas 12.500 dólares.

"A Marvel, em particular, tinha pouca compreensão ou crença em seus personagens fora do mundo dos quadrinhos", diz o ex-editor-chefe da Marvel, Gerry Conway.

A CBS tentou fazer uma série de TV *live-action* do Homem-Aranha em 1977, que é melhor que permaneça esquecida. Sob uma trilha sonora de discoteca saída diretamente de um filme pornô *vintage*, Nicholas Hammond – o Friedrich de *A Noviça Rebelde*, agora crescido – vestiu um traje de aparência vagabunda e resolvia travessuras. A série dispensou a famosa galeria de vilões do Teioso e não conseguiu capturar o que fazia de Peter Parker um personagem nerd tão querido.

O Incrível Hulk, também surgido em 1977, teve um desempenho melhor e conseguiu traduzir bem o apelo dos quadrinhos para a tela. David Banner (Bill Bixby) é torturado por sua propensão a se transformar em um gigante verde e passa seus dias andando de forma errante pelos Estados Unidos em busca de sua cura. A série durou cinco temporadas, mas Lee ainda estava insatisfeito com o quanto ela divergia do material original.

"Eu ficaria mais feliz se as séries se aproximassem dos arcos de histórias dos quadrinhos originais, mas mesmo assim estou ciente dos motivos que fizeram com que os canais e os produtores implementassem tantas mudanças", Lee escreveu na sua coluna em 1978. "Basicamente, eles temiam que as séries ficassem muito 'quadrinhísticas' caso elas fossem apresentadas exatamente da maneira que você vê as histórias em nossas magníficas revistas."

"Eu poderia pegar a minha avó, colocar uma capa nela, e eles a colocariam em uma tela verde e trariam dublês para fazer toda a ação. Qualquer um pode fazer [um filme da Marvel]... Então, para mim, não é autêntico."
— Jason Statham em 2015

"É Jason Statham. Ele é como um peso-pena. Ele não é páreo para mim! Claramente."
— Mark Ruffalo em 2015

Mesmo com uma proliferação de produtos para a TV e o cinema – a Mulher-Maravilha teve uma série popular que começou em 1975, e o Dr. Estranho um filme para a TV em 1978 –, as histórias em quadrinhos continuavam estigmatizadas. William Dozier, o produtor executivo da série *Batman* de 1966, uma vez admitiu que estava com vergonha de ler quadrinhos do Batman em público como pesquisa. "Eu me sentia um idiota", ele disse.

Uma matéria em 1978 na revista *Us* sobre *O Incrível Hulk* prometia: "Não é uma 'série de histórias em quadrinhos', insiste o astro." Um empertigado executivo da CBS foi citado assegurando espectadores nervosos: "O Hulk não é só um personagem de histórias em quadrinhos. Nós tentamos cercá-lo com histórias maduras e pessoas realistas." Bixby supostamente riu quando ofereceram a ele o papel de Banner: "Sério? Um personagem de quadrinhos?"

Então, ao fim de 1978, quando o filme para o cinema do Superman estava pronto para sair, a ideia de que aquilo seria algo diferente de um filme B passável foi bastante reforçada. Os super-heróis eram um negócio de pouco prestígio, e não havia precedentes para um projeto de super-heróis que seria levado a sério e atrairia todos os tipos de público, e não apenas as crianças.

Os direitos do Superman foram comprados em 1973 por uma equipe de produção composta por Alexander e Ilya Salkind, pai e filho, com o sócio Pierre Spengler. Alexander, nascido na Polônia, nunca tinha ouvido falar de Superman antes que seu filho o exortasse a perseguir os direitos depois de ter visto um cartaz do Zorro em uma rua de Paris. (O Salkind mais velho se referia ao personagem como "Sr. Superman".)

A Warner Bros. liberou os direitos por muito pouco, sem que o então chefe de produção se importasse muito: "Não é uma boa propriedade para fazer um filme."

Tal como aconteceu com as produções anteriores do Superman, a DC estava intimamente envolvida e tinha elaborado um contrato de 54 páginas, dando à editora controle sobre o roteiro, o elenco e os figurinos. Um dos escritores contratados para produzir um rascunho inicial foi Mario Puzo, o celebrado autor de *Poderoso Chefão* e alguém que já havia trabalhado para Martin Goodman, da Marvel, escrevendo contos de aventura em prosa.

O roteiro de Puzo, de 1975, terminou com centenas de páginas e fez pouco para capturar o que tornava o Superman mágico. A trama envolvia uma tentativa de assassinato contra o papa, e o tom enveredava mais para o campo da série *Batman*, de 1966. Em uma cena, Superman está jantando com Lois Lane e decide que precisa de uma garrafa de champanhe. Ele examina o mundo com sua visão superprivilegiada e descobre que a rainha da Inglaterra está prestes a batizar um navio. Superman dispara ao redor do mundo para surrupiar a garrafa. Em outro equívoco, Telly Savalas, da série de TV *Kojak,* faria uma aparição cômica e soltaria seu bordão: "Quem é que te ama, baby?", depois que Superman o confundisse com seu nêmese careca, Lex Luthor.

"Quando o roteiro para o primeiro filme do Superman foi apresentado para a minha aprovação, não pude acreditar", o então publisher da DC, Carmine Infantino, escreveu em sua autobiografia. "Aquele não era o Superman... O roteiro original teria ido muito mal e seria um terrível constrangimento para a empresa."

Subsequentes reescritas limparam o terreno, e o diretor Richard Donner, que foi trazido depois que Guy Hamilton, diretor da franquia James Bond, saiu do projeto, tinha a intenção de fazer um filme sério – um que ia contra a noção predominante de que os super-heróis eram exclusivamente para crianças. "É um filme para adultos que as crianças vão ver", ele disse em 1977.

O diretor pendurou uma faixa na sua sala de leitura em que se lia "verossimilhança", para servir como um lembrete constante para não cair na tentação que vem tão facilmente quando se faz uma história sobre um homem em um collant vermelho e azul. Não se transformar em paródia.

O orçamento divulgado do filme, de cinquenta milhões de dólares – cinco mil vezes o de um episódio da série de 1948 –, permitiu efeitos especiais que tornaram o personagem viável. O voo sempre tinha sido um ponto de preocupação nas adaptações em tela do Superman. Retratar seu poder de uma forma realista era algo simplesmente além da tecnologia da época. A série para o cinema tinha jogado tudo para o alto, lançando um Superman animado sempre que era necessário voar. Os Salkinds gastaram dois milhões testando vários métodos, incluindo pendurar o ator principal, Christopher Reeve, em um guindaste, até que um cara que trabalhou nos efeitos especiais de *2001: Uma odisseia no espaço* apareceu com a solução. Seu processo envolvia o ator ficar deitado parado em frente a uma projeção de uma filmagem do cenário. A câmera daria zoom e rodaria, dando a ilusão de movimento.

"Você vai acreditar que um homem pode voar", o slogan do filme prometia. Mas o público teria que esperar até o dia do lançamento para ver o Superman voando. O departamento de marketing do filme fez várias escolhas na esperança de enfatizar que este era um filme que os adultos podiam desfrutar. Uma delas foi a decisão de deixar deliberadamente de fora dos trailers o efeito de voo, sabendo que o filme iria fracassar se o público não aceitasse bem. Outra foi recolorir o emblema do S vermelho e amarelo do peitoral do Superman e fazer uma versão prata, mais majestosa e menos espalhafatosa, no cartaz do filme.

"Tínhamos um filme muito caro e um problema muito difícil na comercialização", o executivo da Warner Bros. Rob Friedman, disse em 1981. "Como transmitiríamos ao público que aquele não era um desenho animado ou uma série rápida de matinê de sábado? Como atrairíamos um público adulto sem afastar o público jovem?"

A campanha funcionou e pessoas de todas as idades foram em massa assistir a *Superman: O Filme* na sua estreia em 15 de dezembro de 1978. A produção arrecadou sete milhões de dólares em seu fim de semana de abertura, na sua escalada para se tornar o filme que, na época, foi a sexta maior bilheteria da história.

A equipe da DC participou de uma exibição fechada em um cinema da Times Square quatro dias antes do filme ser aberto ao público em geral. O que eles viram foi embasbacante. O filme tinha entendido a essência do Superman, abraçando-a, em vez de rejeitá-la, por medo de que pudesse afastar o público. Ali, na tela, estava tudo o que tornava o Superman grandioso, e aquilo encheu o pessoal da DC de orgulho pelo seu personagem e pela longa história da empresa. Pela primeira vez em um bom tempo, um sentimento de otimismo e de comunidade preencheu os salões da DC.

"Pensamos que *Superman* poderia ser o começo de algo", diz o escritor da DC Paul Kupperberg.

A equipe da Marvel também reconheceu a importância histórica daquele momento para a indústria de quadrinhos. Logo após o lançamento do filme, um grupo de cerca de trinta funcionários entrou em massa em uma sessão às 10 da manhã na Times Square. Eles adoraram, debatendo o filme enquanto caminhavam de volta para os escritórios da Marvel, e por alguns dias depois também.

O filme viria a ser o modelo para futuros filmes de quadrinhos. Donner – e seu grito de "verossimilhança" – finalmente impôs respeito para um gênero desprezado, ao pegar um personagem que tinha um perigoso potencial para a cafonice e tratá-lo com seriedade, assim como tratou o mundo em que ele habitava. Os produtores deram a ele legitimidade ao escalar atores respeitáveis, geralmente não associados aos collants. Eles gastaram somas exorbitantes para os efeitos especiais que eram necessários para permitir que o público suspendesse a descrença a ponto de acreditar que um homem realmente pudesse voar.

Esta mesma fórmula seria adotada na produção da maioria dos filmes de super-heróis que vieram em seguida. Mas não imediatamente. Embora *Superman: O Filme* tivesse sido uma sensação na bilheteria, ele não foi seguido imediatamente por uma enxurrada de imitações, como era de esperar na cultura de Hollywood.

"*Superman: O Filme* não foi visto como um filme replicável", diz Paul Levitz. "Ninguém mais pensou que havia espaço para outro super-herói ganhar tanto dinheiro."

Curiosamente, o personagem seguinte da DC que ganhou uma adaptação para a tela grande foi o Monstro do Pântano, a criatura monstruosa que foi criada para uma história única em uma antologia de terror em 1972. O longa de 1982 foi dirigido por um jovem Wes Craven e estrelado por Adrienne Barbeau e um homem num traje de borracha. O filme fez pouco para melhorar a imagem das adaptações de quadrinhos, como o Superman fizera.

Na exibição de *O Monstro do Pântano* para o pessoal da DC, contudo, houve pelo menos um elogio.

"Depois que o filme acabou, havia um silêncio aturdido", conta o roteirista Paul Kupperberg. "Subitamente, das primeiras fileiras [o cocriador do Monstro do Pântano], Len Wein gritou: 'Isso foi ótimo!'"

A franquia do Superman em pouco tempo foi virando uma porcaria, chegando ao fundo do poço no longa de 1987, *Superman IV: Em Busca da Paz*, que os críticos atacaram de forma feroz e o público ignorou solenemente. O filme, de mensagem simplória, trazia o herói peitando o vilão *trash* Homem-Nuclear, que, com sua cabeleira loira e fantasia apertada e sem mangas, parecia ser o massagista de Hitler. Uma tentativa de um *spin-off*, *Supergirl*, de 1984, não foi muito melhor. Naufragou na bilheteria e obteve notas terríveis. O crítico Roger Ebert bradou que era "infeliz, sem graça e sem ânimo". Era tão horrível que a empresa-irmã da DC, a Warner Bros. se recusou a distribuí-lo, e o filme foi desviado para a TriStar Pictures.

"Praticamente qualquer filme de super-herói sairia errado naqueles dias", Kupperberg diz. "Ninguém conseguia entender. Não havia interesse porque adultos não iam pagar para vê-los. *Superman: O Filme* foi uma falha momentânea."

O público teria que esperar até o final da década de 1980, mais de uma década depois do primeiro *Superman*, para o próximo grande sucesso baseado nos quadrinhos que faria história – e ainda mais tempo se fosse um fã da Marvel.

Desde o fim dos anos 1970, Stan Lee gastou uma quantidade crescente de tempo em Hollywood, tentando fazer acordos para filmes e séries de TV. Após o sucesso de *Superman: O Filme*, ele se tornou ainda mais determinado, principalmente porque sentia que a Warner Bros. tinha copiado a fórmula patente da Marvel para fazer seu filme de sucesso.

"O primeiro *Superman* tinha muito do ritmo da Marvel, e eles nunca apareceram com esse tipo de coisa nos gibis do Superman", Stan Lee falou em 1987. "Eu costumava pensar na possibilidade de que, se algum dia fizéssemos o Homem-Aranha no cinema do jeito certo, da maneira como eram os gibis, as pessoas pensassem que estávamos imitando *Superman*. Dá para imaginar como isso me incomodava."

Em 1980, Lee saiu de Nova York e se mudou de vez para Los Angeles com esposa e filha. Lá, ele trabalhou no estúdio de animação da Marvel e também cuidou de uma quantidade de potenciais projetos de filmes *live-action*. Mas passariam anos antes que a Marvel pudesse replicar o sucesso da DC em *Superman*.

Um aspecto confuso do filme de Richard Donner era que a produção não fez com que as vendas de quadrinhos bombassem, como muitos na indústria esperavam. A série de TV *Batman*, de 1966, tinha lançado um frenesi de consumo sobre quase tudo relacionado ao personagem, incluindo histórias em quadrinhos. As vendas dos gibis do Cruzado Encapuzado tinham pulado para quase um milhão de cópias por mês, e edições antigas logo se tornaram itens de colecionador. Havia um boato de que em 1966, no auge da Bat-Mania, um garoto de 12 anos parou em uma gibiteria em Nova York e saiu de uma limusine conduzida por um chofer, e calmamente sacou 25 dólares – uma quantidade obscena de dinheiro para a época – para comprar algumas edições do *Batman*.

"*Superman: O Filme* não teve nenhum efeito nas vendas", diz o publisher da Marvel na época, Mike Hobson. "Nós conversamos sobre isso, mas ninguém sabia por quê."

Mesmo com todo o seu sucesso, o filme do *Superman* demonstrou a crescente segmentação dos super-heróis. Quando o Superman estreou em 1938, havia apenas um caminho para os fãs se comunicarem com o personagem: lendo seus quadrinhos. Agora ele – e muitos outros super-heróis – havia superado essas restrições e dado o salto para outras mídias, de desenhos animados a jogos de videogame para Atari e até filmes de longa-metragem. Para ser um fã do Superman não era mais preciso ir até a banca de jornal, alguns podiam nem mesmo associar super-heróis a revistas em quadrinhos.

"Depois de *Superman: O Filme* ter saído, conheci uma pessoa em uma festa totalmente alheia aos quadrinhos", conta Bob Rozakis, da DC. "Ele me perguntou o que eu fazia, e eu disse a ele que trabalhava com quadrinhos. Ele falou: 'Ainda publicam essas coisas?'"

A DC não queria abandonar a esperança de que a expansão dos quadrinhos para imagens em movimento salvaria o negócio. A empresa fez o que pôde para capitalizar em cima dos filmes, seja mantendo a claudicante revista do Monstro do Pântano em circulação, na espera do lançamento do filme, ou controlando melhor o conteúdo das séries, de forma que não ofendesse novos leitores em potencial. Também houve mudanças cosméticas. O traje da Supergirl foi alterado em 1983 para refletir o design que a DC acreditava que seria usado no próximo filme. A nova roupa incluía uma bandana vermelha na cabeça, que todos na equipe criativa do gibi odiavam. Quando o filme chegou aos cinemas, os cineastas tiveram noção e tiraram essa bandana, mas a DC ficou presa com aquilo.

A falta de um aumento de vendas foi um golpe para a indústria em dificuldades. As vendas nas principais bancas de jornal continuavam a diminuir, já que muitos comerciantes começaram a favorecer itens mais lucrativos. Quando chegava uma cópia da *Playboy* e uma do *Superman*, ambas ocupavam a mesma quantidade de espaço de prateleira e a venda do gibi rendia ao jornaleiro apenas alguns centavos, tornando óbvio qual deveria usar o espaço. Outros varejistas evitavam completamente a venda dos quadrinhos, incluindo grandes mercearias, por medo de ter crianças nos corredores lendo os gibis gratuitamente.

Outra questão era a distribuição dos quadrinhos, que era bastante irregular. Para leitores dedicados, encontrar as edições mais recentes muitas vezes era desafiador.

"O método de produção, distribuição e venda de quadrinhos mudou tão drasticamente nos últimos trinta ou quarenta anos que não é mais viável", Dick Giordano, da DC, disse em 1980. "Eles imprimem em papel higiênico reforçado e enviam para quarenta atacadistas, trinta dos quais enviam de volta para você sem desembalar. Os quadrinhos são considerados forragem... Você precisa de sorte para vender alguma coisa... Quando se está lidando com números assim, você tem que saber que só tem mais alguns anos pela frente."

A indústria em dificuldade estava prestes a encontrar sua salvação de forma inesperada – não na expansão de seu foco, mas no estreitamento.

A batalha chega a uma nova arena – a gibiteria

"Há leitores de quadrinhos que querem comprar de maneira definitiva. O leitor quer um lugar onde o comprador é reconhecido como uma pessoa, e não alguém que está um pouco fora de órbita. Os quadrinhos são um hobby que merece ser bem fornecido."

– Carol Kalish, antiga diretora de vendas diretas da Marvel

Por algumas estimativas, os quadrinhos estavam destinados à extinção em 1984. Uma tábua de salvação era necessária, e veio na forma de um novo mercado. Por que imprimir centenas de milhares de exemplares na esperança de alcançar leitores nas bancas de jornal quando você pode vender diretamente para as pessoas que querem seus gibis?

De acordo com a maioria, a primeira loja especializada em quadrinhos abriu suas portas no Mission District, em São Francisco, em 1968. O proprietário, Gary Arlington, abriu a San Francisco Comic Book Company menos como um lugar de revenda e mais como um lugar para estocar uma grandiosa coleção de histórias em quadrinhos. Mais lojas especializadas em quadrinhos logo a seguiram, incluindo a Roy's Memory Shop em 1969, em Houston, no Texas. Seu proprietário era um fã de quadrinhos e a abriu quando estava desempregado, procurando uma forma de transformar seu hobby em uma carreira.

"Havia poucas lojas especializadas, talvez 25 em todo o país", diz Bill Schanes, que lançou uma empresa de vendas pelo correio aos 13 anos, em 1971. "Elas atendiam a um mercado menor de colecionadores."

Essas lojas tinham um grande impacto nos leitores sortudos o bastante para viver perto de uma. Entrar em uma daquelas lojas era como morrer e ir para o paraíso das histórias em quadrinhos – embora, em alguns casos, um paraíso com um problema de poeira grave, iluminado com luzes fluorescentes e localizado em um shopping pequeno no lado errado da cidade. Para o sofrido colecionador de quadrinhos, essas lojas resolviam quase todos os problemas que o hobby apresentava. Ele já não seria forçado a procurar em araras de farmácias. As lojas especializadas tinham todos os títulos, novos e impecáveis, e muitas vezes os recebiam semanas antes de aparecerem nas bancas de jornal.

Por mais dedicados que os clientes fossem, as grandes editoras consideravam as vendas nessas lojas irrelevantes. Elas mal constavam como erro de arredondamento em um negócio cujo único foco era o mercado de bancas de jornal.

Isso começaria a mudar em 1973. Naquele verão, na Comic Art Convention, um encontro de fãs que acontecia a cada verão no Statler Hilton Hotel, Nova York, um negociante experiente e um suborno bem-feito mudaram o curso da história dos quadrinhos e resgataram a indústria do certo esquecimento.

Vendedores no Comic Art Convention geralmente negociavam edições antigas. Mas Ed Summer, dono de uma loja no Upper East Side de Manhattan, chamada Supersnipe Comics Emporium, decidiu vender algo diferente. Na semana anterior à convenção, Summer foi ver o distribuidor local das bancas de jornal e perguntou se poderia comprar alguns quadrinhos com ele – no caso, cada um dos quadrinhos destinados às bancas de Nova York naquela semana. Para azeitar as engrenagens, Summer trouxe junto uma caixa de uísques caros. O distribuidor aceitou e Summer montou uma loja na convenção.

"Isso nunca tinha sido feito, disponibilizar quadrinhos novos, que ainda não estavam nas bancas, em uma convenção", diz o vendedor de quadrinhos Bob Beerbohm. "Ele montou prateleiras rotatórias e expôs todos aqueles lançamentos, e foi como ver um frenesi de piranhas se alimentando, como se uma vaca tivesse caído no rio Amazonas."

A performance surpreendente chamou a atenção de dois espectadores em particular: Sol Harrison, o então chefe de produção da DC, e Phil Seuling, o fundador da convenção. Seuling era um leitor de quadrinhos de longa data que trabalhava como professor de inglês no Brooklyn e vendia quadrinhos por fora. Ele começou a organizar convenções na região de Nova York em 1968.

A jogada de Summer na convenção rapidamente abriu os olhos de Harrison e Seuling para o poder do *fandom* dos quadrinhos. Ali estava um grupo bem mais entusiasmado do que os leitores casuais que até então compunham o grosso dos leitores. Essas pessoas viviam e respiravam quadrinhos, saboreando a mitologia e ansiando cada nova edição. Às vezes, esses leitores compravam dois ou três exemplares de uma única edição, e, em vez de jogá-los fora ou emprestá-los a um amigo quando terminavam de lê-los, eles os guardavam como itens preciosos de coleção.

Mais tarde naquele ano, Seuling foi até a DC com uma oferta. Ele compraria quadrinhos diretamente da DC, cortando o intermediário do distribuidor, e os venderia para revendedores e lojas especializadas com um desconto maior. Ele poderia pedir exatamente nas quantidades que queria – não seriam mais volumes aleatórios jogados no porta-malas de um caminhão.

A pegadinha era que, diferente das vendas para os distribuidores de bancas de jornal, as vendas via Seuling não seriam com direito a devolução. Naquele canal, independentemente dos produtos comprados, os quadrinhos ficariam com os vendedores e a editora não concederia crédito por edições não vendidas.

Essa disposição única percorreu um longo caminho até mitigar um dos aspectos mais arriscados do negócio para a DC. A devolução significava que o editor nunca tinha um controle decente dos números de vendas, e o sistema estava cheio de fraudes. Distribuidores não precisavam mais devolver as capas destacadas dos gibis em troca de crédito com a editora; eles tinham apenas que assinar uma declaração atestando quantos exemplares não tinham sido vendidos. Em vez de destruir esses exemplares não vendidos, conforme solicitado, alguns comerciantes sem escrúpulos os revendiam por baixo dos panos.

A DC ficou dividida com a proposta de Seuling. Por um lado, a gerência gostava da perspectiva de encontrar outro meio de distribuição mais lucrativo e menos corrupto. Por outro lado, preocupava-se com a possibilidade de afastar os poderosos atacadistas que compravam seus produtos desde o início.

"O mercado das bancas de jornal continuava a cair e se tornar mais problemático", diz Paul Levitz. "O pensamento era de que havia poucas dessas chamadas gibiterias. Eles vão comprar alguns quadrinhos. Talvez com isso possamos vender mais dois gibis."

Logo depois que fez o acordo com a DC, Seuling abordou o diretor de circulação da Marvel, Ed Shukin, com uma oferta similar. Depois de algumas idas e vindas, um acordo foi fechado, e o então chamado mercado direto nasceu.

O novo fluxo de receita logo se mostrou lucrativo. A Marvel faturou trezentos mil dólares em vendas no mercado direto em 1974, o primeiro ano. Aquele dinheiro continuaria a crescer, e em 1979 aqueles trezentos mil tinham inflado para seis milhões de dólares.

"Ficou bastante claro para alguns de nós, em 1976 ou 1977, que essa seria uma parte viável do negócio", diz Levitz. "Não ficou claro que seria *o* negócio até o final dos anos 1970 ou meados dos anos 1980."

Gibiterias continuaram a florescer ao longo do país (assim como distribuidoras para servi-las), chegando a três mil no começo dos anos 1980. Essas lojas provinham necessários pontos focais para os colecionadores.

"Elas davam às pessoas um lugar a ser frequentado, onde elas poderiam conversar sobre quadrinhos, já que o jornaleiro ou balconista na loja de conveniência não ligava para essas coisas", diz Scott Koblish, um funcionário da Marvel na década de 1990 e atual desenhista de *Deadpool*. "Quando eu comecei a gostar de quadrinhos, em 78 ou 79, era meio como uma coisa secreta. Você não queria apanhar por ler quadrinhos, e naquela época parecia que isto podia acontecer. Eu ficava bem quieto naquela época."

As vendas diretas começaram a representar uma parcela maior na produção de ambas as empresas, especialmente na Marvel. As vendas para lojas especializadas representavam 20 por cento das vendas da editora em 1980, em comparação com menos de 10 por cento para a DC.

A Marvel foi inicialmente mais agressiva que a DC na hora de explorar essa nova modalidade. Em 1980, a empresa contratou Mike Friedrich, antigo roteirista da DC e da Marvel, para supervisionar os esforços no mercado direto que desabrochava.

"Embora a DC tenha sido a primeira a fazer o acordo com Phil Seuling para o mercado direto, foi a Marvel a primeira a contratar Mike Friedrich para gerenciá-lo e construí-lo", diz o antigo editor da DC, Bob Greenberger. "Os esforços da DC eram sempre um passo ou dois atrás da Marvel, e a Marvel, como resultado, era capaz de ir com tudo."

A DC seguiu o exemplo em 1981, colocando o roteirista Paul Kupperberg para encabeçar os esforços do mercado direto. A sua empresa-mãe, a Warner Communications, também enviou um consultor para ajudar a analisar dados e elaborar estratégias para esse novo fluxo de receita.

Jim Shooter percebeu o impacto do mercado direto logo depois de assumir o cargo de editor-chefe em 1978. Ele estava observando relatórios de vendas e viu um item não insignificante na parte inferior, marcado como "Seagate", e não entendeu. Logo descobriu que Seagate era a empresa de Phil Seuling e que aqueles eram os exemplares vendidos no mercado direto. Este único canal contabilizava cerca de 6 por cento das vendas de *Fabulosos X-Men*.

Para testar a viabilidade do mercado direto, a Marvel decidiu lançar um título que só poderia ser comprado em lojas especializadas, não em bancas de jornais. Eles rapidamente determinaram que não deveria ser uma das revistas mais populares da empresa. Leitores de *Quarteto Fantástico* e *X-Men* poderiam mandar um Sentinela assassino até a sede da Marvel em protesto, caso a empresa lançasse uma edição que fãs teriam dificuldade em achar nos pontos de venda convencionais.

Em dezembro de 1980, a Marvel lançou um novo título que estrelava Cristal, uma super-heroína musical que tinha sido criada dois anos antes via uma parceria com a Casablanca Records, gravadora de Los Angeles (famosa por lançar a Donna Summer). A primeira edição foi oferecida apenas para as *comic shops.*

Independentemente do plano de distribuição pouco ortodoxo – para não mencionar as desvantagens inerentes de se ter um super-herói de temática *disco music* –, *Cristal* nº 1 vendeu impressionantes 428 mil exemplares.

"Isso me surpreendeu, e acho que surpreendeu a todos", o roteirista de *Cristal*, Tom DeFalco, conta. "Era um número gigantesco."

Sem nunca deixar uma boa ideia de um concorrente se perder, a DC logo seguiu com o seu próprio gibi exclusivo para o mercado direto: *Madame Xanadu* especial nº 1, lançada em abril de 1981. A edição especial, a 1 dólar, tinha um preço igual ao de um quadrinho regular e ainda vendeu cerca de cem mil exemplares.

No mesmo ano, a Marvel – encorajada pelo sucesso de *Cristal* – converteu três de seus títulos que estavam lutando para sobreviver nas bancas, *Micronautas*, *Cavaleiro da Lua* e *Ka-Zar*, em gibis exclusivos do mercado direto.

"Na época, o foco estava nas bancas. Isso mudou gradualmente", diz o antigo publisher da Marvel, Mike Hobson.

"Quando comecei a editar na Marvel em 1983, a maioria dos títulos ia para bancas de jornal: dois terços para bancas e um terço para o mercado direto", conta o antigo editor da Marvel, Carl Potts. "Em poucos anos, isso se inverteu."

Ambas as editoras logo ficaram convencidas de que o mercado direto era o futuro do negócio. Não só era um elemento de rápido crescimento de uma indústria que ficara estagnada há anos, mas sua rentabilidade era diferente de qualquer outra coisa na publicação. Era como imprimir dinheiro.

"Tínhamos um velho sistema de distribuição que jogava fora 70 por cento de tudo que mandávamos e ainda nos roubava, comparado a um sistema de produtos não retornáveis e que tinha margens melhores", diz Milton Griepp, ex-chefe de uma empresa de distribuição e agora analista do setor. "O mercado direto era e é o sistema mais lucrativo para distribuição impressa nos Estados Unidos para revistas, livros, qualquer coisa."

Não demorou muito para que os livros contábeis da empresa começassem a sentir os efeitos. Em 1982, o mercado direto contabilizava metade das vendas da Marvel, mas 70 por cento dos lucros da empresa, devido aos preços mais elevados dos títulos vendidos em lojas de quadrinhos e sua natureza não retornável.

O sucesso inesperado do mercado direto e seus altos ganhos começaram a mudar a forma como a Marvel e a DC abordavam não só o negócio dos quadrinhos, mas também o conteúdo dos próprios quadrinhos. Em pouco tempo, os valores se inverteram.

"Em 1981, as empresas estavam claramente focando no que os fãs queriam", diz Paul Levitz.

Os crescentes departamentos de vendas e marketing em ambas as editoras se propuseram a estudar essa nova geração de consumidor que diferia do cliente casual das bancas de jornal. O consumidor do mercado direto era geralmente mais velho. Era mais devotado, às vezes chegando a comprar todos os títulos oferecidos pela editora. Estava ficando cada vez mais claro que o que vendia nas bancas de jornal não era necessariamente o que venderia nas *comic shops*.

"Eu sei, com certeza, que a Marvel estava muito empenhada em trabalhar em estreita colaboração com os varejistas que vendiam seus gibis", diz o antigo chefe de relações públicas da Marvel, Steve Saffel. "E este foi um problema interessante, porque às vezes muitos desses donos de lojas eram fãs de quadrinhos e, até certo ponto, eles preferiam apoiar os projetos que gostavam – às vezes mais do que os projetos que podiam vender."

Para melhor atrair o cliente de mercado direto, ambas as empresas começaram a adaptar sua produção. De repente, o material mais para fãs, uma vez considerado muito de nicho para o mercado mais amplo, passou a ser possível. Uma propaganda de 1981 da Marvel anunciava títulos exclusivos para o mercado direto, que falavam especificamente com o crescente número de superfãs de histórias em quadrinhos.

"Isso significa que estes títulos estão sendo projetados apenas para você, o leitor da Marvel diferenciado", lia-se no anúncio. "Para que essa experiência empolgante seja bem-sucedida, precisamos de suas reações e suas ideias. Conte-nos o que você gostaria de ver nesses títulos – e nós vamos atender."

A DC começou a lançar especialmente um grupo de séries sofisticadas visando este leitor mais diferenciado, abordando assuntos que teriam feito Mort Weisinger, o velho editor de *Superman*, engasgar com seu cachimbo.

Camelot 3000, uma minissérie em 12 edições lançada para o mercado direto no outono de 1982, era uma versão futurista da lenda arturiana, que abordava problemas complicados, como a identidade de gênero e o incesto. Era escrita por Mike Barr e desenhada pelo aclamado artista britânico Brian Bolland. Barr concebeu o conto dos Cavaleiros da Távola Redonda reencarnados depois de fazer um curso de literatura na faculdade.

Ômega Men (abril de 1983) também era um título exclusivo para o mercado direto que gerou barulho por causa do seu conteúdo adulto – nesse caso, violência explícita e canibalismo. O quadrinho era derivado do gibi *Lanterna Verde* e apresentava uma equipe de mercenários extraterrestres. Seu conteúdo extremo enervou alguns proprietários de lojas, e alguns veteranos da indústria pediram publicamente para que fosse feita uma classificação etária nos quadrinhos, similar à que o cinema tinha.

"A maioria das queixas vem de leitores mais velhos, que parecem apreciar uma imagem dos quadrinhos da DC dos anos 1950 e início dos anos 1960, tipo: 'Vocês fizeram todas aquelas coisas excelentes naquela época, por que têm que fazer quadrinhos mais violentos agora?'", o editor de *Ômega Men*, Marv Wolfman, explicou em 1983. "Eles querem que os gibis sejam inofensivos, como eram quando ninguém os comprava porque têm essas boas lembranças de gibis que nem gostam."

Ambas as empresas experimentaram diferentes formatos. A Marvel começou a lançar uma série de robustas *graphic novels* – em tamanho maior, com histórias grandes e com preço de capa de 5,95 dólares – em 1982. A primeira, *A Morte do Capitão Marvel*, encontrava o herói cósmico, que tinha sido criado para fins de direitos autorais, sucumbindo ao câncer. O gibi vendeu cerca de duzentas mil cópias.

O crescente mercado direto permitiu que ambas as empresas começassem a usar técnicas de impressão de alta qualidade, que não eram acessíveis dentro do esquema retornável das bancas de jornal. A Marvel mudou da impressão tipográfica, um método arcaico que oferecia uma baixa resolução e uma arte turva, para a mais nítida impressão offset. A DC fez o mesmo em 1981.

Um dos maiores avanços viria mais tarde, em 1983, com a publicação de *Ronin* pela DC, uma minissérie em seis edições do escritor e desenhista Frank Miller sobre um samurai da era feudal que era transportado para o futuro. Miller era um garoto magro de Vermont que, quando adolescente, em 1976, tinha se mudado para Nova York para tentar trabalhar com quadrinhos. Ele conseguiu empregos menores na DC e logo ficou amigo de Denny O'Neil, então editor da Marvel.

"Ele é uma das poucas pessoas que conheci com quem podia conversar sobre o trabalho", O'Neil diz. "Íamos até o Central Park e jogávamos voleibol por algumas horas, depois caminhávamos pelo parque para comer alguma coisa. Frank me perguntava coisas realmente inteligentes sobre meu trabalho."

Miller logo foi escalado para desenhar *Demolidor*, da Marvel, a partir do nº 158 (maio de 1979). O gibi rapidamente tornou-se o assunto da indústria e seu jovem criador uma das suas maiores estrelas, especialmente no mercado direto e entre a base de fãs mais fervorosos. Miller, como Jack Kirby e somente alguns antes dele, tornou-se um dos poucos cujo nome na capa era o bastante para garantir vendas. O mercado direto tinha o poder de transformar seus criadores em estrelas, e os criadores estavam começando a perceber.

"Quem eram os criadores de um título não fazia a menor diferença, até que o mercado direto chegou", diz o antigo publisher da Marvel, Mike Hobson. "O mercado direto fez os criadores virarem heróis."

A mudança alterou a forma como os criadores eram compensados. Desde o início, os desenhistas e roteiristas de quadrinhos eram pagos de qualquer jeito. A maioria recebia um valor por página – um pagamento único para cada página produzida – e raramente recebia qualquer dinheiro além disso. Mesmo quando o trabalho era reimpresso, eles não recebiam nada. Nada pelos filmes, brinquedos ou todos os outros itens produzidos a partir de suas criações. Como o roteirista Arnold Drake disse em certa ocasião, a indústria de quadrinhos era como um bordel, com os editores agindo como cafetões e os artistas como as garotas.

"Essas empresas não fariam nada até enfiarmos uma faca nas suas costas e fazê-las sangrar", diz Neal Adams, quem esteve na linha de frente da luta pelos direitos dos criadores desde a década de 1960.

A nova publisher da DC, Jenette Kahn, tinha tornado uma prioridade começar a oferecer royalties logo após sua chegada no início de 1976, mas o negócio – e a DC – estava em condições tão ruins que não havia dinheiro disponível. Isso mudou em poucos anos, em parte graças ao mercado direto. Ela acreditava que seria moralmente correto, e sentiu que a DC iria receber melhores trabalhos se os criadores participassem dos lucros. A DC tinha esperança de lançar gibis como *Demolidor*, que a empresa considerava um exemplo primordial do que acontecia quando os artistas eram apaixonados pelo seu trabalho. Eles também torciam para que o sistema de pagamento de royalties servisse como um incentivo para que os desenhistas e roteiristas da Marvel viessem para a DC.

"Em 1980, nós descobrimos como alavancar dinheiro do nosso orçamento", Paul Levitz diz. "Tivemos debates interessantes sobre quem merecia mais e como fazê-lo, já que a indústria não tinha histórico relacionado a isso."

O plano de royalties da DC foi anunciado em novembro de 1981, e pagaria à equipe criativa um percentual nas vendas acima de cem mil exemplares, com 2 por cento indo para o escritor, 1,4 por cento para o desenhista e 0,4 por cento para o arte-finalista. (A insignificante porcentagem para o arte-finalista era devido ao fato de que o editor da DC, Dick Giordano, era um arte-finalista, e não queria ser visto favorecendo os seus similares.)

O novo plano significava um pouco mais de dinheiro para os criadores – pressupondo-se que o quadrinho fosse um sucesso. O campeão de vendas da DC naquele mês foi *Novos Titãs* nº 12, que vendeu 217 mil cópias a 60 centavos cada. Sob o novo plano de royalties, o escritor Marv Wolfman embolsaria um extra de 1.404 dólares, o desenhista George Perez 982,80 dólares e o arte-finalista Romeo Tanghal 421,20 dólares. E porque Wolfman e Perez também criaram alguns dos personagens, eles dividiriam um adicional de 1 por cento.

O plano da DC estimulou a Marvel a agir. "Nós não vamos ficar aqui parados", o editor-chefe Jim Shooter disse à imprensa na época.

"Eu não achei que eles não fossem atrás", Giordano disparou de volta. "De fato, eu dou as boas-vindas ao grupo. Recebo bem a concorrência."

Shooter estava trabalhando no seu próprio plano de royalties, mas a implementação estava suspensa por vários motivos. Os advogados da Marvel estavam desconfiados de oferecer participação porque eles se preocupavam que isso pudesse implicar que os escritores e artistas fossem donos de suas criações. A empresa também teve problemas para descobrir como exatamente estruturar o plano.

"Eu fiz com que o meu plano fosse aprovado primeiro, mas a burocracia da Marvel reduziu a sua velocidade", Shooter diz.

O anúncio da DC finalmente forçou a mão da Marvel. Menos de um mês depois, a Marvel apresentou seu próprio sistema de royalties, que era praticamente idêntico ao da DC.

"A Marvel estava chorando pitangas", Denny O'Neil diz. "Eles disseram que não conseguiriam distribuir royalties porque muitas pessoas trabalhavam em cada história. Não conseguiram controlar a contabilidade. Quando eles tiveram que fazer, foi incrível o quão rápido e fácil fizeram."

"Jim conseguiu impulsionar um plano correspondente em cerca de um mês, o que foi ótimo para eles, ótimo para as pessoas do criativo e um pouco frustrante para nós", diz Paul Levitz, da DC.

Um dos obstáculos que a Marvel enfrentou era que seus títulos estavam vendendo muito mais do que os da DC, o que significava que eles teriam que fazer maiores pagamentos de royalties do que sua rival. A Marvel pagou dois milhões de dólares no primeiro ano.

"Realmente nos custou uma fortuna", Shooter disse na época, antes de disparar contra a DC. "Não temos o papai Warner para nos dar cobertura."

Sob a batuta de Kahn, a DC aumentou seus esforços para perseguir os talentos da Marvel.

"Quando Archie Goodwin era editor-chefe em 1977, nós tivemos essa ideia, porque todos esses artistas chegavam e mostravam portfolios", Shooter conta. "Eu disse: 'Vamos dar um teste a eles, uma história de cinco páginas, e ver o que conseguem fazer.' Chegou ao ponto em que, se nós oferecêssemos a um sujeito um teste de cinco páginas, a DC lhes ofereceria um contrato. Era insano."

Logo a DC ficou mais ousada em suas táticas.

"Logo depois da chegada de Jenette, eles começaram a ficar agressivos e não queriam os iniciantes; estavam atrás de Frank Miller e outros figurões", Shooter diz.

"Havia histórias engraçadas de Jenette tentando levar o Frank Miller", diz Ann Nocenti, antiga roteirista e editora da Marvel. "A história era: Jenette convidava para jantar alguém que ela estava tentando afanar para a DC, e ela mandava fazer biscoitos com o personagem em que estavam trabalhando. Se ela convidasse Walt Simonson, ela faria biscoitos do Thor. Ela tentou ativamente roubar pessoas da Marvel que vendiam muito."

Kahn, como todo mundo na indústria, estava particularmente impressionada com o *Demolidor* de Miller, e cobiçava a estrela em ascensão da Marvel. Kahn convidou Miller para almoçar na sala de jantar executiva da Warner e disse ao artista do momento: "Diga-me o que é que você realmente gostaria de fazer. Não me importo se for algo fora do comum ou se nunca foi feito antes. Seja lá o que for, tentaremos fazer com que aconteça."

Miller apresentou seu plano para *Ronin*, que ele tinha considerado fazer para a nova linha de *graphic novels* da Marvel. Ele lançou para Kahn não apenas sua visão para a história, mas sua visão para o pacote em que seria apresentada. Miller imaginou algo bem diferente dos gibis americanos mensais e descartáveis, e mais perto das linhas de *graphic novels* que eram mais comuns na Europa. E, o mais importante de tudo, seria de propriedade do criador.

"Estávamos dispostos a fazer coisas que a Marvel talvez não estivesse", Paul Levitz diz. "Imprimir o gibi em um papel de verdade, encontrar o tipo de papel que Frank gostava, da França, trabalhar com cores pintadas, colocar a um preço mais elevado, colocar o nome dele na capa. Isso nunca tinha sido visto em um quadrinho popular até aquele momento."

Em vez de produzir *Ronin* através de um selo da Marvel, Miller concordou em trabalhar com a DC, assinando o que boatos diziam ser o contrato mais bem pago para uma história em quadrinhos na época.

"Quando Frank Miller foi para a DC para fazer *Ronin*, foi meio chocante, porque ali estava o cara do *Demolidor* indo fazer esse quadrinho estranho que ninguém nunca tinha ouvido falar", diz o arte-finalista Joe Rubinstein, que trabalhou com Miller na minissérie *Wolverine*, de 1982. "Eu falei com Frank e estava naquelas de 'mantenha-se leal à empresa que o trouxe para o negócio'. Mas acho que ele fez o que qualquer bom criador faria, e ele foi criar em outro lugar."

Ronin foi lançado em um formato de 48 páginas e sem anunciantes por 2,95 dólares. O quadrinho foi alardeado pela máquina publicitária da DC e apresentou a visão de Miller sem filtros, quase totalmente livre de interferência editorial. Mas a resposta do público foi morna.

"*Ronin* provocou em mim não só decepção", o crítico Kim Thompson resmungou em 1983, "mas também uma sensação de pessimismo em relação à carreira futura de Miller".

"Frank decidiu que poderia fazer o que quisesse e que faria essa narrativa experimental, e então fez aquela história caótica", Shooter diz. "Eles venderam muito bem para as *comic shops*, mas não venderam para os compradores. Ninguém queria aquilo. O distribuidor Bud Plant falou para mim: 'Ei, quer comprar alguns *Ronins*?' Eu respondi: 'O que eu faria com alguns *Ronins*?' E ele replicou: 'Lenha. Eu os enrolo e os vendo amarrados.'"

Jenette Kahn considerou que *Ronin* estava dentre as séries mais importantes que a DC tinha feito, independentemente da clareza relativa de sua narrativa. Ela indicou o que poderia ser possível no meio, e demonstrou que a DC estava disposta a dar aos criadores a liberdade de contar todos os tipos de histórias, não só aquelas envolvendo super-heróis voltadas apenas para a garotada. Seria uma filosofia que serviria bem à empresa, e ajudaria a inaugurar o que Kahn chamou de "uma era elizabetana" para a DC.

E bem na hora.

Mesmo com *Ronin* e o estrondoso sucesso de *Novos Titãs*, a empresa estava lutando para sobreviver. A diretoria da empresa-mãe da DC, a Warner Communications, ainda não estava convencida de que o ramo editorial pudesse ser um lado rentável do negócio. A preocupação durante anos era que a Warner fecharia a DC, que apresentava um baixo desempenho, e passaria simplesmente a ordenhar os personagens para ganhar dinheiro com licenciamento.

"Havia rumores disso durante todas as semanas em que eu trabalhei na DC", diz Jack C. Harris, um editor da DC na década de 1970.

Os boatos frequentemente chegavam nos operários da Marvel, que ficavam imaginando o que eles poderiam fazer se derrubassem os icônicos super-heróis da concorrência.

Em fevereiro de 1984, eles quase tiveram essa chance.

Jim Shooter estava em seu escritório quando, do nada, recebeu uma ligação de Bill Sarnoff, chefe da Warner Books. Sarnoff tinha uma oferta inesperada para fazer.

– Veja, estive pensando sobre um assunto – Sarnoff começou. – Vocês ganham muito dinheiro vendendo seus quadrinhos.

– Ah, sim, senhor, ganhamos, sim – Shooter respondeu.

– Nós perdemos muito todos os anos. Milhões e milhões de dólares – Sarnoff afirmou.

– Eu sei. Consigo imaginar – Shooter disse.

– No entanto, nós ganhamos muito dinheiro com licenciamento. Vocês mal ganham algum dinheiro com licenciamento – disse Sarnoff.

O chefe da Warner apresentou uma proposta na qual a DC licenciaria seus personagens para a Marvel publicar. A proposta, por mais incrível que fosse, não marcou a primeira vez em que a DC sondava a venda para a Marvel.

"Stan me contou que alguns anos antes Sarnoff ligou para ele, e que uma oferta similar tinha sido feita pela Warner Publishing para a diretoria da Marvel", Shooter diz. "A Marvel fez uma oferta, mas nada saiu dali."

Shooter levou essa última proposta a Jim Galton, presidente da Marvel, e Galton prometeu ligar para Sarnoff. No dia seguinte, Shooter retornou a Galton e foi informado de que o acordo não ia acontecer.

"Os personagens não devem ser bons", Galton disse. "Eles não vendem."

"Não, não, não! Aqueles idiotas é que não sabem vendê-los. Podemos fazê-los funcionar!", Shooter disparou de volta.

O editor-chefe começou a montar um plano de negócios.

"A vantagem para a Warner Comunications era, claro, dinheiro garantido e sem aborrecimentos – a eliminação de um enorme custo indireto e a possibilidade de uma nova vida para suas propriedades moribundas", Shooter escreveu em um relatório em 1984. "A vantagem para nós é o dinheiro que vamos ganhar ao publicar esses personagens e nos ver livres de uma irritação."

Depois de todos esses anos, a Marvel poderia finalmente dar o golpe fatal contra sua rival "irritante". O plano propunha que a Marvel começasse por publicar sete títulos da DC: os personagens principais óbvios – Superman, Batman, Mulher-Maravilha, Lanterna Verde e Liga da Justiça –, juntamente com duas séries que tinham boas vendagens na época, particularmente no mercado direto – *Novos Titãs* e *Legião dos Super-Heróis*.

"Eu fui o mais conservador possível e projetei um lucro de 3,5 milhões de dólares nos primeiros dois anos", Shooter diz.

Em uma reunião com o chefe de circulação, Ed Shukin, e a diretora de vendas diretas, Carol Kalish, Galton perguntou a Shukin o que ele achava das projeções.

"Ridículas", Shukin disse, enquanto Galton lançou para Shooter um olhar fulminante, como que dizendo: *Viu?*

"Podemos dobrar isso", Shukin concluiu.

As negociações começaram, e o acordo exigia que a Warner recebesse uma porcentagem sobre cada exemplar vendido. Talvez uma das melhores vantagens para a Marvel era que a empresa receberia uma porcentagem de qualquer aumento no licenciamento que resultasse do sucesso da Marvel em tornar os personagens da DC mais bem-sucedidos. A poderosa subsidiária da Warner, Licensing Corporation of America, também poderia concordar em ajudar a Marvel no licenciamento de algumas de suas propriedades.

Notícias dessas negociações vazaram para os funcionários da Marvel, e a equipe, empolgada, voltou a sonhar acordada com o que aconteceria se pudessem ter uma chance com os personagens da DC.

Mas isso nunca aconteceu. Na primavera de 1984, enquanto o acordo estava sendo discutido, a editora independente First Comics apresentou uma ação judicial contra a Marvel, alegando práticas anticompetitivas. A editora com base em Chicago, mais conhecida por *American Flagg!*, o laureado título de Howard Chaykin, alegou que a Marvel estava inundando o mercado com títulos para tentar manter as pequenas empresas fora das prateleiras. Revendedores tinham apenas uma certa quantidade de dólares para gastar todos os meses, e a Marvel consumia cada vez mais o orçamento, deixando menos dinheiro para gastar nos títulos independentes.

O processo aumentou as preocupações de um possível monopólio da Marvel, e mostrou que aquele provavelmente não era o melhor momento para a Marvel pensar em absorver sua maior concorrente. O acordo com a DC foi abandonado.

"Acho que teríamos feito aqueles personagens funcionar", Shooter diz. "Eu trabalhei muito tempo na DC e conhecia aqueles personagens. Acho que teríamos nos saído tremendamente bem."

"Mas aí eu acho que seria mesmo um monopólio."

A enorme e ousada aposta da DC

> "Eu me lembro de ouvir que a DC iria focar a maior parte das suas vendas em mercado direto. Assim que ouvi isto, eu me virei para o editor Mark Gruenwald e disse: 'Nós não temos mais que nos preocupar com eles.' Eu pensei que seria o fim da DC Comics."
>
> — Tom DeFalco, antigo editor-chefe da Marvel

Em meados da década de 1980, tinha se tornado claro que a Marvel estava ganhando da DC no seu próprio jogo. A DC tinha introduzido o super-herói americano, mas, há décadas, a Marvel o aperfeiçoou e o lançou às alturas. Para permanecer relevante, a DC precisava de um novo caminho a seguir.

Começaria com a criação de uma minissérie importante, que iria impor mudanças radicais no universo anterior da DC e, em última instância, se tornaria uma das publicações mais importantes da história da empresa.

A continuidade sempre tinha sido um bicho-papão na DC. Diferente da Marvel, cujo universo foi majoritariamente criado por um pequeno grupo de pessoas, o mundo da DC tinha sido montado aleatoriamente e de forma fragmentada ao longo das décadas, sem um plano dominante ou uma única voz como guia. Como resultado, sua história interna estava cheia de inconsistências. Jim Shooter, da Marvel, brincou que era como "um filme sueco sem legendas". Em um único mês em 1974, por exemplo, o Átomo declarava em uma edição de *Action Comics* que ele não podia encolher objetos inanimados; e em uma edição de *O Bravo e o Audaz*, contudo, ele é mostrado miniaturizando uma câmera.

Para a maioria de nós, esse erro não seria grande coisa. Estamos bem conscientes de que uma história sobre um homem que pode diminuir até o tamanho de um ácaro não é exatamente um documentário. Mas, para os fãs mais radicais, essa falta de coesão na continuidade era um grande aborrecimento. À medida que a DC começava a atender mais ao mercado direto, esses leitores incondicionais, que constituíam a maior parte dos compradores, se tornavam muito mais importantes. Essas inconsistências que antes eram apenas confusas agora ameaçavam prejudicar a DC no mercado.

"Não coloquem revistas que se contradizem nas prateleiras simultaneamente, caso contrário os garotos vão se decidir: 'Eu vou ler a Marvel, onde as coisas fazem sentido'", disse o roteirista da DC, Marty Pasko, em 1977. "E com isso a DC perde seu público."

Essa falta de coesão também corroía o editor e roteirista Marv Wolfman, o homem por trás do sucesso *Novos Titãs* que tinha ido para a DC ao sair da Marvel em 1980. Suas preocupações cresceram quando, em 1981, ao editar *Lanterna Verde*, ele recebeu uma carta de um leitor reclamando de um furo no roteiro de uma edição recente. Um obscuro herói não tinha reconhecido o Lanterna Verde, mesmo depois deles terem sido mostrados se encontrando em uma edição três anos antes.

A carta levou Wolfman a pensar em como limpar o universo DC. Durante uma viagem de trem, começou a traçar uma série de grande alcance, que chamou de *A História do Universo DC*, onde pretendia pegar a continuidade bagunçada da DC e criar uma única linha do tempo limpa no lugar. Ele a ofereceu para a DC na segunda-feira seguinte e recebeu sinal verde. A série foi mencionada em uma convenção de quadrinhos em 1981 e mencionada rapidamente em uma edição de dezembro de 1981 do *Comics Journal*.

A maxissérie em 12 partes de Wolfman iria "propor a união de toda a história do mundo DC Comics", lia-se no anúncio.

Para resolver tudo o que havia acontecido antes, a DC contratou um pesquisador – muito sortudo ou azarado, dependendo do seu ponto de vista – em 1982 para sentar na extensa biblioteca da empresa e ler. Cada. Quadrinho. Já. Publicado. Pela. DC.

Ele trabalhou por dois anos, compilando notas cuidadosas sobre histórias de personagens, viagens, poderes, fraquezas, óbitos, nascimentos – praticamente cada evento ocorrido na DC Comics – e entregou tudo para Wolfman.

Colocar tudo isso junto em uma série não foi uma tarefa fácil. O projeto originalmente foi anunciado para 1982. Mais tarde, ele foi adiado para a primavera de 1983. Finalmente, a DC decidiu agendá-lo para coincidir com os cinquenta anos da empresa em 1985 e chamá-lo de *Crise nas Infinitas Terras*. George Perez foi escalado como desenhista e saboreou a oportunidade, acreditando que daria a ele uma oportunidade de contra-atacar a Marvel.

"Era a vingança por não ter podido fazer o gibi LJA/Vingadores", Perez disse na época.

Enquanto isso, as ambições da série cresciam. A intenção era não só limpar a continuidade, mas também agitar a imagem da DC.

"Quando as pessoas pensam na DC, elas pensam em uma empresa muito séria, que não muda seus personagens, que publica as mesmas histórias do Superman que publicava em 1955", Wolfman disse em 1985. "Eu acho que estamos publicando alguns dos melhores quadrinhos, mas temos uma reputação muito ruim por estarmos fechados em nossos caminhos. A *Crise* é um indício de que não é assim."

A série se centrava em um misterioso vilão cósmico chamado Anti-Monitor, que começou a destruir as muitas Terras paralelas – e seus habitantes – que existiam dentro da continuidade da DC. O Superman que conhecíamos vivia na nossa Terra, mas também havia outro, um Superman diferente (com o cabelo grisalho) de um universo alternativo chamado de "Terra 2". A edição nº 1 chegou às prateleiras em janeiro de 1985, e, onze edições depois, apenas um universo restaria. A DC poderia essencialmente organizar seu universo complicado, escolhendo e selecionando quais eventos e personagens de sua longa história manteria e quais descartaria.

O escopo e as consequências da *Crise* não tinham precedentes na história da DC, e uma série combinando tantos heróis em uma única e extensa história poderia ter feito as pessoas pirarem ainda mais – se a Marvel não tivesse oferecido algo similar poucos meses antes.

Marvel Super Heroes Secret Wars nasceu em 1982, quando a empresa de brinquedos Mattel perdeu seu licenciamento da DC para a rival Kenner. A empresa abordou a Marvel a respeito de produzir uma linha de bonecos de super-heróis para competir com a da Kenner. Temendo que o rol de personagens da Marvel não fosse tão conhecido quanto os da DC, a Mattel pediu para a Marvel vir com uma promoção especial que pudesse gerar interesse nos personagens. O editor-chefe Jim Shooter, aproveitando as cartas que recebia de jovens quase todas as semanas, propôs uma enorme minissérie abarrotada com mais de cinquenta heróis e vilões da Marvel. A Mattel concordou, sugerindo que a série fosse chamada de *Guerras Secretas* – duas palavras que pesquisadores tinham descoberto que ressoavam bem para jovens meninos.

A série introduzia uma poderosa figura cósmica chamada Beyonder, que mais tarde apareceu na forma humana, na continuação *Guerras Secretas II*, vestindo um macacão branco, como se fosse uma versão interplanetária dos mágicos Siegfried e Roy. Por diversão, ele transportou um bando de personagens para um longínquo "Mundo Bélico", onde foram forçados a se enfrentar como gladiadores de collant.

Guerras Secretas obteve a maior tiragem de qualquer história em quadrinhos da Marvel por anos, e sua primeira edição (de maio de 1984) vendeu surpreendentes 750 mil cópias.

Para alguns, o momento de lançamento de *Guerras Secretas* em relação ao de *Crise* sempre pareceu suspeito – ou, se se você fosse um marvete, o momento de lançamento de *Crise* em relação a *Guerras Secretas* parecia suspeito. Qual empresa poderia legitimamente reivindicar o pioneirismo no grande estouro das grandes histórias em várias partes reunindo super-heróis?

Guerras Secretas apareceu um ano inteiro antes de *Crise*, com a última edição da série da Marvel aparecendo poucos dias antes da primeira da DC. Mas muitos "decenautas" suspeitavam que a Marvel ouviu algo a respeito de *Crise* e apressou *Guerras Secretas* para roubar um pouco do burburinho gerado pela DC. Um artigo de jornal na época reportou a "puxada de tapete" que a Marvel tinha feito para "sobrepor a estreia da série da DC". (Não é verdade, mas dá uma ideia das teorias de conspiração que cercavam os projetos de alto perfil naquela época.)

Jim Shooter diz que aconteceu ao contrário. A Marvel teve a ideia primeiro, e a DC não estava planejando "um grande crossover de toda a empresa", até que descobriram a respeito de *Guerras Secretas*, o que era inevitável, considerando que o negócio dos quadrinhos era uma comunidade muito pequena na época.

"A primeira edição da *Crise* saiu no mesmo mês que a 12ª de *Guerras Secretas*", Shooter diz. "E, no entanto, afirmam que eles tiveram a ideia primeiro."

"*Crise* foi anunciado primeiro", diz Bob Greenberger, da DC, que ajudou a fazer a sinopse da série. "Eu definitivamente acho que a Marvel estava sendo calculista ao fazer *Guerras Secretas*. Jim sabia que faríamos barulho. Jim sabia muito bem, e ele estava sendo comercial e estratégico. Havia um embate definido acontecendo, e Jim estava fazendo o que podia para garantir que a Marvel permanecesse a número um."

A DC conseguiu fazer um ataque em uma página. Wolfman incluiu um quadrinho sutil em *Crise* mostrando o Universo Marvel sendo destruído junto com as outras Terras paralelas da DC.

O núcleo de *Crise*, na verdade, pode ter se originado muitos anos antes de sua publicação.

"Quando Jenette Kahn se tornou a publisher, ela deu uma festa no apartamento dela no Central Park West [em 1978]", Shooter conta. "Ela veio até mim e disse: 'Você é o grande guru dos quadrinhos. O que você acha que eu devia fazer com o Universo DC?'"

"Acabe com ele", Shooter respondeu. "Comece de novo."

O chefe da Marvel apresentou uma revisão radical do Universo DC, na qual a empresa anunciaria o cancelamento de todos os seus títulos, levaria suas histórias a uma conclusão e, no mês seguinte, relançaria todos com um novo nº 1. Seria um começo novo em folha, onde a essência de cada personagem seria preservada, mas toda a incômoda continuidade poderia ser ejetada. O roteirista Gerry Conway tinha ventilado algo semelhante quando voltou para DC em 1976.

"Como piada, sugeri que tudo fosse terminado e reiniciado", Conway conta. "Não tenho ideia se isso foi a gênese de *Crise*, mas alguém que estava envolvido uma vez me disse que *Crise* era minha piada que tinha ganhado vida."

Logo essa piada atingiu os leitores. Quaisquer que fossem suas respectivas virtudes e fraquezas, *Guerras Secretas* e *Crise* inauguraram a era dos grandes eventos nos quadrinhos – um gênero cuja crescente popularidade teria consequências prejudiciais para a indústria nas próximas décadas. Não bastava mais o Superman derrotar o vilão do mês. Os leitores agora já haviam experimentado uma grande e importante história, que era percebida como mais relevante do que os triviais fios narrativos que preenchiam os gibis mês após mês.

"O Universo DC nunca mais seria o mesmo", um anúncio de 1984 de *Crise* proclamava. Mas uma vez que a aposta era tão alta, para onde você iria a partir dali?

Como os editores de quadrinhos descobririam rapidamente, qualquer coisa marcada como um "evento" vendia para os leitores mais aficionados, independentemente de ser bom. Os fãs haviam investido tantas horas nesses universos fictícios que a simples ideia de ignorar uma história promovida insistentemente como algo de grande importância não era mais uma opção. Como qualquer viciado, eles precisavam de suas doses – mesmo que odiassem a si mesmos logo depois.

Os eventos também atiçavam a mentalidade colecionista de muitos dos leitores. Deixar de comprar uma série faria um buraco doloroso e vazio em suas coleções meticulosamente cuidadas. Um atormentado integrante do clube de quadrinhos de Chicago disse à revista *Comics Interview* em 1985 que cada membro do seu grupo *comprou Guerras Secretas* – eles apenas não a *leram*. A razão da compra, ele admitiu timidamente, era "estupidez".

A diretora de vendas diretas da Marvel, Carol Kalish, disse abertamente aos varejistas em um encontro em 1984: "Sejamos honestos. *Guerras Secretas* foi uma porcaria, certo? Mas vendeu?"

Com certeza vendeu. E também a sua sequência bem menos considerada, *Guerras Secretas II*, de 1985. Embora não nas mesmas cifras obscenas da original.

"A cada vez que a Marvel lançava um gibi assim, ela perdia um pouco da confiança dos leitores, não importando quanto dinheiro ganhasse", Bruce Conklin, revendedor de quadrinhos de Nova York, disse em uma entrevista em 1985. "Eles estavam vencendo a batalha, mas perdendo a guerra."

Eram palavras prescientes. Os eventos logo se tornaram o pilar da indústria, e tanto a Marvel quanto a DC passaram a lançar esses eventos quase todos os verões (o período mais disputado para os quadrinhos), de 1986 até hoje. A marca registrada dessas séries era o envolvimento de dezenas de heróis lutando contra uma ameaça mundial em uma história espalhada por vários títulos. *Crise* foi seguida de *Lendas*, que foi seguida por *Milênio*, que abriu caminho para *Invasão*. A Marvel contra-atacou com *Massacre de mutantes*, *A Queda dos Mutantes*, *A guerra do Alto-Evolucionário*, e assim sucessivamente. Em poucos anos, os eventos se tornariam tão frequentes que começariam a perder a sua característica de serem únicos. Afinal, quando tudo é um evento, nada é um evento.

Porém, antes disso, a DC logo tirou vantagem da oportunidade apresentada por *Crise nas Infinitas Terras*. A empresa agora tinha a oportunidade de reestruturar seu universo – jogar fora cinquenta anos de bagagem e se modernizar. E isso, de certa forma, significava se aproximar da Marvel.

Originalmente, Wolfman planejava um desfecho radical para a série de doze edições, que exigia que a DC cancelasse quase todos os seus títulos e os recomeçasse com novos nº 1. Além de enviar um recado claro tanto para os leitores quanto para os talentos da indústria de que a DC falava sério quanto à sua renovação, o relançamento proposto teria o benefício adicional de coincidir com o 25º aniversário da Marvel e, Wolfman calculava, "acabaria" com quaisquer planos especiais que a Marvel tinha para o marco. (A Marvel, no fim das contas, acabaria ela mesma com a data ao lançar a calamitosa linha de novos títulos, batizados de "Novo Universo".)

A DC evitou o relançamento total, em vez disso focou em reiniciar os seus três personagens centrais, conhecidos como trindade: Batman, Mulher-Maravilha e Superman. Dick Giordano, na época editor-executivo da DC, tinha falado a respeito da necessidade da editora em se livrar de sua "indigesta imagem de *Wall Street Journal*", e *Crise* proporcionou uma oportunidade que isso fosse feito. De repente, a empresa começou a se arriscar mais e foi se abrindo para interpretações mais arriscadas de seu material.

"Uma empresa com os recursos da DC não deveria ser apenas uma seguidora da última ideia ou tendência, mas a líder, a instigadora!", um fã da DC reclamou em uma carta de 1983 nos *Comics Journal*. "Eu imploro a vocês nos escritórios da DC: deixem de ser conduzidos como ovelhas e comecem a criar suas próprias ideias e seguir seus instintos... Eu quero que a DC se torne a nº 1 em vendas de novo, assim poderia mostrar àqueles "marvetes" sem classe quem é o chefe."

Perseguir a liderança em vendas exigiria uma modernização drástica de sua linha e uma tentativa de atrair os leitores mais velhos, aqueles do mercado direto, que a Marvel era tão boa em capturar.

"A DC tinha que mudar. A Marvel os superava a passos largos", conta Steve Bissette, um desenhista da DC dos anos 1980. "Dick Giordano sempre foi um cara progressista. Paul Levitz era um cara de negócios esperto e Jenette Kahn era uma publisher liberal, ao contrário de qualquer um na DC. Havia uma janela de oportunidade para mudar."

Os títulos icônicos da DC tinham ficado ultrapassados. Logo antes de *Crise*, o ex-publisher Carmine Infantino, que tinha entrado no negócio nos anos 1940, estava desenhando o *Flash*, e o desenhista de *Superman*, Curt Swan, já estava completando seu quadragésimo aniversário desde que tinha desenhado o personagem pela primeira vez.

"Muitas coisas não haviam evoluído tanto, e isso era parte do problema", diz o antigo editor da DC, Brian Augustyn. "Superman tinha se tornado indigesto."

Antes do lançamento de *Crise*, a DC começou a solicitar propostas para atualizar sua Trindade. O mais importante na lista era o Homem de Aço.

"Na Marvel, havia algumas brincadeirinhas que eu ouvia, como a DC não saber como fazer o Superman ou não saber o que fazer com seus personagens", diz o artista Jerry Ordway, que estava arte-finalizando *Quarteto Fantástico* na época.

Um dos críticos da DC era John Byrne, escritor e desenhista que tinha sido um dos principais nomes da Marvel desde a década de 1970, tendo levado *X-Men* ao topo dos gráficos de vendas com Chris Claremont. Byrne tinha se desentendido recentemente com a Marvel, depois de desenhar uma edição experimental do *Hulk*, composta por nada além de imagens de página inteira, que foi rejeitada.

Em uma festa de comemoração da nova residência de Byrne em Connecticut, em julho de 1985, Wolfman e Giordano ouviram Byrne descrever o que faria com o melhor herói da DC se tivesse a chance. Meses de negociação se seguiram, e Byrne foi finalmente contratado.

A notícia provocou ondas de choque na indústria. No intervalo de três anos, a DC tinha conseguido roubar não só possivelmente os dois maiores criadores de sua rival, mas dois nomes que tinham trabalhado quase que suas carreiras inteiras para a Marvel e estavam intimamente identificados com a empresa. A migração chocante levou o editor da Marvel, Al Milgrom, ao sofisma: "A DC é a Marvel e a Marvel é a DC."

"A Mulher-Aranha tem um cabelo melhor, uma fantasia melhor, implantes ao estilo Frank Cho e uma origem conturbada. A Mulher-Maravilha é uma fonte de doenças venéreas!"
– Brian Michael Bendis, então roteirista da Marvel, no Twitter em 2009

"Sei que isso é parte de todo o lance público de Marvel vs. DC, a máquina de insulto *fanboy* com seus privilégios masculinos ou coisa do tipo. Mas ainda assim. Esse tipo de coisa é um insulto à dignidade do Bendis."
– blogueiro Smith Michaels respondendo em 2009

"O motivo da contratação era obviamente tirar Byrne da Marvel, e a DC sentiu que ele tinha seguidores o suficiente para que não importasse o que fizesse com o gibi, ele iria vender", o escritor Steve Gerber falou em 1985.

Byrne partiu para "marvelizar" o Superman – um termo que era de uso popular na época. Em outras palavras, ele tentaria atualizar o estéril e divino Superman para um público dos anos 1980, pegando as técnicas de humanização que Lee e Kirby usaram em super-heróis nos anos 1960. "A audiência moderna agora quer um super-herói que ronca, sua e vai ao banheiro", Byrne disse na época.

O Homem de Aço de Byrne foi anunciado como "o evento de quadrinhos do século" e estreou no verão de 1986. A minissérie, em seis edições, atualizou a origem do Superman e redefiniu seu mundo, criando um novo *status quo* para o personagem avançar.

A Marvel apenas deu de ombros quanto à bem divulgada reforma – publicamente, pelo menos. Jim Shooter chamou *O Homem de Aço* "nada de mais" e apontou que o Superman tinha ganhado uma reformulação similar em 1971. "Ninguém notou, então eles abandonaram", ele disse ao *Washington Post* em 1985.

O Homem de Aço nº 1 se tornou o título que mais vendeu em 1986, vendendo mais de um milhão de cópias – duas vezes mais do que o título mais vendável da Marvel. Isso levou a uma nova série mensal do Superman, escrita e desenhada por Byrne.

Em 1987, a Mulher-Maravilha obteve uma reabilitação semelhante, cortesia do artista de *Crise*, George Perez, mas as mudanças no Batman é que teriam o maior impacto na DC e na indústria – sem mencionar a cultura pop como um todo.

No começo dos anos 1980, Frank Miller, junto com Steve Gerber, tinha proposto abordagens ousadas para o Batman, Superman e Mulher-Maravilha. A proposta solicitava que Miller escrevesse e desenhasse um quadrinho do Batman, o que parecia uma escolha natural, dada a sua abordagem sombria e *noir* no *Demolidor*.

A proposta acabou abandonada depois que Gerber se afastou, mas Miller manteve suas anotações, esperando que um dia as usasse. Em 1985, faltando dois anos para o trigésimo aniversário do artista, Miller começou a pensar sobre a idade do Batman – sempre com 29 anos – e o quão inquietante seria para Miller um dia se ver mais velho do que o herói que lia desde a infância. Miller começou a conceber uma história centrada em um Batman maduro e grisalho, apto ao clube da terceira idade, mas que sairia da aposentadoria para resolver um último caso.

O herói de Miller refletiria os Estados Unidos que se tornaram cada vez mais marcados pela violência, um lugar onde aqueles que a enfrentavam eram celebrados. O vigilante Bernie Goetz, que tinha atirado em quatro supostos assaltantes no metrô de Nova York em 1984, era um folclórico herói de tabloides, e *Perseguidor Implacável* e a série de filmes *Desejo de Matar* eram populares nas bilheterias.

Miller, que tinha sido repetidamente assaltado em Nova York, perguntou-se que tipo de mundo seria assustador o bastante a ponto de obrigar alguém a vestir-se com uma roupa de morcego e lutar contra o crime. E então ele olhou pela janela.

"Se ele luta, é de uma forma que acaba com eles a ponto de não conseguirem falar", Miller rabiscou em seu caderno das táticas de interrogatório de seu herói.

A história de Miller apresentava um Bruce Wayne de 50 anos, que tinha se aposentado após o assassinato do seu parceiro-mirim, Robin, pelo Coringa. Ele foi levado a colocar a capa e o capuz novamente para lutar contra uma gangue violenta que assumiu Gotham. Mais tarde, ele se engalfinha com o Superman – retratado como um vendido da era Reagan que agora trabalhava para o governo – e o homicida Coringa.

De acordo com Miller, sua forçada de barra no personagem que era fonte de licenciamento da DC assustou o pessoal da editora, e ele precisou pressionar para conseguir publicar a história. "Eles odiaram", ele diz.

"Foi uma jogada bem corajosa", Mike Friedrich diz. "Fazer Batman daquela forma tão adulta não tinha nada a ver com os brinquedos das crianças, onde a maior parte da receita para o Batman estava na época. Eles realmente estavam ameaçando sua franquia ao fazê-lo de uma maneira diferente."

A primeira parte de *O Cavaleiro das Trevas* foi lançada em fevereiro de 1986 em um novo formato de lombada quadrada denominado "prestige". Era vendido por 2,95 dólares e oferecia uma qualidade de produção nunca antes vista em quadrinhos de super-heróis americanos. ("Nós provavelmente copiaremos cada um de seus formatos", um editor da Marvel admitiu na época.)

A DC antecipou uma enorme demanda, fazendo uma impressão cerca de 40 por cento a mais em relação aos pedidos antecipados. Ainda assim, dentro de 72 horas do lançamento do número 1, a empresa foi obrigada a voltar a imprimir para atender a demanda.

O Cavaleiro das Trevas tinha uma história complexa e era salpicado com comentários astutos sobre a mídia, bem como alusões políticas estranhas. Se mulheres nazistas usando suásticas para cobrir seus seios nus não fosse um sinal de que quadrinhos não eram mais para crianças, nada seria. E essa história veio da mesma empresa que poucos anos antes derrubou uma história curta e cômica do escritor David Anthony Kraft, na qual Batman pedia uma dose de uísque. "O Batman não bebe", a diretoria reclamou. Bem, agora deixa o Coringa paralítico durante uma perturbada luta de amor e ódio dentro de um túnel do amor de um parque de diversões.

No ano seguinte, Miller recebeu a tarefa de reiniciar o Batman para o universo pós-*Crise*. Sua série "Ano Um" durou quatro edições do principal título do Batman e explicou o início da carreira de Bruce Wayne como um super-herói. A origem revisada dobrou a escuridão, lançando o herói como um violento vigilante, Gordon, o detetive da polícia, como um adúltero cansado do mundo, e Selina Kyle, também conhecida como Mulher-Gato, uma prostituta de rua.

A nova direção da DC não passou sem ser notada pela imprensa. Tanto *O Cavaleiro das Trevas* quanto *O Homem de Aço* atingiram as manchetes dos jornais – uma época rara em que a mídia principal considerava quadrinhos dignos de cobertura. O burburinho até atingiu os ouvidos de Stan Lee, há muito afastado do lado editorial dos quadrinhos.

"Acho que a DC, mais cedo ou mais tarde, pode começar a competir conosco", ele disse em 1987. "O 'novo Batman' e o 'novo Superman' deles podem criar algum interesse. Sei que essa nova *graphic novel* do Batman está vendendo bem. Veremos."

A renovada DC pós-*Crise* aumentou as vendas em 22 por cento em um ano. A empresa realmente superou a Marvel na participação em mercado direto em agosto e setembro de 1987 – pela primeira vez na história.

Depois de ter enfrentado a Marvel há décadas e geralmente ser derrotada, a DC encontrou seu novo caminho a seguir. Não se tratava apenas de ganhar dinheiro naquele trimestre em particular. A DC estava fazendo uma jogada mais longa, tentando defender projetos que elevariam o meio e teriam uma vida útil maior que quatro semanas. "A qualidade se tornou a motivação", como um editor colocou.

"Estávamos firmemente convencidos de que o mercado direto seria o coração do negócio por uma geração, e que os leitores seriam mais velhos, mais sofisticados, e estariam preparados para pagar mais", Paul Levitz diz. "Sentimos que devíamos avançar para projetos de paixão mais direcionados pelos criadores que empurravam os limites do que fizemos antes, e então veríamos até onde poderíamos ir com eles."

"Eu sempre senti que a Marvel, especialmente na década de 1980, era mais competitiva, mais investida em sua própria singularidade e superioridade à concorrência", diz J. M. DeMatteis, um roteirista tanto da DC quanto da Marvel desde os anos 1970. "A DC, na época, parecia mais investida no que estava à mão. Não estou dizendo que não queriam dominar o mercado tanto quanto a Marvel, só que não se expressavam desse jeito perto de mim."

A aposta da DC em criadores e vozes únicas valeu a pena, produzindo o que talvez seja o período mais fértil da história da empresa – e da indústria. Este foi o momento em que os quadrinhos finalmente cresceram e começaram a ser levados a sério.

Além do lançamento de *O Cavaleiro das Trevas* em 1986, a DC também lançou *Watchmen*, densa desconstrução de super-heróis do escritor Alan Moore e do artista Dave Gibbons, que fez a revista *Time* listá-lo como uma das melhores revistas de todos os tempos. Denny O'Neil e o artista Denys

Cowan transformaram um antigo personagem de Charlton, chamado Questão, em um mestre de artes marciais embebido em Zen. Era talvez a primeira história em quadrinhos a conter uma lista encorpada de leitura recomendada, incluindo *O Tao da Paz*, na parte de trás.

Alguns anos antes, a DC tinha perdido outra aclamada história em quadrinhos de Alan Moore para uma revista britânica, a *Warrior*. Em 1982, Moore pegou o Marvelman, uma cópia britânica do Capitão Marvel dos anos 1950, e deu a ele uma pegada ultrarrealista, tentando imaginar o que aconteceria se uma figura semelhante ao Superman realmente existisse.

Dez Skinn, o editor britânico, por trás da *Warrior*, estava interessado em licenciar o material para ser publicado nos Estados Unidos. Ele viajou para Nova York e se encontrou com a DC. A empresa, que estava começando a incluir trabalhos mais ousados em seu catálogo, adorou o Marvelman. O nome, no entanto, seria um problema.

"A DC Comics publicando algo chamado Marvelman, está louco?" Dick Giordano falou a Skinn.

E havia também *Monstro do Pântano*, uma revista mensal de terror que se tornou um clássico cult após Alan Moore – na época um pouco conhecido escritor britânico – tê-la assumido em 1984. Ele e sua equipe de arte rapidamente transformaram um título esquecido em um dos mais literários e sofisticados nas prateleiras.

Quando a nova equipe começou, as vendas estavam na latrina – abaixo de vinte mil. A equipe de arte ganhava o valor de página mais baixo da DC. Para piorar as coisas, o título ganhava pouca promoção da DC, como resultado de um acordo ruim que a empresa fez com os produtores por trás do filme de 1982.

"Paul Levitz falou para mim: 'Foi o pior contrato de licenciamento que a DC já fez'", Bissette diz. "A DC vendeu todos os direitos aos produtores durante o período de vigência do contrato. Os únicos direitos que eles conservavam eram os direitos de publicação dos quadrinhos. Não podiam fazer cartazes, não podiam fazer bonecos. Assim que soube disso, entendi por que nosso cachê por página era tão baixo – porque não havia nada a explorar, exceto os quadrinhos."

Mesmo sem promoção, as vendas logo melhoraram. *Monstro do Pântano* começou a arrecadar os prêmios da indústria.

O título definitivamente não era algo no estilo Marvel. Na edição nº 40 (setembro de 1985), Moore e companhia criaram uma história chamada

"A Maldição", sobre uma lobisomem cuja transformação está atrelada ao seu ciclo menstrual.

O movimento da DC em direção a assuntos mais maduros em *Monstro do Pântano* e em outros gibis irritou a Marvel, onde as histórias permaneciam apropriadas para todas as idades, e o conteúdo adulto, como palavrões, era proibido. Em um painel na Comic Con de Chicago de 1985, diversos editores da Marvel expressaram publicamente sua preocupação com a recente publicação de "A Maldição", e afirmaram que os quadrinhos deveriam estar sujeitos a um controle de conteúdo mais rigoroso.

Enquanto a Marvel achava *Monstro do Pântano* questionável, a DC o considerou um marco.

"O trabalho de Alan Moore em *Monstro do Pântano* nos levou diretamente ao selo Vertigo", diz Stuart Moore, que foi um editor no pioneiro selo da DC lançado em 1993.

A linha Vertigo serviu como lar para trabalhos mais ousados e adultos, que estavam fora do universo regular da DC de super-heróis. Incluindo *Transmetropolitan*, de Warren Ellis, sobre um jornalista gonzo e fumante inveterado que combate a corrupção em um futuro distópico, e mais notadamente *Sandman*, série de fantasia de aspecto literário sobre o mágico senhor dos sonhos, do autor Neil Gaiman. Essas séries, assim como *O Cavaleiro das Trevas* e *Watchmen* antes delas, ajudaram a impulsionar o meio e atrair um público mais diversificado para os quadrinhos.

A nova direção levou à ascensão do "zumbi da DC", a contraparte do fã evangelista da Marvel que comprava somente produtos da empresa. "Tais criaturas eram quase inexistentes no início dos anos 1980, já que poucas pessoas sabiam que a DC ainda estava publicando", o fanzine *Amazing Heroes* reportou em 1990. "Com a última volta por cima da DC, os zumbis surgiram."

Para a Marvel, contudo, os populares super-heróis continuaram sendo o feijão com arroz.

"Tudo o que podíamos ver a respeito daqueles quadrinhos [Vertigo], tanto na nossa própria experiência como na da DC, era que esses quadrinhos não rendiam dinheiro", diz o presidente da Marvel nos anos 1990, Terry Stewart. "Eles eram interessantes. Eles tinham apelo para um certo segmento de consumidores. Mas eles nunca venderam em grandes quantidades."

Pelo menos não na publicação inicial, como quadrinhos mensais. Mas muitas dessas histórias permaneceram em catálogo como encadernadas, uma coleção em formato de livro de vários quadrinhos em sequência que contavam uma história completa (na maioria das vezes).

Em 1986, a DC fez um acordo com empresa-irmã Warner Books para lançar um grande encadernado a 12,95 dólares da coleção da série de sucesso do Batman assinada por Frank Miller.

"Ter feito *O Cavaleiro das Trevas* como um encadernado, em retrospecto, foi uma das coisas mais importantes que eu fiz na minha carreira", diz Paul Levitz. "Em grande parte, nós criamos esse negócio. Os encadernados mudaram o jogo."

Outras coleções arrasa-quarteirão se seguiram, incluindo *Watchmen*. A seção de quadrinhos hoje faz parte da maioria das livrarias.

"Eu acho que a DC teve a visão de que os livros eram o formato do futuro, e a Marvel não", diz o analista da indústria Milton Griepp. "Você olha para algo como *Watchmen*, que foi reunido em 1987 e tem sido reimpresso desde então. Não há nada parecido do lado da Marvel."

Enquanto a DC florescia, a Marvel estava lidando com problemas internos. Jim Shooter, o editor-chefe que havia trazido ordem para a companhia caótica dez anos antes, foi demitido em abril de 1987.

Tom DeFalco, que estava na Marvel desde a década de 1970, foi instalado como o novo editor-chefe. A Marvel ainda era líder geral em vendas de quadrinhos mensais, mas a luz criativa, uma vez brilhante, estava escurecendo um pouco. Roteiristas reclamavam que a Casa das Ideias tinha ficado com medo de se arriscar, e alguns leitores acusaram a companhia de se estagnar. "A Marvel é um gigante corporativo voltado para trás", o crítico Darcy Sullivan escreveu, "mantendo da boca pra fora as qualidades que uma vez incorporou."

"Me parece que a Marvel está no mesmo lugar que a DC estava no fim dos anos 60 – com sobrepeso, complacente e arremessando algo de bom de vez em quando", um leitor escreveu para o fanzine *Amazing Heroes* em 1989. "Eles estão descansando em seus louros, e a maioria dos fãs segue como ovelhas."

A Marvel iria se recuperar, é claro, mais uma vez se tornando o azarão com as ideias diferentes. Mas demoraria mais uma década e um flerte com a completa e total ruína para que chegassem lá.

11

Do crescimento enorme ao fracasso hediondo

> "Não estamos só vendendo os quadrinhos, estamos fazendo merchandising com eles, dando aos leitores algo especial para se dedicarem. Era muito óbvio o quanto estávamos ganhando, e eu ouvi rumores de que as pessoas da Warner Bros. estavam dizendo: 'Nossa! O que esses caras estão fazendo lá?!' Estávamos atacando o mercado em todas as frentes."
>
> – Terry Stewart, ex-presidente da Marvel

Desde o início, a indústria de quadrinhos se conduzia através de uma série de sucessos e fracassos, como um jogador de vinte-e-um bêbado em um cassino em Las Vegas durante uma farra noturna. Um período de ganhos extraordinariamente fortes é muitas vezes seguido por uma desaceleração tão grave que ameaça sua existência.

A Era de Ouro da prosperidade foi morta pela cruzada contra os quadrinhos nos anos 1950. O ressurgimento dos super-heróis liderado pela Marvel da década de 1960 deu lugar a uma queda das vendas na década de 1970. E assim foi, continuamente um movimento de pingue-pongue entre elação e desespero. Quem estivesse procurando por estabilidade, era melhor procurar em outro lugar.

Porém, o maior de todos os movimentos de sucesso e fracasso ainda estava por vir. Ao final dos anos 1980, a indústria estava prestes a desfrutar de uma explosão histórica, que injetaria um tsunâmi de dinheiro no negócio e mudaria a maneira como ele era conduzido para sempre.

E tudo começou com um filme.

Em 1979, um ano depois do lançamento de *Superman: O Filme*, um jovem fã de quadrinhos chamado Michael Uslan e seu parceiro Benjamin Melniker abordaram a DC para tratar da opção pelos direitos de filme para outro personagem da classe A da empresa, o Batman. Apesar de Uslan nunca ter feito um filme, a DC concordou – com a condição de que os produtores se mantivessem tão longe quanto possível dos *Biffs!*, *Pows!* e *Bams!* da série de televisão.

Uslan e Melniker conseguiram os direitos do Batman em outubro de 1979 e se prepararam para fazer um filme "sério" do personagem, que eles pensavam que teria apelo para um grande público. Assim, começou uma torturante jornada de dez anos que envolveria rejeições de todos os estúdios de Hollywood, vários diretores e um pequeno exército de roteiristas.

Batman, estrelando Michael Keaton e dirigido por Tim Burton, finalmente chegou em junho de 1989, marcando a maior abertura da época. O filme rapidamente passou dos 100 milhões de dólares, em seu caminho para se tornar o longa de maior bilheteria do ano.

O filme foi notável por muitas razões, e nem de longe a menor delas foi terminar de uma vez por todas a missão que *Superman: O Filme* tinha começado mais de dez anos antes de provar que os espectadores fariam fila para ver filmes de super-heróis.

Porém, o legado mais duradouro de *Batman* pode não ter sido na bilheteria, e sim no reino do merchandising. *Batman* foi um pioneiro em licenciamento e promoção cruzada, à medida que a Warner Bros. começou a explorar ao máximo cada fluxo de receita possível, em um frenesi orgástico de sinergia dentro da empresa.

Os batfãs poderiam gastar dinheiro em alguns dos 1.200 itens – qualquer coisa, desde um boneco de 5,95 dólares do Batman até uma Batcaverna de 35,95. Com fome? Despeje numa tigela seu batcereal matinal ou mastigue salgadinhos do Batman. Está com frio? Vista um casaco de cetim de 50 dólares. Os executivos da gravadora da Warner Bros. até mesmo obrigaram Burton a incluir – de forma bem incongruente – o artista Prince no filme, em uma tentativa de alavancar um álbum.

Batman foi capaz de fornecer dólares como nenhum outro filme desde *Star Wars*, atingindo cerca de 750 milhões em vendas de merchandising.

Todo mundo envolvido estava ficando rico. E isso incluía Bob Kane, cocriador do Batman. Um dia depois do filme ter sido lançado, o artista de 73 anos passou nos escritórios da DC para pegar um cheque por sua parte dos créditos de *Batman*. Ao sair, desceu no elevador com um grupo de editores da DC. O convencido Kane não conseguiu resistir a mostrar o seu cheque para o grupo, revelando um número com mais zeros do que o Batman tinha compartimentos no cinto de utilidades.

"Bem", um dos editores disse secamente, "acho que o almoço é por sua conta."

A bonança de *Batman* foi um choque para muitos na indústria, principalmente pela forma com que as propriedades de quadrinhos eram conduzidas anteriormente.

"É difícil imaginar agora, com o sucesso crescente de filmes de super-heróis, mas os super-heróis não eram um grande negócio no que se tratava de merchandising naquela época", diz o antigo publisher da Marvel, Mike Hobson. "Você não conseguia usar o Homem-Aranha ou Batman para fazer brinquedos ou qualquer outra coisa."

Batman mudou tudo isso, e o rio de dinheiro de merchandising do filme abriu os olhos de muitos para o valor das propriedades ligadas aos quadrinhos, incluindo um homem cujo interesse súbito em collants, em última análise, teria um impacto desastroso na Marvel.

A única proprietária da Marvel, a Cadence Industries (anteriormente conhecida como Perfect Film), vendeu a empresa em 1986 para a New World Pictures, o estúdio por trás de produções ruins de baixo orçamento, como *Slumber Party: O Massacre*. Apenas dois anos depois, a Marvel estava à venda de novo.

Desta vez, o comprador seria Ronald Perelman, um financiador podre de rico, apreciador de charutos, que havia se especializado em assumir empresas subvalorizadas. Perelman pagou 82,5 milhões de dólares em janeiro de 1989, colocando 10,5 milhões do seu próprio bolso. O titã de Wall Street parecia uma figura estranha para dirigir a empresa, e a soma pesada não tinha nada a ver com amor aos quadrinhos. Ele literalmente alegou não saber como lê-los. Ele estava atrás do que a DC tinha.

"Uma das razões pelas quais Perelman acabou comprando a Marvel foi o sucesso do filme do *Batman*", diz Terry Stewart, que trabalhou para Perelman e foi instalado como presidente da Marvel. "O que realmente chocou a todos foi o valor de meio bilhão de dólares gerado em merchandising. Isso serviu para abrir os olhos, porque havia dinheiro lá."

Stewart estava entre os poucos dos novos gestores corporativos da Marvel que era fã de quadrinhos. Ele havia crescido no Arkansas, caçando metodicamente os gibis da DC nos limitados pontos de venda em sua cidade. Mas Perelman e o resto de sua equipe conheciam pouco ou se preocupavam pouco com a indústria. O que eles conheciam era dinheiro, e eles buscaram usar a Marvel para ganhar o máximo possível. De repente, a Marvel foi reduzida a uma máquina de fazer dinheiro, com os mesmos tipos de exigências de ganhos que impulsionavam empresas corporativas mais tradicionais. A criatividade deveria abrir caminho para os lucros.

"Quando Ron Perelman assumiu a Marvel, ele entrou no meu escritório e disse: 'Eu queria te conhecer. Você tem os gibis mais vendidos'", diz a antiga editora de *Fabulosos X-Men*, Ann Nocenti. "Então ele aparentemente andou pelo corredor e disse a alguém: 'Bem, se as coisas com X vendem, por que você não coloca um X em tudo?' Ele não entendia o produto. Ele não entendia que não era possível marcar um X em cada gibi para que eles vendessem."

A Marvel sob direção de Perelman começou a dar passos agressivos para aumentar os lucros. Em maio de 1989, a editora aumentou o preço de capa padrão de 75 centavos para 1 dólar, e ficou agradavelmente surpresa quando a medida não foi seguida por nenhuma diminuição notável nas vendas.

A empresa melhorou a qualidade do seu papel e da impressão para tentar atrair anunciantes, que anteriormente desconfiavam de publicar seus anúncios no papel barato e quase transparente em que muitos quadrinhos eram publicados. Um anúncio na contracapa ou na segunda capa logo passou a custar 65 mil dólares.

A outra estratégia da Marvel era simples: lançar mais produtos. Mais produtos nas lojas significava mais dinheiro.

"Vimos que o mercado parecia estar pedindo mais títulos e mais gibis, especialmente edições nº 1", Stewart diz. "Até onde conseguiríamos empurrar séries derivadas e até onde conseguiríamos empurrar novos quadrinhos?"

A empresa que construiu sua lenda ao lançar apenas oito títulos por mês agora estava aumentando sua produção até níveis nunca antes vistos. Alguns dos títulos mais populares, como *O espetacular Homem-Aranha* e *Fabulosos X-Men*, eram lançados duas vezes por mês durante o verão, continuando um experimento do ano anterior. Os personagens de segunda que ninguém se importava antes estavam de repente ganhando seus próprios títulos. (Alguém se lembra do Nômade?) E os heróis mais populares da Marvel estavam ganhando novos títulos que, às vezes, eram tão relevantes criativamente como a série de TV *AfterMASH*. Um *spin-off* em particular – uma expansão da linha *Homem-Aranha* – provaria ser uma sensação, e daria o tom para a indústria nos anos seguintes.

Para o bem e para o mal.

Todd McFarlane era um artista canadense jovem e impetuoso que entrou nos quadrinhos no início da década de 1980, e começou sua primeira série regular desenhando *Corporação Infinito* da DC, em 1985. O estilo visual único de McFarlane era evidente, mesmo em seus primeiros trabalhos. Ele cortava uma página retangular chata em layouts experimentais e desenhava capas de forma tão detalhista, dramática e ondulante que fazia o herói mais bobo parecer legal. Ele era claramente uma estrela em ascensão.

Durante seu período na DC, McFarlane queria desesperadamente morar nos Estados Unidos, e pediu ajuda ao empregador para conseguir os papéis. Depois que a empresa fez corpo mole para atender ao pedido, McFarlane fugiu da DC e começou a desenhar *O Incrível Hulk* para a Marvel. Os fãs apreciaram sua interpretação incomum, mas a gerência da Marvel ficou menos emocionada – inclusive o diretor de arte John Romita. Romita reclamou ao editor de McFarlane, dizendo que não gostou da forma como o artista desenhava o Hulk, e essa queixa fomentou a grande virada na vida de McFarlane. Ele foi colocado em *O espetacular Homem-Aranha*, a partir da edição nº 298 (março de 1988).

Sua visão do Homem-Aranha e do elenco de personagens era tão única como a do Hulk. McFarlane desenhou o herói de forma estilosa e exagerada, dando-lhe os olhos tão grandes que rivalizavam com os da atriz Amanda Seyfried. Ele colocou o Aranha em posições acrobáticas impossíveis para um humano normal e desenhou sua teia de maneira mais realista e tridimensional. Ele fez com que a esposa de Peter Parker, Mary Jane, parecesse ter saído do catálogo da Victoria's Secret.

"Todd quebrou o bloqueio da estética do Jim Shooter, em que tudo parecia parado e conservador", diz o artista Steve Bissette. "Ele explodiu a página. Adoro ver as páginas de Todd. Elas são cheias de força e energia."

McFarlane jogou nova vida no carro-chefe da Marvel, que na época se aproximava de sua edição de número 300 e, no processo, tornou-se o artista mais quente do momento.

Depois de dois anos em *O Espetacular Homem-Aranha*, os prazos extenuantes começaram a cobrar seu preço, e McFarlane pediu para ser retirado do título. Ele esperava ser rebaixado para um dos gibis menores da empresa, mas, para sua surpresa, seu editor perguntou se ele estava interessado em lançar um título completamente novo do Homem-Aranha – o quarto da Marvel sobre o escalador de paredes. E McFarlane poderia escrever e desenhá-lo.

Nenhum fã de quadrinhos no planeta resistiria a essa oferta, incluindo McFarlane. A primeira edição da nova série, simplesmente chamada *Homem-Aranha*, foi lançada no verão de 1990 com enorme expectativa, impulsionada pela força do marketing da Marvel. Se você estivesse lendo quadrinhos naquele ano, era inevitável que comprasse esse quadrinho. Resistir era inútil.

Homem-Aranha nº 1 provou-se um sucesso de vendas do tipo que não se via na indústria há muito, muito tempo. Os registros dos primeiros anos dos quadrinhos são fracos, mas a Marvel pesquisou dados de vendas e concluiu que uma edição de 1948 de *Capitão Marvel*, da Fawcett, era a mais provável detentora do recorde de todos os tempos, tendo vendido 1,7 milhão de exemplares. *Homem-Aranha* nº 1, de McFarlane, destruiu o recorde anterior em mais de um milhão.

"Todd foi o fenômeno mais popular que se teve notícia. Dar a ele seu próprio título e deixá-lo solto era a coisa certa a ser feita", Stewart diz. "Tínhamos o maquinário azeitado para promover seu material. As lojas deram um forte empurrão. Foi uma espécie de tempestade perfeita."

"*Homem-Aranha* nº 1 teve um grande efeito [na indústria]", diz David Michelinie, roteirista e colaborador de McFarlane em *O Espetacular Homem-Aranha*. "Isso mostrou que um criador sozinho – por popularidade ou talento – podia vender muitos quadrinhos. Todd McFarlane mudou a cara dos quadrinhos nos Estados Unidos, e merece muito do crédito – ou culpa – pelo estado da indústria hoje."

As vendas com certeza foram enormes. Havia apenas um problema, no entanto. Na sua ânsia de lançar esse título novo e quentíssimo no mercado, a Marvel não deu atenção a um pequeno, porém crucial detalhe. McFarlane nunca tinha escrito nada na vida, e ficou aparente. *Homem-Aranha* nº 1 estava cheio do estilo de arte único de McFarlane, mas a história, para colocar de uma maneira condescendente, era incompreensível.

McFarlane era mais um atleta do que um poeta sensível, e na época ele admitiu que "não lia nada". Mais cedo em sua carreira, quando ficou claro que McFarlane estava decidido a escrever, a DC lhe ofereceu uma chance de aprender o ofício ao fazer uma adaptação de um filme – um trabalho menor, que não envergonharia ninguém mesmo se desse errado. A Marvel não tinha exigido essas rodinhas. McFarlane recebeu as chaves para a importante franquia da Marvel, sem sequer ter sido obrigado a enviar amostras de roteiro. A ideia de colocá-lo junto a um profissional que pudesse ajudá-lo a moldar a história foi descartada, por medo de que McFarlane ficasse frustrado com a fiscalização.

"Tipo, porra, eu não deixei que uma coisinha à toa como não saber escrever me impedisse, então eu realmente não vi de que forma isso poderia ser um problema", o artista disse em 1992. "Eu só queria testar e ver se as pessoas tinham colhões."

Histórias em quadrinhos, por sua natureza, sempre foram um pouco impulsionadas por artifícios. As falas e imagens chocantes nas capas eram muitas vezes responsáveis por exagerar a importância do que acontecia dentro da revista, por exemplo. Mas narrativa de qualidade ainda era primordial. *Homem-Aranha* parecia representar cinicamente um novo ponto baixo, um triunfo do produto e do comércio sobre a arte.

O gibi, naturalmente, fez com que se revirassem os olhos à DC, onde a qualidade, não o marketing, era pensada, como o princípio guia, e a empresa sempre teve um sentimento de superioridade – merecido ou não – em relação à sua rival. Para a DC, a Marvel publicava quadrinhos infantis, enquanto que ela – por ser a casa de *Sandman* e outros projetos direcionados a adultos – produzia literatura. Um integrante da equipe da DC veio correndo para o roteirista de *Sandman*, Neil Gaiman, com uma cópia de *Homem-Aranha* nº 1, rindo do fato de que o conteúdo deixava claro que o roteirista nunca havia escrito nada antes.

Escrita amadora ou não, a Marvel estava no caminho certo. No ano seguinte, a Marvel usou quase exatamente a mesma fórmula para gerar outro sucesso monstruoso. A empresa escalou outro artista novato que estava quente – dessa vez Rob Liefeld, de 23 anos – para lançar um novo *spin-off* cheio de expectativa.

Rob Liefeld, autointitulado "um jovem punk", tinha conseguido sua grande estreia na DC ao desenhar uma edição da minissérie *Rapina e Columba*, de 1988, que estabeleceu o desenhista tal qual McFarlane, como um artista de estilo único e reconhecível – nesse caso, homens hipermusculosos, mulheres com seios pneumáticos, cabelos armados dos anos 1990 e rostos cortados por linhas riscadas com esforço. E como McFarlane, Liefeld desertou para a Marvel, lugar onde ele alcançaria o estrelato.

"A história que contam é que o editor de Liefeld em *Rapina e Columba* era um pouco osso duro de roer, e ele queria que certas coisas fossem feitas com a arte, além de querer ensinar Rob a fazer algumas coisas", diz Gregg Schigiel, um editor e desenhista que começou sua carreira na Marvel na década de 1990. "E Bob Harras, o editor da Marvel, meio que puxou Rob para a Marvel dizendo: 'Você é incrível, pode fazer o que quiser.' Então Rob foi para a Marvel e se tornou Rob Liefeld."

Liefeld rapidamente converteu seu sucesso em um título de estreia de destaque. *X-Force*, um derivado de *Novos Mutantes* sobre uma força de assalto superpoderosa, foi lançado em junho de 1991 e se tornou um sucesso ainda maior que *Homem-Aranha*, vendendo quase quatro milhões de cópias. Como *Homem-Aranha*, também não era uma grande leitura, mas tinha umas armas muito legais!

O recorde de vendas durou dois meses, até que saiu *X-Men* nº 1. O novo título – outra expansão caça-níquel da linha popular de mutantes – foi concebido como uma plataforma para mais um jovem artista do momento, Jim Lee. Ele explodiu as portas de qualquer coisa que tivesse vindo antes, vendendo impressionantes oito milhões de exemplares e garantindo um recorde mundial no *Guinness*.

A Marvel continuava produzindo cada vez mais, produzindo uma verdadeira montanha de material.

"No verão em que eu estava lá, em 93, a Marvel lançou 120 títulos no mês de agosto", diz Scott Koblish, desenhista de *Deadpool* e antigo funcionário da Marvel. "Era uma quantidade absurda de produtos. Mesmo um negócio chamado *Falcão de Aço* estava vendendo trezentas mil cópias."

A Marvel estava produzindo tantos títulos que, na DC, onde os funcionários ganhavam exemplares da produção de sua rival, a sala da correspondência teve que dobrar suas rodadas para acompanhar tudo.

A estratégia agressiva estava dando certo para a Marvel. Depois de apenas dois anos sob a nova administração de Perelman, os lucros da empresa haviam aumentado dez vezes, o que era especialmente uma boa notícia, já que a Marvel tinha aberto seu capital em julho de 1991. Ao contrário da DC, cujos avanços financeiros ficavam em grande parte escondidos dentro da nave-mãe Time Warner, a Marvel tinha menos cobertura. Os lucros e as perdas eram agora uma questão de registro público, aumentando enormemente a pressão para aumentar os ganhos.

Qualquer pessoa que tenha estudado introdução à economia sabe que existem duas maneiras de aumentar as vendas: venda seu produto a novos clientes ou venda mais do seu produto aos clientes que já possui. No último caso, isto se resume a: como podemos conseguir que alguém compre algo duas vezes, quando o normal seria comprar apenas uma vez?

A resposta veio com as capas variantes.

O truque tinha sido feito de forma pioneira pela DC nos anos 1980, e a ideia era imprimir a mesma edição com várias versões de capa, na tentativa de conseguir que os colecionadores adquirissem múltiplas cópias. A minissérie de John Byrne de 1986, *O Homem de Aço*, foi lançada com uma capa para as bancas e outra para o mercado direto.

Em 1989, para coincidir com o lançamento do filme do Batman, a DC lançou uma nova série, chamada *Lendas do Cavaleiro das Trevas*. Foi o primeiro título novo do Batman, de periodicidade fixa, em cerca de cinquenta anos, e os pedidos foram estratosféricos. O chefe de marketing da DC preocupou-se que talvez não existisse tantos consumidores para comprar tantos exemplares, então pegou uma ideia da indústria do livro.

Alguns livros em brochura eram impressos com capas variantes em uma tentativa ingênua de obter uma exposição frontal múltipla (em vez de expor somente as lombadas) nas livrarias. Imprimir um livro com capas diferentes significava que ele ficaria mais visível e ocuparia mais espaço na prateleira, de forma que os compradores ficassem menos propensos a ignorá-lo.

A DC pôs em prática uma versão primitiva dessa estratégia imprimindo quatro versões diferentes de *Lendas do Cavaleiro das Trevas* nº 1, onde a única diferença era a cor de fundo das capas. Em seguida, a empresa ficou assistindo aos leitores obsessivos lutarem para comprar as quatro versões e completarem o conjunto. Colecione todas, ou você nunca se sentirá inteiro!

Isso fez com que a Marvel e seus vorazes proprietários de Wall Street levassem o conceito a um novo e grosseiro patamar. As capas variantes rapidamente se tornaram um esquema confiável para aumentar exponencialmente as vendas de uma única edição e manter os preciosos dólares entrando. *Homem-Aranha* nº 1 de McFarlane foi lançado com 13 capas diferentes, incluindo versões ouro, prata e platina. Uma vinha selada em um saco plástico, oferecendo aos fanboys uma *Escolha de Sofia* entre ler o gibi ou simplesmente olhar para o gibi através do plástico por toda a eternidade.

X-Force nº 1 colocou em prática um tipo diferente de truque variante, oferecendo versões embaladas com um dos cinco cards especiais escondidos no interior. *X-Men* nº 1 também veio com cinco variações, uma delas sendo a versão completa, com uma capa desdobrável, pela barganha de 3,95 dólares – ou seja, quatro vezes o preço de um quadrinho normal.

Os crescentes excessos da Marvel não passaram despercebidos pela indústria. Durante a Comic-Co de San Diego de 1991, Michael Eury, editor da DC, foi colocado para apresentar um prêmio ao roteirista e desenhista Keith Giffen. Durante a apresentação, Eury brincou que Giffen tinha "mais ideias por minuto do que a Marvel tinha capas para *Homem-Aranha* nº 1".

"A chefe do marketing da Marvel, Carol Kalish, me deu uma encarada", Eury conta. "Eu *acho* que foi brincadeira."

A DC não foi tão longe quanto a Marvel na tendência das capas variantes ela aprovou o truque apenas em gibis que eram garantia de grandes vendas, como a família de títulos do Batman. Mas a empresa não era inocente.

"A DC foi a primeira a fazer isso", diz Brian Hibbs, dono da Comix Experience em San Francisco e revendedor influente. "Tenho certeza que os funcionários da DC achavam que eram menos aloprados com isso do que a Marvel, mas eles também tinham sangue nas mãos."

Uma minissérie de 1991 estrelando Robin, o parceiro mirim do Batman, vinha com uma capa holográfica; e uma edição do evento *Eclipso: The*

Darkness Within vinha com "joias" de plástico baratas embutidas na capa. Em pouco tempo, não haveria capa variante forçada o bastante em nenhuma das duas empresas. Os quadrinhos ganhavam cortes vazados, relevos prateados, tinta dourada e cores que brilhavam no escuro, numa tentativa desesperada de lançar novidades nas prateleiras.

"Havia uma coisa de querer superar a rival", diz o antigo editor da DC, Frank Pittarese. "Eles faziam uma capa cromada, nós fazíamos uma versão holográfica. Faziam a versão holográfica, nós fazíamos figuras recortáveis. Um sempre queria superar o outro."

"Todo mundo estava indo bem. Era algo como: 'Viva, nossos quadrinhos enganadores superaram os quadrinhos enganadores deles'", diz o ex-diretor de produção da DC, Bob Rozakis. "Mas se você colocava uma capa cromada que brilhava no escuro em uma história ruim, ela ainda era uma história em quadrinhos ruim."

Logo essa trucagem se tornou o padrão, imunizando material de baixa qualidade contra baixas vendas. Os fãs estavam se empolgando com tudo, não importava o quão bom ou ruim fosse.

"Na época, pensávamos que aquilo era um pouco nojento", diz a antiga editora de *Fabulosos X-Men*, Ann Nocenti.

Uma indústria que geralmente tinha como prioridade contar histórias e entreter estava rapidamente se tornando pouco mais do que uma fraude em quatro cores. Os departamentos de marketing das editoras, que eram praticamente inexistentes alguns anos antes, se tornaram tão poderosos que realmente começaram a ditar o conteúdo.

"Você entrava em reuniões com os vendedores e eles perguntavam: 'Como podemos incrementar essa capa de forma que o preço aumente em um ou dois dólares?', ou 'Como podemos fazer várias capas?', 'Como podemos começar de novo a partir do nº 1 ou publicar com uma frequência duas vezes maior?'", conta Bob Budiansky, ex-editor de *O espetacular Homem-Aranha*. "Estava vindo lá de cima. O que podemos fazer para chamar a atenção das pessoas e levá-las a comprar mais gibis e mais exemplares?"

"Eu me debatia, berrava e mordia para evitar essas coisas", conta Dan Raspler, antigo editor da DC. "As pessoas gritavam comigo. Em algum ponto, o editor Neal Pozner veio até o meu escritório quando eu estava editando do *Lobo* e me contou sobre um esquema em que poderíamos imprimir um número em uma capa e cada capa seria única. Teria um número diferente em cada uma. Ele falou: 'Não é legal? Só vai ter capas únicas. As pessoas terão que comprar todas.' E eu disse: 'Essa é a pior coisa que eu já ouvi.' Mas eu era um babaca por ficar no caminho do lucro."

As corporações não eram as únicas a ficarem ricas. Graças ao programa de royalties instituído na década de 1980, os criadores – que foram maltratados como prostitutas por décadas – estavam finalmente recebendo sua parte.

"Havia muito dinheiro sendo espalhado", diz Koblish. "Se você vendesse um milhão de cópias, provavelmente ganharia algo entre quarenta e cinquenta mil dólares por edição pelos direitos autorais."

Chris Claremont, o escriba por trás do título campeão de vendas *Fabulosos X-Men*, passou de um salário modesto de 769 dólares por semana, em 1982, para uma bolada.

"Eu comprei um avião", Claremont conta. "Você pode ter um avião ou pode ter filhos. Foi uma indulgência que me permiti quando fazia *X-Men*."

A lenda diz que Scott Lobdell recebeu um título dos X-Men no auge porque ele estava de passagem pelo escritório do editor em pânico no momento exato em que ele precisava de um escritor. Logo ele estava recebendo 85 mil dólares por mês em royalties.

"Uma vez chegou um cheque para o Jim Lee, e o assistente ficou curioso e segurou o envelope contra a luz, e não dava pra saber quanto era, mas havia muitos números nele", diz Ruben Diaz, um editor que trabalhou para a Marvel e para a DC nos anos 1990. "Mesmo se você tirasse dois números para os centavos, devia ter pelo menos seis dígitos naquele cheque de direitos autorais. Aquilo era para trabalho já realizado, e provavelmente não era a primeira vez que ele estava sendo pago por aquele trabalho."

Os editores da Marvel também receberam recompensas sob a forma de bônus instituído pelo novo proprietário, Perelman. Se a Marvel alcançasse suas metas de lucros, a equipe seria generosamente recompensada.

"No meu caso, os bônus eram maiores do que o meu salário anual", diz o antigo editor da Marvel, Bob Budiansky. "As vendas continuavam a subir."

Infelizmente, os autores da DC não desfrutavam da mesma bonança absurda que mantinham os artistas da Marvel em iates e aviões privados, em grande parte porque os títulos da DC vendiam muito menos exemplares do que os da Marvel. Havia exceções, é claro. Grant Morrison, o roteirista escocês por trás da *graphic novel* em capa dura de 1989 do Batman,

Asilo Arkham, embolsou 150 mil apenas na pré-venda. Ele logo se mudou para uma casa de 130 anos numa região milionária de Glasgow.

A discrepância salarial entre as empresas se tornaria uma atração importante para a Marvel – e um assunto um pouco dolorido para a DC. Uma noite, cerca de 25 funcionários da DC e da Marvel estiveram juntos para um jantar amigável. Quando a conta chegou, os editores da DC agarraram suas carteiras e começaram a tentar dividir a conta entre vários cartões de crédito, tirando o garçom do sério.

"Eu finalmente disse 'Dane-se' e puxei meu cartão de crédito e paguei a conta toda", diz Chris Claremont. "Eu estava fazendo isso por motivos óbvios. Era uma jogada. Eu estava me mostrando. 'Eu trabalho para a Marvel. Posso pagar por tudo. Eu escrevo *X-Men*, caras.'"

No dia seguinte, Claremont recebeu um telefonema desagradável da eminência da DC, Paul Levitz.

"Sob nenhuma circunstância os editores da DC permitirão que um freelancer da Marvel pague pelo jantar", Levitz contou a ele.

"Ele sabia o que eu estava fazendo", Claremont afirma. "Era como se eu estivesse dizendo: 'Sim, eu trabalho para os caras legais. Talvez você devesse pensar nisso na próxima vez que seu contrato vencer.'"

O convite sutil de Claremont não era à toa. Na época, a DC, apesar de algumas tentativas hesitantes de capitalizar em cima dos truques que funcionavam tão bem para a Marvel, ainda ficava muito atrás da sua rival em vendas. E continuou a perder terreno durante os primeiros dias deste *boom* dos quadrinhos. A participação de mercado da DC no mercado direto caiu em 1991, pairando em torno de anêmicos 20 por cento – menos da metade da Marvel. A situação não melhorou muito em 1992. Em agosto daquele ano, a DC ficou atrás da Malibu, uma editora independente menor que havia sido fundada em 1986. Era a primeira vez na história que uma terceira editora ficava na frente da Marvel ou da DC em vendas no mercado direto, e era uma reviravolta inimaginável – e humilhante – para uma editora todo-poderosa dos velhos tempos. Seria o bastante para que seu fundador, Malcolm Wheeler-Nicholson, se jogasse contra sua espada de cavalaria, caso estivesse vivo.

"Em meados dos anos 1990, a Marvel ocupava sistematicamente todo o top 10", diz o ex-editor da DC, Dan Raspler. "Havia um complexo de inferioridade que tínhamos o tempo todo. Mesmo os títulos pouco importantes da Marvel vendiam mais que os títulos importantes da DC, regularmente. Era irritante. Você faz todas as coisas certas e suas vendas diminuem porque a Marvel lança uma terceira capa alternativa do *Homem-Máquina*. A Marvel estava esmagando a gente. Esmagando e esmagando."

Os funcionários da DC costumavam brincar que a empresa era a "número dois em mandar bala" – uma referência ao logo circular da DC, conhecido como "a bala DC".

"Quando eu cheguei na DC em 1992, definitivamente havia uma pressão para recuperar essa quota de mercado. Não necessariamente vencer a Marvel, mas recuperar um pedaço daquela torta", diz o ex-editor Diaz. "A Marvel estava ganhando da DC todos os meses, e eles eram populares e descolados, se divertindo em um ambiente de fraternidade universitária. A DC era tipo: tudo bem, somos nerds, mas lançamos quadrinhos muito bons e seria legal se as pessoas gostassem mais da gente, mas se não gastam, tudo bem, vamos nos sentar aqui no canto e fazer nossas coisas para quem gosta do que fazemos."

A DC ficou para trás porque a empresa, com sua cultura corporativa e aspirações literárias enraizadas, era menos propensa a ganhar dinheiro com os modismos. Também continuou a sofrer do mesmo déficit de popularidade crônica em comparação com a Marvel, que a atormentava desde a década de 1960.

"Vou falar francamente. Acho que nossos personagens são maiores que os da Marvel."

– Geoff Johns, da DC, falando em 2010

"Chupa, DC, chupa as bolas peludas de um macaco. Eles são muito invejosos."

– tony_von_terror, comentarista da IGN.com, respondendo em 2010

Algo tinha que mudar. Aquilo era o bastante. E, no final de 1992, a DC começou a vencer a Marvel em seu próprio jogo, lançando um enredo tão ousado que chegaria às manchetes nacionais e se tornaria o empreendimento mais comercial da empresa.

De certa forma, tudo aconteceu por acaso. Os escritores e editores por trás dos vários títulos do Superman estavam planejando casar Lois Lane e Clark Kent. Mas, sem o conhecimento do grupo, uma série de TV chamada *Lois & Clark – As Novas Aventuras do Superman* estava sendo produzida pela ABC, e muito do seu sucesso dependeria da natureza vai-não-vai do relacionamento dos dois protagonistas. A presidente da DC, Jenette Kahn, decidiu que qualquer casamento nos quadrinhos teria que coincidir com o casamento na TV, e assim ela vetou a proposta dos editores.

Com seus planos cuidadosamente traçados como mortos de uma hora para outra, o descontente grupo foi obrigado a voltar para a prancheta.

"Vamos matá-lo de uma vez", o escritor de longa data do Superman, Jerry Ordway, sugeriu em uma sessão de planejamento.

Com esse pronunciamento nasceu "A Morte do Superman", um épico em várias partes espalhado por sete edições de diferentes títulos da DC. O enredo era, ironicamente, uma tentativa de fazer algo que o filme que o adaptou parcialmente, *Batman* vs *Superman: A Origem da Justiça*, foi criticado por não fazer – mostrar as horríveis ramificações de uma batalha entre dois seres superpoderosos.

"A morte realmente surgiu do desejo de fazer um grande festival de socos ao estilo Marvel, onde haveria consequências, em vez de apenas lutas em que cidades eram destruídas", Ordway diz.

O clímax, no qual o herói cai nas mãos do poderoso vilão chamado Apocalypse, chegou em *Superman* nº 75 (janeiro de 1993). A edição da morte foi, naturalmente, lançada em vários formatos, incluindo uma edição especial que veio envolta em uma sacola preta, trazendo o "S" do Superman pingando sangue e um pacote com um pôster e uma braçadeira preta.

"Estávamos praticamente chutando o traseiro da DC durante todo esse período, e sempre senti que a DC estava de olho em todo o sucesso que a Marvel estava tendo", diz o então presidente da Marvel, Terry Stewart. "Estávamos fazendo muitas coisas que a DC não fazia agressivamente. A DC praticamente fazia o que sempre fazia. Não havia muitas direções novas por ali. Eu sempre senti que 'A Morte do Superman' era algo que eles tinham que inventar – algo que traria sua marca de volta a outro nível de sucesso de vendas. E foi bem-sucedido."

A morte do Superman tornou-se uma grande notícia e foi coberta na TV, em revistas e em jornais. Trouxe à DC uma necessária dose de exposição – bem como de consumidores.

A edição da morte alcançou números semelhantes aos da Marvel, vendendo mais de quatro milhões de unidades – ficando atrás apenas de *X-Men* nº 1, de 1991. Também ajudou a DC a capturar a liderança na participação de mercado a partir do mês de seu lançamento, dobrando o percentual do mês anterior da editora e chegando a 31 por cento. E no processo também atingiu a Marvel, cuja participação despencou 17 pontos.

Em algumas lojas, centenas de clientes formavam filas para comprar essa edição supostamente histórica. A loucura das vendas e da mídia chocou qualquer pessoa familiarizada com a natureza de telenovela dos quadrinhos, onde a morte era sempre tão permanente quanto uma espinha.

"Não tínhamos motivos na época para suspeitar que o mundo se importaria", diz Paul Levitz. "Nós o matamos antes."

Superman voltaria, é claro. Ele foi ressuscitado quase um ano mais tarde (trazendo um terrível corte de cabelo estilo *mullet*, no entanto), na conclusão de uma saga cuidadosamente costurada e espalhada por vários títulos.

O sucesso de "A Morte do Superman" pode ter surpreendido muitos dentro da indústria, mas reforçou a lição de que grandes eventos resultavam em vendas. Se *Guerras Secretas* e *Crise nas Infinitas Terras* mostraram que as empresas estavam aprendendo a engatinhar, "A Morte do Superman" foi como uma corrida. Ambas as empresas redobraram a estratégia.

"Lembro-me de uma reunião editorial em que o sentimento era simplesmente: 'Matamos o Superman e vendemos quatro milhões de exemplares. A Marvel está fazendo isso e aquilo e vendendo milhões de exemplares'", diz o ex-editor da DC, Brian Augustyn. "A mensagem subjacente era: 'Não temos certeza do que isso quer dizer, mas esses eventos épicos estão vendendo muito e direcionando o mercado.' Havia quase como um decreto que dizia que se o seu título era considerado apenas promissor ou secundário, então você tinha que sacudir as coisas."

Histórias grandiosas e importantes, que prometiam mudanças drásticas para esses personagens familiares, tornaram-se a ordem do dia. Logo o Batman teve a coluna quebrada por um vilão chamado Bane e foi substituído por um aprendiz. A história em várias partes foi chamada de "A Queda do Morcego". Ela serpenteou por dezenas de edições e durou cerca de dois anos. Em 1994, Hal Jordan, que serviu como Lanterna Verde da Terra por 35 anos, foi substituído por um novato.

"O sentimento era que havia um valor nos eventos se as pessoas se entusiasmavam com eles", diz Chris Duffy, um editor associado da DC de 1993 a 1996. "O que se falava nas ruas era que o editor Kevin Dooley tinha ido para a sua reunião anual sobre *Lanterna Verde*, onde você falava sobre o que estava programado para o gibi. Todo o grupo de editores estava lá, assim como Paul Levitz. O sucesso de 'A Morte do Superman' e 'A Queda do Morcego' transformou a reunião em: 'Como podemos fazer isso com o Lanterna Verde?' Então Kevin teve que jogar fora todos os seus planos para o *Lanterna Verde* porque não eram grandes o bastante, e foi quando eles inventaram a história da substituição."

O sucesso de "A Morte do Superman" inspirou ordens semelhantes na Marvel.

"Em uma reunião editorial com vários executivos em 1993 ou 1994, eles observaram que 'A Morte do Superman' tinha sido mencionada no programa de TV *Today Show*", conta Budiansky, da Marvel. "Era como se a DC tivesse acabado de lançar uma bomba nuclear na gente. 'Eles estão no *Today Show* e nós não!' Naquela época, entrar em um programa de TV popular era um grande negócio."

A Marvel começou a formular uma resposta ao grande evento da DC, que poderia atrair cobertura de peso no processo. A ideia que eles tiveram foi de que Peter Parker e sua esposa teriam um bebê-aranha.

"Considerava-se que a audiência do *Today Show* era formada por muitas mulheres, e elas iriam gostar de algo assim", Budiansky diz. "Isso será atraente para esse tipo de programa."

A história foi organizada como parte de um épico do Homem-Aranha que reintroduziu um clone do Peter Parker, esquecido por muitos, de 1975. A nova história revelou que o Peter Parker, cujas aventuras os leitores seguiam desde a década de 1970, não era, de fato, o verdadeiro Peter Parker, mas sim o antigo clone, que acreditava ser o verdadeiro. Como é de imaginar, aquilo não caiu bem entre os leitores devotos. Era como dizer que você estava secretamente casado com a irmã gêmea da sua esposa por duas décadas.

Quanto ao bebê, as autoridades da Marvel logo se arrependeram, preocupados com o fato de que tornar Peter Parker um pai o distanciaria da larga base de fãs adolescentes. Mary Jane perde o bebê em *O espetacular Homem-Aranha* nº 418 (dezembro de 1996).

"A Saga do Clone" acabou se arrastando por mais de dois anos, por meio de umas cem edições, se tornando no processo uma das mais torturantes, confusas e polêmicas histórias que a Marvel já publicou. Mesmo quando a Marvel trouxe Dan Jurgens, o artista principal de "A Morte do Superman", para contribuir, ela não conseguiu salvar a narrativa. Muitos agora a veem com desdém, e mencioná-la na presença de um fã radical do Aranha pode ser suficiente para ganhar uma bofetada.

"Eis aqui um caso em que a concorrência entre as duas empresas afetou negativamente algo que a Marvel estava fazendo", Budiansky diz. "Por tentar ser uma história midiática, a Marvel veio com uma narrativa que não apoiava o personagem de forma positiva."

Eventos como "A Morte do Superman" e "A Saga do Clone", bem como as capas variantes e outros truques, impulsionaram a indústria para novos patamares, mas tudo o que sobe eventualmente tem que descer.

"Havia uma quantidade ridícula de dinheiro sendo faturada, uma quantidade ridícula de produtos sendo vendidos, e também expectativas ridículas durante esse tempo", o ex-roteirista da DC, Paul Kupperberg, diz. "Eu pensava: Meu Deus, estamos prontos para a queda."

Poucos na época poderiam ter previsto o quanto essa inevitável queda seria ruim. Como acabou sendo, as práticas gananciosas da indústria fizeram pouco em benefício da própria saúde a longo prazo, atraindo, em vez disso, hordas de especuladores, que compravam produtos na esperança de pagar os aparelhos dentários de seus filhos no futuro. Milhares de novas gibiterias, que podiam abrir uma conta com um dos maiores distribuidores por apenas trezentos dólares, surgiram pelo país para vender esses produtos colecionáveis que estavam na moda.

Novos rostos, impulsionados pelo exagero da mídia, estavam aparecendo em lojas de quadrinhos em todo o país para comprar uma caixa de *Superman* ou de *X-Men*.

"Até meu pai foi ludibriado por causa de algo que viu na TV", diz o vendedor de quadrinhos Bob Beerbohm. "Ele me ligou e falou: 'Ei, filho. Estou investindo em quadrinhos pela primeira vez.' Ele comprou cinco exemplares de 'A Morte do Superman'. Eu falei: 'Pai, você tá louco? Você pagou cinco pratas nessas coisas? Você nunca vai recuperar o seu dinheiro.' Ele não quis ouvir. As pessoas não querem ouvir a verdade."

A ideia de que os quadrinhos eram itens colecionáveis que aumentariam de valor vinha de longa data, de pelo menos da década de 1960, quando a *Newsweek* escreveu um artigo influente sobre o fandom dos quadrinhos e observou, para a surpresa do autor, que uma cópia da primeira aparição de Superman em *Action Comics* nº 1 estava sendo vendida por astronômicos cem dólares. (Uma cópia foi vendida por 3,2 milhões em 2014.) De repente, todos tiveram visões de que a pilha de Aquaman juntando poeira na garagem poderia valer muito dinheiro.

O editor da DC Len Wein costumava manter no começo dos anos 1980 uma centena de exemplares de *Novos Titãs* nº 1 e nº 2 em caixas embaixo de sua mesa, alegando que seriam a sua aposentadoria. Alguns anos depois, quando ele saiu da empresa, não se importou de levar as caixas.

O que Wein e outras pessoas começavam a perceber era que o que impulsionava em grande parte o calor dos objetos de coleção era a escassez, e que um quadrinho impresso aos milhões era um investimento terrível. Aqueles caçadores de lucro que haviam entrado na indústria no início da década de 1990 logo fugiram do negócio, assim como muitos leitores casuais foram afastados por todos aqueles truques, os preços crescentes e a inundação de títulos medíocres. As vendas em lojas de quadrinhos começaram a diminuir.

"A Morte do Superman" provaria ser o ponto alto de uma era. O mercado de quadrinhos atingiu o pico em abril de 1993, depois caiu no mês seguinte e continuou em uma espiral para baixo.

Os eventos, que antes movimentavam milhões, agora eram incapazes de vender. A edição em que o Superman morreu foi uma sensação da cultura pop, mas quando ele voltou, em *Adventures of Superman* nº 500, alguns meses depois, muitos dos especuladores que estavam sustentando a indústria tinham debandado.

"Eu conheço um cara que fez um trono de cópias encalhadas de *Adventures of Superman* nº 500", conta o revendedor Brian Hibbs. "Muitas pessoas pensavam que venderiam tantas cópias quanto quando ele morreu. E, claro, não vendeu a mínima fração disso."

K. C. Carlson, editor da DC, foi colocado contra a parede quando visitou sua loja de quadrinhos local em Nova Jersey, que havia feito uma enorme encomenda de HQs do retorno do Superman. "Por que você não me falou para não fazer isso?", o proprietário brigou com ele.

A bolha estava estourando. As lojas de quadrinhos que surgiram para capitalizar em cima do boom logo se viram presas em produtos que não conseguiam vender e se endividaram profundamente. Elas começaram a fechar as portas. No final da década, o número de lojas especializadas caiu 75 por cento, de acordo com algumas estimativas.

"Certamente, exageramos no número de títulos", o ex-presidente da Marvel, Terry Stewart, diz. "E isso é algo que eu fiz. Fui muito longe com isso."

"Ninguém sabia que tínhamos ido longe demais", conta o antigo publisher da Marvel, Mike Hobson, que saiu da editora em 1996. "Tivemos 12 anos de crescimento contínuo naquela época, e achamos que isso aconteceria para sempre, como no mercado de ações."

A perda de um punhado dos melhores artistas da Marvel, incluindo Rob Liefeld, Todd McFarlane e, em seguida, o desenhista do Homem-Aranha, Erik Larsen, agravou os problemas crescentes. Eles saíram para abrir sua própria empresa independente, chamada Image, em 1992. Jim Lee, o desenhista de *X-Men*, inicialmente relutou em se juntar ao êxodo devido à quantidade insana de dinheiro que ele estava recebendo em royalties, mas finalmente concordou depois que a Marvel se recusou a mandar ele e sua esposa para uma convenção na primeira classe.

A Image cresceu rapidamente, ganhando uma participação de mercado de dois dígitos, enquanto a Marvel caía. A editora passou de quase metade do mercado direto em 1991 para menos de 32 por cento em 1994.

Com a Image representando o primeiro desafio em décadas para a DC e a Marvel, as duas editoras começaram a se preocupar mais com a perda de participação de mercado. E a maneira mais fácil de aumentar a sua presença era adquirir outra empresa. Em abril de 1994, a DC começou a tentar fazer exatamente isso. O alvo deles foi a Malibu, a empresa independente que por um breve momento em 1992 os tinha superado em vendas. A Malibu tinha lançado recentemente uma linha de super-heróis própria, chamada Ultraverso, que havia gerado um burburinho. Durante um jantar amigável, Paul Levitz lançou a ideia da compra da Malibu para o seu fundador, Scott Rosenberg.

"A DC estava preocupada com sua participação no mercado", Rosenberg conta. "Eles ficaram envergonhados de ser o segundo lugar."

A DC também estava interessada na capacidade da Malibu em criar e comercializar novos personagens – uma raridade em uma indústria impulsionada por personagens legados. Levitz disse a Rosenberg que estava preocupado que a DC, que era melhor do que a Marvel em ter uma visão de longo prazo, não poderia continuar relançando seus principais super-heróis para sempre. Para sobreviver no futuro, seria necessário novas propriedades.

As negociações entre as duas empresas continuaram durante o verão. Ilustrações que colocavam os personagens das empresas em conjunto foram elaborados. Quando a San Diego Comic-Con chegou em agosto, a fusão estava perto de ser finalizada.

"Eu me lembro de estar no editorial e rir sobre o boato de que a DC iria comprar a Malibu", conta o então editor-chefe da Marvel, Tom De Falco. "A DC tinha tentado parcerias com a First Comics, a Comico e algumas outras empresas, e esses acordos nunca funcionaram. Estávamos rindo: 'Esses caras nunca aprendem a lição?'"

"Daí eu ouvi que nós é que estávamos comprando a Malibu."

Ao vazar a notícia da fusão entre a Malibu e a DC, e antes que os contratos fossem assinados, a Marvel pulou nas negociações. Terry Stewart ligou para Rosenberg em uma tarde e pediu para encontrá-lo na manhã seguinte. A Marvel ficou desesperada para englobar os 5 por cento do mercado da Malibu e evitar que eles fossem para a DC. Os executivos ficaram aterrorizados pelo fato de que a participação de mercado combinada da DC e da Malibu poderia colocá-los em segundo lugar – uma reviravolta vergonhosa que a poderosa Marvel simplesmente não toleraria. Eles também esperavam explorar as propriedades da empresa para projetos para filmes e TV.

"A Marvel já tinha tido algum interesse antes, mas as negociações com a DC fizeram com que eles saíssem do sério", Rosenberg diz. "Passou de uma aquisição normal para uma aquisição urgente."

Perelman logo apareceu nos escritórios da Malibu, na Califórnia, para um passeio. Ele apareceu fumando um charuto, apesar das regras estritas para não fumar. Os advogados da Marvel saíram de Nova York e foram colocados em um hotel nas proximidades com ordens para não saírem até que fechassem um acordo.

Em novembro de 1994, a Marvel assinou o contrato para adquirir a Malibu, roubando a propriedade bem debaixo do nariz da DC. Todo o acordo aconteceu em menos de trinta dias – uma reviravolta na velocidade da luz.

"Ronald [Perelman] amava aquisições", diz Terry Stewart. "Sua vida tem girado sempre em torno disso. Os quadrinhos tinham ficado tão requisitados, e todos estavam atrás dessas propriedades. Ronald pensou que devíamos fazer esse acordo, e ele era o dono e o chefe, então fizemos."

Nem todos pensaram ser uma boa ideia, no entanto. A Malibu, assim como as outras editoras, estava tropeçando em meio aos problemas da indústria. DeFalco confrontou o presidente da Marvel perguntando: "Você perdeu a cabeça?"

"Bem", Stewart respondeu, "não podemos deixar a DC ser a única a fazer aquisições agressivas".

Publicamente, o motivo que a Marvel deu pela compra era que a Malibu tinha um sistema de colorização de ponta. Colorização por computador era um método bastante novo naquela altura, e fornecia uma gama mais ampla de tons e um visual mais sofisticado do que a primitiva separação manual de quatro cores que tinha sido o padrão da indústria por tantos anos. Colorização por computador era uma das coisas que fazia os gibis da Image se destacarem, ajudando a editora rebelde a estabelecer uma aparência que viria a definir a década. Mas configurar um sistema de colorização computadorizada era caro e difícil. A DC tentou um ano antes e falhou – uma motivação menor para a Marvel na compra da Malibu.

"Havia muitos rumores, mas nenhum deles fazia sentido", DeFalco diz. "Se você estivesse interessado em colorir pelo computador, tudo o que você tinha que fazer era comprar computadores de ponta. Eles também disseram que o material da Malibu atraía um público mais velho que o nosso. Isso era bobagem. Nada do que eles diziam fazia sentido para mim."

No final, a aquisição que a Marvel fez não resultou em muita coisa. A Marvel cancelou a linha do Ultraverso da Malibu, depois de ter relançado um punhado de títulos, mas tudo acabou caindo no esquecimento.

A aquisição da Malibu não se revelou a mais catastrófica da década da Marvel, no entanto. Não seria nem mesmo a mais catastrófica do ano. Essa honra iria para a compra, em dezembro de 1994, da Heroes World, a terceira maior distribuidora de quadrinhos do país, localizada em Nova Jersey.

A notícia da aquisição balançou a indústria, e por um bom motivo. A mudança alteraria fundamentalmente a forma como o negócio de quadrinhos funcionava e teria implicações terríveis tanto para a Marvel quanto para a DC no futuro.

Antes do acordo, as *comic shops* podiam comprar quadrinhos da Marvel de várias distribuidoras. A aquisição da Heroes World significava que se um revendedor quisesse algo da Marvel – ainda o suco vital da indústria, apesar do declínio recente da editora –, eles seriam forçados a comprar de um único distribuidor e sob os termos estabelecidos pela Marvel.

O acordo era ruim para os varejistas, mas para a diretoria da Marvel fazia todo o sentido do mundo. Durante o recente boom da indústria, a editora ficou cada vez mais frustrada com a falta de informações disponíveis sobre o consumidor final. A Marvel sabia quantas cópias estava vendendo para os vários distribuidores, mas não tinha um controle claro sobre quais lojas estavam comprando ou que tipo de clientes estava comprando nas lojas. Até mesmo identificar os oito mil pontos de venda de quadrinhos naquele momento era um desafio. Os últimos anos foram marcados por um enorme aumento no número de lojas de varejo que vendiam quadrinhos para tentar aproveitar a onda, incluindo alguns locais não tradicionais, como lojas de cards e de hobbies. A Marvel até descobriu que algumas "lojas" eram, na verdade, depósitos, que abriam por um ou dois dias na semana para vender quadrinhos.

"Foi uma coisa assim: se o negócio continuasse a crescer, como poderíamos controlar nosso próprio destino?", Stewart diz. "E uma das coisas que você pode fazer é distribuir seu próprio produto. Era uma lição clássica, típica de MBA. Como proprietários, tornou-se impossível obter toda a informação comercial que precisávamos, então fomos nessa direção."

Os executivos da Marvel, sob o comando de Perelman, vieram do mundo financeiro, e para eles a maioria dos problemas poderia ser resolvida com o pensamento da escola de negócios. Para os veteranos de quadrinhos, no entanto, o negócio com a Heroes World gerou desconfiança, assim como a compra da Malibu. Eles se perguntavam como a Heroes World, que lidava com uma pequena fração do mercado, poderia crescer de uma hora para outra para conseguir lidar exclusivamente com a Marvel.

"Aqui estamos, vinte ou trinta anos depois, e ainda não consigo descobrir por que eles fizeram essa compra", DeFalco diz.

Ao ouvir as notícias em uma convenção, um varejista anunciou que estava indo para casa, para fechar sua loja de quadrinhos e abrir uma charutaria.

"Isso prejudicou muito a nossa imagem, muito mesmo – fez com que parecêssemos excessivamente agressivos e predatórios", diz Glenn Greenberg, um roteirista e editor da Marvel entre 1992 e 1998. "As pessoas que entendiam o negócio, o funcionamento interno, disseram que aquilo seria um desastre e que teria um efeito dominó."

E o dominó caiu. Os outros distribuidores, que haviam dependido da Marvel e da Malibu por quase metade de seus negócios, de repente estavam tentando fazer acordos exclusivos com outras editoras, em uma tentativa desesperada de manter suas portas abertas.

A aliança da Marvel com a Heroes World abalou os executivos e o departamento de marketing da DC, e a empresa não sabia como responder. Mas, como segunda maior editora, a DC estava de repente em uma posição de poder, capaz de selecionar ofertas de distribuidores desesperados para lidar com seus negócios. Em 1995, a empresa anunciou que tinha escolhido a Diamond como sua revendedora exclusiva para o mercado direto. A escolha praticamente eliminou os outros distribuidores, que agora não poderiam mais sobreviver sem produtos da DC ou da Marvel.

Foi reportado que o contrato da DC veio com uma ressalva interessante: no caso da morte ou aposentadoria do proprietário da Diamond, ou após dez anos, a DC teria a opção de comprar a Diamond de forma definitiva.

A insistência da DC sobre a cláusula parecia sensata em 1995. Dois anos depois, parecia absolutamente genial. Foi quando a Heroes World entrou em colapso por todos os motivos esperados, deixando a Marvel sem um distribuidor e forçando a editora a rastejar para a única opção restante: a Diamond.

O contrato da DC foi renegociado desde então, e não está claro se a opção de compra da DC permanece, mas, se ainda existe e a DC eventualmente optar por comprar a Diamond, isso faria com que a indústria voltasse à década de 1960, quando a DC distribuía a Marvel.

"A DC quer controlar o mercado. Quer dominá-lo", diz Steve Bissette, antigo desenhista da DC. "A DC nunca esqueceu o poder que tinha no final dos anos 1950 e no início dos 60. As corporações têm memória longa. Mesmo quando eles passam por várias iterações, há alguma parte desse cérebro corporativo na parte de trás do córtex que quer estar de volta lá."

Se esse dia chegar, a DC colocaria a Marvel em uma posição vulnerável. Assumiria o controle sobre certos aspectos vitais do negócio da Marvel, incluindo a profundidade de estoque e sua posição no catálogo de solicitações mensais.

Seja qual for o futuro, a morte da Heroes World deixou a indústria sob o controle de um monopólio – arranjo que permanece até hoje –, e é o pior disso tudo.

"Se você quisesse comprar um determinado gibi, costumava ter vinte opções diferentes de lugares para comprar", conta o revendedor Brian Hibbs. "Então passamos a ter só uma. E se eles não tivessem o gibi, seja por ter esgotado ou porque eles não dão a mínima, você não conseguiria comprar."

A quebra do meio da década de 1990 não foi de todo mal. Teve pelo menos um efeito positivo, na medida em que obrigou as duas editoras a começar a cooperar de novo. O fiasco de LJA/Vingadores de 1982 tinha matado o desejo por crossovers, mas depois de uma década os ambientes se arrefeceram, o pessoal mudou e os dois lados estavam potencialmente prontos para tentar novamente.

"O começo dos anos 1990 foram os anos do grande *boom*, então a Marvel e a DC não precisavam uma da outra", diz Ron Marz, que estava escrevendo *Lanterna Verde* na época. "Então tudo caiu e muitas lojas fecharam. As vendas foram para o buraco. De uma hora para a outra a pergunta era: "Muito bem, o que fazer para aumentar as vendas das nossas propriedades e manter as lojas funcionando?"

A solução era uma nova rodada de crossovers para rivalizar com *Superman* vs. *O Espetacular Homem-Aranha* e todos os outros que aconteceram nos anos 1970 e 1980. Os dois lados começaram a discutir potenciais projetos, embora a nova proprietária corporativa da Marvel fosse um pouco reticente em colaborar.

"O problema era que a Marvel era uma empresa de capital aberto, e estávamos falando de pegar esses personagens de uma empresa de capital aberto e dar parte dessa propriedade a um competidor, o que é meio louco se você pensar no assunto", diz Terry Stewart. "Mas eu consegui convencer Perelman e todos de que era isso que se fazia no mundo dos quadrinhos. Isso é algo que os fãs esperam. Íamos ganhar muito. E ia gerar muito amor o fato das duas empresas se juntarem, apesar de sermos grandes concorrentes."

Um catalizador pelo lado da Marvel envolveu outro crossover que a empresa estava planejando: *Archie Meets the Punisher* (Archie encontra o Justiceiro). A edição especial, lançada em 1994, continua a ser um dos gibis mais bizarros que a Marvel já publicou. Apresentava o Justiceiro – um vigilante armado assassino e criado como um vilão do Homem-Aranha por Gerry Conway e John Romita Sr. em 1974 – indo para Riverdale, lar de Archie, Moleza, e o resto do excêntrico e limpinho grupo adolescente.

A estranha parceria foi concebida no começo dos anos 1990 pelo editor-chefe da Archie Comics e pelo editor do Justiceiro na Marvel, Don Daley. Eles ofereceram o crossover para o editor-chefe da Marvel, Tom DeFalco, que costumava ser cético quanto a crossovers.

"O editor da Archie, Victor Gorelick, tinha sido chefe de Tom no começo dos anos 1970, então ele não conseguiu dizer não", diz Greenberg. "Foi o primeiro crossover da Marvel em anos, e abriu a porta para mais. O gibi do Justiceiro com o Archie quebrou tudo."

Archie e Marvel trabalhando juntas era uma coisa. As duas empresas publicavam diferentes tipos de quadrinhos e estavam em concorrência menos direta. Mas a DC e a Marvel eram uma história completamente diferente. Fazer as duas entrarem em acordo para voltar a fazer crossovers se provou uma dificuldade.

Tom DeFalco, da Marvel, Terry Stewart e Mike Hobson foram almoçar um dia com Jenette Kahn e Paul Levitz, da DC, para discutir um potencial acordo. O grupo discutiu combinações de personagens e condições enquanto comiam e conseguiram estabelecer um acordo provisório. Mas de repente, no final da refeição, Kahn deixou cair uma bomba.

"Lembro-me de que eu estava me levantando da mesa, e todos estavam se felicitando porque, de alguma forma, conseguimos superar todas as besteiras do passado", DeFalco conta. "E Jenette subitamente fala: 'Tudo muito bem, mas há dois personagens que vocês não podem usar em nenhum crossover: Superman e Batman'. Eu me sentei de novo e lembro-me de que Mike Hobson e Terry Stewart ainda estavam de pé."

Kahn estava reticente sobre incluir Batman e Superman, porque ambos estavam envolvidos em complicadas histórias em curso em vários títulos naquele momento. Libertá-los para um crossover exigiria uma grande coordenação entre editores e poderia se transformar em uma dor de cabeça interna. Kahn sugeriu outros trabalhos em equipe.

– Dá pra fazer coisas como Lobo e Wolverine – ela disse.

– Espere um pouco – DeFalco respondeu. – Wolverine vende quatrocentas mil cópias por mês. Lobo vende quarenta mil. Por que faríamos um encontro como esse? Só ajudaria vocês.

– Por que não Arqueiro Verde e Gavião Arqueiro? – Kahn sugeriu.

– Porque não ia vender nada – DeFalco falou.

A Marvel foi irredutível quanto aos encontros, eles tinham que envolver personagens de igual estatura e popularidade. Sem Superman e Batman – os melhores ativos da DC – não tinha acordo.

A DC finalmente cedeu, e a primeira nova onda de crossovers apareceu em junho de 1994. Unia dois dos heróis mais populares daquela era, Justiceiro e Batman, e os colocava enfrentando o Retalho, vilão do Justiceiro. Outro volume juntando os mesmos personagens, *Justiceiro & Batman – Cavaleiros Mortíferos*, foi lançado alguns meses depois.

Mais crossovers se seguiram em 1995. Os heróis cósmicos Lanterna Verde e Surfista Prateado juntaram forças, e o Homem-Aranha e o Batman enfrentaram o Coringa. Cada um dos vilões devoradores de mundos dos dois universos se enfrentaram em *Darkseid* vs *Galactus – O Devorador*.

As empresas negociavam a produção das edições especiais, com o outro lado obtendo aprovação editorial. (Para descobrir qual editora publicava o quê, veja qual personagem vinha primeiro no título.) A cooperação desta vez foi mais agradável do que tinha sido em 1976. Mas algumas regras gerais ainda se aplicavam para garantir que nenhuma das duas empresas se aproveitasse da outra.

"Todos tinham que ter tempo igual, e você não poderia ter o Batman batendo demais no Homem-Aranha", diz Graham Nolan, que desenhou a edição de 1997 de *Batman & Homem-Aranha*.

A necessidade de igualdade levou à promoção de um funcionário da Marvel. Muitos dos crossovers continham uma página listando a gerência executiva da DC e da Marvel em duas colunas idênticas, lado a lado.

"Havia um grande esforço para garantir que tivéssemos o mesmo número de pessoas que eles tinham e o mesmo número de linhas", diz Shirrel Rhoades, que entrou para a Marvel em 1996 como publisher. "Eu levei a página para o presidente David Schreff e disse: 'Aqui temos Paul Levitz no lado da DC. Que título eu coloco para mim?' Schreff basicamente disse: 'Você pode ter qualquer título que Levitz tiver.'"

Então Rhoades saiu do escritório como o novo vice-presidente executivo.

Essa última leva de crossovers foi direto para o coração da base de fãs cada vez mais insular do mercado. A recente queda expulsou muitos turistas dos quadrinhos e, com bancas tornando-se uma saída menos viável a cada dia que passava, o número de leitores casuais e mais jovens estava diminuindo. Os fanboys que envelheciam, que eram o feijão com arroz do mercado direto, estavam de repente se tornando todo o mercado que tinha sobrado. Uma pesquisa da Marvel no final dos anos 1990, por exemplo, descobriu que o leitor médio era um senhor de 26 anos de idade. Os dias de "Olhem, crianças! Quadrinhos!" estavam acabando.

Esses novos crossovers não tinham o mesmo aspecto de curiosidade da cultura pop que o crossover de 1976 teve. O encontro do Superman com o Homem-Aranha pela primeira vez foi um acontecimento no *mainstream*, mas o Justiceiro ficar frente a frente com o Batman – e não o Batman que você conhece, mas um novo Batman, chamado Jean-Paul Valley, que costumava ser chamado de Azrael, que assumiu o manto depois… ah, deixa pra lá. Esses quadrinhos eram para os colecionadores aficionados, com suas cabeças cheias de profundo conhecimento sobre cada esquina, personagem e traje dos universos Marvel e DC.

Porém, apesar de todo o *fan service* oferecido aos leitores ao longo dos anos, ainda havia um projeto que não havia acontecido – um que os fãs estavam implorando, mandando cartas e suplicando ao grande Odin que lhes entregasse. Os personagens lutarem entre si era ótimo e tal, mas só servia para determinar qual pessoa era mais forte. O que os fãs realmente desejavam era uma batalha entre *universos*, um abrangente confronto entre a DC e a Marvel, que colocasse montes de heróis uns contra os outros para determinar, de uma vez por todas, quem reinava de forma suprema. Quem era melhor? Marvel ou DC?

Depois de mais de trinta anos, os leitores estavam prestes a descobrir.

A desaceleração do mercado tornou esse projeto não só possível, mas necessário, e a esperança era de que ele se provasse uma injeção de dinheiro. E também serviu para azeitar a subida de Mike Carlin na DC e Mark Gruenwald na Marvel às posições de editores-executivos.

Gruenwald era um antigo editor de fanzine que começou a trabalhar para a Marvel na década de 1970. Seu conhecimento das histórias dos personagens estava entre os mais profundos da equipe, e ele servia como um tipo de "polícia da continuidade". Carlin tinha começado como assistente de Gruenwald no começo dos anos 1980, antes de pular para a DC, para cuidar dos títulos do Superman. Os dois eram como irmãos, e Gruenwald pendurava na parede do escritório uma imagem de seu rosto mesclado com o de Carlin.

Em 1995, Carlin e Gruenwald acalentaram um plano para o crossover definitivo, que seria chamado *Marvel/DC: Super Guerra*. Assim como nos *crossovers* anteriores, a ideia era escolher talentos de ambos os lados que fossem emblemáticos para cada empresa – uma ideia interessante que estabeleceria a série não só como um choque entre os personagens, mas também do estilo e *expertise* de cada editora. Os artistas se revezariam, com cada lado desenhando duas das quatro edições.

A escolha inicial da DC para desenhar a metade dela foi de José Luis García-López, um artista de longa data da editora que desenhava os personagens tão de acordo com o modelo, tão perfeitamente no estilo da casa da DC que seu trabalho era frequentemente usado para imagens em produtos licenciados. Ele declinou, e a DC escalou Dan Jurgens, o desenhista de "A Morte do Superman", no lugar.

A Marvel, no começo, teve problemas para garantir um artista pelos mesmos motivos de 1976.

"Havia alguma reticência na parte da Marvel para puxar um de seus caras principais de um de seus títulos para fazer um projeto que era apenas metade da Marvel, então passamos por uma lista de caras que acabaram recusando", diz Marz.

John Romita Jr., o filho do diretor de arte e desenhista de longa data do Homem-Aranha, recusou. Assim como Andy e Adam Kubert, os filhos do ex-editor da DC, Joe Kubert, e superastros por mérito próprio. A Marvel finalmente optou por Claudio Castellini, um desenhista italiano que tinha feito muito poucos trabalhos para eles. De certa forma, aquilo era um resumo das empresas. A DC escolheu um veterano experiente, e a Marvel foi com um novato do momento.

A escrita também seria dividida. Da sua parte, a DC selecionou Ron Marz, roteirista do *Lanterna Verde* e alguém que, aos 6 anos, tinha escrito uma carta para a Marvel (usando nada menos que giz de cera) exigindo que os Vingadores lutassem contra a Liga da Justiça.

"Mike Carlin me ligou para perguntar se eu queria escrever o crossover, e a minha versão de dez anos pirou", Marz diz. "Eu caí da minha cadeira. Pensei mesmo?', 'Eu consegui mesmo?'"

A contribuição da Marvel foi Peter David, um ex-funcionário do departamento de vendas que conseguiu entrar na área da escrita e era conhecido por seu trabalho em *Incrível Hulk*.

Os escritores e editores começaram a planejar a série, mas, com medo de que os detalhes do projeto vazassem, eles se encontraram em segredo no apartamento de Gruenwald em Manhattan. Ali eles rascunharam a sinopse básica. Envolvia dois irmãos deuses e guerreiros – um representando a Marvel e o outro a DC –, desafiando-se mutuamente a um duelo por procuração, que faria com que campeões de cada um dos seus universos lutasse um contra o outro para ver qual era superior. E o universo que perdesse "poderia deixar de existir para sempre". (E se você acreditar nisso, temos uma superponte para vender pra você.)

"Era uma história que rendia pipocas. Era uma desculpa para fazer todos aqueles personagens se encontrarem e brigarem, que era o que todo mundo queria", Marz diz. "Sabíamos que não estávamos fazendo nada digno de Shakespeare."

A lista de batalhas individuais saiu muito facilmente, já que a maioria dos personagens da DC tinha uma contraparte razoavelmente óbvia. O briguento e violento Wolverine da Marvel lutaria contra o Lobo, o briguento e violento da DC. O arqueiro da Marvel, Gavião Arqueiro, batalharia contra o arqueiro da DC, Arqueiro Verde. Aquaman iria enfrentar o Príncipe Submarino. As quatro edições conteriam onze batalhas no total – um número ímpar para garantir que não haveria empate. Os primeiros seis confrontos terminariam em um impasse. Mas o resultado dos cinco confrontos finais seria determinado por voto popular, enviados por e-mail ou correio normal. Esses encontros – Batman *vs.* Capitão América, Hulk *vs.* Superman, Superboy *vs.* Homem-Aranha, Wolverine *vs.* Lobo e Mulher-Maravilha *vs.* Tempestade – foram cuidadosamente escolhidos para evitar uma surra por qualquer um dos lados.

"Sabíamos quem ganharia com base na popularidade e qual personagem era mais conhecido", Marz diz. "Batman e Superman iam ganhar. O único que não sabíamos era Mulher-Maravilha *vs.* Tempestade."

Para efeito de registro, Tempestade, dos X-Men, saiu triunfante. Mas, em algum lugar, há uma página na qual a Mulher-Maravilha sai vitoriosa. Devido ao cronograma de produção apertado, duas páginas diferentes deveriam ser desenhadas para cobrir os dois possíveis resultados da votação.

A vitória da Tempestade selou a vitória da Marvel. Apesar da derrota, o Universo DC foi poupado. Ao fim da edição nº 4, os irmãos cósmicos apertam as mãos e concordam que ambos os universos têm valor – e, presumidamente, potencial de merchandising.

A Marvel não era uma boa vencedora. Posteriormente, a empresa fez um anúncio em alguns de seus quadrinhos se vangloriando da vitória. "Vencemos!", lia-se na página, em uma grande fonte vermelha. O anúncio, porém, foi rapidamente descontinuado, porque o contrato entre as duas empresas proibia qualquer lado de declarar-se publicamente o vencedor.

O espírito de cooperação entre as duas empresas se estendeu além das quatro edições que incluíam *Marvel versus DC*. A verdadeira e real surpresa do crossover veio com o anúncio de que, durante um mês entre a terceira e a quarta edição da minissérie, as empresas criariam novos personagens híbridos, combinando um de cada empresa. A linha temporária – deveria durar um mês e lançar doze títulos – era para se chamar Rival Comics. Mais tarde, mudou de nome para Amálgama, devido a problemas de marca registrada.

Em uma reunião da DC, cada editor e assistente foi convidado a escrever cinco ideias para a linha proposta. Os títulos e conceitos vieram primeiro, com as histórias sendo estabelecidas mais tarde. *LJX*, a Liga da Justiça X, misturava a Liga da Justiça da América e os X-Men. *Dr. Mistério* combinou os dois heróis ocultistas de ambas as empresas: Doutor Estranho, da Marvel, e Senhor Destino, da DC.

"Uma ideia que não vingou foi a *Giant-Sized Man Servant* [Homem-Mordomo Edição Gigante], que era uma combinação do mordomo do Batman, Alfred, e o mordomo dos Vingadores, Jarvis, que recebia poderes", conta Chris Duffy, editor-assistente de *DC versus Marvel*.

Os primeiros 12 títulos da Amálgama chegaram nas prateleiras em fevereiro de 1996, deixando a comunidade fanboy tremendo de alegria ao ver os universos misturados. Se os leitores apenas soubessem até onde os planos originais se estendiam. A proposta inicial previa uma cooperação particularmente inédita: as editoras chegariam a trocar de personagens por um ano. Alguém do Universo Marvel – a Mulher-Hulk foi dada como exemplo – apareceria nas publicações da DC, e alguém do Universo DC passaria para o da Marvel.

"Isso não aconteceu", Duffy diz. "Eu imagino que seria muito complicado descobrir como eles poderiam reimprimir esse material."

Marvel versus DC e o experimento Amálgama estiveram, para muitos, dentre os pontos mais altos dos anos 1990 – uma década mais conhecida por seus títulos desnecessários, arte atraente, escrita descuidada e truques para ganhar dinheiro. Os projetos certamente marcaram um ápice para a Marvel.

A empresa, uma vez estável e pequena, ficou cada vez mais caótica desde que seus novos senhores corporativos assumiram o controle. Ela girava em torno de sua liderança executiva, com alguns chefes durando apenas alguns meses. Em um retiro editorial em 1996, o escritor Scott Lobdell fez uma piada para a multidão reunida: "Não se preocupe se você não conheceu o novo presidente, Scott Marden. Espere algumas semanas e vai poder conhecer o novo."

A Marvel continuou a lutar com a desaceleração das vendas e o aumento da dívida. Em dezembro de 1996, Perelman pediu proteção de falência. Para os leitores de longa data, a notícia era semelhante a ficar sabendo que a Moranguinho tinha câncer – uma intrusão indesejada da dura realidade em um amado mundo de fantasia. A falência também ajudou a acabar de uma vez por todas com o mito de que Stan Lee tinha cultivado por tantos anos, que pintava a Marvel como um lugar divertido e despreocupado, composta por escritores malucos que faziam seu trabalho pelo amor aos super-heróis e em busca de ideias distantes. No final, a Marvel não tinha nenhuma magia especial. Era exatamente como qualquer outro negócio – tudo girava ao redor de dólares e centavos, e era vulnerável aos caprichos cruéis do capitalismo.

A editora, uma vez excelente, estava com tanta dificuldade que literalmente vendeu as portas de seu escritório. A entrada de vidro, gravada com personagens da Marvel, foi arrebatada por um colecionador.

A falência assustou muitos na DC, e com razão. Por mais que houvesse animosidade entre as empresas, por mais orgulho que uma equipe pudesse ter de que sua empresa era melhor, a Marvel e a DC precisavam uma da outra. Se uma desaparecesse, não demoraria até que a outra entrasse em colapso.

"Ninguém na DC festejou a situação da Marvel", conta K. C. Carlson, antigo editor da DC. "Estávamos muito preocupados com a indústria como um todo. Estávamos conscientes de que não eram bons tempos."

Essa simpatia se estendia até certo ponto, no entanto. Boatos começaram a circular dizendo que a Marvel poderia deixar de publicar seus próprios gibis – similar aos rumores que haviam perseguido a DC nos anos 1970 e 1980.

"A DC estava esperando conseguir os direitos de publicação do Quarteto Fantástico", conta alguém de dentro, que pediu para permanecer anônimo. "Se alguns dominós tivessem caído de forma diferente ou algumas pessoas tivessem tomado decisões minuciosamente diferentes, a cara dos quadrinhos seria muito diferente – e pior – hoje em dia."

A Marvel continuou a publicar, no entanto, e após uma longa e complicada (e chata) batalha corporativa entre titãs ricos – alguns dos quais provavelmente sequer leram um quadrinho na vida –, a empresa emergiu da falência sob o controle de novos proprietários. Ike Perlmutter e Avi Arad – um israelense de origem humilde, que havia crescido lendo quadrinhos em hebraico – agora estavam no comando. Os dois estavam determinados a levar a Marvel na direção deles.

"Avi e Scott Sassa [CEO da Marvel entre 1996 e 1997] muitas vezes se juntavam e anulavam Stan", conta o antigo publisher Shirrel Rhoades. "Stan falava: 'Eu estava conversando com David Schwimmer, de *Friends*, e ele gostaria de se envolver conosco.' E eles riam e diziam: 'David Schwimmer?! Essa não é a nossa imagem.'"

Perlmutter era um veterano calejado das Forças de Defesa de Israel, que raramente era fotografado e tinha desenvolvido uma lendária reputação de avarento. Enquanto a DC continuava a desfrutar de sua existência corporativa, a Marvel estava inclinada para os hábitos sovinas de Perlmutter, o que agravava a miséria, e muitos se sentiam trabalhando em uma indústria moribunda.

Perlmutter matou a festa de Natal da empresa e se livrou da máquina de café grátis do escritório. Ele dava reprimendas nos funcionários por não fazerem fotocópias em ambos os lados de uma folha de papel, e era conhecido por rodar pelo escritório depois do fim do expediente para escavar o lixo do pessoal, procurando por clipes de papel perfeitos que foram jogados fora. Ele então deixava os clipes em pequenas pilhas na mesa do culpado.

"Ele me chamou para explicar por que o editor Tom Brevoort estava no telefone com o desenhista Carlos Pacheco, que vivia na Espanha, por uma hora", diz o ex-editor Frank Pittarese. "Bem, Carlos estava desenhando *Quarteto Fantástico*. 'Eles precisam conversar por uma hora?!', ele perguntou."

A equipe recebeu cartões de ponto e foi obrigada a registrar quando entrava e saía do escritório, e Perlmutter supostamente iria analisar os dados para garantir que ninguém estava demorando muito no almoço. Como piada, alguém mandou um memorando falso com o cabeçalho oficial da Marvel, exigindo que os funcionários que precisassem "fazer o número dois" usassem o banheiro do McDonalds lá embaixo.

O período de falência também trouxe um novo editor-chefe. A Marvel mandou embora Tom DeFalco em 1994, dando lugar a Bob Harras em 1995. A escolha foi uma clara indicação de onde as prioridades da Marvel permaneciam, pois Harras era mais conhecido por lançar o supercampeão de vendas *X-Men* nº 1 em 1991, e por supervisionar uma família cada vez mais impenetrável de revistas dos X-Men populares entre os leitores.

Harras parecia personificar a Marvel dos anos 1990, com a sua sensibilidade mesclada com a arte chamativa e as histórias superficiais que vieram a definir a década. Ele também não era fã da DC, acreditando que o talento da empresa era inferior. (O que é irônico, porque Harras se tornou editor-chefe da DC em 2010.) Quando a Marvel conseguiu roubar Grant Morrison, o intrépido escocês que tinha feito o sucesso *Asilo Arkham* para a DC, ele foi colocado em uma minissérie menor, chamada *Esquadrão Caça-Skrull*.

"É considerado que a chegada de Grant foi um grande feito", diz Glenn Greenberg, o editor-assistente de *Esquadrão Caça-Skrull*. "Mas o melhor que Grant pôde fazer foi *Esquadrão Caça-Skrull* porque, por ter vindo da DC, ele não era valorizado."

Morrison rapidamente voltou para a DC, onde ele dirigiu uma passagem muito elogiada da Liga da Justiça em 1996. Empreendeu uma pequena vingança na Marvel na primeira edição da série. O gibi incluía uma cena em que os alienígenas executavam um grupo de vilões, e entre aqueles que encontraram um final ardente – você tinha que apertar bem os olhos para vê-los – havia dois personagens que se pareciam muito com Wolverine e Doutor Destino, da Marvel.

Morrison deve ter escondido bem, ou talvez nenhum dos figurões da DC notou. À medida que as empresas se tornaram mais e mais corporativas, as homenagens atrevidas e escondidas destinadas à concorrência, que antes era a moeda de troca da rivalidade, estavam se tornando menos frequentes.

"Tivemos problemas por causa dessas coisas", diz o ex-editor da DC, Dan Raspler. "Paul Levitz ficava nervoso, com medo de ser processado. Acho que ele pensava que era uma política geral de concessão, que alguém ia cruzar os limites colocando o Wolverine e com isso seríamos processados."

"Eu nunca gostei disso", Levitz diz. "Quando eu tinha 12 anos, curtia, mas nunca fui fã depois disso."

Uma das homenagens mais flagrantes veio com a introdução dos Extremistas, em 1990, em uma edição da *Liga da Justiça da Europa*. A equipe de vilões era claramente modelada em cima dos vilões mais icônicos da Marvel. Pesadelo, um demônio mágico, era baseado no Dormammu, o inimigo do Doutor Estranho, o vilão de armadura, Lorde Fatal, um duplo do Doutor Destino, e Gorgon, do Doutor Octopus.

"A Marvel fez um grupo com base na Liga da Justiça, Esquadrão Supremo, então pensamos que o revide era justo", diz o cocriador dos Extremistas, Keith Giffen. "Nós apenas jogamos lá e pensamos: 'Vamos nos divertir com isso.' Nunca ouvimos nada da Marvel. Se eles viessem até nós e dissessem alguma coisa, íamos responder: 'E quanto ao Esquadrão Supremo?'"

"Eu entrei na DC em 1992, e era o tipo de coisa sobre as qual algum jovem punk como eu, que era fã, diria: 'Ei, não seria legal se usássemos os Extremistas?'", o ex-editor da DC, Ruben Diaz, diz. "E alguém falaria: 'Ah, provavelmente não é uma boa ideia.'"

Os escritores da Marvel também estavam sob estritas instruções para não incluir aparições de personagens da DC.

"Walt Simonson fez Clark Kent aparecer no *Thor* [nº 341, de 1984], e a DC não ficou feliz com isso", conta o roteirista da Marvel, Peter David.

Apesar da proibição, David conseguiu fazer um crossover furtivo em 1994, quando fez a Morte, irmã de Sonho, da série *Sandman,* de Neil Gaiman, aparecer rapidamente em uma edição de *Incrível Hulk*. David procurou e recebeu a bênção de Gaiman, bem como a de Paul Levitz, sob duas condições: nem o rosto de Morte nem o seu colar de marca registrada de um *ankh* podiam ser mostrados.

Um dos golpes mais caros entre as companhias veio em 1999, na edição nº 5 de *A Liga Extraordinária*, publicada por um selo da DC. A série reunia personagens literários clássicos da era vitoriana, e era escrita por Alan Moore, o genial britânico barbado por trás das séries mais influentes da década de 1980, incluindo *Watchmen* e *Monstro do Pântano*.

Cada número da série reimprimia anúncios reais do século XIX na parte de trás do quadrinho, e o número 5 continha um anúncio bastante infeliz de um "spray giratório", uma "seringa vaginal" da marca Marvel. As implicações eram bastante claras: Moore estava chamando o pessoal da Marvel de babaca.

Considerando a linguagem vulgar e temerosa que levaria a uma retaliação da Marvel, a DC decidiu recolher a edição, e alterou o anúncio para "Amaze" em vez de "Marvel" em uma reimpressão.

A substituição custou dezenas de milhares de dólares e atrasou o lançamento da edição nº 5 por vários meses, mas foi coerente com a atitude conservadora da empresa. A Marvel tendia a ser mais pujante, mais corajosa e mais disposta a cutucar sua concorrência nos olhos, enquanto a DC continuava a manter sua autoimagem de uma editora de quadrinhos padrão-ouro – uma reminiscência dos anos 1960. Mesmo quando tinha a oportunidade de fazer uma leve piada com sua concorrente, a DC optava por ter prejuízo.

"Agir com classe é optar sair por cima", o editor da DC, Dan Raspler, diz. "A atitude foi 'Não vamos fazer essa bobagem infantil, de baixo nível. Vamos ser cavalheiros de classe'."

Era melhor a DC enrolar sua porcelana chinesa com plástico-bolha e guardá-la em um canto, porque sua disposição para a gentileza estava prestes a ser severamente testada. A lama estava prestes a voar entre as duas empresas como nunca antes, marcando a era mais perversa da rivalidade Marvel/DC até hoje.

12

A guerra fica incivilizada

"Minha impressão era de que, enquanto Jemas estivesse por lá, aquele seria o ponto mais baixo da rivalidade."

— Scott Koblish, desenhista de *Deadpool*

"As rivalidades", diz o roteirista Peter David, "partem de quem está no comando e, dependendo de quem estivesse no comando da Marvel ou da DC no momento, ou nos dávamos bem ou havia hostilidade."

Marque o início do século XXI como um desses períodos hostis.

Os dias dos dois melhores amigos no comando das duas empresas tinham acabado – o editor-executivo da Marvel, Mark Gruenwald, tinha morrido subitamente em 1996 –, e no final da década de 1990, a rivalidade Marvel/DC se tornou mais grosseira, refletindo de forma espantosa a mudança acontecendo na sociedade em geral. Era uma época nos Estados Unidos em que a civilidade estava morrendo. O discurso político alcançou um novo nível de maldade com a eleição de George W. Bush. O crescente predomínio da internet e sua cultura de comentários online tornou mais fácil e mais barato do que nunca a divulgação das críticas de baixo nível dos *trolls*. Nos reality shows, personalidades da TV lançavam insultos umas às outras, para nossa diversão.

Após o processo de falência de 1996, a Marvel passou por alguns anos deprimentes, com demissões de pessoal, contenção de despesas e moral baixa. Sua própria sobrevivência estava em jogo enquanto vários abutres tentavam atacar e limpar a carcaça – inclusive Stan Lee, que afirmou ter unido forças com Michael Jackson em uma tentativa malsucedida de comprar a empresa.

Com questões mais importantes para resolver, a rivalidade foi colocada em segundo plano por alguns anos.

"A Marvel não nos afetava de fato naquela época", diz Tom Palmer Jr., um antigo editor da DC e filho do lendário arte-finalista. "Era quase como se a pessoa com quem você vinha lutando não estivesse realmente lá. Ficava a impressão de que as coisas não estavam organizadas na Marvel. Eles estavam tentando se recuperar."

A empresa emergiu da falência no final do século, e com seu novo contrato vieram grandes mudanças na gestão. Em janeiro de 2000, Bill Jemas, um ex-executivo da Marvel, voltou para a empresa para atuar como novo presidente, iniciando uma era de inimizade entre as rivais de longa data como nunca visto antes.

Jemas era um advogado tributário formado em Harvard que tinha trabalhado na NBA, National Basketball Association. Ele passou pela Marvel pela primeira vez no início da década de 1990, através da empresa de cards Fleer, que a Marvel tinha comprado.

"Bill Jemas tinha sido trazido do mercado de cards, e quando eu cheguei lá [em 1996], não havia nada para ele de fato fazer", conta o antigo publisher Shirrel Rhoades. "Ele estava brincando com produtos para crianças, como livros para colorir, que não chegavam a lugar nenhum. Ele ficou meio inquieto e saiu pouco depois disso."

Jemas foi trabalhar no Madison Square Garden em 1997, organizando eventos especiais e trabalhando com merchandising. De lá, ele foi recrutado para retornar à Marvel e dirigi-la.

"Lembro-me de estar no escritório quando Jemas entrou", diz o artista e ex-editor assistente da Marvel, Gregg Schigiel. "Acho que foi o quarto presidente na minha época lá. Eles anunciaram Jemas, e houve um burburinho do tipo 'que droga', porque todos sabiam quem ele era. O clima no ar era um pouco como: 'Isso não vai acabar bem.'"

Jemas admitiu que ele nunca tinha lido um quadrinho antes de trabalhar para a Marvel, e ele tinha uma personalidade impetuosa, de jogar as coisas na cara das pessoas, que incomodava.

"Ele era entusiasmado, era apaixonado, e tinha um pouco de um amor exigente e um humor difícil", diz Bob Greenberger, um antigo editor da DC que Jemas levou para a Marvel em 2001. "Havia alguns funcionários que ele simplesmente ridicularizava e ia embora. Ele deu apelidos incômodos para as pessoas. E ele achava que era engraçado, e nunca parou para perceber que essas pessoas estavam sofrendo."

Logo depois de receber o reinado da Marvel, Jemas demitiu o editor-chefe Bob Harras e promoveu Joe Quesada. Quesada era um artista nascido no bairro do Queens, torcedor dos Mets e que havia trabalhado tanto para a Marvel quanto para a DC. Ele era uma presença de figurino casual, um tipo rechonchudo, de brinco e cabelo espetado, e possuía um guarda-roupa que tinha mais camisetas que ternos. Tinha sido contratado no meio dos problemas de falência da Marvel para cuidar de um selo novo e quase autônomo, chamado Marvel Knights, que oferecia uma visão mais dramática e direcionada pelos autores de alguns dos heróis então estagnados da companhia. Quesada recrutou o diretor de *O Balconista*, Kevin Smith, em 1998, para escrever *Demolidor*, e escalou o escritor irlandês Garth Ennis para proporcionar uma versão maravilhosamente vulgar do vigilante Justiceiro.

Quesada e Jemas vieram quentes, determinados a devolver a grandiosidade à Marvel, tirando-a do pântano financeiro no qual estava presa e sacudindo a inércia criativa que tinha pairado sobre a empresa há anos. A Marvel voltaria a ser a editora determinada, de ponta, que tinha sido no seu apogeu, na década de 1960.

E um aspecto importante de seu plano era reacender a rivalidade com a DC até um nível de antagonismo escancarado, abrasivo, que não havia sido visto desde os dias de Stan Lee falando da "Marca Eca". Os quadrinhos da Marvel eram os melhores do mundo, e Jemas e Quesada iriam mostrar isso a todos, inclusive para aqueles desafortunados da DC.

Se os realities shows da época, como *Survivor* e *The Real World*, tinham ensinado alguma coisa, era que conflito era igual a engajamento da audiência.

"Eu gostava quando as duas empresas se odiavam", Quesada disse em 2002. "Ficava melhor para os fãs. Sabe, se você gosta da DC, então odeia a Marvel. Se gosta da Marvel, então odeia a DC."

"Bill viera do mundo esportivo e tinha um instinto para rivalidade", diz Stuart Moore, antigo editor da DC que foi para a Marvel em 2000. "Ele queria agitar os fãs, para que torcessem por um lado ou por outro. E realmente gostava de incomodar as pessoas da DC, que tinham uma tendência a se levar um pouco a sério. Ele gostava de provocá-las. Ele gostava de causar problema."

Ao contrário dos presidentes anteriores, que preferiam permanecer nos bastidores, Jemas se via como o rosto público da empresa. Ele logo se tornou a versão do P. T. Barnum – um fanfarrão mestre de cerimônias de circo que era rápido em ostentar ou chamar a atenção. Jemas convocava coletivas de imprensa com frequência, escrevia uma coluna online que respondia perguntas dos fãs e geralmente batia no peito em relação à empresa sempre que podia. E uma de suas maneiras favoritas era tirar sarro da "Distinta Concorrência". Ele parecia querer fazer uma provocação para cada dólar que recebia do seu salário anual de 505 mil.

Ele se referia regularmente à DC, cuja empresa-mãe, a Time Warner, havia sido adquirida recentemente por um gigante online, como "AOL", simplesmente porque ele sabia que isso os irritava.

Frequentemente, escarnecia de sua rival por conta das vendas ruins e da qualidade de seus títulos, dizendo uma vez: "Em algum lugar, alguém escreveu uma regra de que os quadrinhos deveriam ser chatos, e a grande maioria do que é publicado pela nossa concorrência... adere firmemente a essa regra."

Depois de ver o filme *Homem-Aranha*, de 2002, ele proclamou que era tão bom que "A DC poderia fazer um quadrinho do Homem-Aranha, que não prejudicaria o personagem".

Em 2001, quando a DC censurou edições da série *Authority*, do escritor Mark Millar, que trazia uma visão ultraviolenta e adulta dos super-heróis, Jemas ofereceu publicar os quadrinhos proibidos, generosamente oferecendo 10 por cento de royalties à DC. Ele depois esclareceu que ele quis dizer 10 centavos.

Jemas imaginou que suas palhaçadas remontavam aos dias de Stan Lee, mas seu tom era mais severo, mais adequado para o século XXI. Suas provocações tiravam do sério os funcionários mais sensíveis da DC.

"Stan fazia com classe. Fazia de tal forma que você não poderia se ofender", diz o ex-editor a Marvel, Glenn Greenberg. "Eu sei, com certeza, que as pessoas da DC estavam levando isso realmente a sério, no nível pessoal, e algumas se ressentiram, ficaram realmente magoadas. Eu sei que nos níveis mais superiores as pessoas estavam levando isso no pessoal."

Jemas era especialmente exuberante em seu antagonismo com Paul Levitz, que, em 2002, depois de cerca de trinta anos na empresa, ascendeu para se tornar presidente e publisher da DC, após a partida de Jenette Kahn. Levitz era uma figura cerebral, intensa, que não sofria com bobagens. Ele tinha uma reputação de conservadorismo e detestava fofoca e a lavação de roupa suja da indústria – em outras palavras, perfeito para as travessuras de quinta série de Jemas.

Jemas assinou um prefácio provocativo no livro *Marvel 2000–2001 Year in Review: Fanboys and Badgirls, Bill and Joe's Marvelous Adventure*, um livro em capa dura e elogioso de 2002, que detalhava o primeiro ano do novo regime da empresa. Nele, Jemas apontou um lança-chamas para Levitz e sua gestão da DC.

"Aqueles que o amam dizem que é porque Levitz quer proteger seus criadores e personagens do abuso comercial e da corrupção que podem vir da exploração em massa da mídia", Jemas continuou. "Aqueles que o detestam dizem que Levitz é um homem com talentos pequenos, que mantém a indústria pequena para proteger seu próprio poder sobre criadores verdadeiramente brilhantes e talentosos."

O golpe de mestre de Jemas em seu antagonismo infantil veio com uma minissérie satírica que ele escreveu em 2002, chamada *Marville*. Os quadrinhos eram pouco mais do que um veículo para uma série de piadas contra a DC e sua empresa-mãe.

A história dizia respeito a um personagem semelhante ao Superman – o título *Marville* era um trocadilho com a série de TV da DC, *Smallville* –, cujos pais o mandaram de volta à nossa era a partir do ano 5002. O garoto, cujo nome era KalAOL (o nome verdadeiro do Superman é Kal-El), lutou para abrir caminho para o nosso mundo, e sua única posse era um DVD da AOL com cem minutos grátis.

A série fazia ataques pessoais direcionados a todos, desde o executivo Ted Turner, da Time Warner, até Levitz – uma violação chocante do protocolo de uma indústria onde a competição sempre foi feroz, mas raramente desagradável. *Marville* nº 1 abria com uma introdução de uma página de texto em que se lia: "A Distinta Concorrência da Marvel (DC Comics) é administrada por um homem chamado Paul Levitz, que luta em uma batalha sem fim para manter seu negócio obscuro. Este não é um feito tão pequeno, já que a DC possui Batman e Superman."

"Por que era Jemas, todos pensaram que era só o Bill sendo ele mesmo", diz Greenberger, o ex-editor da Marvel. "Nós éramos mais indiferentes, ou ficamos mais constrangidos do que irritados com aquilo."

Não foi esse o caso na DC.

"Jemas era um verdadeiro terror para a DC", diz Raspler, o antigo editor da DC. "Ele meio que quebrou as regras, o acordo de cavalheiros. Ele cruzou os limites, o que foi emocionante para seus partidários e escandaloso para os seus alvos. Todos conversamos sobre isso."

Mesmo que as travessuras de Jemas tenham incomodado muitos na DC e eles estivessem morrendo de vontade de responder, a equipe foi proibida de retaliar publicamente. Ninguém, disseram-lhes, podia falar com a imprensa sobre a disputa. Quando um funcionário da DC perguntou sobre as provocações de Jemas, Levitz apenas encolheu os ombros e disse "O que você pode fazer?".

Os métodos de Jemas e Quesada podem ter incomodado alguns na indústria, mas, de forma parecida com os comentários mordazes de Simon Cowell no *American Idol*, os leitores pareciam devorá-los. A nova administração começou a tirar a Marvel do fracasso da falência, ajudando o negócio dos quadrinhos como um todo, que, em décadas recentes, tinha sido excessivamente dependente da Marvel. Um ano depois que Jemas e Quesada chegaram ao poder, a indústria reverteu sete anos consecutivos de declínio e registrou um crescimento modesto. A Marvel, em 2001, abriu uma vantagem de seis pontos na participação direta do mercado sobre a DC, depois das duas terem praticamente empatado em 2000. Em 2002, a liderança foi de 11 pontos.

"[O estilo pugilista de Jemas e Quesada] pode ter ajudado. Eles eram persistentes em um momento em que muitas pessoas poderiam estar dispostas a pular fora", diz o ex-editor e escritor da DC, Brian Augustyn. "Aquilo certamente uniu os fãs. Jemas procurava criar um tipo de exclusividade do tipo: 'Você pertence a um clube para poucos.'"

O produto sem dúvida melhorou sob a nova liderança. No início de seu mandato, Jemas e Quesada redigiram um plano de publicação de vinte páginas que detalhava as mudanças que eles esperavam trazer para a Marvel. Solicitavam uma menor reverência pelo *status quo* e uma demanda por maior qualidade.

A dupla procurou recrutar novos criadores e tornar os quadrinhos da Marvel mais acessíveis aos leitores. Jemas sentiu que os editores e criadores da Marvel eram muito reverentes aos seus lados fanboys, produzindo histórias insulares e autorreferentes, que exigiam décadas de conhecimento para ler – Jemas os chamava de "quadrinhos sobre quadrinhos".

Ele lamentou o fato de que muitos dos heróis principais da Marvel puderam crescer e mudar. Na época de *O Espetacular Homem-Aranha* nº 1, Peter Parker era um nerd fracassado do ensino médio que nunca teve seu momento de sorte. Agora ele tinha mais de vinte anos, era formado na faculdade e casado com uma supermodelo, Mary Jane. Jemas brincou que provavelmente eles logo publicariam uma história sobre seu problema de próstata.

Parte da solução foi lançar uma nova linha de quadrinhos, chamada *Ultimate*,[17] destinada a aliviar o fardo de décadas de continuidade dos personagens. As histórias começariam no início, apresentariam versões mais novas dos heróis e ocorreriam oficialmente fora do cânone do Universo Marvel. *Ultimate Homem-Aranha* nº 1, lançado em setembro de 2000, recontou a origem do herói com uma sensibilidade moderna. *Ultimate X-Men* veio na sequência, assim como *Os Supremos*, uma visão contemporânea dos Vingadores pelo escritor Mark Millar, que serviu como base para o filme *Os Vingadores*, de 2012.

Jemas e Quesada também forçaram o departamento editorial a correr mais riscos e contar histórias que a Marvel temia contar anteriormente. Na época, um dos maiores mistérios do Universo Marvel era a origem de Wolverine, o ultrapopular e praticamente indestrutível membro dos X-Men. Apenas fragmentos de sua história pregressa foram revelados durante 25 anos de narrativas do personagem, em parte porque ninguém sabia qual era. (Um roteiro não produzido de 1984, de Roy Thomas e Gerry Conway, falava que Wolverine recebeu seu esqueleto de metal após um acidente de carro.) O editorial também temia que contar a história estragasse o personagem. Um déficit financeiro foi tudo o que precisou para que isso mudasse.

---

17 Quando começou a ser lançada no Brasil, pela Panini Comics, a linha Ultimate foi rebatizada de Marvel Millennium. (N. do T.)

"Uma vez, um dos nossos caras do financeiro chegou até mim e Jemas e disse que alguns projetos tinham caído", o ex-diretor de operações de publicação da Marvel, Greenberger, diz. "Ele falou: 'Teremos uma queda de oitocentos mil dólares este ano se não fizermos alguma coisa.' Foi quando Jemas disse: 'Bem, acho que é a hora de contar a origem do Wolverine.'"

A minissérie de seis números chamada *Origem* apareceu em 2001, e revelou que Wolverine – também conhecido como Logan – tinha nascido como James Howlett em uma família canadense rica. Ele foi expulso para as regiões selvagens após o assassinato de seu pai. A aposta de finalmente contar a história foi paga. A série foi um grande sucesso, terminando perto do topo das paradas do ano.

O novo regime da Marvel também abriu suas páginas para conteúdo mais maduro. Em 2001, a empresa lançou o selo Max, para adultos, que incluía *Alias*, série do escritor Brian Michael Bendis sobre uma detetive, que foi adaptada no seriado *Jessica Jones*, sucesso da Netflix em 2015. (Os quadrinhos eram tão apimentados que a gráfica da Marvel, no Alabama, se recusou a imprimir.)

Jemas também tomou a controversa decisão de remover a Marvel do Comics Code Authority – o órgão de censura que vigiava o conteúdo desde a década de 1950. A administração da Marvel se ressentia de pagar um órgão externo para monitorar seus gibis e considerou o código irrelevante para o século XXI e os leitores cada vez mais velhos da Marvel. E também inconsistente. Em abril de 2001, o órgão havia pedido à Marvel que removesse certas palavras de um de seus quadrinhos, mas as permitiu em uma edição do *Superman*.

Jemas decidiu que era hora da Marvel pular fora.

As outras grandes editoras – DC, Archie e Dark Horse – se opuseram à decisão da Marvel, e uma reunião foi agendada no escritório da editora.

As reuniões da Comics Code eram realizadas regularmente, e muitas vezes um ou dois representantes de cada empresa participavam. Neste caso, Paul Levitz e o editor-executivo Mike Carlin representavam a DC, enquanto Michael Silberkleit representou a Archie.

Quanto ao contingente da Marvel, Jemas tinha uma surpresa. Para encher o saco da DC, ele decidiu encher a sala de conferência com vários funcionários da Marvel que ele havia roubado recentemente, apesar do fato de que nenhum deles tinha participado daquilo antes e que os corpos extras não tinham nada a tratar ali. Jemas arrastou Bob Greenberger, Stuart Moore e os ex-editores da Vertigo, Jennifer Lee e Axel Alonso, para a sala.

"Ele nos colocou basicamente para sermos a plateia", Greenberger diz. "Bill estava se divertindo. Ele pensou que aquilo era hilário."

"Isso irritou o pessoal da DC", Moore conta. "Foi um encontro estranho, um pouco desconfortável."

Quando questionado por que a Marvel trouxe funcionários desnecessários, Jemas alegou que o número de pessoas de cada empresa estava em correlação direta com as vendas.

Os lados também começaram a discutir sobre o código, com a DC e a Archie defendendo permanecer com ele. Abandonar o código, argumentaram eles, poderia chamar atenção indesejada e forçar o governo a intervir. Silberkleit, a certa altura, apresentou um arquivo encorpado com recortes da cruzada contra os quadrinhos da década de 1950, e advertiu que poderia acontecer de novo. Levitz advertiu que os senadores poderiam vir atrás da indústria novamente.

"Bem sinceramente, Paul", Jemas respondeu, "tenho mais medo de sentinelas do que de senadores", fazendo uma referência aos robôs assassinos dos gibis dos X-Men.

A Marvel começou a usar seu próprio sistema de classificação interna, e, como aconteceu com tanta frequência nesse negócio, a DC – a princípio tão violenta contra a posição progressista de Marvel – eventualmente fez o mesmo. Da mesma forma, ela abandonou o Comic Code em janeiro de 2011, muito tempo depois que todos deixaram de se importar.

O antagonismo entre as empresas só cresceria, mas, antes de chegar ao ponto sem volta, a Marvel e a DC conseguiram se entender por tempo suficiente para finalmente negociar a publicação de um dos maiores projetos inacabados da história dos quadrinhos, a baleia-branca dos fãs, *LJA/Vingadores*. A série havia sido iniciada e, em seguida, abandonada em 1983, depois que os dois lados não conseguiram concordar com uma trama e uma direção criativa. Os fãs nunca deixaram de ter esperança, e, ao longo dos anos, rolavam boatos de que finalmente seria concluído, mas nenhum anúncio firme aparecia, mesmo depois que a Marvel e a DC começaram a cooperar em uma nova rodada de crossovers no meio dos anos 1990.

Finalmente, em março de 2001, se tornou oficial. O anúncio foi feito em uma convenção em Orlando, na Flórida: *LJA/Vingadores* estava de volta e estava programado para chegar às prateleiras no próximo ano. Seria desenhado pelo artista original, George Perez, e escrito por Kurt Busiek, um escriba de *Vingadores* e cocriador de *Marvels*, uma minissérie aclamada e influente de 1994 que oferecia uma visão realista e comum do Universo Marvel através dos olhos de seus habitantes que não tinham superpoderes.

Ao longo dos anos, a DC e a Marvel tinham falado ocasionalmente a respeito de reiniciar *LJA/Vingadores*, mas as circunstâncias sempre conspiraram para que isso não acontecesse.

"As pessoas pensavam nos atrasos como se a Marvel e a DC estivessem bravas uma com a outra, e muitas vezes não era nada disso", Busiek diz. "O problema é que essas empresas são de propriedade de grandes corporações, e essas grandes corporações interagem."

Em um dos casos, um potencial acordo para *LJA/Vingadores* foi oferecido depois que a Marvel e a Time Warner brigaram por causa de uma pequena negociação internacional envolvendo, por incrível que pareça, um licenciamento para adesivos. Uma das editoras europeias que publicava a Marvel comprou uma empresa italiana que tinha licença para produzir adesivos da DC, o que significava que a empresa nunca chegou a produzir esses adesivos. O que fez com que as duas partes brigassem por causa de dinheiro.

"Literalmente, um licenciamento de adesivos atrasou *LJA/Vingadores*", Busiek diz. "Mas então os céus se abriram. Eu acho que foi Joe Quesada que ligou para a DC e disse: 'Ninguém está bravo com ninguém no momento. Vamos fazer.'"

Como a série tinha sido tão aguardada, os criadores envolvidos estavam determinados a fazer justiça e torná-la mais sofisticada do que um típico crossover Marvel-DC.

"Quando originalmente nos sentamos para conversar sobre a história, uma das primeiras coisas que concordamos foi que não queríamos fazer o crossover padrão, onde é preciso ter exatamente o mesmo número de vilões por Universo, e cada lado tem que ter o número exato de quadrinhos, e todas as lutas devem terminar em um empate", Busiek conta. "Trata-se de fazer uma dança onde tudo se equilibra, em vez de fazer uma história que tenha dramaticidade e surpresas. E todos concordaram."

A história envolvia duas criaturas divinas que, em um jogo cósmico, mandam cada uma das equipes em uma busca por tesouros interdimensionais, dando aos heróis a tarefa de coletar doze artefatos poderosos. Os heróis viajam para o universo um do outro em busca do butim e, porque é um gibi, eventualmente entram em conflito durante a perseguição.

Diferentemente dos encontros anteriores entre a Marvel e a DC, *LJA/Vingadores* veio depois de décadas de crossovers similares, e os leitores experientes já estavam familiarizados com o formato e os clichês da indústria. Essa familiaridade permitiu aos criadores se divertirem um pouco, adicionando uma camada de astúcia e de comentários metalinguísticos sobre as diferenças fundamentais entre os universos DC e Marvel.

"Nós brincamos com as velhas reputações dos anos 1960 dos dois universos, onde no Universo Marvel os heróis têm que lutar, e, assim que ganham, as pessoas jogam coisas neles", Busiek diz. "E na DC, Superman é um cidadão de todos os países do mundo, o Flash tem um museu. Eles são praticamente um panteão."

Quando os Vingadores chegam ao Universo DC, ficam consternados com a modernidade limpa da cidade e a forma como o público idolatra os heróis.

"Esse é um mundo e tanto", repara Mercúrio, o mutante da Marvel, enquanto dá uma olhada pelo museu do Flash. "Heróis são respeitados, não perseguidos."

Enquanto isso, Superman e a Liga da Justiça ficam desapontados com os Vingadores, que, com todo seu poder, não conseguiram trazer uma utopia.

"Não estou impressionado", Superman resmunga. "Nem com seu mundo, nem com suas conquistas."

Os criadores incluíram outras piscadelas para os fãs. A melhor fala foi para o Gavião Arqueiro, que nota as similaridades da Liga da Justiça com um certo time de heróis da Marvel que foram criados em sua homenagem.

"Esses fracassados queriam ser o Esquadrão Supremo!", Gavião Arqueiro grita.

Perez, que estava esperando por quase vinte anos para finalmente encarar o projeto, ficou doido. Quando Busiek lhe perguntou qual das dezenas de personagens que tinham sido membros dos Vingadores e da Liga da Justiça ao longo dos anos ele gostaria de desenhar, Perez respondeu: "Todos." Ele não desapontou. Salpicou a série com páginas detalhadas, preenchidas com tantos personagens que pareciam saídas de *Onde está Wally?* em sua desorganização inspiradora. A capa para a edição nº 3 continha surpreendentes 208 heróis. Foi um trabalho tão grande que literalmente lhe causou tendinite e atrasou o lançamento do nº 4 em algumas semanas.

A série terminou em um tom esperançoso, com os personagens da DC e da Marvel reconhecendo a consideração que eles tinham uns pelos outros antes de serem devolvidos aos seus respectivos universos. "Talvez façamos isso de novo algum dia", lia-se na última página.

Mas não era para ser. Sem que os leitores e as equipes da época soubessem, *LJA/Vingadores*, lançado em setembro de 2003, foi o último crossover Marvel-DC. Não que não tivesse havido pressão para mais.

Depois que as empresas conseguiram se entender em *LJA/Vingadores*, havia esperança na perspectiva de cooperação futura. Por que as empresas não poderiam negociar um acordo de parceria para lançar uma série de encontros, como fizeram no final da década de 1970?

Na primavera de 2001, logo depois de *LJA/Vingadores* ter sido anunciado, Greenberger, da Marvel, organizou um almoço entre os dois lados. O editor-executivo da DC, Mike Carlin, e o chefe de vendas e marketing, Bob Wayne, sentaram-se com Joe Quesada, o editor-chefe da Marvel, e o presidente Bill Jemas e Greenberger, em uma tentativa de dar o pontapé inicial nos crossovers. Não deu muito certo.

"Eu acho que eles queriam medir a temperatura uns dos outros para ver se eles realmente poderiam trabalhar juntos, e depois de um almoço perceberam que não podiam", Greenberger diz. "Era como dois países rivais que nunca iam se ver frente a frente. Eles simplesmente não se gostavam. Bill estava zombando de tudo da DC, e Bob Wayne estava eriçado. Simplesmente não foi um almoço confortável."

Mesmo com Greenberger propondo um trampolim para um crossover que tinha o vilão Lex Luthor, que na época tinha sido eleito presidente no Universo DC, declarando guerra a Latveria, o domínio do Doutor Destino, da Marvel, nada saiu da reunião. Os dois lados foram embora mal-humorados e sem concordar com futuros trabalhos em equipe. O pior amargor, infelizmente, ainda estava por vir.

Dos dois rostos públicos da Marvel, Quesada geralmente era mais bem comportado do que Jemas, preferindo bancar o tira bom em oposição ao tira mau do chefe. Como Jemas, ele fazia um tipo *showman* arrogante e se tornou uma presença regular na mídia, mas suas reflexões raramente chegavam ao nível incendiário, DEFCON-1, das declarações de Jemas.

Tudo isso mudou em abril de 2002.

A entrevista que Quesada deu ao *New York Observer* deveria ser pouco mais do que uma peça de promoção dos planos da Marvel em conjunto com o vindouro filme *Homem-Aranha*. Em vez disso, tornou-se indiscutivelmente a maior e mais prejudicial provocação na história da rivalidade. Na entrevista, Quesada soltou uma série de ironias contra a DC, que conduziria a uma separação quase irreparável entre as empresas e esfriaria a relação – talvez para sempre.

"Que merda que é a DC?", Quesada xingou no artigo do *Observer*. "Seria melhor chamá-la de AOL Comics. Pelo menos as pessoas sabem o que é AOL. Quero dizer, eles têm Batman e Superman e não sabem o que fazer com eles. Isso é como ser um astro pornô com o maior pau e não conseguir fazê-lo ficar em pé. Que merda."

Como esperado, a DC e Paul Levitz recusaram-se a comentar na imprensa, mas, em particular, o sentimento dentro da empresa era de que esses comentários representavam uma nova baixa, um ponto de ruptura na relação cada vez mais hostil entre os dois rivais.

"Pra começar, ser comparado a um astro pornô deixou Levitz louco, e daí a ser comparado com um que não conseguia deixar de pé ao desperdiçar todos aqueles grandes personagens, era uma desolação completa", diz Raspler, o antigo editor da DC. "Ele ficou simplesmente atormentado com aquela babaquice terrível. Ficou muito magoado."

"A relação entre as empresas não foi calorosa desde então", diz o editor da Marvel na época, Stuart Moore.

As relações ficaram tão geladas naquele momento que chegou a circular um boato alegando que a DC tinha matado Azrael, o substituto do Batman, cocriado anos antes por Joe Quesada, na tentativa de punir o editor-chefe da Marvel e evitar o pagamento de royalties pelo personagem. Grande história, mas inverídica. A série solo de Azrael foi cancelada e o personagem do título, esquecido em 2003 devido apenas a baixas vendas.

Para aumentar a rivalidade, veio a contratação em 2002 de Dan DiDio como vice-presidente editorial da DC. DiDio era um nova-iorquino nativo, careca, cavanhaque grisalho e uma atitude impetuosa e divertida que estava mais próxima da personalidade tradicional da Marvel do que a da DC, levando um comentador online a rotulá-lo como "um Bill Jemas light". A entrada de DiDio deu à DC um porta-voz agressivo e apaixonado que, ao contrário de Paul Levitz, era menos inclinado a manter a classe. (A parede do lado de fora do escritório de DiDio tinha um entalhe de seu punho, de uma vez em que ele ficou chateado.)

"Jemas e DiDio eram muito mais inclinados a se levantar na sua cara e falar coisas ruins", diz o antigo funcionário da Marvel Gregg Schigiel. "Depois de *LJA/Vingadores*, as coisas foram pro espaço. A rivalidade ficou bem mais à flor da pele. Aquilo era quase uma briga entre fraternidades estudantis."

E como sua contraparte da Marvel, DiDio era alguém de fora da indústria. Anteriormente, passou sua carreira trabalhando na TV, incluindo telenovelas e animações. E como alguém de fora, ele, assim como Jemas, estava menos propenso a se curvar aos costumes não ditos da indústria ou a fazer as coisas de uma certa maneira, só porque era assim que elas sempre foram feitas.

DiDio se determinou a deixar sua marca na DC e consertar o que ele pensava estar errado. A solução, como de costume, significava aproximar-se da Marvel, tentando tornar o universo fantástico e os personagens caretas da DC mais realistas, corajosos e capazes de gerar identificação. Era o mesmo problema que a DC vinha enfrentando desde a década de 1960.

"Nossos personagens tinham sido criados nos anos 1940, 50 e 60", DiDio disse em 2005. "Há muitos elementos em que temos uma desconexão com a base dos leitores de hoje."

Um dos primeiros grandes projetos de DiDio foi *Crise de Identidade*, uma minissérie de 2004 escrita pelo romancista Brad Meltzer que estabeleceu um novo patamar para temas sombrios e espinhosos e logo se tornou um dos títulos mais controversos que a DC já publicou. A história mostrava membros da Liga da Justiça investigando o assassinato brutal da esposa do Homem-Elástico, Sue Dibny. Essa investigação logo revelou segredos obscuros do passado, incluindo que um vilão uma vez havia estuprado Dibny a bordo do satélite em órbita que era da sede da LJA. Os heróis acabaram por fazer ao perpetrador uma lobotomia psíquica, e quando Batman tentou interferir, eles apagaram a mente dele também.

"*Crise de Identidade* era um flashback da época do satélite da Liga da Justiça [durante a década de 1970], uma época mágica. Mas era uma história realmente sombria e sinistra", diz o ex-editor da DC Frank Pittarese. "A DC estava compensando demais. Não era como se estivessem "marvelizando" a DC. Eles "marvelizaram" e depois acrescentaram uma camada de Quentin Tarantino por cima. Esse aspecto sanguinolento começou a se entranhar, assim como essa sexualidade. Isso depois que Dan apareceu."

Em 2005, um vilão chamado Maxwell Lord é apresentado atirando de forma explícita na cabeça do herói amalucado Besouro Azul. Mais tarde, a Mulher-Maravilha mata o assassino quebrando seu pescoço. Olhem, crianças! Quadrinhos!

DiDio e Jemas não teriam tempo de bater seus gênios um contra o outro, no entanto.

"Jemas acabou sendo demitido", diz o antigo publisher da Marvel, Shirrel Rhoades. "Alguns compararam à expulsão do Diabo do Paraíso."

Durante seu mandato, Jemas enfrentou cada vez mais os varejistas, instituindo políticas que os proprietários das lojas achavam ser prejudiciais aos seus negócios. Ele ordenou que as histórias mensais fossem escritas em determinado ritmo e tamanho, para depois serem coletadas em encadernados, e, em 2001, a Marvel começou a imprimir sob demanda, o que significava que, uma vez que uma edição esgotava, um varejista não conseguiria encomendar mais.

"Foda-se esse cara", diz Brian Hibbs, proprietário da Comix Experience. "Jemas foi o primeiro executivo em qualquer empresa editorial que já encontrei que realmente não se importava com o que estava acontecendo com o mercado ou se o mercado estava saudável, ou se o que estava fazendo era sustentável ou lógico. Era alguém chegando, lançando bombas, instigando as merdas dele e não se importando de fato com as ramificações a longo prazo das suas ações."

O executivo da Marvel também começou a se intrometer mais no editorial, levando alguns criadores a se queixarem dele interferir diretamente em seus trabalhos. Mark Waid, um roteirista favorito dos fãs, foi demitido no meio de uma série bem-recebida do *Quarteto Fantástico*, depois que ele se recusou a cumprir as ordens de Jemas de transportar de repente a primeira família da Marvel para os subúrbios e transformar a revista em uma dramédia.

Em outubro de 2003, Jemas tinha incomodado muitos dentro da Marvel e estava saindo. O movimento agradou ao pessoal da DC, que rezava pela partida de Jemas quase desde o dia em que ele chegou lá. Sua saída, no entanto, não foi o bastante para redefinir as relações entre as empresas.

Quesada ainda estava lá e, enquanto ele permanecesse, as relações permaneceriam frias.

A animosidade da DC foi exposta em uma convenção de agosto de 2004, em Chicago. Lá, Brian Michael Bendis, escritor superastro da Marvel, estava apresentando um painel sobre trabalhos vindouros quando mencionou seu sonho de fazer um potencial encontro entre o Batman e o Demolidor. Bendis pediu ajuda ao público para convencer a DC a mudar de ideia em relação aos crossovers.

"Falamos com a Marvel, e eles disseram sim", Bendis contou à audiência. "Depois, falamos com Paul Levitz. Ele disse não."

De repente, uma voz gritou da plateia:

"Na verdade, isso não é inteiramente correto, Brian!", um homem disse, emergindo da parte de trás da sala.

O homem era Bob Wayne, chefe de marketing da DC. Ele e Bendis começaram a discutir, para o choque – e deleite – dos fãs reunidos.

– Eu pedi pessoalmente a Paul para reconsiderar – Bendis falou a Wayne. – A razão pela qual ele me deu para a negativa era uma razão pessoal, que seu relacionamento com Joe Quesada não era de seu agrado. E eu disse que achava que isso não deveria ter importância, que não era um bom motivo.

– Nós expressamos nosso interesse em fazer Batman e Demolidor – Wayne retrucou –, e dissemos que poderíamos fazê-lo assim que Joe Quesada saísse da Marvel Comics. É um pedido bem simples. Só resta uma pessoa que nós queremos que saia da Marvel... costumava ser duas – disse Wayne, em referência à recente saída de Jemas. – Se houver algo que você possa fazer pra apressar isso, ficaremos felizes em colocar o gibi em andamento.

Bendis reiterou que os fãs e os varejistas estavam pedindo pelo gibi e que não havia nenhuma boa razão para não fazê-lo.

– Vocês só estão bravos porque Joe dá uma surra em vocês – ele afirmou.

– O problema é o tipo de comportamento que Joe exibe em entrevistas, como aquela que fez para o *New York Observer*, quando ele ultrapassou todos os limites do que é um comportamento apropriado – Wayne disse pouco antes de se afastar, terminando a briga pública. Bendis ficou lamentando de brincadeira que agora ele nunca trabalharia para a DC.[18]

---

[18] Curiosamente, no fim de 2017, Brian Michael Bendis trocou a Marvel pela DC em mais uma mudança de autores dentro das duas editoras. (N. do T.)

Com a competição se aquecendo entre as duas empresas, aconteceu o mesmo com a busca por talentos. A Marvel, impulsionada pela emergência da sua falência, começou a roubar vários funcionários bem-cotados da DC, incluindo o editor da Vertigo, Axel Alonso, em 2000 (ele se tornou editor-chefe da Marvel em 2011), e o editor Stuart Moore, dentre outros.

"Foi um movimento ousado", fala o ex-editor da DC, Tom Palmer Jr. "Foi um pouco frustrante porque pareceu que nada foi feito em resposta. Não teve um: 'Oh, também vamos pegar uns caras da Marvel.' Eles meio que falaram: 'Ah, tá bom, eles foram embora.' Meio que seguimos em frente."

A corrida para assinar contratos exclusivos com os melhores talentos também ficou aquecida. Os contratos bloqueavam um escritor ou desenhista freelancer por um determinado período de tempo, mantendo-os fora das mãos da competição. Em troca, o criador geralmente recebia cobertura médica e outras vantagens, bem como um bônus de assinatura.

Contratos exclusivos já existiam desde os primeiros dias da indústria, mas eles se tornaram mais comuns à medida que os anos passaram.

Um dos primeiros foi Irv Novick, no meio dos anos 1960. Novick estava desenhando quadrinhos de guerra da DC editados por seu amigo Bob Kanigher, mas ele teve que parar para assumir um emprego na publicidade.

"Kanigher ficou realmente triste por perder Novick em seus quadrinhos", diz o historiador Mark Evanier.

A DC conseguiu atrair o artista de volta aos quadrinhos elaborando um contrato que o pagava regularmente e garantia-lhe certa quantidade de trabalho.

A Marvel começou a fazer ofertas mais atraentes para criadores na década de 1980. Freelancers selecionados recebiam plano de saúde e férias, e suas despesas de viagem para convenções eram cobertas. Alguns artistas obtinham um bônus de continuidade, ganhando um extra de quinhentos dólares se completassem um certo número de edições em sequência.

A quantidade de dólares aumentou no início da década de 1990, quando a indústria explodiu e começou a reconhecer que cada vez mais os autores, e não os personagens, impulsionavam as vendas. Com apenas duas grandes empresas no campo, os autores podiam jogar com uma e com outra para conseguir o melhor negócio.

"Tamanha era a disputa por talentos, especialmente depois da deserção do pessoal para a Image, que se transformou numa guerra de escalação entre a Marvel e a DC", Bob Budiansky, antigo editor da Marvel, diz.

"Por volta de 1990, realmente começamos a nos bater na tentativa de prender os talentos com contratos de exclusividade", conta Brian Augustyn, ex-editor da DC. "Ambas as empresas entraram em um frenesi para estar bem fornecidas de talentos."

Os incentivos para os melhores criadores sempre foram suculentos. John Byrne, o arquiteto da reinvenção do Superman do meio dos anos 1980, foi atraído em parte pela promessa de que a empresa-irmã da DC, a Warner Books, publicaria seu romance em prosa de terror. E há um boato de que certo autor tinha um único pedido para selar sua deserção no meio dos anos 1970: uma prostituta asiática.

Os anos 1990 elevaram os incentivos a novos patamares. Os autores ganhavam vinhos, jantares e recebiam ofertas de somas exorbitantes. Em vez de pagar por página, como era a tradição, uma empresa poderia garantir a um artista uma soma fixa – digamos cinco mil dólares – por edição. Os superastros ganhavam mais – muito mais.

"Eu pagava aos desenhistas dos X-Men, Andy e Adam Kubert, cerca de 1 milhão de dólares por ano para cada um em um contrato de superastro" conta o antigo publisher da Marvel, Shirrel Rhoades. "Os desenhistas que eram grandes nomes, os Jim Lees e Kuberts, exigiam bastante dinheiro e recebiam."

O problema da DC era que eles não conseguiam igualar a quantidade de dinheiro de sua rival. Os títulos da Marvel vendiam bem mais exemplares do que os da DC, tornando-a muito mais atraente para freelancers, que podiam ganhar mais com os royalties.

"Estávamos selecionando profissionais para o *Flash* depois que o Greg LaRocque saiu, em 1993, e Steve Skroce veio e nos mostrou seu portfólio. Demos a série a ele", recorda-se Ruben Diaz, ex-editor da DC. "Então ele saiu do escritório, e infelizmente parou na Marvel e mostrou suas coisas lá. Recebemos uma ligação algumas horas depois, dizendo que lhe ofereceram a série *Cable*, e com isso ele recusou a oferta do *Flash*. Ele poderia ter feito um trabalho melhor no *Flash*, mas era inegável que ia ganhar mais dinheiro com *Cable*."

A batalha pelos talentos levou as empresas a instituir um certo segredo. Nos dias antes dos e-mails serem comuns, os autores eram atraídos por ligações telefônicas. Os números de telefone tornaram-se moeda corrente.

"Eu queria contratar o desenhista Frank Quitely, da DC, para uma capa variante de *Vingadores Eternamente*, de 1999, e não conseguia achar o telefone dele em lugar nenhum", diz o antigo editor da Marvel, Gregg Schigiel. "E a editora Marie Javins, que havia trabalhado nas duas empresas, possuía a lista de telefones da DC Comics, a lista de talentos. Qualquer um que viesse da DC tinha. Esse era um recurso que não tínhamos na Marvel. A DC sempre teve a organização mais profissional. Eles tinham uma lista de telefones. A Marvel falava: 'Tudo bem, pega aí um cartão, rabisca seu telefone aí.' Então a Marie era a única que sabia que Frank Quitely não era o seu verdadeiro nome. O nome dele é Vincent Deighan, e eu consegui ligar para ele e levá-lo a fazer a capa."

"A DC mantinha a boca bem fechada quando se tratava de compartilhar informações de contatos", conta o artista Joe St. Pierre. "Eu fiz um trabalho do Batman com um arte-finalista que eu gostava, chamado Ray McCarthy. Eu pedi lá no escritório do Batman: 'Ei, posso ligar para o Ray, porque eu gostaria de elogiá-lo pelo excelente trabalho que ele fez?' Eles responderam: 'Ah, nós falaremos com ele por você.' Eu estava trabalhando na Marvel na época, então não deixaria de passar por mim a ideia: 'Ei, vamos chamar o Ray para a próxima minissérie.' A DC provavelmente só estava se protegendo."

Os problemas da Marvel nos anos 1990 prejudicaram a guerra de talentos, mas, no início dos anos 2000, a competição esquentou novamente. A Marvel estava melhor financeiramente, e do outro lado, Dan DanDio, da DC, estava determinado a se tornar mais agressivo e proativo.

Em 2003, a DC roubou Grant Morrison, o escocês que estava escrevendo *Novos X-Men*, da Marvel. Eles também bloquearam o escritor Jeph Loeb e o artista Tim Sale, o time por trás de uma aclamada minissérie do Batman de 1996, *O Longo Dia das Bruxas*.

A Marvel trouxe Chris Claremont de volta em 2003. O escritor tinha sido removido de seu gibi *X-Men* logo após Quesada se tornar editor-chefe.

"Um dos caras do Ike [Perlmutter] notou que eu estava procurando trabalho ativamente na DC, e a atitude era: 'o criador da maior franquia da

Marvel se oferecendo para o nosso concorrente?'", diz Claremont. "E logo depois eu estava negociando um contrato com a Marvel."

Claremont continua sob contrato até hoje e está proibido de trabalhar para qualquer empresa além da Marvel, apesar dele raramente produzir novos trabalhos para a editora.

Uma pessoa que a DC conseguiu roubar durante a década foi o maior nome de todos da Marvel: Stan Lee. Chegou como um grande choque para os leitores e a indústria o anúncio de que o homem que tinha sido sinônimo de Marvel por cerca de sessenta anos finalmente pulou o muro para escrever um projeto especial, chamado *Imagine...* para ser lançado no fim de 2001. A série seria composta por treze edições fechadas, permitindo que Lee retrabalhasse as origens dos principais heróis da DC, incluindo Batman, Superman, Mulher-Maravilha e Lanterna Verde.

A ideia tinha vindo de Michael Uslan, o produtor do filme *Batman*, de 1989, e roteirista da DC. Durante a estreia do filme, em junho de 1989, Lee e o cocriador do Batman, Bob Kane, tiveram uma conversa bem-humorada sobre seus vários sucessos, com Lee insistindo que Batman teria sido melhor se ele tivesse participado da criação, e Kane alegando que o Homem-Aranha teria sido mais bem-sucedido se ele o tivesse desenhado. A discussão fez Uslan pensar: como o Batman *seria* se Lee o tivesse criado?

A ideia permaneceu em banho-maria por vários anos, até que a falência da Marvel proporcionou uma abertura.

"A razão pela qual Stan podia ir até a DC era porque o chefe da Marvel, Ike Perlmutter, decidiu economizar", Shirrel Rhoades diz. "Quando eu estava lá, eu pagava 1 milhão de dólares por ano a Stan, e eu sei com certeza que o pessoal do Perelman lhe pagava 1 milhão de dólares por fora, que não estava nos nossos registros. Perlmutter cancelou o contrato para economizar dinheiro."

O cancelamento deixou Stan Lee, depois de cerca de sessenta anos na Marvel, livre para trabalhar para outras empresas. Uslan telefonou para Lee para lançar a ideia.

"Seria ótimo ter sua opinião sobre como teria feito esses personagens se fosse você criando", Uslan disse a Lee.

"Diabos, claro que seria interessante fazer, mas tenho tanta chance de fazer esses personagens quanto uma bola de neve no inferno", Lee respondeu.

Uslan contatou a DC e, duas semanas depois, o acordo estava arranjado. Lee estava vindo para a DC. O homem que cocriou o universo da Marvel ia escrever para a Distinta Concorrência. Para compensar o dinheiro que Lee perdeu quando seu contrato com a Marvel foi cancelado, a DC concordou em pagar-lhe 1 milhão de dólares pela série.

Foi uma grande chance para a DC e criou algumas manchetes sensacionais. Mas não está claro o quanto Lee, então com 78 anos, realmente contribuiu além de dar seu nome.

"Ele estava envolvido assim com eles?", perguntou o artista Jerry Ordway, que desenhou *Imagine Liga da Justiça de Stan Lee*. "É..."

"Fizemos uma conferência para falar da história, Stan Lee, o editor Mike Carlin, Michael Uslan e eu", Ordway conta. "Passamos duas horas ao telefone, falando sobre o que aconteceria, e então, quando o telefonema estava terminando, Stan fala: 'Você tem o bastante aí para trabalhar? Não precisa que eu escreva alguma coisa pra você, não é?'"

Carlin deu a Ordway as anotações do telefonema, e ele fez o layout e desenhou a história. Depois Lee fez os diálogos.

A série *Imagine...* não impressionou os críticos e vendeu de forma modesta, com cada edição rendendo trinta ou quarenta mil no mercado direto. Alguns dentro da DC também ficaram desapontados.

"Foi um golpe, francamente", diz a ex-editora da DC, Joan Hilty. "Não havia nada de orgânico em Stan Lee imaginando o Aquaman. Achamos estranho no escritório. Foi uma ideia divertida e breve, mas não sei exatamente qual foi o motivo. É possível argumentar que teve o efeito de dizer subconscientemente aos editores: 'Suas ideias não são boas o suficiente. Precisamos de Stan Lee.'"

A Marvel também não estava com vontade de ver seu rosto público trabalhando para a competição, e a empresa rapidamente redigiu um novo contrato para recuperar Lee. A Marvel tinha um motivo mais premente para recuperar o editor emérito, não era apenas uma questão de relações-públicas.

"O contrato de Stan implicava que seu emprego dava à Marvel os direitos dos personagens que ele criou; então, ao se cancelar o contrato, havia um argumento legal de que os personagens reverteriam para Stan", Rhoades conta. "Eles eventualmente o contrataram de volta. Acho que lhe deram um salário anual de quinhentos mil dólares e requeriam apenas 10 por cento de seu tempo."

A série *Imagine* rapidamente desapareceu da memória, sendo, no fim das contas, pouco mais do que uma interessante nota de rodapé na história dos quadrinhos. E parece que a DC preferiria esquecer também. Muitos dos personagens que Lee criou para a série foram massacrados e mortos por ciborgues no evento de 2015 da editora, chamado *Convergência*. O que parece certo, considerando como as relações entre as duas empresas haviam ficado no século XXI.

13

Filmes e séries de super-heróis dominam o mundo

> "Está tudo lá no material de origem. Nosso sucesso significa que as pessoas podem permanecer fiéis ao material original. Eu acho que a história mostrou que quanto mais você se aproximar do espírito dos quadrinhos, melhor. Os fãs de quadrinhos são apaixonados por uma razão: porque o material é bastante bom."
>
> — Kevin Feige, presidente dos Marvel Studios

"Foda-se a Marvel!"

As palavras ecoaram no Beacon Theatre, de Nova York, provocando suspiros e gritos de milhares reunidos para a estreia de *Esquadrão Suicida*, em agosto de 2016.

O diretor David Ayer tomou o palco momentos antes para apresentar o esperado *spin-off* do Batman da Warner Bros, e começou por dizer que a experiência de fazer *Esquadrão Suicida* foi "a melhor da sua carreira". Ele estava transitando pelas platitudes necessárias de Hollywood – agradecendo ao presidente de produção, Greg Silverman – quando aconteceu. Um membro muito empolgado da plateia, talvez animado demais por estar a poucos minutos de ver Margot Robbie usando um short apertado, gritou: "Foda-se a Marvel!"

No palco, Ayer parou, depois agarrou o microfone e gritou de volta: "Foda-se a Marvel!", em meio a aplausos e risos de satisfação.

Naquele momento, a explosão de Ayer pareceu pouco prudente. Quando as críticas negativas começaram a jorrar (o agregador Rotten Tomatoes concedeu anêmicos 26 por cento de críticas positivas ao filme), pareceu estupidez. Mas bobagem ou não, a declaração de Ayer deu voz a uma das mais notórias – e lucrativas – batalhas públicas de Hollywood. Super-heróis, caso você não tenha notado, tomaram de assalto a cultura pop, e com a ascensão, a rivalidade entre a Marvel e a DC foi levada a um outro patamar.

Assim como na mídia impressa, esta nova batalha de bilhões de dólares se desenrola com cada empresa trazendo à mesa várias forças e fraquezas institucionais, bem como filosofias opostas.

A Marvel faz as coisas de um jeito, a DC faz as coisas de outro, e os espectadores são obrigados a votar com seus dólares, euros e (cada vez mais) yuans em qual visão, personagens e universo eles preferem. Este é o lugar onde a batalha está se desenrolando de forma mais feroz hoje em dia – nas telas de cinema e nas TVs ao redor do globo. E a mudança de arenas veio na hora certa.

Revistas em quadrinhos mensais estão se tornando um produto cada vez mais ameaçado, atendendo a um grupo reduzido de colecionadores apaixonados. Para que os super-heróis sobrevivessem, eles teriam que encontrar outra saída. O escritor Grant Morrison teorizou que os quadrinhos de papel eram apenas um passo em uma longa jornada do conceito de super-heróis, um "foguete de primeiro estágio" que precisou ser abandonado para alcançar maiores alturas.

"A definição de *meme* é uma ideia que quer se replicar", Morrison falou à *Rolling Stone*. "E os super-heróis encontraram um meio melhor para se replicarem."

A resposta era o cinema.

Filmes de super-heróis definitivamente levaram esses personagens a um novo estágio. Eles agora são o produto mais quente, com uma popularidade que mostra poucos sinais de diminuição. Sozinho, o gênero arrecadou cerca de 1,9 bilhão de dólares apenas em 2016, e contabiliza cerca de

17 por cento do mercado cinematográfico (comparado a apenas 0,3 por cento vinte anos antes). Há tantos filmes de super-heróis que personagens que mal podem sustentar seus próprios quadrinhos estão sendo aprovados para lançar potenciais franquias de filmes. Em 2005, a ideia de um filme de grande orçamento do Aquaman era considerada tão absurda que os produtores de *Entourage*, uma comédia da HBO sobre os bastidores de Hollywood, a transformaram em uma piada recorrente durante toda a temporada. Agora vai ser realidade.

Este novo domínio de personagens fantasiados é uma mudança realmente chocante. Crescer sendo fã de quadrinhos nos anos 1980 e 1990 significava existir em um estado de otimismo e frustração simultâneo, à medida que grandes projetos eram anunciados e acabavam inevitavelmente desaparecendo sem qualquer explicação. Fanzines, inclusive o *Comics Scene*, mantinham colunas regulares dedicadas a atualizações curtas sobre as muitas adaptações de quadrinhos em desenvolvimento. Uma edição de 1988 listava nos trabalhos uma tentadora gama de acordos nunca consumados, como um filme do Sargento Rock, estrelado por Arnold Schwarzenegger, uma série de comédia do Thor e um filme do Surfista Prateado.

Esses projetos parecem plausíveis agora, mas naquela época a ideia de projetos de alto nível baseados em quadrinhos era quase inconcebível.

Ainda mais com as propriedades da Marvel.

> "Sinto o cheiro de puxa-sacos da Marvel por aqui!"
> – Dwayne "The Rock" Johnson, na premiação de 2016 do MTV Movie Awards

> "Estávamos tentando forçar uma briga DC *vs.* Marvel. Mas os sucessos brilhantes da Marvel chutaram nosso traseiro."
> – Dwayne "The Rock" Johnson mais tarde, no Twitter

Quando se tratava de filmes e TV, a empresa sofreu tantos revezes e falhas que não era considerada uma marca particularmente *premium*. Seu histórico de infamidades tinha deixado a Marvel muito atrás da DC – apesar dos esforços de Stan Lee. Ele tinha deixado Nova York para morar na Califórnia em 1980, e dedicou-se quase exclusivamente a despertar o interesse de Hollywood para projetos de filmes e TV. Mas ele teve pouco sucesso. A Marvel era um fracasso quando se tratava de conquistar outros meios de comunicação, tanto que o cocriador do Batman, Bob Kane, provocava dizendo que "Batman era um sucesso na televisão e no cinema, e que nós, na Marvel, não fazíamos nada", Lee uma vez se recordou.

Até o final dos anos 1990, Kane estava coberto de razão. Os sonhos de Hollywood da Marvel permaneceram em grande parte não realizados. O ás da ficção científica, Harlan Ellison, estava trabalhando em uma série de TV da Viúva Negra no começo dos anos 1980. Um filme do Doutor Estranho estava em desenvolvimento em 1986, mas após o fracasso do filme *O Rapto do Menino Dourado*, de Eddie Murphy, o estúdio o cancelou.

"O estúdio disse: 'Bem, se tinha magia e fracassou é porque magia não deve vender'", diz Carl Potts, na época o editor de *Doutor Estranho*.

Quando os projetos chegavam à tela, a Marvel provavelmente desejava que não tivessem dado certo.

Howard, o Super-Herói, lançado em 1986, foi a primeira adaptação moderna para a tela grande da Marvel, e o título faturou apenas 16 milhões de dólares no mercado interno contra um orçamento de 36 milhões. Foi um fracasso tão espetacular que supostamente levou a uma briga entre dois executivos da Universal sobre quem era o culpado.

O Justiceiro tinha em seu elenco o sueco Dolph Lundgren como o vigilante armado, numa produção fracassada de 1989 que saiu direto em vídeo.

Quem também pulou a exibição nos cinemas foi o filme do Capitão América de 1992. O *thriller* de fundo de quintal – quero dizer, "*thriller*" – do diretor Albert Pyun teve sua produção apressada depois do sucesso de *Batman*, mas o filme não tinha orçamento (7,5 milhões, segundo fontes) nem roteiro que justificasse sua produção.

Quarteto Fantástico talvez tenha sido o maior olho roxo de todos. Uma empresa alemã comprou os direitos em meados da década de 1980, e iniciou sua produção mais ou menos porque a opção estava prevista para expirar em 1992, dando à Marvel a esperança de reaver sua propriedade potencialmente valiosa ante o sucesso de *Batman*.

No contrato, a Marvel não especificou um orçamento mínimo, então o produtor executivo Bernd Eichinger seguiu em frente com um orçamento de fundo do poço de apenas 1 milhão de dólares. O elenco, que incluía Jay Underwood e Rebecca Staab, recebeu miseráveis 3.500 dólares por semana, e a comida no set consistia de pouco mais do que sanduíches de mortadela. O orçamento de efeitos especiais foi igualmente sumário. O alongamento do Sr. Fantástico foi feito de uma só vez, ao puxarem uma luva vazia presa a um poste.

O produto acabado ficou tão constrangedor que a Marvel comprou o filme para que ele nunca fosse lançado. As cópias piratas apareceram em VHS e DVD.

Desde os seus primeiros dias, a Marvel flertou com a produção de seu próprio material. A empresa lançou um estúdio de produção em 1980 (mais tarde, se tornou uma empresa de animação) e fundou uma subsidiária, chamada Marvel Films, em 1993. Entretanto, sua forma de operar frequentemente consistia em licenciar propriedades para outras pessoas, o que levava a um menor controle sobre os produtos finalizados – bem como um complicado emaranhado de direitos.

"A Marvel tinha licenciado tanta coisa nos anos 1970 e 80 que ainda tinha muita coisa espalhada em vários lugares", diz o ex-presidente da Marvel, Terry Stewart. "Não conseguíamos fazer nada, porque não conseguíamos recuperar nossos direitos. Ao mesmo tempo, sentimos que os personagens não podiam ser feitos corretamente com a tecnologia disponível. Nós nos preocupávamos em ter que gastar milhões de dólares com algo que corria o risco de fracassar e não corresponder aos padrões. Não queríamos colocar os personagens nessa posição. É por isso que fizemos os desenhos animados."

O estúdio produziu as populares séries animadas do X-Men e do Homem-Aranha nos anos 1990. Mas o sucesso de filmes com atores os iludia.

Além do problema de efeitos especiais, uma das questões que a Marvel e a DC enfrentaram foi que, durante muito tempo, os filmes de quadrinhos não eram particularmente respeitados em Hollywood. A ideia de quadrinhos como coisas para crianças estava profundamente arraigada.

"Os estúdios estavam atrás da curva da crescente popularidade dos quadrinhos, e não apenas da crescente popularidade, mas também da idade do leitor de quadrinhos", a ex-presidente da DC, Jenette Kahn, disse em 2012. "Eles achavam impossível acreditar que a idade média do nosso leitor era 28 anos. E quando eu dizia que era 28, eles falavam: 'Olha, vocês estão claramente exagerando.'"

Essa percepção desatualizada começou a mudar quando jovens executivos e produtores começaram a ganhar posições de poder em Hollywood. Eram pessoas que leram *O Cavaleiro das Trevas* e *Watchmen* enquanto cresciam, e estavam ligadas no quão legal e sofisticadas as histórias em quadrinhos podiam ser. Eles respeitavam o meio e estavam ansiosos para extrair todo o seu valor. Muitos diretores eram também fãs de quadrinhos, incluindo Steven Spielberg, que costumava passar pelos escritórios da DC quando tinha 12 anos.

Ninguém precisava explicar a essas pessoas que os quadrinhos não eram necessariamente lixo.

Histórias em quadrinhos também ganharam mais respeito quando começaram a gerar consistentemente o que Hollywood mais respeita: dinheiro.

Batman tinha sido um sucesso global, mas, assim como *Superman: O Filme*, suas continuações cada vez mais terríveis ofereceram retornos decrescentes. Na época que o constrangedor *Batman & Robin* chegou aos cinemas, em 1997, a franquia merecia ser jogada no fundo da Batcaverna, reforçando a noção alarmante de que até mesmo as propriedades mais emblemáticas dos quadrinhos tinham uma vida útil limitada no cinema. Os filmes de quadrinhos não poderiam se tornar um pilar de Hollywood, não é?

A adaptação de quadrinhos que deu o pontapé inicial da obsessão moderna é um filme que muitos sequer sabem que é baseado em uma HQ. *MIB: Homens de Preto*, o sucesso de 1997 de Will Smith e Tommy Lee Jones, era uma adaptação de um gibi obscuro, em preto e branco, publicado em 1990 pela editora independente Aircel. A Aircel mais tarde foi comprada pela Malibu, que depois foi comprada pela Marvel em 1994.

"Nunca se esqueça de que o filme que mudou tudo foi baseado em um quadrinho em preto e branco", o artista Steve Bissette diz. "Aquilo mudou o paradigma em relação a tudo que a Marvel tinha sido capaz de fazer até então: uma série de TV do Hulk e um filme para TV horrível do Doutor Estranho. Tudo o que eles vinham sofrendo para fazer filmes durante décadas de repente se tornou possível, e por causa de algo que adquiriram acidentalmente."

O fundador da Malibu, Scott Rosenberg, começou a tentar vender *Homens de Preto* no começo dos anos 1990. Ele encontrou resistência.

"Eu tentava vender como uma história em quadrinhos, mas os estúdios estavam pensando que havia uma correlação entre o sucesso de uma HQ impressa e a bilheteria", diz Rosenberg, agora chefe na empresa Platinum Studios. "Eu estava explicando que não era o caso. Eu fui recusado em cada estúdio duas ou três vezes pelo menos."

A propriedade acabou por chegar à Sony, e o sucesso do filme abriu os olhos de muitas pessoas para a rica oportunidade que os quadrinhos apresentavam. Hollywood começou a fazer mais coisas com base em revistinhas.

Blade – O Caçador de Vampiros, a produção da New Line Cinema, apareceu no ano seguinte. O personagem do caçador de vampiros, interpretado por Wesley Snipes, foi arrancado de uma revista da Marvel relativamente obscura chamada *A tumba do Drácula*, e, como *Homens de Preto* um ano antes, o longa-metragem não parece um típico filme de super-herói. O personagem principal não ostentava um traje colorido, e muitos que compraram ingressos provavelmente ignoravam a conexão com a Marvel.

O que mudou o jogo de verdade chegou em 2000.

A Marvel e seus vários parceiros tentaram adaptar para o cinema a sua propriedade impressa mais bem-sucedida, os X-Men, por quase duas décadas. O roteirista Chris Claremont escreveu um esboço em 1982, e Gerry Conway e Roy Thomas haviam levado o roteiro em 1984 para a Orion Pictures. Como tantas propostas de adaptação antes, essa acabou na gaveta.

"O mais próximo que chegamos foi o encontro com James Cameron no fim dos anos 1980", Claremont conta. "Stan Lee e eu fomos nos encontrar com ele. Já tínhamos passado por *Superman: O Filme* e *Batman*, do Tim Burton. Foi a maneira da Marvel de pegar o bonde e fazer no seu estilo único, que era encontrar um contador de histórias visual que fosse o equivalente cinematográfico aos artistas Dave Cockrum, John Byrne e Paul Smith na revista *X-Men*."

Durante o encontro de Lee e Cameron, este um grande fã de quadrinhos, o assunto se desviou, e Cameron passou a falar sobre outra propriedade da Marvel – Homem-Aranha –, e em pouco tempo ficou claro que os X-Men não eram mais a prioridade dele.

A Marvel explorou acordos com outros parceiros, incluindo a Columbia, antes de vender os direitos para a 20th Century Fox em 1993.

"Da perspectiva da Marvel, os únicos filmes realizados eram *Justiceiro* e *Blade*", Chris Claremont conta. "Eles não eram horríveis, mas não eram ótimos. Eram apenas filmes B. Essa era a expectativa que a Fox tinha para *X-Men*. Mas, da perspectiva da Marvel, era: 'Uau, 20th Century Fox, um estúdio de verdade, quer fazer o filme! Legal!'"

A sabedoria popular desde então diz que a Marvel fez um acordo terrível – um erro que só foi ampliado ao longo dos anos, à medida que a franquia *X-Men* se tornou um inimaginável sucesso financeiro para a Fox. Mas o preço – 1,5 milhão de dólares e 5 por cento das receitas brutas dos filmes, de acordo com uma cópia do acordo datada de julho de 1993 – era razoável. Na época, os direitos de propriedade dos quadrinhos estavam sendo vendidos por volta de cem a duzentos mil dólares.

O problema para a Marvel veio com a linguagem do contrato. Os contratos de direitos são geralmente escritos com especificidades ridículas para tentar definir exatamente o que o comprador está recebendo. O texto deste contrato em particular, de acordo com fontes, era muito amplo, e acabou por transferir uma faixa maior do que o esperado da propriedade intelectual da Marvel para a Fox. Em suma, em vez de um número limitado de X-Men, o estúdio de cinema acabou pegando os direitos de todas as coisas mutantes no Universo Marvel em perpetuidade. Essa propriedade inclui não apenas os X-Men que todos nós conhecemos, como o Professor X e o Wolverine, mas também dezenas de outros personagens dos inúmeros títulos X da Marvel.

Um personagem como Cable, o viajante do tempo – que teoricamente não é um X-Men, mas se relaciona com o universo –, não era parte desse acordo original, mas o contrato basicamente concedia direitos para a Fox caso o Cable fosse mencionado em outro filme. (Ele vai aparecer em *Deadpool 2*, da Fox.)

"Eram bons acordos na época, serviram para nos colocar no negócio do cinema. Nós não tínhamos o dinheiro ou a experiência para entrar", diz o antigo publisher da Marvel, Shirrel Rhoades. "Mas hoje são acordos ruins, já que a Marvel está indo tão bem com *Vingadores* e outras coisas. As pessoas que dirigem a Marvel hoje gostariam que essas ofertas nunca tivessem sido feitas, mas, naquela época, foi o que nos colocou porta adentro."

X-Men dificilmente seria uma certeza na década de 1990. O gibi vendia milhões por ano, mas estava longe de ser um nome forte. Quando, em

1996, o diretor Bryan Singer foi contratado para dirigi-lo, a *Variety*, a bíblia dos negócios, arruinou o título do filme em uma manchete, colocando um banner em que se lia: "Singer vai dirigir Fox Men".

Singer mandou enquadrar e pendurar a página na parede do escritório – um lembrete bem-humorado de uma época em que os filmes de quadrinhos não tinham respeito.

O roteiro passou por várias mudanças, e originalmente o estúdio estava pensando em *X-Men* como apenas outra história de super-herói. Por sorte, a Fox buscou o aconselhamento da Marvel durante os esboços. Claremont, então diretor editorial da Marvel, ofereceu uma crítica particularmente importante.

A questão era: o que tornava os X-Men diferentes? O que os separava de outros super-heróis era o fato de eles serem marginalizados, rejeitados pela sociedade por serem diferentes. Aquilo era a essência do que os tornava interessantes, e essa característica passou a ser o elemento central no roteiro final. O longa não era sobre mocinhos salvando o mundo. Em vez disso, os X-Men e a perseguição que sofriam por serem mutantes servia como uma alegoria para todos os grupos marginalizados e perseguidos pela sociedade. Se você fosse gay, uma minoria – ou até mesmo um leitor de quadrinhos ridicularizado –, você se via nos X-Men.

O diretor inteligentemente tomou a decisão de dispensar qualquer traço de comédia e abordou o filme de maneira muito séria. Uma das concessões a essa visão de mundo sombria foi dispensar os trajes coloridos e collants, e no lugar deles equipar a equipe com roupas táticas de couro preto. A jogada decepcionou alguns fanáticos.

"Lembro-me quando as primeiras fotos das roupas dos X-Men entraram no escritório", diz Ruben Diaz, antigo editor da Marvel. "Todos olhamos para elas e dissemos: 'Essas não são as roupas dos X-Men.' Era identificável como X-Men, mas eles não estavam sendo verdadeiros com o cânone no figurino."

Herético ou não, no fim *X-Men* se saiu bem. O elenco (que incluiu um Hugh Jackman bombado como Wolverine e Patrick Stewart como Professor X) e a história realmente dialogaram com o público em todo o mundo. O filme faturou impressionantes 54 milhões de dólares no fim de semana de abertura, o que chocou a indústria, incluindo a Fox, que estimava algo em torno de 35 milhões. A *Variety* classificou os números, para uma adaptação de uma propriedade menos conhecida e sem grandes estrelas, como "x-plosivos" e "assombrosos".

A Fox imediatamente começou a planejar continuações, e o sucesso do filme também ajudou a lançar outros longas com base em personagens da Marvel, incluindo *Demolidor,* na Fox, e o há muito gestado *Hulk*, na Universal.

Mas seria um filme baseado em outro personagem da Marvel que se tornaria o maior sucesso do gênero até o momento: *Homem-Aranha*, de 2002. O fato de o filme ter visto a luz do dia continua sendo um pequeno milagre. O filme tinha sido capturado em uma teia emaranhada de burocracia legal há anos, e estava sujeito a tantos boatos, mudanças de propriedade, paradas e recomeços que foi tomando proporções quase mitológicas.

O Aranha foi vendido em 1985 por reportados 225 mil dólares para o Cannon Group, uma empresa de filmes B comandada por dois primos israelenses. A Cannon era mais conhecida por produzir filmes de ação esquecíveis na década de 1980, incluindo *Guerreiro Americano* e *Stallone Cobra*. A empresa tentou por vários anos fazer o filme funcionar, mas faltava uma compreensão clara do personagem. Os primeiros tratamentos se aproximaram mais dos filmes baratos de monstros do que da história de angústia adolescente que o Homem-Aranha precisava. O que se seguiu foi um desfile de roteiros reescritos e de diretores atrelados.

"O filme do Homem-Aranha é o desastre mais duradouro de que já se ouviu falar", Stan Lee disse em uma conferência de vendas em 1989. "A Cannon chegou a fazer dez roteiros, cada um pior que o anterior... Todos os anos vocês vão poder ver nos eventos de quadrinhos: 'Em breve Homem-Aranha, não percam.' Percam, por favor, até que tenhamos um bom roteiro."

A Cannon em pouco tempo foi à falência, e outro estúdio adquiriu o Homem-Aranha, criando assim anos de ações judiciais entre os investidores que compraram a produção original, para desembaraçar a bagunça que se estendia por anos. Mas, em última análise, o atraso pode ter sido uma coisa boa.

"Eu trabalhei em todos os filmes do Homem-Aranha, exceto os que foram feitos", diz o ex-editor-chefe da Marvel, Tom DeFalco. "Acho que as pessoas compravam os direitos porque pensavam que poderia ter algo ali, mas a tecnologia disponível até então não dava conta dos efeitos especiais.

Então, no fim das contas, eles acabavam diluindo a produção até o ponto em que não seria o filme em grande escala que queríamos. Em um dos tratamentos do Homem-Aranha em que trabalhei, nós poderíamos ter faturado uns 2 ou 3 milhões de dólares. Teria sido essencialmente um filme policial. Além do personagem se balançando nas teias, não era um grande filme de efeitos especiais. Era mais um drama humano."

A questão dos direitos foi finalmente resolvida no final da década de 1990, e o Homem-Aranha acabou na Columbia. O filme entrou rapidamente em produção, com Sam Raimi no leme e Tobey Maguire como o herói. Raimi não só conquistou os desafios tecnológicos – ele mostrou de forma convincente o Homem-Aranha se balançando entre os vales de prédios de Nova York –, mas também apresentou uma história que capturou a adorável esquisitice de Peter Parker e sua busca quixotesca pela namoradinha Mary Jane (Kirsten Dunst).

Homem-Aranha abriu em maio de 2002 e quebrou vários recordes de bilheteria, faturando inacreditáveis 115 milhões de dólares no mercado interno. O número desbancou o recorde de bilheteria de todos os tempos em 26 por cento.

"Inventem uma nova palavra, porque isso é melhor que ótimo", um executivo da empresa de pesquisa ACNielsen disparou em 2002. "É tão grande que a mente tem problemas para compreender o quão grande é o recorde que eles estabeleceram."

O sucesso da Marvel contrastava com a DC, que, sem dúvida, não teve um sucesso universalmente aclamado desde 1989, com *Batman*. Em vez disso, a empresa forneceu ao público o filme de 1997, *Steel – O Homem de Aço*, estrelando o gigante do basquete Shaquille O'Neal em uma armadura.

A DC ainda acreditava fortemente nas habilidades de seus personagens para se traduzirem em outros meios de comunicação. Já na década de 1980, a presidente da DC, Jenette Kahn, começou a gastar menos tempo nas operações do dia a dia das publicações de quadrinhos e ficou mais tempo em Los Angeles, tentando negociar acordos de TV e cinema.

"Eu me lembro de reuniões editoriais quando Jenette voltou de Los Angeles e nos disse que a Warner Bros. considerava a DC 'um jardim de personagens'. Ficamos animados com isso", diz Michael Eury, ex-editor. "Naquele ponto, ficou claro que esses personagens estavam maduros para a exploração multimídia."

Estavam tão maduros que, quando a empresa-mãe da DC, a Warner Communications, anunciou uma fusão com a gigante Time Inc. em 1989, a DC foi colocada sob controle da divisão de cinema da Warner Bros. e não na divisão editorial.

Vários acertos e erros se seguiram durante a década. (Os Wachowski, os irmãos por trás de *Matrix*, trabalharam em uma versão do Homem--Elástico no meio dos anos 1990, mas o filme não chegou a lugar nenhum.) Ficou claro que a DC teria que se tornar mais agressiva se esperava conter o sucesso da Marvel com *X-Men* e *Homem-Aranha*.

"A Warner Bros. nossa principal máquina para transformar propriedades da DC em filmes, precisou esperar que a Marvel fizesse seus filmes de super-heróis para começar a pensar: 'Espere, talvez haja um tesouro na DC, e talvez não seja apenas Superman e Batman'", Kahn disse em 2012.

Sem filmes bem-sucedidos com seus personagens, a Warner Bros. estava preocupada em perder toda uma geração de fãs – fãs que acabariam sendo doutrinados pela Marvel.

"Não vamos deixar isso acontecer", o executivo da Warner Bros. Kevin Tsujihara, disse em 2003, insistindo que o estúdio estava pronto para começar a contratar escritores para explorar as propriedades da DC.

Enquanto a Marvel permaneceu uma empresa relativamente ágil, com Perlmutter e Arad no comando, a DC permanecia sendo parte de um gigante corporativo lento, e a burocracia tornava difícil fazer filmes.

O que se seguiu ao recém-descoberto compromisso da Warner Bros. com todos os personagens da DC no início dos anos 2000 foi – com uma exceção – uma enxurrada de filmes equivocados que não foram muito bem nas bilheterias. Em 2004, Halle Berry interpretou uma mulher que ganha superpoderes depois de ser ressuscitada por um gato. Os críticos acabaram com *Mulher-Gato*, e o único ponto positivo foi a oportunidade de se divertir com humilhantes trocadilhos com gatos nas manchetes dos jornais. "Longe de ser perrrrrrrfeito", lia-se em uma. "Devia ser castrado", lia-se em outro. *Constantine*, baseado em um quadrinho da Vertigo sobre um mago britânico fumante inveterado, estreou com um lamentavelmente mal escalado Keanu Reeves em 2005. *V de Vingança*, lançado em 2006, não serviu nem para as comparações entre assistir ao filme e ler a série original de Alan Moore e David Lloyd.

O verdadeiro acerto da Warner veio com a última interpretação do Batman. Após a surra crítica que os dois filmes anteriores levaram, *Batman Eternamente*, de 1995, e *Batman & Robin*, de 1997, o estúdio estava determinado a seguir em uma nova direção. Sem mais batmamilos, sem mais terríveis piadas "frias" de Arnold Schwarzenegger. A nova versão teria como objetivo reposicionar a franquia do Batman e afastá-la do campo em que estava, da mesma forma que o filme do Tim Burton de 1989 tinha apagado a memória da série boba de TV de 1966.

O estúdio precisava de um diretor capaz de tratar o material de uma forma respeitosa, que deixasse os espectadores de todas as idades animados novamente com o Batman.

O britânico Christopher Nolan tinha ganho reputação com o alucinante *Amnésia* e o drama *noir Insônia*. Quando ouviu que a Warner Bros. estava em busca de uma nova direção para o Batman, Nolan foi até o escritório do presidente do estúdio, Alan Horn, e disse: "Veja, é isso que eu quero fazer no filme."

Em apenas 15 minutos, o diretor apresentou uma visão detalhada que incluía tudo, do batmóvel à armadura corporal que o herói usaria. Horn basicamente fechou com Nolan ali mesmo.

Superman: O Filme, de Richard Donner, foi o que mais inspirou Nolan. Como naquele filme, Nolan queria contar uma história de origem única.

"O que eu queria fazer era contar a história do Batman que eu nunca tinha visto, a que os fãs estavam querendo ver – a história de como Bruce Wayne se torna o Batman", Nolan disse. "Havia também muitas lacunas muito interessantes na mitologia que conseguimos interpretar e inserir nossas próprias ideias de como Bruce Wayne e Batman evoluíram especificamente."

Batman Begins era estrelado por Christian Bale no papel principal, e forneceu um exame aprofundado de como o jovem Bruce treina e desenvolve sua personalidade de super-herói. Pelo caminho, ele enfrenta o Espantalho (Cillian Murphy) e seu antigo mentor, Ra's al Ghul (Liam Neeson).

Antes do lançamento do filme, em junho de 2005, o departamento de marketing do estúdio tentou impressionar os potenciais compradores de ingressos, enfatizando que este novo capítulo não tinha conexão com os filmes de Joel Schumacher de alguns anos antes e que representava uma versão nova e mais *cool* do Batman.

Batman Begins foi exibido para os funcionários da DC, e o presidente, Paul Levitz, fez uma introdução.

"Ele disse que este era um dos filmes onde eles acertaram. 'Você pode se orgulhar deste filme'", diz Tom Palmer Jr., antigo editor da DC. "Isso meio que fez todo mundo se sentir bem por saber que havia gente que entendia o personagem."

O filme abriu com respeitáveis retornos, ainda que não grandes o bastante para quebrar recordes. Ele fez cerca de 49 milhões de dólares em seu fim de semana de abertura. Sua contribuição mais significativa talvez não tenha sido para o balanço da Warner, no entanto. O que *Batman Begins* fez foi estabelecer com sucesso um novo tom para os filmes da DC.

O mundo de Nolan não era o mundo otimista e colorido do *Superman: O Filme*, de Richard Donner. Era um lugar escuro, violento e monocromático cheio de policiais corruptos e heróis que falavam com um grunhido gutural – muito disso foi tirado do arco *Ano um* de Frank Miller, de 1987.

O tom "sombrio e violento" que tinha permeado os quadrinhos desde os anos 1980 tinha tomado os filmes e logo seria a estética dominante. Ai daqueles que dessem ao público algo diferente. Quando *Superman: O Retorno* foi lançado no verão seguinte, o público e os críticos em geral o rejeitaram por parecer demais com os filmes de Richard Donner. A retomada foi dirigida por Bryan Singer, que desistiu da franquia X-Men depois de uma disputa sobre dinheiro e foi para a DC. *Superman: O Retorno* saiu apenas um mês antes de *X-Men: O Confronto Final*, e os partidários da Marvel ficaram felizes em se lembrar de que o filme mutante estreou com o dobro da abertura de *Superman*.

Talvez a única vitória de *Superman: O Retorno* sobre a concorrência foi quando surgiram anúncios do filme nos quadrinhos da Marvel, uma ruptura do protocolo que irritou alguns zumbis da Marvel. Stan Lee sofrera críticas similares em 1966, quando os quadrinhos da Marvel vieram com um anúncio para a programação da manhã de sábado da CBS, que incluía o desenho animado do Superman. Ele foi forçado a escrever uma explicação, que foi inserida nos gibis da Marvel.

Em 2008, Nolan estava de volta. E a escuridão veio com ele. *Batman: O Cavaleiro das Trevas* apresentou um mundo dominado pelo crime onde um herói violento e quase fascista de armadura pesada estabelece a lei. Era um olhar sofisticado sobre o gênero, e para muitos isso representou o auge do cada vez mais popular gênero de super-herói. O filme foi ancorado por uma impressionante performance de Heath Ledger como o palhaço psicótico Coringa – um papel que rendeu a ele um Oscar de melhor ator coadjuvante, tornando-se o primeiro ator a vencer por um filme de super-heróis.

Na mesma época em que a DC estava reinventando o mundo dos super-heróis com *Batman Begins*, a Marvel se preparava para dar passos próprios e ousados, no objetivo de ganhar mais controle de suas propriedades e mudar o jogo de super-herói para sempre.

Desde a fundação da Marvel Studios, o braço de Hollywood da empresa, em 1993, a Marvel basicamente estava no negócio de licenciar seus personagens para outros estúdios, se contentar em sentar e coletar uma parte do dinheiro de merchandising que muitas vezes vinha como resultado de um filme para o cinema. Os retornos dos filmes em si eram certamente modestos. Foi reportado que a Marvel recebeu 25 mil dólares de *Blade – O Caçador de Vampiros*, e faturou apenas 62 milhões de dólares pelos dois primeiros filmes do Homem-Aranha.

Em 2003, David Maisel teve uma ideia. Maisel tinha formação em Harvard e era alguém de dentro de Hollywood, tendo trabalhado com o antigo chefe da Disney, Michael Ovitz, e com o superagente Ari Emanuel, que inspirou o personagem insistente de Jeremy Piven em *Entourage*. Maisel foi até a Marvel com a promessa de melhorar seu faturamento, e deram a ele uma reunião com Ike Perlmutter, que, junto com Avi Arad, estava no controle da editora na época.

A ideia de Maisel era simples: e se a Marvel Studios fosse dona e produtora de seus próprios filmes, criando e lançando-os quando e como achassem melhor? E o lance seria que todos os filmes aconteceriam no mesmo universo cinematográfico, com cada filme subsequente sendo construído em cima do anterior – meio como George Lucas tinha feito com *Star Wars*. Seria o equivalente cinematográfico do bem costurado universo impresso da Marvel, onde o mantra era: "Se você vir nuvens trovejando em uma história em quadrinhos, estará chovendo na próxima."

O parcimonioso Perlmutter e a conservadora diretoria da Marvel ficaram céticos, mas em 2005 eles deram a luz verde para o projeto. A empresa logo organizou um acordo de financiamento com a Merrill Lynch, que ofereceu 525 milhões de dólares para fazer dez filmes nos próximos oito anos, estrelando, basicamente, os personagens que a Marvel ainda não havia licenciado para outros. Mesmo para os fãs de longa data de quadrinhos, a lista era um pouco frustrante. Quem é Shang-Chi mesmo? E quem liga para o Gavião Arqueiro, um cara cujo poder é algo que se aprende em um acampamento de verão? E Nick Fury? Eles já não tentaram esse, e o resultado não foi um terrível filme para a TV com David Hasselhoff em 1998?

Frustrante ou não, o negócio permitiu que a Marvel traçasse seu próprio caminho com poucos riscos para a empresa. A única coisa que ela colocou como garantia foi o direito a esses personagens supostamente de uma lista B.

Para a sorte da Marvel, o bicho-papão nunca veio atrás dos seus heróis. O primeiro filme produzido pela própria Marvel, *Homem de Ferro*, superou até as previsões mais otimistas e lançou o estúdio a uma série de sucessos quase ininterruptos que continuam até hoje.

A Marvel tinha readquirido os direitos do personagem de armadura da New Line em 2005, ficou sendo o primeiro filme em parte porque o chefe do estúdio, Avi Arad, adorava o personagem quando era criança. As esperanças não eram elevadas para um personagem que poucos fora da indústria de quadrinhos conheciam. Essas esperanças ficaram ainda mais baixas depois que Robert Downey Jr., um ator mais conhecido na época por seu período na reabilitação, foi escolhido para estrelar.

"Não se preocupe. Vamos ficar bem felizes se conseguirmos empatar e vender mais bonequinhos", um membro da diretoria da Marvel falou a David Maisel.

Mas poucas decisões em Hollywood foram mais inteligentes. Downey, juntamente com o diretor Jon Favreau, trouxe uma leveza para o filme sobre um titã arrogante da indústria armamentista que constrói sua própria armadura de alta tecnologia.

O tom divertido imediatamente separou *Homem de Ferro* dos outros filmes de super-heróis, especialmente os da sua rival.

"A Marvel descobriu que preferiria sair com personagens imperfeitos que, no entanto, eram heróis espiritualmente edificantes do que os personagens sombrios, que odiavam a si mesmos, da DC", diz Jeff Most, um produtor de Hollywood cujos créditos incluem a adaptação da HQ *O Corvo*. "Essa característica da DC nos intriga até certo ponto, mas chafurdar na escuridão nunca é tão satisfatório como uma boa risada em um filme-pipoca com um tom mais leve."

Robert Downey Jr. também estava firme no estilo divertido da Marvel. Ele escolheu palavras duras para *Batman: O Cavaleiro das Trevas*, que estava numa disputa cabeça a cabeça com *Homem de Ferro* no verão de 2008. Downey atacou a concorrência pelo seu tom pretensioso e dramático.

"Essa não é minha ideia do que quero ver em um filme", Downey disse. "Aquilo é tão erudito e tão malditamente inteligente que eu com certeza precisaria de formação universitária para entender. Quer saber? Foda-se a DC Comics. Isso é tudo o que tenho a dizer, é o que eu estava querendo dizer."

Homem de Ferro, com a sua mistura única de ação empolgante, personagens envolventes e humor sagaz, finalmente cumpriu o sonho que Stan Lee perseguia há cerca de trinta anos; foi capaz de capturar essa fórmula especial que tornavam os quadrinhos da Marvel ótimos, e permaneceu fiel ao que já havia sido estabelecido nas versões impressas. Homem de Ferro parecia e agia como nos quadrinhos. Sua origem era a mesma. Seu elenco de apoio foi mantido intacto. (Com uma concessão: o mordomo de Stark, Jarvis, foi transformado em um computador desencarnado por temor de que ele fosse ficar muito parecido com Alfred, mordomo do Batman.) Estava muito longe dos esforços licenciados anteriores da Marvel, que muitas vezes ignoravam o material de origem. *Justiceiro* tinha descartado quase tudo reconhecível a respeito do personagem, inclusive o uniforme, e o transformou em um herói de ação genérico. *Capitão América*, de 1992, transformou o vilão nazista Caveira Vermelha em um italiano, por algum motivo.

A partir de *Homem de Ferro*, todo filme da Marvel tentou capturar a essência do personagem e permanecer fiel à sua origem impressa. A Marvel confiava em seus quadrinhos. O estúdio trouxe editores e escritores de vários quadrinhos para servir como consultores nos roteiros, supondo sabiamente que aqueles que estão nas trincheiras com os personagens todos os dias os conhecem melhor. A Marvel enquanto editora tem funcionado como um laboratório de pesquisa e desenvolvimento por mais de cinquenta anos, testando ideias e aperfeiçoando conceitos, e seria tolice ignorar essa informação.

Capitão América: O Primeiro Vingador acertou em cheio no charme de escoteiro certinho do herói, e inteligentemente situou a história durante a Segunda Guerra Mundial, sob as objeções de alguns na Marvel, que achavam que um filme de época alienaria os jovens espectadores. A empresa até conseguiu fazer um longa do Thor cheio de "vós" e "sois" que não fez com que o público gargalhasse nos cinemas.

Para o bem ou para o mal – e ao julgar os resultados de bilheteria, foi para o bem –, a Marvel Studios é como uma fábrica, produzindo filmes como a GM faz carros. Cada um é construído para especificações semelhantes, e o público sabe o que vai receber.

É uma abordagem de cima para baixo, semelhante à forma como a rival DC produziu quadrinhos na década de 1960, e pode ser limitante para cineastas. Diretores são trazidos para executar a visão da Marvel, não a sua própria. A aparência dos filmes da Marvel pode variar apenas um pouco, e cada um tem que se encaixar confortavelmente no universo que a empresa estabeleceu.

Como na linha de quadrinhos no começo, o resultado é que a Marvel tornou-se uma poderosa marca. Se você gostou do que a Marvel ofereceu anteriormente, provavelmente vai gostar do próximo. O simples fato de que um filme está sendo lançado pela Marvel é agora o bastante para garantir a venda de ingressos.

"Stan uma vez me falou nos anos 1970 que o que ele tinha em mente para a Marvel era o que chamou de 'uma agência de publicidade'", diz o antigo escritor e editor da Marvel Denny O'Neil. "Se ele tivesse a chance de reescrever isso, ele poderia ter chamado de 'sinergia', em que tudo apoia todo o resto. Dessa forma, você não vai ver um filme de super-heróis, vai ver um filme da Marvel. Não é o mesmo com a DC. Com ela, você vai ver um filme do Batman, não um filme da DC. Com a Marvel, você vai ver um filme da Marvel."

A DC, no entanto, não é estritamente subordinada a uma única interpretação de seus personagens, ela permite muito mais variedade. Como resultado, um personagem como o Batman pode existir simultaneamente em diferentes iterações e em vários meios. Ele é o inofensivo cruzado encapuzado nos desenhos animados de sábado de manhã, o espertinho sarcástico no *LEGO Batman: O Filme*, e o vingador violento na trilogia *Cavaleiro das Trevas*, de Nolan.

"Não se trata apenas de uma abordagem única de tudo", Diane Nelson, presidente da DC Entertainment, disse em 2014. "É o personagem certo combinado com o talento certo no meio certo."

A desvantagem da abordagem é que a marca da DC não é tão forte nem coesa quanto a da Marvel. Se você for ver, digamos, *Mulher-Gato*, e amar (supondo que há algo muito errado com você), realmente não tem para onde ir a partir daí. Tudo o que você poderia fazer seria esperar o próximo filme de super-heróis da DC e esperar que o diretor e o tom estabelecidos sejam de acordo com seus gostos particulares.

Essa abordagem abrangente e vaga era ótima quando o personagem e a visão particular de um cineasta casavam, e você recebia algo como *Batman Begins*. Quando isso não acontecia, você recebia coisas que saíam pela culatra, como *Lanterna Verde*, de 2011, que alguém da Warner Bros. pensou que seria melhor servido como um enredo de ação idiota.

A Marvel também foi muito mais disciplinada com o planejamento do que a DC. Na esteira do sucesso de *Homem de Ferro*, o estúdio anunciou com confiança que mais quatro filmes estavam em produção – cada um com data de lançamento de até três anos no futuro. (Esse cronograma tem sido revisado desde então para chegar até 2019.)

"Acho que a Marvel está abrindo caminho aqui", diz Hugh Jackman, que interpretou o Wolverine. "Quanto maior o planejamento, maior o retorno."

O retorno está bom. Em parte impulsionada pelo sucesso de seus filmes, a Marvel anunciou em agosto de 2009 que estava sendo adquirida pela Disney por impressionantes quatro bilhões de dólares. Para efeito de comparação, a empresa foi avaliada em 400 milhões de dólares em 2003. Na época, algumas pessoas do mundo financeiro achavam que a Disney estava louca por gastar muito em uma empresa cujas principais propriedades, como os X-Men, estavam nas mãos de outros. As ações da Disney caíram quando as notícias da compra foram divulgadas.

Mas a Disney – e a Marvel – acreditava nas perspectivas para o grande número de personagens que a Marvel ainda tinha. Um grupo de estagiários foi encarregado de verificar os quadrinhos da Marvel e contá-los. Eles voltaram com mais de oito mil.

Independentemente desses personagens serem tão bons quanto o Homem-Aranha, a compra da Marvel colocou o marketing e o merchandising da Disney por trás da empresa e acabou com sua dependência de outros estúdios para distribuir os filmes. Uma coisa que era boa estava prestes a melhorar.

A venda pegou a Warner Bros. e a DC desprevenidas, e forçou a gigante do entretenimento a pensar em maneiras de alcançar a Marvel. A DC estava pensando em uma reorganização para coincidir com os 75 anos da empresa em 2010, mas a compra da Disney forçou-a a acelerar seus planos.

Um mês depois do anúncio Marvel-Disney, a Warner Bros. lançou algumas notícias bastantes significativas. Anunciou que a Warner Bros. estava ajustando o seu controle sob a DC Comics, mudando a editora para uma nova divisão, chamada DC Entertainment, que havia sido criada "para maximizar o potencial da marca DC". Com a reestruturação, a DC Comics foi eventualmente tirada de Nova York, depois de três quartos de século, para uma nova sede em Burbank, na Califórnia, forçando os funcionários a tomar a decisão difícil de desenraizar as famílias e ir para o Oeste.

"Teria sido falso sugerir que não estávamos pensando [na venda da Marvel]", o CEO da Warner, Barry Meyer, disse em 2009. "O anúncio reconfirmou nossa crença do quão valiosa a DC realmente é."

Tradução: temos centenas de personagens ali parados; é melhor começarmos a explorá-los, porque estamos ficando para trás.

Os fãs e os observadores da indústria se preocuparam com o fato de que a última reorganização da DC não pareceu ser exatamente um esforço coordenado no que dizia respeito aos filmes. Parecia que a estratégia da empresa equivalia a perseguir freneticamente a Marvel sem um plano bem fundamentado.

"Eis o problema: o plano de filmes da Marvel é, em geral, um esforço coordenado com muito cuidado", diz o escritor Peter David. "Tudo se interconecta com tudo. Não estou remotamente convencido de que a DC está colocando qualquer tipo de pensamento detalhado nos filmes que estão fazendo. É possível que estejam, mas não apostaria nisso."

Parte da razão pela qual a Marvel Studios permaneceu tão disciplinada é que há alguém supervisionando tudo: o presidente de produção Kevin Feige. Ele é menos um executivo de escritório e mais um geek vestindo terno. Feige é um fanático por *Star Wars* e histórias em quadrinhos que tem uma coleção de bonecos tão grande que foi forçado a estocá-la em uma cabana que construiu no seu quintal. Ele trabalhou em *X-Men* em 2000, antes de ser contratado pela Marvel. Em 2007, foi nomeado chefe do estúdio com apenas 33 anos de idade. Ele rapidamente começou a gerenciar os planos do estúdio e a construir o mundo cinematográfico da Marvel.

Em contraste, a DC não tinha uma única voz guia; vários executivos da Warner Bros. gerenciavam seus filmes de super-heróis. A DC também ficou presa sem uma *gestalt* definidora do seu universo de super-heróis, depois que Christopher Nolan concluiu sua trilogia autônoma de Batman e seguiu para outros projetos que não eram de super-heróis. A Marvel estabeleceu seu mundo, alguns de seus personagens e o tom de seus filmes desde seu primeiro projeto, *Homem de Ferro*, mas a DC ainda não tinha um filme que servisse de base para cada projeto subsequente.

Isso mudaria com o longa de 2013, *O Homem de Aço*, o *reboot* do Superman do diretor Zack Snyder que polarizou público e críticos. Alguns acharam renovador o tom sombrio, soturno, monocromático no clássico herói. Outros não queriam nada da visão repulsiva e violenta de Snyder, que o levou a ser apelidado de DC "murderverse", ou "universo assassino".

Apesar da recepção morna, a Warner Bros. optou por seguir em frente com a visão de Snyder (provavelmente porque eles não tinham tempo para encontrar uma nova, e um novo *reboot* seria vergonhoso). Em outubro de 2014, o estúdio anunciou uma ambiciosa linha de filmes de super-heróis até 2020, a partir do mundo cinematográfico estabelecido em *O Homem de Aço*. Snyder agora era de fato o líder criativo do Universo DC. O público receberia filmes estrelando o Flash, Aquaman, Mulher-Maravilha, dentre outros.

O anúncio parecia uma tentativa desesperada de copiar o sucesso da Marvel – mas com uma diferença flagrante: em vez de apresentar os heróis um por um em seus próprios filmes solo, como a Marvel tinha feito, o estúdio decidiu se apressar com um emparelhamento entre Batman e Superman para o seu próximo filme, que seria seguido por um gigantesco encontro de todos os seus principais heróis em *Liga da Justiça*, ambos dirigidos por Snyder. Parecia basicamente que a DC estava montando um universo cinematográfico às pressas.

"As pessoas supõem que vamos espelhar a estratégia da Marvel, fazer como *Vingadores*, por exemplo", a presidente da DC Entertainment, Diane Nelson, disse em 2010. "Nós temos uma atitude muito diferente a respeito de como você constrói uma base de conteúdo. E não é necessariamente sobre conectar essas propriedades para construir uma única coisa. Nós pensamos que temos grandes histórias e personagens que se prestarão a grandes experiências autônomas, e é assim que nos concentramos nela."

Nem todo mundo caiu nessa.

"O universo cinematográfico é um exemplo perfeito da rivalidade, na qual eles dizem: 'Precisamos fazer a mesma coisa, mas não podemos deixar *parecer* que estamos fazendo a mesma coisa, porque ia parecer que estamos copiando'", diz Milton Griepp, analista da indústria. "A DC não podia começar com um personagem menor e se expandir, como a Marvel fez com *Homem de Ferro*, então eles começam com seus dois maiores personagens porque querem construir um universo cinematográfico, mas vão fazer de maneira diferente da Marvel."

Para a Marvel, no entanto, o sucesso do estúdio foi responsável pelo plano da DC.

"Eu não acho que eles fariam isso se não tivéssemos conseguido, então eu gosto do reconhecimento de que conseguimos", Kevin Feige fala sobre o projeto de filmes da DC. "É sempre legal esse tipo de coisa."

A DC, pelo menos no papel, permaneceu confiante. Em um caso particular de propaganda, a DC respondeu a um garoto do sétimo ano que escreveu uma carta perguntando como eles planejavam competir com a Marvel quando "a Marvel aparentemente dominava".

A resposta da DC em dezembro de 2013 afirmou que a Marvel estava à frente porque tinha a liberdade de trabalhar com vários distribuidores, enquanto a DC estava presa com uma: a Warner Bros. "Nós não gostamos de nos gabar (bem, gostamos sim), mas nossos filmes excedem de longe os da Marvel em vendas", concluía a carta.

"Sinto como se o Batman e o Superman de certa forma fossem transcendentes em relação aos filmes de super-herói, porque são Batman e Superman. Eles não são, tipo, a novidade da semana, como o Homem-Formiga – não quero ser maldoso, se é isso que estou sendo"

– Zack Snyder, diretor de *Batman vs. Superman: A Origem da Justiça*, em 2015

"Se quero disparar contra a DC agora, contra Zack Snyder? Eu li alguns desses comentários e pensei: 'Ah, obrigado, Zack. Ótima maneira de fazer algo original.' Mas eu diria que ainda estamos fazendo algo muito original à nossa maneira. Não estamos tentando mimetizar um filme do Christopher Nolan ou algo assim."

– Sebastian Stan, astro de *Capitão América: Guerra Civil*, em 2015

Era uma ostentação estranhamente defensiva, especialmente em resposta a um ataque de um pré-adolescente chamado Spencer, mas a DC era livre para acreditar no que bem entendesse. O próximo filme seria um teste a essa alegação de superioridade como nenhum outro de seus lançamentos jamais ousou.

Batman vs. *Superman: A Origem da Justiça* foi originalmente planejado para ser uma sequência direta de *O Homem de Aço*, mas após a recepção morna do primeiro, a continuação virou basicamente um novo filme do Batman coestrelado pelo Superman. Após atrasos, o estúdio anunciou que o filme chegaria aos cinemas no dia 6 de maio de 2016.

A data colocou o filme da DC em rota de colisão com a Marvel, que havia reivindicado aquele fim de semana muito tempo antes, em junho de 2013, para um filme então sem nome. A situação ficou ainda mais atribulada para a Warner Bros. quando a Marvel revelou que o filme sem título na verdade seria *Capitão América: Guerra Civil*, a esperada continuação de um segundo filme muito apreciado, *O Soldado Invernal*. A vindoura colisão entre DC e Marvel colocou os fãs em um estado de agitação.

Por meses, nenhum dos lados recuou.

"Colocamos nossa bandeira lá primeiro", Feige falou à *Empire* na época. "O que as outras pessoas fazem e onde fazem nunca nos importou. Estamos nos mantendo focados e fazendo o que acreditamos ser legal para o público."

A DC admitiu que, ao marcar a data de lançamento, eles estavam apostando que a Marvel não teria seu filme pronto para ser lançado. Quando ficou claro que a Marvel estava avançando com o terceiro Capitão América, a Warner Bros. recuou, antecipando *Batman* vs. *Superman: A Origem da Justiça* algumas semanas, para 25 de março de 2016.

"Talvez o nosso reconhecimento de área não tenha sido maravilhoso", admitiu o presidente de distribuição doméstica da Warner Bros., Dan Fellman, em 2014.

Mais um ponto para a Marvel.

Porém, para a Warner Bros., todos os atrasos, mudanças e ajustes valeriam a pena porque – segundo o CEO da Warner, Kevin Tsujihara – era crucial que *Batman* vs. *Superman: A Origem da Justiça* fizesse "a fundação da DC corretamente". *O Homem de Aço* tinha sido um relativo fracasso, fazendo com que o estúdio reorganizasse seus planos do universo. E se a sequência fosse mal, o que fazer? A Warner Bros. e a DC ficariam com um longo cronograma de filmes prometidos se estendendo por anos no futuro, sem nenhuma direção criativa viável para conduzi-los. Se você não consegue sequer fazer o Batman direito, como diabos você faz o Aquaman?

Infelizmente, para a Warner Bros., *Batman* vs. *Superman: A Origem da Justiça* não chegou perto de atender às expectativas. O filme usou o modelo de Nolan dos três filmes anteriores do Batman como ponto de partida e em seguida cravou todas as marcas registradas extremas de Zack Snyder, incluindo cenas gratuitas em câmera lenta e mais cenas gratuitas em câmera lenta. O tom era sem humor nenhum e extremamente sombrio, a história era absurda e o grande confronto entre os dois heróis é um tédio. Este é um filme que usa a urina de Lex Luthor, conhecida carinhosamente como "chá de pêssego da vovó", como algum tipo de ponto central do roteiro. Um filme com um plano tão complicado de seu vilão que imediatamente se desmorona sob um escrutínio mais severo. Um filme em que Batman e Superman param de tentar matar um ao outro porque descobrem que suas mães têm o mesmo nome.

As pancadas que o filme sofreu na imprensa foram bem mais sérias do que o que os dois heróis principais sofreram no filme. "Um balde fedorento de decepção", Vox escreveu. "É quase tão divertido quanto quebrar uma pia de porcelana na cabeça", disparou o *New York Times*. O longa fez por merecer pesadas oito indicações ao Framboesa de Ouro de 2016, prêmio anual que celebra os maiores podres do cinema.

Não ajudou muito o filme todo o *hype* sobre o confronto com *Capitão América: Guerra Civil*, da Marvel. Embora a Warner Bros. tenha recuado no lançamento no mesmo dia, os filmes em nenhum momento deixaram de estar associados. Quase todos os artigos e análises compararam os dois, o que não favoreceu nem um pouco a Warner. O público se viu forçado a ponderar sobre os resultados da Marvel e da DC, e, provavelmente, concluiu que preferia o da Marvel.

Guerra Civil contou uma história com toques de noticiário, sobre super-heróis se alinhando em lados opostos após discordarem sobre uma regulação do governo para policiar suas ações. O filme questionava os limites do heroísmo e o poder do governo. Os elementos de ressonância política não eram particularmente evidentes ou profundos, mas, comparados com *Batman* vs. *Superman: A Origem da Justiça*, faziam com que *Guerra Civil* se parecesse com *O Grande Ditador*, de Chaplin.

Colocar seus heróis se enfrentando violentamente era uma direção arriscada para a Marvel, e como em tantos outros grandes momentos nesta longa rivalidade, a decisão da Marvel surgiu em parte graças à DC. Depois de a Warner Bros. anunciar *Batman* vs. *Superman: A Origem da Justiça*, os diretores de *Guerra Civil*, Joe e Anthony Russo, se determinaram a fazer algo além de apenas outra aventura de super-heróis. Eles começaram a pressionar Kevin Feige para fazer algo diferente com o terceiro filme do Capitão.

"Depois do anúncio de *Batman* vs. *Superman: A Origem da Justiça*, Feige disse: 'Vocês estão absolutamente certos'", Joe Russo comentou em 2016. "Precisávamos fazer algo desafiador com o material ou começaríamos a perder a audiência."

Perder a audiência era um perigo real, e a causa mais provável poderia ser o tédio. Na época em que *X-Men: Apocalipse* (da Fox) se arrastou até os cinemas, em maio de 2016, o público estava sob bombardeio quase contínuo de filmes de super-heróis há mais de uma década, com um filme do gênero chegando quase a cada dois meses. A fadiga tornou-se uma ameaça, e qualquer filme que parecesse apenas uma outra história de origem com collants corria o risco de ser ignorado pelo público, agora convencido de que já tinham passado por isso. (Por exemplo: *O Espetacular Homem-Aranha 2: A Ameaça de Electro*.)

Deadpool, da Fox, lançado em fevereiro de 2016, foi o antídoto perfeito para os cansados filmes de super-herói. A história sobre o assassino sarcástico de espada em punho capitalizou em cima da onipresença dos filmes de quadrinhos, aproveitando a familiaridade dos espectadores com os clichês para expandir perfeitamente o gênero. Era quase impossível sentar-se para ver outro filme de super-herói sério depois de ver Deadpool tagarelando enquanto corria atrás de um cara mau com um carrinho de gelo.

A DC sentiu o vento da mudança, mas na época do seu lançamento seguinte já era tarde demais. *Esquadrão Suicida*, um time nervoso de vilões do Batman Arlequina, Crocodilo, Pistoleiro, dentre outros –, que estava programado para ser lançado cerca de quatro meses depois de *Batman* vs. *Superman*. Os executivos da Warner Bros. ficaram assustados pela lavada que o filme anterior levou, e começaram a mexer desesperadamente em *Esquadrão Suicida* para deixar o tom do filme mais ameno, na esperança que ele não se estatelasse como *Batman* vs. *Superman*.

O filme estava em desordem, em parte por causa do tempo apertado. O diretor e roteirista David Ayer, o homem por trás do drama de tanques de 2014, *Corações de Ferro*, estrelado por Brad Pitt, terminou o roteiro de *Esquadrão Suicida* em apenas seis semanas. Era preciso cumprir uma data de lançamento, e os acordos promocionais deveriam ser honrados. Mais uma vez parecia que, ao contrário da Marvel, a DC não tinha um controle firme sobre o produto.

"Em resumo, o sucesso de Feige estava em acertar o tom bem no estágio de desenvolvimento do roteiro", diz o produtor Most. "A fábrica de desenvolvimento alimenta os seus roteiros e não corre atrás de datas de distribuição antes de um roteiro estar pronto para ser produzido. Um refrão comum dos cineastas que trabalharam nos filmes da DC era que eles tinham que se adequar a uma data de distribuição marcada em um calendário, mesmo se o roteiro não estivesse totalmente pronto."

Esquadrão Suicida acabou sendo o segundo desastre de crítica da Warner do ano (embora tenha tido uma performance respeitável na bilheteria). Críticos e blogueiros odiaram absolutamente o que viram, sua raiva ampliada pela frustração de receber outro abacaxi da DC. Nenhuma história, nenhum desenvolvimento de personagem, um tom tão sombrio quanto o de *Batman* vs. *Superman*. A pressão nos dias anteriores ao filme foi absolutamente brutal.

"*Esquadrão Suicida* é ruim", *Vanity Fair* escreveu. "Não um ruim divertido. Não é um ruim com chances de se redimir. O ruim não vem do resultado infeliz de artistas se esforçando honrosamente numa busca sem sucesso por algo ambicioso. *Esquadrão Suicida* é apenas ruim."

Fãs de super-heróis que se agarraram ao filme como aquele que poderia finalmente reparar o navio naufragrante da DC ficaram desanimados. Partidários desencorajados da DC atacaram o agregador de resenhas Rotten Tomatoes, criando uma petição para fechar o site por causa de suas críticas ásperas, e espalharam boatos ridículos nas redes sociais acusando a Disney de pagar críticos para atacar filmes que não fossem da Marvel.

Ayer inicialmente defendeu *Esquadrão Suicida*, falando no Twitter: "Eu adoro o filme e acredito nele." Alguns meses depois, em janeiro de 2017, ele twittou um *post-mortem* mais revelador do filme, admitindo que este tinha "falhas". Disse que gostaria de ter uma máquina do tempo para voltar e tornar o Coringa (que faz uma participação rápida, interpretado por Jared Leto) o vilão principal, e "ter engendrado uma história mais pé no chão".

Tarde demais. A reação negativa do fracasso do *Esquadrão Suicida* estava ficando mais difícil de ignorar. Em setembro de 2016, um antigo funcionário da Warner Bros., que se autodenominava "Gracie Law", escreveu uma carta aberta amplamente divulgada para Kevin Tsujihara, criticando o CEO por tratar de forma errada o Universo DC. O funcionário anônimo chamou *Esquadrão Suicida* de "desastre" e "um desserviço aos personagens". A carta questionava como Zack Snyder, o homem por trás de dois filmes de super-heróis natimortos, ainda não estava sendo punido por seus erros, enquanto os funcionários ordinários estavam sendo demitidos.

O estúdio rapidamente tomou medidas, fazendo sua enésima tentativa de finalmente fazer o universo cinematográfico da DC dar certo. Silenciosamente, o estúdio rebaixou o vindouro épico *Liga da Justiça* de Zack Snyder, originalmente anunciado como dois filmes, para um filme só, e tentou se afastar do clima deprimente do "murderverse" fazendo ajustes no roteiro.

Em setembro de 2016, a Warner promoveu Geoff Johns, o diretor criativo da DC e ex-assistente de Richard Donner, para um papel mais poderoso: supervisionar a produção de filmes. Johns, um escritor prolífico, tinha sido responsável por muitas das histórias em quadrinhos da DC mais populares dos últimos anos, incluindo as que provocaram um ressurgimento da popularidade do Lanterna Verde e do Aquaman. A Warner juntou Johns com o produtor-executivo Jon Berg, fazendo da dupla a primeira equipe em tempo integral a supervisionar os filmes da DC. Como a Marvel, a DC finalmente tinha sua voz guia.

"Equivocadamente, no passado, acho que o estúdio falou: 'Ah, os filmes da DC são sombrios, violentos, e é isso o que os torna diferentes.' Isso não poderia estar mais errado", Johns contou ao *Wall Street Journal*. "É uma visão esperançosa e otimista da vida. Até mesmo o Batman tem um pouco disso em si. Se ele não pensasse que poderia tornar o futuro melhor, teria parado."

Resta saber se as mudanças da DC salvarão seu universo de super-heróis de uma lenta e triste descida até a irrelevância. (Um bom sinal: o roteiro do filme para um dos personagens de Johns, o Flash, foi completamente reescrito no início de 2017.) Nesse meio-tempo, a Marvel segue em frente, continuando a sua fase histórica. Pode ser que haja espaço suficiente para que ambas as empresas tenham sucesso.

"Pode ser ingenuidade, mas acho que há alguns dados que sugerem que os filmes não competem entre si", diz Simon Kinberg, produtor de *Deadpool* e *X-Men: Dias de um Futuro Esquecido*. "Eu acho que eles reforçam um ao outro. Acho que a razão pela qual eles são o maior gênero agora é porque são bons. O interesse continua a crescer e se constrói além da base dos quadrinhos, atingindo o público *mainstream*. Enquanto fizerem filmes bons, o resultado será benéfico."

Para a DC, fazer bons filmes tem sido problemático – e pode permanecer assim sem uma correção de curso mais drástica do que as muitas que eles fizeram ao longo dos últimos poucos anos. Mas uma área onde os heróis da empresa floresceram foi a TV.

Começando em 2012 com Arrow, a série da CW, a DC construiu um pequeno e acolhedor universo televisivo que cresceu nos últimos anos para incluir *Flash, Lendas do Amanhã, Supergirl*, dentre outras.

A DC teve um sucesso modesto na TV no passado, com *Lois & Clark – As Novas Aventuras do Superman*, sucesso na década de 1990, e a série *Superboy*, mas suas propriedades nunca foram tão solicitadas na telinha quanto hoje.

Os motivos são simples. Os personagens têm o reconhecimento do nome embutido – um ativo que está se tornando cada vez mais importante em Hollywood, onde, baseado apenas nisso, alguém deu carta branca para um filme do *Esquadrão Classe A*.

A tecnologia também melhorou. No passado, seria impossível oferecer efeitos de nível de cinema dentro do orçamento da TV. *Smallville: As Aventuras do Superboy*, a série de longa duração sobre o jovem Superman, instituiu a famosa regra "sem fantasias, sem voos" e, no lugar disso, escolheu contar histórias mais pé no chão sobre seu herói. Agora, no entanto, a maioria dos efeitos está ao alcance. *Flash*, por exemplo, faz muitas tomadas de seu herói veloz como um relâmpago ao inserir perfeitamente um dublê gerado por computador.

Supergirl, Flash, Arqueiro e *Lendas do Amanhã* são todas entrelaçadas e atuam como um miniuniverso cinematográfico da DC. As séries têm um tom similar – divertidas, leves e apoiadas em grandes suspenses. Os personagens existem no mesmo mundo e ocasionalmente cruzam um com o outro.

Porém, quanto à estratégia geral da DC, ela não tem nada a ver com os filmes. O Flash que aparece no canal CW toda semana não é o mesmo que apareceu na telona em *Batman* vs. *Superman: A Origem da Justiça*. O mundo exibido na série *Gotham*, da Fox, a cada semana também não tem conexão com o filme. A tenda da DC é grande o suficiente para acomodar múltiplas interpretações, e isso pode ser bom. Parte da audiência que reage mal ao "murderverse" de Snyder pode simplesmente ligar a TV para assistir às versões dos personagens que eles podem gostar mais.

A abordagem fornece mais flexibilidade para contar diferentes tipos de histórias. Também facilita a troca de algo que não está funcionando.

Enquanto isso, a Marvel tem feito uma abordagem que é exatamente o oposto, optando por colocar seus filmes e séries de TV dentro do mesmo universo (exceto pelos licenciados). A empresa espera que, se você gostou de *Vingadores*, então vai sintonizar para ver *Agentes da S.H.I.E.L.D.*, a série do canal ABC estrelada por Clark Gregg, o ator que também interpreta o agente Phil Coulson nos filmes.

A série teve um começo decente quando estreou em 2013, impulsionada pela onda gerada pelos filmes blockbuster. O episódio piloto atraiu 12,1 milhões de espectadores. Mas, já no segundo, a audiência caiu cerca de 30 por cento e continuou a diminuir.

O desinteresse expôs os problemas com a estratégia do universo único da Marvel. Por amarrar *Agentes da S.H.I.E.L.D.* aos filmes, a série de TV ficou pequena por comparação. (E os orçamentos de produção na primeira temporada não ajudaram.) Quando Coulson faz referência aos eventos de *Vingadores* ou Samuel L. Jackson faz uma aparição rápida, como fez em dois episódios, espectadores provavelmente ficam com vontade de ter visto um DVD de algum filme da Marvel em vez daquilo.

As tentativas subsequentes da Marvel seriam mais bem-sucedidas. Em 2013, a empresa chegou a um acordo com a Netflix para produzir cinco séries com personagens mais do nível das ruas: Demolidor, Jessica Jones, Punho de Ferro e Luke Cage.

A ideia começou com Jeph Loeb, antigo roteirista da DC e da Marvel que agora é o chefe da Marvel TV. Enquanto assistia à batalha final em *Vingadores*, Loeb imaginou o que poderia estar acontecendo em outras partes de Nova York. Ele propôs um conceito para a Netflix, e o acordo resultante seguiria o modelo dos filmes da Marvel. Os personagens são apresentados em aventuras solo antes de se reunirem em um grande crossover, aqui chamado de *Defensores*.

As séries da Netflix foram surpreendentemente adultas e violentas, e atraíram elogios da crítica por sua escrita inteligente e coreografia de luta brutal.

"Eu acho que a outra parte que nos separa, digamos, da nossa distinta concorrência é que nós estamos ambientados em um mundo muito real e fundamentado", Loeb falou à *Entertainment Weekly*. "Nós sempre dissemos que há um quinto Defensor, que é a cidade de Nova York."

As histórias em quadrinhos estão em toda parte, e todo o sucesso na TV e no cinema permitiu que alguns geeks declarassem vitória. Depois de anos de ridicularização por seu amor pelos super-heróis com sua cultura na periferia, os super-heróis agora são populares. São famosos no mundo todo e são um grande negócio, um ativo. Mas, como sempre foi o caso da indústria de super-heróis, não está claro se os criadores por trás de todos esses grandes personagens se beneficiam como deveriam.

Tanto a Marvel como a DC pagam aos seus talentos um cachê quando uma de suas criações é usada em um filme ou série de TV, embora o dinheiro entregue varie de projeto para projeto, personagem para personagem e criador para criador.

Manter um registro de quem fez o quê durante todos esses anos de quadrinhos é agora uma questão vital em uma época em que mesmo um personagem de apoio menor pode desempenhar um papel importante em um filme de grande sucesso. Alguns anos atrás, a DC contratou um funcionário para vasculhar todos os seus quadrinhos já publicados e identificar as primeiras aparições de cada personagem com o objetivo de identificar corretamente os criadores por trás deles. O funcionário levou literalmente anos para fazer tudo.

Muitos na indústria de quadrinhos acham a nova obsessão de Hollywood com seus trabalhos algo excitante – mas eles acham que a ponta do negócio é confusa. Os cheques chegam no correio com várias somas e quase nenhuma explicação sobre de onde vem o dinheiro. Um brinquedo? A partilha de lucros de uma lancheira?

As quantias podem ser tanto animadoras quanto desapontadoras.

"Quando o filme do *Lanterna Verde* saiu e minha cocriação Kilowog estava nele, o cara responsável pelos royalties na DC falou para mim: 'O roteirista Len Wein tinha recebido quinhentos mil dólares por Lucius Fox [interpretado por Morgan Freeman] nos filmes do Batman; você vai receber algo com seis dígitos por causa disso'", conta o escritor Steve Englehart. "Então o filme afundou e eu acabei recebendo uns dez mil dólares."

"O máximo que eu recebi até hoje foi uma porção dos direitos pelo filme do *Constantine*", diz Steve Bissette, cocriador de Constantine. "Recebi um cheque de 45 mil dólares."

Em alguns casos, os autores viram sua participação diminuir com a crescente popularidade das propriedades de quadrinhos. Uma aparição de personagem que rendia 500 dólares em 1993, pela série *Lois & Clark – As Novas Aventuras do Superman*, agora pode render 300 dólares por uma aparição em *Supergirl*, da CW.

A queda pode ser atribuída à DC Entertainment consolidando sua produção em casa, em vez de usar empresas externas.

"Uma parte não tem que pagar para a outra parte o mesmo que pagaria se houvesse uma terceira parte – uma empresa independente –, e então isso é benéfico para a DC, obviamente", diz um artista.

Em outro caso, a aparição de um personagem em *Superman: O Retorno* recompensava seu cocriador em cinco por cento do 1 milhão de dólares da taxa de licenciamento que o estúdio de cinema pagou para a DC, ou cinquenta mil dólares. Quando saiu *O Homem de Aço*, o licenciamento aparentemente caiu para 760 mil, já que a parte dos cocriadores foi de 38 mil.

Mas esses pagamentos são para personagens criados após os acordos de compartilhamento de receita da década de 1980. Artistas e roteiristas cujas criações apareceram pela primeira vez antes desses contratos não costumam ter tanta sorte. Muitos não têm direito a nada, embora alguns recebam um honorário. Bernie Wrightson, cocriador do Monstro do Pântano, recebeu apenas dois mil dólares quando sua criatura estrelou um filme.

David Michelinie, que cocriou James Rhodes, o Máquina de Combate (interpretado por Don Cheadle nos filmes do *Homem de Ferro* e dos *Vingadores*), diz que está completamente ciente de que "não tem direito a nada, nem dinheiro, nem crédito" pelo uso de alguns de seus personagens.

"Mas ninguém colocou uma arma na minha cabeça e me forçou a criar novas propriedades intelectuais", ele diz. "Eu era adulto, sabia o que estava fazendo, e não tenho direito legal de reclamar. Personagens que criei mais tarde – [vilões do Homem-Aranha] Venom, Carnificina – foram feitos sob contrato de compartilhamento de receita, e eu recebi uma parte dos ganhos em camisetas, bonecos e assim por diante."

A Marvel e sua nova dona, a Disney, parecem estar completamente cientes do valor da sua biblioteca de personagens. Há alguns anos, o conglomerado começou a tentar comprar dos criadores a sua participação nas propriedades por uma taxa fixa.

"Na última década, a Marvel tem voltado e revisitado um monte desses contratos, de forma que os criadores não tenham mais propriedade", diz o roteirista Ron Marz. "Se eu possuísse 1,5 por cento de algo em um filme, haveria dificuldade com os direitos. Portanto, vieram novos contratos e pagamentos. Tudo é muito óbvio no novo contrato: você obtém tal quantia se um personagem se tornar um boneco, e tal se aparecer na TV ou em um filme. Isso colocou um limite para tudo."

Outros criadores não estavam tão ansiosos para assinar o novo acordo.

"A Marvel me contatou por volta de 2010. Não me ofereceram muito", afirma Ann Nocenti. "Eu estava na Comic Con e perguntei para outros roteiristas: 'Vocês também têm recebido essas cartas?', e eles responderam: 'Sim, não assine isso.'"

14

A rivalidade vai das estantes de quadrinhos para as reuniões executivas

"Eles são a concorrência! Não se espera que eles falem bem da gente e do que estamos fazendo. E vice-versa."

— Tom Brevoort, da Marvel, sobre a DC

Muita coisa mudou tanto na Marvel quanto na DC desde os anos 1960. O negócio dos quadrinhos cresceu – para o bem e para o mal. Já se foram os dias em que a Marvel e a DC eram negócios familiares correndo atrás de qualquer ideia louca que pudessem pensar antes do prazo final iminente. Corporações são a palavra de ordem. Hoje em dia, tanto a Marvel quanto a DC são engrenagens dentro de máquinas multinacionais corporativas, valorizadas menos pelos lucros de suas publicações do que por suas vastas bibliotecas de propriedade intelectual.

A DC abandonou Nova York – sua casa desde a época em que a editora comprou o Superman de dois garotos de Cleveland por 130 dólares – e se mudou para a Costa Oeste para se integrar melhor com o império do entretenimento da Warner Bros. A Marvel passou de uma operação de um único escritório no corredor de uma modesta editora de revistas para uma subsidiária da Disney avaliada em mais de quatro bilhões. Para colocar em valores que um colecionador de quadrinho entenderia, isso corresponde a 14.337 exemplares em bom estado de *Quarteto Fantástico* nº 1.

O que não mudou foi o conflito entre os dois maiores nomes em matéria de super-heróis. A caça furtiva por funcionários, os eventos concorrentes e o jogo de marketing ainda são proeminentes. Com esses personagens se tornando ícones globais valendo bilhões, as apostas hoje são mais altas do que nunca.

"Para mim, a rivalidade é mais forte do que jamais foi", diz Milton Griepp, analista da indústria e CEO da ICv2. "A competição é realmente visível e forte, e quando você fala com a gerência, consegue sentir. Está muito forte no DNA dessas empresas. É maior do que uma pessoa."

A base de fãs dos quadrinhos, que começou a se separar na década de 1960 com o surgimento da Marvel, pode ter se tornado mais polarizada do que nunca. Esse cisma que se manifestou décadas atrás em discussões de playground agora está sendo levado para um novo patamar no ambiente online, onde as redes sociais facilitam os ataques à oposição. E o sucesso dos filmes acrescentou uma urgência na escolha dos lados. Mais uma vez, uma questão importante se coloca: você está com a Marvel ou com a DC?

"Há pessoas no Facebook e no Twitter que dizem: 'Se você gosta dos filmes da Marvel, não pode gostar dos da DC', ou 'Se gosta dos filmes da DC, não pode gostar dos da Marvel'", diz o desenhista Jerry Ordway. "É como se esta polaridade estranha que você está vendo no mundo inteiro, com a política e tudo mais, estivesse presente no que deveria ser apenas diversão e entretenimento."

Apesar das aquisições corporativas, as personalidades das empresas permanecem como sempre foram. A Marvel é o eterno hipster, enquanto a DC continua a ser o tio elegante e conservador, sempre em busca de tornar-se mais jovem e relevante.

Mas a propriedade corporativa mudou os produtos das duas empresas e a forma como elas fazem negócios. A perseguição implacável por lucros ao estilo Wall Street tem forçado, frente ao declínio do mercado de periódicos, a Marvel e a DC a ceder às suas piores tendências. Agora nada está fora dos limites na busca pelos importantíssimos lucros a curto prazo.

"A maior diferença na DC realmente veio quando Paul Levitz foi meio forçado a sair [em 2009]", Ordway diz. "Paul era o último link – e odeio dizer isso – da DC como uma empresa que funciona sozinha."

"Paul mantinha os corporativos a uma distância segura para evitar que explorassem as propriedades até o último grau", diz o revendedor Brian Hibbs. "Eu acho que ele sabia que se você deixar entrar as pessoas corporativas, que realmente não se importam, elas iriam acabar com tudo. Olhariam para a DC como uma conta bancária, o que é claramente o que está acontecendo agora."

No ano passado, os mestres corporativos geralmente ignoravam o negócio editorial e provavelmente se envolveram apenas quando grandes mudanças estavam em andamento – digamos, se o Superman estivesse com um uniforme novo. Mas a percepção de que qualquer coisa – até mesmo um guaxinim falante e fanfarrão – pode valer bilhões fez a supervisão aumentar. Os ativos devem ser protegidos.

"Agora eles veem dinheiro em tudo. Qualquer coisa pode ser uma série de TV ou um desenho animado", diz o antigo editor da DC, Frank Pittarese. "Quando eu estava lá, em 2014 ou 2015, recebemos um e-mail da Diane Nelson [presidente da DC Entertainment] ou do time dela. Era assim: 'Ei, caras, é ótimo embarcar nessa aventura. Viva, quadrinhos. Lembrem-se de que os quadrinhos são um trampolim para outras mídias, como videogames. É por isso que vocês estão aqui.' Isso me enfureceu, porque os quadrinhos são uma forma de arte própria. Não me diga que eu sou apenas um elemento do seu esquema."

Ambas as empresas agora operam sob sistemas editoriais orientados, assim como Julie Schwartz e Mort Weisinger no auge da DC, na década de 1960. Já se foram os dias em que os roteiristas da Marvel podiam escrever uma história sob efeito de alucinógenos estranhos nos anos 1970 e conseguir publicá-la contanto que fosse dentro do prazo.

"Há mais envolvimento de cima para baixo, devemos dizer", fala o escritor Ron Marz. "Quando assumi *Lanterna Verde* no meio dos anos 1990, fui deixado em paz para criar o novo Lanterna Verde [Kyle Rayner]. Isso não aconteceria hoje. Haveria alguém no alto da escada corporativa bastante envolvido, pelo menos. Há muito mais pessoas olhando por cima do seu ombro, no que antes costumava ser um trabalho onde você poderia fazer o que quisesses."

O que é esquecido é que a maior parte dos bilhões de dólares que as corporações estão tão desesperadas para proteger foi criada por artistas que seguiam seus instintos e lançavam coisas legais. Hoje, as notícias da indústria estão repletas de histórias de problemas criados por intromissão editorial, com inúmeros nomes importantes saindo dos gibis da DC depois que a interferência os derruba.

"O regime atual na DC é bem mais rigoroso", diz o roteirista Peter David. "As pessoas precisam reescrever muito mais vezes. Coisas são aprovadas, depois são desaprovadas. Não é o melhor lugar para ser um criador atualmente. Não sei por que eles estão tão preocupados com o *status quo*. Meu palpite é que estão aí por cerca de 75 anos, e têm medo de que o cara que está trabalhando lá agora vá ferrar com eles."

"Era sabido que a DC pagava melhor, tinha um seguro melhor e tinha escritórios mais agradáveis do que os da gente", diz um editor da Marvel. "Havia um consenso de que o preço a se pagar pela melhor remuneração na DC era ter que lidar com Dan DiDio cuidando do Universo DC, o que não era uma coisa boa."

A Marvel parece também ter abraçado a estrutura de cima para baixo que definiu a DC na década de 1960.

"A Marvel impôs uma estrutura corporativa sobre a afabilidade da coisa. É o velho modelo de Julius Schwartz, onde os editores estão no comando e os escritores estão preenchendo os vazios", diz o escritor Steve Englehart. "Você nos diz o que quer escrever, nós lhe diremos o que pode escrever, você nos diz o que vai fazer nas primeiras 12 edições, então nós lhe diremos o que terá que mudar, depois pode ir escrever."

A necessidade de supervisão rigorosa é essencial, em parte devido à crescente quantidade de eventos. Uma vez considerada uma novidade anual na década de 1980, os eventos agora correm quase continuamente (pelo menos na Marvel), um desaguando no outro e cada um prometendo repercussões mais espetaculares que o anterior.

Apenas em 2014, a Marvel deu aos leitores – dentre outros – *Pecado Original*, que prometeu "revelar segredos chocantes sobre cada personagem principal da Marvel!"; *Eixo*, no qual a empresa alardeou que ia "mudar tudo!", e *A Morte do Wolverine*, "o evento X-Men mais importante da década".

No mesmo ano, a DC fez *Superman: Condenado* ("o superevento que você estava esperando") e *Fim dos Futuros*, evento que a empresa anunciou que iria "alterar para sempre a direção" do Universo DC.

E, de um lado para o outro, Marvel e DC vão liberando sagas sempre incensadas, que competem quase ao mesmo tempo – e ocasionalmente com premissas estranhamente similares.

A DC lançou em 2016 um épico do Batman chamado "Noite dos Homens-Monstro". A Marvel logo anunciou um evento em 2017 chamado "Monsters Unleashed".

As semelhanças mais insanas vieram com os eventos de 2015 das editoras. Naquele verão, ambas lançaram mega-histórias muito promovidas, envolvendo um vilão poderoso construindo um mundo único, de várias partes arrancadas de diferentes dimensões. A da DC, intitulada *Convergência*, estreou em abril, enquanto a da Marvel, *Guerras Secretas*, foi lançada em maio. Os leitores não deixaram de notar as similaridades. A revista *Tech Times* escreveu um artigo com o título: "*Guerras Secretas* da Marvel e *Convergência* da DC são exatamente a mesma história?"

Sim, praticamente.

"Quando a DC fez *Convergência*, eu também estava falando com a Marvel sobre a minissérie *Guerras Secretas* que acabou não rolando", diz o escritor Ron Marz. "Eu assinei [contratos de confidencialidade] para ambas as coisas e me dei conta: 'São a mesma história!' A meu ver, foi uma coincidência boba. Pensei: 'Não vou dizer nada, mas acho que eles não sabem que estão fazendo exatamente a mesma história.' Havia alguns de nós que estavam envolvidos com os dois lugares, e ninguém estava dizendo nada."

"Não existe ideia ruim, então, se alguém chegar com uma, todos vão fazê-la", diz o escritor e desenhista de longa data Keith Giffen. "A Marvel faz Guerra Civil, a DC faz outra coisa. É essa rivalidade bem-humorada."

A batalha de eventos das empresas em 2011 foi especialmente feroz devido a uma promoção de marketing sem-vergonha da Marvel, que mirava diretamente na produção da DC. Naquele verão, a Marvel estava no meio de *Essência do Medo*, um grande crossover que tinha saído do grande crossover anterior, *O Cerco*. A DC estava publicando *Ponto de Ignição*, um grande evento centrado no Flash que disputava cabeça a cabeça com *Essência do Medo* nos gráficos das vendas diretas. Como de praxe, ambas as histórias se desdobravam na minissérie principal, mas eram reforçadas com histórias interligadas nos títulos regulares das editoras – uma tentativa de forçar suavemente os clientes a experimentar títulos que não estavam lendo.

Foi nesses títulos entrelaçados que a Marvel mirou. A editora fez uma oferta interessante aos varejistas: ela enviaria a eles uma das edições raras, de capa variante, de *Essência do Medo* nº 6, que supostamente poderia ser vendida por um preço muito maior que o de capa, em troca de cinquenta capas de edições interligadas de *Ponto de Ignição*, que os revendedores arrancariam dos gibis e enviariam pelo correio. A Marvel estava, na verdade, encorajando os varejistas a destruir o produto de seu concorrente.

"Nestes tempos econômicos difíceis, sentimos que era nosso dever ajudar", o publisher da Marvel, David Gabriel, disse com sarcasmo em uma coletiva de imprensa.

A Marvel tentou algo semelhante no ano anterior, oferecendo a variante de um gibi do *Deadpool* em troca de cinquenta capas arrancadas da DC – um esforço para atrapalhar o crossover de sua rival: "A noite mais densa". A Marvel alega que os revendedores enviaram "dezenas de milhares" de capas durante a promoção, aparentemente tiradas de pilhas maciças de quadrinhos da DC não vendidos, guardados em estoques.

"Acho hilário, além de ser uma demonstração perfeita do fato de que essas empresas ainda se odeiam e que irão puxar o tapete uma da outra em todas as oportunidades", Griepp diz. "O objetivo da Marvel não era promover este quadrinho de edição limitada ou dar aos vendedores algo para vender. O que eles estavam tentando fazer era demonstrar o fracasso da DC, e sim, acho que isso enfatiza a afirmação. A Marvel estava tentando mostrar que o produto da DC é tão terrível que os varejistas têm caixas paradas nos estoques, e 'estamos tentando ajudá-los porque apoiamos o mercado'. Aquilo foi particularmente inspirado."

Em outro esquema de marketing igualmente inspirado, embora mais escatológico, a Marvel fez graça com o plano da DC de oferecer 52 capas variantes de *Liga da Justiça da América* nº 1 (abril de 2013) com bandeiras de todos os estados americanos, além da capital Washington e de Porto Rico. No mesmo mês que essa edição chegou, a Marvel lançou uma capa especial de *Fabulosos X-Men* nº 1 mostrando todos os pássaros dos estados americanos... defecando em cima de Deadpool.

"Você deve lembrar que, se houver uma luz guia na Marvel, ela diz que você deve pegar sempre o caminho da zombaria", diz o artista da Marvel Scott Koblish. "A Marvel gosta de ser um pouco brincalhona. A maneira de lidar com as coisas é passada adiante. Você não quer levar as coisas muito a sério."

Na tentativa de capturar mais alguns dólares de um grupo cada vez mais encolhido de clientes, a Marvel e a DC também passaram dos limites com relançamentos e *reboots*. Títulos são recomeçados tantas vezes a partir do nº 1 que esse número basicamente perdeu seu valor. Wolverine, o herói mutante popular da Marvel, teve seu título reiniciado três vezes desde 2010.

A DC levou esse truque além, e, em vez de reinicializar títulos individuais, decidiu dar o passo drástico de reiniciar todo o seu universo – por duas vezes nos últimos cinco anos.

A primeira revolução veio em 2011 e foi chamada de "Novos 52", fazendo alusão ao número de títulos que a empresa planejava lançar. No mês anterior, a DC cancelou cada uma de suas revistas em quadrinhos antes de iniciá-las novamente, muitas vezes com origens atualizadas, na tentativa de refrescar e tornar os heróis mais jovens ou dar-lhes uma cara mais nova. (Sim, isso de novo.) A nova *Action Comics* nº 1 introduziu um jovem Superman que estava no início de sua carreira de combate ao crime. A capa do gibi mostrava o Superman atravessando Metrópolis vestindo uma camiseta apertada com o logo do S e jeans azul.

A iniciativa irritou muitos leitores de longa data, porque parecia acabar com setenta anos de história, dizendo essencialmente que muitas das tramas que vieram antes, histórias que os leitores amaram e acalentaram, não aconteceram.

Apesar de alguns resmungos, o burburinho fez os Novos 52 estarem dentre algumas das iniciativas mais bem-sucedidas da indústria na memória recente. Os lançamentos iniciais dos novos títulos venderam em grande número e, segundo notícias, trouxeram muitos leitores que estavam afastados de volta para as lojas de quadrinhos. Os primeiros meses do relançamento permitiram à DC sua primeira vitória em muito tempo, em termos de participação no mercado direto. A DC superou a Marvel em 5 por cento em setembro de 2011. Essa vantagem aumentou para 20 por cento no mês seguinte.

A Marvel, no topo por tanto tempo, permaneceu impassível – pelo menos publicamente. Joe Quesada, que havia sido promovido a chefe criativo, afirmou que o relançamento da DC foi "uma resposta a *tudo* que a Marvel estava fazendo... Você não coloca fogo em toda a sua casa por nenhum motivo", ele disse.

O vice-presidente sênior de publicação da Marvel, Tom Brevoort, também cutucou a nova direção da rival em um fórum online. Ele aconselhou a DC a "parar de tentar ser um clone ruim da Marvel – porque eles sequer estão conseguindo ser uma Marvel ruim direito".

A DC respondeu rapidamente. John Rood, chefe de vendas da empresa, publicou uma declaração no site da DC em agosto de 2011, louvando os Novos 52 e criticando severamente a Marvel por suas práticas comerciais agressivas e por depender de truques editoriais, incluindo uma declaração de fevereiro de 2011 de um executivo da Marvel, afirmando que a empresa planejava matar um personagem a cada trimestre para alimentar as vendas.

"Para deixar claro: a DC não está em busca de mercado", Rood escreveu. "Se estivéssemos, não estaríamos criando uma direção duradoura de qualidade em um número controlado de títulos. Em vez disso, estaríamos inundando o mercado com mais de 200 títulos por mês, alterando seus preços como se não houvesse amanhã, matando um personagem a cada trimestre, e/ou anunciando aleatoriamente qualquer coisa rodeada de eventos. Nós não estamos."

A Marvel logo anunciou um relançamento suave, chamado *Nova Marvel*. Um anúncio misterioso da casa promovendo o esforço mostrava 52 barras vermelhas em um fundo preto, o que parecia ser um golpe barato contra os Novos 52 da DC.

"A *Nova Marvel* começa com os criadores, então não espere que coisas improvisadas passem pelo gibi lá pela quarta ou quinta edição, ou que metade dos títulos seja cancelada e substituída por um monte de números 1", disse o editor-chefe da Marvel, Axel Alonso, fazendo pilhéria em cima dos Novos 52 em uma entrevista em 2012. "Não estamos jogando merda na parede, vendo o que não gruda e substituindo por merda nova. Estamos fazendo gibis que esperamos que durem."

A *Nova Marvel* reiniciaria as séries do nº 1, mas a reinicialização não eliminaria o que havia acontecido antes. A preciosa continuidade da Marvel, que permaneceu intacta desde que seu universo de super-heróis moderno foi fundado em 1961, resistiria bravamente.

"A DC tem uma obsessão de reinicializar o seu universo a cada poucos anos", Pittarese diz. "A DC fala a cada poucos anos: 'Tudo o que você conhece não aconteceu, ou aconteceu de outro jeito.' A Marvel não tinha vergonha de nada. Então, se você gostava do fato de que Johnny Storm, o integrante do Quarteto Fantástico, era casado com uma Skrull que botou um ovo e de lá saiu um monstro, eles não iam falar que isso não aconteceu."

Não demorou muito para os Novos 52 da DC tropeçar. Em vez de limpar a continuidade, conseguiu fazer uma bagunça ainda maior. A qualidade dos gibis também era irregular, já que as equipes criativas iam e viam aparentemente por capricho.

"A DC reconfigurou completamente sua linha do tempo para tentar adaptar os personagens e as histórias para um público do século XXI, e eles tiveram algum sucesso inicial", diz Robert Lyons, dono da gibiteria Legends of Superheroes, em Connecticut. "Mas aí eles perderam o caminho. As vendas começaram a desaparecer, e a Marvel rapidamente aproveitou."

Os Novos 52 continuaram a cair, e em 2015 a Marvel tinha uma vantagem dominante no mercado direto, ficando com 42 por cento diante dos 27 da DC. A queda da DC revelou os retornos decrescentes dos *reboots* e expôs a confiança perigosa que as duas grandes editoras tinham em invencionices voltadas apenas para o marketing.

"Qualquer editora pode vender nºs 1 e 2, mas pode vender nºs 12 e 18?", pergunta Bill Schanes, antigo distribuidor de quadrinhos. "É quando todos os truques acabam e você tem que manter seus principais consumidores engajados."

Com o enfraquecimento dos Novos 52, o que a DC poderia fazer? A solução veio em um tweet enigmático do copublisher da DC, Jim Lee, em fevereiro de 2016, que mostrava uma imagem de uma cortina de teatro com a manchete: "Renascimento". A mensagem embaixo dizia: "Não é um *reboot*..."

Acabou que era, sim, um *reboot*.

A empresa anunciou que estava lançando uma iniciativa a ser chamada "Renascimento", basicamente repetindo todo o lance dos Novos 52. O último *reboot* começaria outra vez mais títulos a partir de números 1, e tentaria capturar a essência do Universo DC ao "dar maior prioridade no mercado direto", de certa forma atendendo de forma mais robusta os fãs que estavam envelhecendo, que tinham sido alienados pelo incômodo dos Novos 52. "Renascimento" devolveria o Universo DC para onde ele estava antes do desapontamento dos Novos 52, trazendo alguns personagens e elementos favoritos dos fãs do passado.

Para promover o lançamento, a DC permitiu que os varejistas começassem a vender seu primeiro lote de quadrinhos "Renascimento" terça-feira à meia-noite – um relaxamento das regras que geralmente proibiam a venda dos novos lançamentos da semana até quarta-feira de manhã. A Marvel prontamente contra-atacou ao permitir que se pudesse vender seus quadrinhos na noite anterior.

Como este foi o segundo *reboot* da DC em apenas cinco anos, e estava sendo orquestrado pelos mesmos executivos e muitos dos mesmos autores que tinham estragado as coisas na última vez, "Renascimento" foi recebido com ceticismo. Um site chamado hasdcdonesomethingstupidtoday.com, ou "será que a DC fez algo idiota hoje", acompanhou os disparates da empresa, e os leitores – cansado dos *reboots* e dos eventos intermináveis, bem como as promessas ensolaradas que sempre os acompanharam – reclamam na internet.

"A DC reinicia mais compulsivamente do que o Windows 7", o artista Jules Rivera escreveu no Twitter.

A DC havia acordado para o fato de que seus principais leitores, os fanáticos, a quem a indústria estava atendendo exclusivamente, preocupavam-se com o legado da empresa, se preocupavam com a continuidade. Era importante para eles se o Batman que estavam lendo naquele mês era o mesmo Batman que começara a se chamar "Batman de Zur-En-Arrh", depois de um surto mental alguns anos antes. Importava que o Flash (tecnicamente o segundo Flash, Barry Allen) tinha perecido durante *Crise nas Infinitas Terras* antes de ser miraculosamente ressuscitado em 2008, na *Crise Final*. "Renascimento" marcou um retorno a essa continuidade original.

A cultura corporativa também se manifesta nos escritórios. Anos atrás, a Marvel era um lugar onde briguinhas improvisadas de sprays de espuma irrompiam a qualquer momento, e os funcionários celebravam o dia da raquete de *paddle ball*. Um funcionário fez uma pegadinha com o editor-chefe Tom DeFalco ao secretamente trocar o nome de cada um dos seus cartões de visita para "Tom DeFatso".

Era um lugar onde os funcionários e os freelancers podiam sair e trocar fofocas e ideias sobre a indústria. Hoje em dia, até passar pela porta é um problema.

"Steve Ditko e outros artistas costumavam vir passar um tempo no meu escritório. Acho que isso já acabou", diz a antiga editora da Marvel, Ann Nocenti. "Você não pode entrar mais na Marvel ou na DC sem algum tipo de crachá ou uma pré-aprovação. Mesmo assim, você é levado por alguém através de um labirinto de escritórios para o local exato onde você deveria ir, depois é escoltado novamente pra sair."

A DC agora está na Costa Oeste, marcando a primeira vez na ilustre história do meio que as principais editoras de super-heróis não estão operando em Nova York. A mudança significa que há menos camaradagem entre as equipes e menos sobreposição.

Os crossovers Marvel-DC também se tornaram uma coisa do passado, mesmo com Bob Harras, antigo editor da Marvel, como editor-chefe da DC, e Axel Alonso, antigo funcionário da DC, no comando da Marvel.

"Eu conversei com pessoas de ambas as empresas que estão convencidas de que nunca mais veremos outro crossover, e a razão é inteiramente corporativa", diz o escritor Kurt Busiek. "Nunca haverá um ponto em que as coisas ficarão exatamente equilibradas, e agora as pessoas da Disney estão falando: 'Os filmes da Marvel estão indo melhor que os da DC. Por que deveríamos ajudá-los?' E em algum ponto no futuro, pessoas da Warner Bros. podem dizer: 'Sabe, a DC está indo melhor na TV do que a Marvel. Por que deveríamos ajudá-los?'"

Acrescente a isso o fato que, em um crossover – sem importar o quão bem-sucedido ele for –, a DC e a Marvel vão receber apenas metade dos lucros. É um acordo que os mestres corporativos provavelmente não farão.

A rivalidade corporativa também tem afetado os gibis mensais. A Marvel cancelou *Quarteto Fantástico* em abril de 2015, em meio a rumores de que a empresa estava tentando punir a detentora dos direitos do filme, a Fox, antes da chegada do longa dirigido por Josh Trank no verão.

"A relação estava boa até a Disney nos comprar", diz Chris Claremont. "Não havia problemas entre Marvel e Fox, X-Men e Quarteto Fantástico quando a Marvel era uma empresa independente. No momento em que a Marvel se tornou subsidiária de um estúdio rival, todos os parâmetros mudaram."

Quando a Marvel licenciou o Quarteto Fantástico para a Fox anos atrás, o estúdio argumentou que um filme bem-sucedido aumentava as vendas dos quadrinhos, então a Fox exigia uma parte sobre as vendas de *Quarteto Fantástico* da Marvel, de acordo com Erik Larsen, artista e cofundador da Image. A Marvel optou por cancelar o gibi, preferindo não ter que pagar a Fox e promover a propriedade de um estúdio rival.

Talvez a maior ameaça aos quadrinhos de super-heróis sejam as vendas. Os personagens se tornaram ícones globais nas bilheterias de cinemas e na TV, mas essa exposição aumentada não elevou muito as vendas mensais de quadrinhos. A Marvel e a DC viram suas tiragens diminuírem consideravelmente ao longo das décadas, ao ponto de se tornarem produtos para um público de nicho, composto por um punhado de leitores envelhecidos e superdevotos. Onde antes os títulos populares eram vendidos em centenas de milhares ou mesmo milhões, muitos gibis da DC e da Marvel têm a sorte de passar de cinquenta mil. Muitos títulos vendem modestos vinte mil exemplares, o que significa que as estimadas 250 lojas de quadrinhos nos Estados Unidos pediram apenas oito exemplares cada. Oito.

"Acho que a Marvel descobriu uma maneira de tornar esses filmes acessíveis ao público, mas a DC não conseguiu. Não sei o que é. Não sei por que você não consegue fazer Batman e Superman ou as pessoas se tornarem parte disso."
– Samuel L. Jackson em 2015

"Não tenho medo do Sam, não tenho medo de você! Você pensa que a gente não sabe que você é vesgo sob aquele tapa-olho, seu puto, seu puto vesgo de tapa-olho!"
– Kevin Hart durante o MTV Movie Awards de 2016

Ambas as empresas responderam à seca mais uma vez inundando o mercado com mais de oitenta quadrinhos por mês, além de publicarem títulos populares com periodicidade dobrada, na tentativa de arrematar mais dólares de qualquer leitor que tenha sobrado.

Infelizmente, para os planos futuros de publicação da Marvel e da DC, a indústria dos quadrinhos está mudando. Os quadrinhos de super-heróis já não são mais a corrente principal. A ironia é que o impulso para melhorar os quadrinhos dos super-heróis ao longo dos anos – com *O Cavaleiro das Trevas*, *Watchmen* e outros saltos revolucionários – ajudou a abrir os olhos do público em geral para as possibilidades do meio, e percorreu um longo caminho para tornar as histórias em quadrinhos uma forma de arte aceita e respeitada. Os "civis" já não têm mais vergonha de ser vistos lendo-os.

Essas mudanças abriram o meio para diferentes tipos de materiais, que desde então deixaram o gênero de super-heróis de lado.

A Marvel e a DC não são mais as líderes quando se trata de ficção gráfica. Essa honra pertence a ofertas de editores tradicionais que movimentam muito mais exemplares do que a média de uma edição do *Superman*. A série *Diário de um Banana* vendeu mais de 164 milhões de cópias pelo mundo, e os livros autobiográficos da quadrinista Raina Telgemeier voltados para um público mais jovem têm liderado as listas de mais vendidos do *New York Times*. A amplitude do material agora se estende de infantis para histórias policiais, mangás para livros de memórias.

"Eu acho que os quadrinhos estão no melhor lugar que já estiveram em toda a história do meio", diz o revendedor Hibbs. "Não há uma pessoa que caminha na minha loja que não consiga encontrar algo que possa desfrutar. Isso é fenomenal. Mas eu não acho que essas coisas continuem sendo os universos de super-heróis da Marvel e da DC. A Marvel e a DC costumavam ser 90 por cento de nossas vendas, e agora são 70 por cento. Não são mais o assunto das conversas."

Para a sorte dos fãs de super-heróis, as minguadas perspectivas editoriais do gênero não prejudicaram o conflito entre as duas grandes.

"Ainda há uma rivalidade, mas é mais uma rivalidade corporativa", diz o antigo editor-chefe da Marvel, Gerry Conway. "Sempre haverá uma competição entre elas. São as duas grandes, e continuarão lutando."

E nós, os leitores, com prazer iremos junto.

EPÍLOGO

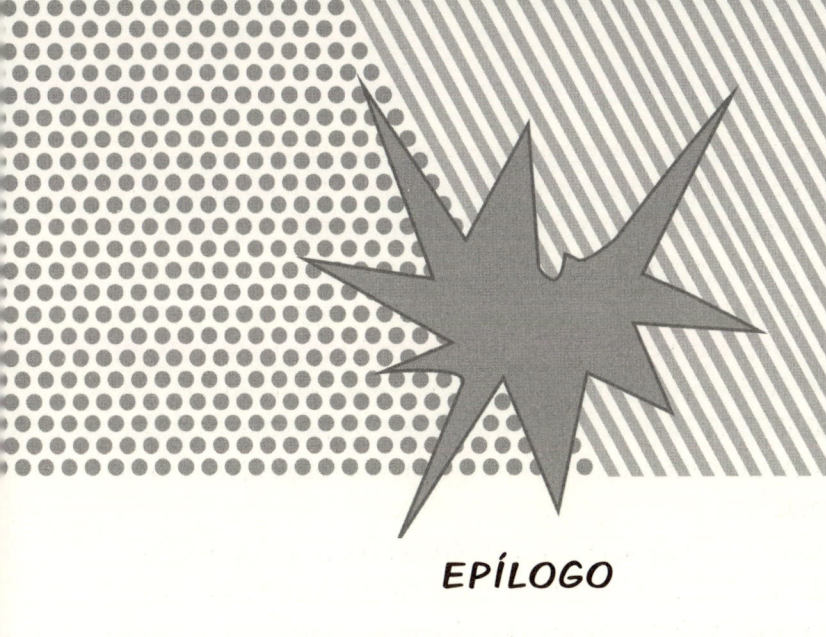

Então, quem venceu?

É a pergunta que é feita com maior frequência quando se trata dessa ou de qualquer outra rivalidade, e é natural que os espectadores exijam um vencedor. Ninguém quer investir seu precioso tempo e atenção em uma competição apenas para ir embora sem a certeza de quem saiu por cima. Isso não é um jogo de futebol.

Mas no caso da Marvel e da DC, declarar um vencedor pode ser complicado porque nem todo mundo pode sequer concordar com as regras do jogo. Quais são as medidas para a "vitória"?

Em termos de vendas, a Marvel é claramente a vencedora. Os títulos da empresa geralmente dominam o mercado direto e tem sido assim por décadas. Quando se trata da bilheteria, é bem evidente que os filmes da Marvel Studios foram mais bem recebidos do que os da sua concorrente e, em termos de bilheteria de todos os tempos, a Marvel domina a DC (8,9 bilhões de dólares contra quatro bilhões da DC). Na crucial área da receita de licenciamento, a Marvel agora também está à frente.

Mas há também os termos intangíveis – aqueles fatores que não podem ser quantificados com números simples. Os super-heróis são quase sempre descobertos durante a juventude e, como resultado, esses personagens têm uma poderosa conexão emocional. Superman, Homem-Aranha, Mulher-

-Maravilha e os outros permanecem para sempre envoltos em uma confortável manta de nostalgia e banhados pela tonalidade dourada que parece colorir toda a infância. Eles são portais para outro momento da vida.

Ler uma revista em quadrinhos do Superman ou assistir a um filme do Batman é experimentar o personagem no momento, mas também reviver as boas lembranças do personagem. Este é um poder que tanto a Marvel quanto a DC possuem, e é muito mais valioso do que o dinheiro.

No final, declarar um vencedor talvez não seja tão importante. O vencedor é aquele que significa mais para você. Não pode ser medido, discutido ou debatido.

Não podemos apenas comemorar as realizações extraordinárias de ambas as empresas? Os artistas, escritores e editores que trabalharam para a Marvel e para a DC ao longo dos anos nos deram um rico elenco de personagens que duraram décadas e agora são reconhecíveis em todo o mundo. E as empresas sobreviveram por cerca de oitenta anos, através de recessões e guerras, mudança de gostos e de hábitos, encontrando novas técnicas para renovar suas propriedades e novas maneiras de entregá-las ao público. É uma trajetória notável para empresas em uma indústria em que cada um de seus contemporâneos, tirando a Archie, já morreu há muito tempo. Vamos apenas saudar suas realizações e agradecer pelo entretenimento que elas forneceram ao longo das décadas – e pelo entretenimento que ainda está por vir.

Esses personagens não vão embora tão cedo. Super-heróis são como uma parte duradoura da cultura, como Ulisses ou Sherlock Holmes, e eles provavelmente estarão conosco nos próximos anos – talvez para sempre. É tudo uma questão de saber qual forma eles vão tomar. Histórias sobre os grandes heróis da Antiguidade eram contadas oralmente e sobreviveram o suficiente para serem anotadas. Os grandes super-heróis nasceram impressos no jornal e pularam para o cinema e a TV, evitando que caíssem na obscuridade pelo declínio da mídia impressa.

Mas e quando o atual boom dos filmes de super-heróis terminar, como inevitavelmente acontecerá, e aí?

Mas e quando não for mais lucrativo publicar quadrinho mensal de papel, como vai ser?

O que será da rivalidade Marvel/DC? Para que as rivalidades tenham importância, elas exigem que haja entidades opostas, de características e peculiaridades facilmente identificáveis, com as quais os fãs podem se apegar. Elas também exigem que algo de valor esteja em jogo, seja dinheiro, posição ou prestígio. Conforme a Marvel e a DC vão perdendo suas identidades únicas, construídas no ramo editorial de Nova York ao longo das décadas, e continuam sendo absorvidas para dentro de entidades corporativas maiores, como vai ser?

O que vai acontecer quando Stan Lee se for e a cara da Marvel se tornar algum vice-presidente executivo de publicação? O que acontece quando a cultura seguir em frente e toda uma geração de crianças decidir que o Superman não interessa a elas, sem se importar o quanto seu traje esteja escuro ou sua personalidade esteja mexida?

Estamos no fim de uma era. Marvel e DC, as empresas com as quais crescemos juntos, estão mudando. Assim como sua rivalidade. Está se movendo do campo de batalha onde nasceu e foi definido por mais de cinquenta anos – as revistas impressas –, e está indo para direções novas e incertas. Nas próximas décadas, Marvel *vs.* DC pode não ter mais o significado que teve no passado. Mas como a Morte, a ceifadora sinistra e gótica da série *Sandman*, de Neil Gaiman, disse uma vez: "Sempre termina. É o que lhe dá valor."

AGRADECIMENTOS

Obrigado a todos – artistas, escritores, executivos e fãs de quadrinhos – que foram gentis o bastante para falar comigo. Sem sua generosidade e percepção, este livro não teria sido possível.

Obrigado ao meu agente, Byrd, por encontrar uma casa para o livro. Obrigado a Dan por sua orientação editorial. Obrigado (e desculpas) à minha esposa, por lê-lo ao longo do caminho.

E obrigado a todos os fãs de super-heróis cuja paixão tornou este tema digno de um livro.

NOTAS

INTRODUÇÃO

xvi **"capas boas e intrigantes eram tudo o que importava"**: Shirrel Rhoades, *A Complete History of American Comic Books* (Nova York: Peter Lang Publishing, 2008), p. 46.

xvii **"Não fazia nenhuma diferença nas vendas"**: Stan Lee, entrevistas, *Comics Scene* 3, nº 1 (maio de 2000).

xix **"Eu acho que os quadrinhos da Marvel são ótimos por um motivo muito presunçoso"**: "As Barry Jenkins, Ohio '69, Says: 'A Person Has to Have Intelligence to Read Them'", *Esquire*, setembro de 1966, pp. 116–117.

CAPÍTULO I

1 **"Veio a mim subitamente"**: Otto Friedrich, "Up, Up and Awaaay!!!". *Time*, 24 de junho de 2001, http://content.time.com/time/magazine/article/0,9171,148856,00.html.

2 **"Poderia ser qualquer tipo de escritório"**: Todd Klein, "Visiting DC Comics in the 1960s, Part 3", blog de Todd, http://kleinletters.com/Blog/visiting-dc-comics-in-the-1960s-part-3.

3 **"Os editores tinham um pequeno clube de cavalheiros"**: Jon B. Cooke, "Orlando's Weird Adventures", *Comic Book Artist* nº 1, primavera de 1998, pp. 19–26.

4 **As histórias dos seus abusos chegam às dezenas**: 4. Todd Klein, "Visiting DC Comics in the 1960s Part 1", blog de Todd http://kleinletters.com/Blog/visiting-dc-comics-in-the-1960s-part-1.

5 **"O irmão dele era pior"**: Alan Moore, Jon B. Cooke e George Khoury, "Alan Moore and the Magic of Comics", *Comic Book Artist* nº 25, junho de 2003.

6 **Vendas de *Action Comics* e *Superman***: Jerry Franken, "Superman Crushes Steel But Never Hits a Lady", PM, 29 de julho de 1940.

7 **"material que nenhum jornal respeitável aceitaria"**: Sterling North, *Chicago Daily News*, 8 de maio de 1940.

8 **"Eu ressaltei que o leitor médio de quadrinhos"**: Julius Schwartz, *Man of Two Worlds: My Life in Science Fiction and Comics* (Nova York: Harper Paperbacks, 2000), p. 87.

9 **"O Flash iniciou novamente todo o negócio de super-heróis"**: Carmine Infantino com David Spurlock, *The Amazing World of Carmine Infantino: An Autobiography* (Lebanon, NJ: Vanguard Productions, 2001), p. 54.

CAPÍTULO 2

1. **"O fato é que os quadrinhos da Marvel são os primeiros na história"**: Sally Kempton, "Super Anti-Hero in Forest Hills", *Village Voice*, 1º de abril de 1965.
2. **"Erámos uma empresa de macacos de imitação"**: Stan Lee com George Mair, *Excelsior!: The Amazing Life of Stan Lee* (Nova York: Fireside, 2002), p. 64.
3. **"Nós tentamos superar o Superman"**: Roy Thomas e William Schelly, eds., *Alter Ego: The Best of the Legendary Comics Fanzine* (Raleigh, NC: TwoMorrows Publishing, 2008), p. 174.
4. **"Se você conseguir um título que se popularize"**: Blake Bell e Michael J. Vassallo, *The Secret History of Marvel Comics: Jack Kirby and the Moonlighting Artists at Martin Goodman's Empire* (Seattle: Fantagraphics, 2013), p. 45.
5. **Sem esse novo acordo de distribuição, a Marvel provavelmente teria morrido**: Lou Mougin, "Roy Thomas", in *Comics Interview* nº 66, 1989, pp. 5–32.
6. **"Nós não queríamos a competição"**: Jack Liebowitz, livro de memórias não publicado, citado em Larry Tye, *Superman: The High-Flying History of America's Most Enduring Hero* (Nova York: Random House, 2012), p. 184.
7. **"Goodman disse: 'Ei, talvez ainda haja um mercado para super-heróis"**: David Anthony Kraft, "The Foom Interview: Stan Lee", *FOOM* nº 17, março de 1977, p. 13.
8. **"Martin achava, naqueles dias, que nossos leitores"**: "Stan Lee's Amazing Marvel Interview: Two Extraordinary 2005 Audio Sessions with the Man Who Spearheaded Marvel Comics", *Alter Ego* nº 104, agosto de 2011, p. 26.
9. **"Tentamos injetar todos os tipos de realismo"**: Stan Lee, entrevista de 1968 para a WBAI-FM, transcrita em Danny Fingeroth e Roy Thomas, *The Stan Lee Universe* (Raleigh, NC: TwoMorrows Publishing, 2011), p. 40.
10. **"Estas são pessoas reais que calharam de ter superpoderes"**: John Byrne, "John Byrne: Anatomy of a Phenomenon", *Comics Feature* 1, nº 27 (janeiro e fevereiro de 1984), p. 24.
11. **"Duvido que você possa imaginar o impacto absoluto"**: Alan Moore, The Untold Story, http://seanhowe.tumblr.com/post/32172785745/alan-moores-lost-stan-lee-essay-1983-part-1-of.
12. **"Uma boa influência"**: dra. Lauretta Bender, "Testimony of Dr. Lauretta Bender, Senior Psychiatrist, Bellevue Hospital, Nova York, N.Y.", www.thecomicbooks.com/bender.html.
13. **"Como um personagem tão irremediavelmente saudável"**: Sally Kempton, "Super Anti-Hero in Forest Hills", *Village Voice*, 1º de abril de 1965.
14. **"Apenas alguns meses depois"**: Alan Moore, The Untold Story.
15. **"O que me atraiu"**: Peter Sanderson, "Peter B. Gillis", *Comics Interview* nº 27, 1985, pp. 7–23.
16. **"É uma coisa simples"**: Stan Lee, entrevista, *Comics Scene* 3, nº 1 (maio de 2000).
17. **"A Marvel é uma cornucópia de fantasia"**: Stan with Mair, *Excelsior!*, p. 3.

CAPÍTULO 3

1. **"Olhamos para aquelas coisas da Marvel"**: Bob Haney, "Bob Haney Interview by Michael Catron Part Two (of Five)", *Comics Journal*, 6 de janeiro de 2011, http://classic.tcj.com/superhero/bob-haney-interviewed-by-michael-catron-part-two-of-five/2.

2   **"Faturamos 100 milhões de dólares por ano"**: Bob Haney, *Comic Reader* nº 196, novembro de 1981.
3   **"O que estava acontecendo era a revolução Marvel"**: "Bob Haney Interview by Michael Catron Part Two (of Five)".
4   **"A Marvel estava indo muito bem"**: Will Murray, "The Legendary Carmine Infantino", *Comic Book Marketplace* nº 75, janeiro de 2000, p. 39.
5   **"Eles também têm problemas"**: Marc Svensson, "My Greatest Adventures: A Candid Conversation with Arnold Drake, Co-Creator of Deadman and The Doom Patrol", *Alter Ego* nº 17, setembro de 2002, pp. 3–20.
6   **"Decidi que queria um super-herói"**: "Talking to Arnold Drake", *Newsarama*, http://web.archive.org/web/20071011174524/http://newsarama.com/general/ArnoldDrake/DrakneInterview.htm.
7   **"Não fique muito alvoroçado"**: Jim Amash, "Arnold Drake Talks about the X-Men, His Time at Marvel – and the Doom Patrol!", *Alter Ego* nº 24, maio de 2003, pp. 15–17.
8   **"Não, a menos que alguém estivesse olhando por cima do meu ombro"**: Lou Mougin, "Arnold Drake", *Comics Interview* nº 16, 1984, pp. 5–17.
9   **"Inicialmente, eu raciocinei que não havia tempo o bastante"**: Arnold Drake, entrevista, *Alter Ego* nº 24, maio de 2003.
10 **"Irmandade do Mal"**: John Wells, *American Comic Book Chronicles: 1960–1964* (Raleigh, NC: TwoMorrows Publishing, 2013), p. 207.
11 **"A última coisa no mundo que eu queria"**: Roy Thomas, "Stan Lee Talks to Roy Thomas about the Early Days of the X-Men – and Even The Doom Patrol", *Alter Ego* nº 24, maio de 2003, pp. 3–5.
12 **"Naquela época, os quadrinhos estavam"**: Jon B. Cooke, "Donenfeld's Comics: A talk with Irwin Donenfeld, 1960s DC editorial director", *Comic Book Artist Collection*, vol. 2 (Raleigh, NC: TwoMorrows Publishing, 2002), p. 67.
13 **"Foi a ideia mais idiota que já ouvimos"**: Rhoades, *A Complete History of American Comic Books*, p. 91.
14 **"A Marvel era bem-sucedida por dois motivos principalmente"**: Arnold Drake, memorando, reimpresso em "A Memo to DCs Publisher", *Alter Ego* nº 17, setembro de 2002, p. 21.
15 **"Você está falando muita merda"**: Arnold Drake, *Alter Ego* nº 17, setembro de 2002.
16 **"Eu não quero que ninguém saiba quem *vocês* são"**: Jim Shooter, entrevista, Silver Age Sage, www.wtv-zone.com/silverager/interviews/shooter_1.shtml.
17 **"Nem tente me enganar"**: Clifford Meth, *Marvel Presents: The Invencible Gene Colan* (Nova York: Marvel Comics, 2010).
18 **"Eu estava... assistindo àqueles babacas"**: Jim Amash e Eric Nolen-Weathington, *Carmine Infantino: Penciler, Publisher, Provocateur* (Raleigh, NC: TwoMorrows Publishing, 2010), p. 110.

CAPÍTULO 4

1   **"A mudança tinha que vir"**: Amash e Nolen-Weathington, *Carmine Infantino*, p. 113.
2   **"Eles eram *hamisha* [tranquilos]. Judeus, ligados ao judaísmo"**: Jack Liebowitz,

memórias não publicadas, citado em Larry Tye, *Superman: The High-Flying History of America's Most Enduring Hero* (Nova York: Random House, 2012), p. 188.

3   **"Eles me fizeram todos os tipos de promessas"**: John Wells, *American Comic Book Chronicles: 1965–1969* (Raleigh, NC: TwoMorrows Publishing, 2014), p. 192.

4   **"Entrei no escritório de Jack Liebowitz"**: Amash e Nolen-Weathington, *Carmine Infantino*, p. 104.

5   **"A Marvel está acabando com a DC"**: Carmine Infantino, "From There to... Infantino", *Back Issue* nº 1, novembro de 2003, p. 86.

6   **"Eu gosto bastante de você"**: Amash e Nolen-Weathington, *Carmine Infantino*, p. 92.

7   **"Porque eles são uns capados lá na DC"**: Clem Robins, "Here Comes Captain Relevant!", Treasure Keeper, www.dialbforblog.com/archives/493.

8   **"As capas vendem a edição do mês"**: Arnold Drake em Jim Amash, "Arnold Drake Talks about the X-Men, His Time at Marvel – and the Doom Patrol!", *Alter Ego* nº 24, maio de 2003, pp. 15–17.

9   **"Quando fui para a DC, eles queriam que eu respondesse à Marvel"**: Jon B. Cooke, "Along Came Giordano", *Comic Book Artist* nº 1, primavera de 1998, pp. 30–40.

10 **"Use uma gravata"**: Gary Groth, "The Joe Kubert Interview", *Comics Journal*, www.tcj.com/the-joe-kubert-interview/3.

11 **"Era como entrar em um banco"**: Paul Levitz, "The Many Worlds of Joe Orlando", *Amazing World of DC Comics* nº 6, junho de 1975, pp. 2–13.

12 **"O que aconteceu com a DC foi que ela ficou sem casos bem-sucedidos para duplicar"**: Gary Groth, "An Interview with Gil Kane", *Comics Journal* nº 38, fevereiro de 1978, pp. 34–46.

13 **uma série de "imitações fracas e ruins do estilo narrativo que surgia naturalmente para Lee"**: Grant Morrison, *Superdeuses Mutantes, Alienígenas, Vigilantes, Justiceiros Mascarados e o Significado de Ser Humano na Era dos Super-Heróis* (São Paulo: Soman, 2012), p. 146.

14 **As vendagens das novas edições subiram "loucamente"**: Jon B. Cooke, "Director Comments", *Comic Book Artist* nº 1, primavera de 1998, pp. 6–14.

15 **"Todo mundo ficou feliz que Bob Kane partiu"**: Amash e Nolen-Weathington, *Carmine Infantino*, p. 103.

16 **"Você sabe o que é isso aqui?"**: *Comic Book Artist Collection*, vol. 2 (Raleigh, NC: TwoMorrows Publishing, 2002), p. 25.

17 **"Certo, OK. Vamos sentir sua falta. Tchau."**: Amash e Nolen-Weathington, *Carmine Infantino*, p. 124.

18 **"Você os esprime até não ter mais nada, depois joga fora"**: Lou Mougin, "William Woolfolk", *Comics Interview* nº 29, 1985, pp. 7–15.

CAPÍTULO 5

1   **"Carmine estava tentando vencer a Marvel"**: Jon B. Cooke, "'Thank You & Good Afternoon!' Talkin' with Dick", *Comic Book Artist*, http://twomorrows.com/comicbookartist/articles/01giordano.html.

2   **"Eles são sensacionais"**: Spurlock, *The Amazing World of Carmine Infantino*, p. 110.
3   **"Era simples assim"**: Ibidem.
4   **"Eu costumava me perguntar por que ele saiu"**: Les Daniels, *Marvel: Five Fabulous Decades of the World's Greatest Comics* (Nova York: Harry N. Abrams, 1993), p. 145.
5   **"Na DC, tenho o privilégio de estar associado às minhas próprias ideias"**: Jack Kirby, entrevista, *Rocket's Blast Comicollector* nº 81, 1971.
6   **De acordo com Kirby, Infantino tinha inicialmente pedido a ele**: entrevista, *Comics Scene* 1, nº 2 (março de 1982).
7   **Nas palavras de Infantino, contudo, Kirby fez lobby**: 7. Infantino, "From There to... Infantino", p. 87.
8   **"Não gostamos de mudar o trabalho de um artista"**: Spurlock, *The Amazing World of Carmine Infantino*, p. 111.
9   **O editor da DC, Mike Sekowsky, uma vez disse ao assistente de Kirby**: Greg Stump, "Infantino Raises Questions About CBG Letters Policy Following Kirby Controversy Flare-Up", *Comics Journal* nº 191, novembro de 1996, www.tcj.com/infantino-raises--questions-about-cbg-letters-policy-following-kirby-controversy-flare-up-by-greg-s-tump.
10 **"Eu conheço Stan Lee, conheço você"**: Amash e Nolen-Weathington, *Carmine Infantino*, p. 129.
11 **O que Goodman queria era uma guerra de preços**: Stan Lee, *Stan Lee: Conversations* (Jackson: University Press of Mississippi, 2007), p. 147.
12 **"Os distribuidores estavam jogando os gibis de volta na nossa cara!"**: Jon B. Cooke, "From Art Director to Publisher: The Infantino Interview", *Comic Book Artist*, http://twomorrows.com/comicbookartist/articles/01infantino.html.
13 **"Que se danem"**: Christopher Irving, "Carmine Infantino's Final Interview? No Way", Graphic NYC, http://graphicnyc.blogspot.com/2009/07/carmineinfantinos-final-interview.html.
14 **"Meus gibis vendem, então não vou recuar"**: Jon B. Cooke, "Director Comments", *Comic Book Artist* nº 1, primavera de 1998, pp. 6–14.
15 **"Vocês sabem que eu não lançaria os quadrinhos em nenhuma forma"**: Lawrence Van Gelder, "A Comics Magazine Defies Code Ban on Drug Stories", *New York Times*, 4 de fevereiro de 1971, pp. 37, 44.
16 **Criaria uma "ressurreição da indústria dos quadrinhos"**: *Comic Book Artist Collection*, vol. 1 (Raleigh, NC: TwoMorrows Publishing, 2000), p. 61.
17 **Naturalmente, a Marvel não ficou nada satisfeita**: Sean Howe, *Marvel Comics: The Untold Story* (Nova York: Harper, 2012), p. 87.

CAPÍTULO 6

1   **"E se você acha que ia ser uma batalha"**: Stan Lee, "Stan's Soapbox", abril de 1976.
2   **"Depois de um tempo, comecei a sentir"**: Stan Lee, *Origins of Marvel Comics* (Nova York: Simon & Schuster, 1974), p. 73.
3   **Embora Len Wein estivesse encarregado**: Daniel Best, "Superman *vs.* Spider-Man: The Secret Artist Revealed", *Back Issue* nº 11, outubro de 2013, pp. 26–32.

4 **"Você perdeu 1 milhão de dólares no ano passado"**: Amash e Nolen-Weathington, *Carmine Infantino*, p. 131.

CAPÍTULO 7

1 **"um pouco como abandonar os quadrinhos"**: Roy Thomas, *Alter Ego: Centennial* (Raleigh, NC: TwoMorrows Publishing, 2011), p. 20.

2 **"Eu não tenho quase nada de bom pra falar"**: David Anthony Kraft, "Fear and Loathing with David Anthony Kraft", *Comics Journal* nº 35, junho de 1977, A-7.

3 **"de outra geração"**: Jenette Kahn, a entrevista, *Comics Journal* nº 37, dezembro de 1977, p. 54.

4 **A política sexual da empresa sempre foi digna de um convento**: Rhoades, *A Complete History of American Comic Books*, p. 61.

5 **Whit Ellsworth recebeu a tarefa de "dessexualizar" Lois Lane**: Larry Tye, *Superman: The High-Flying History of America's Most Enduring Hero* (Nova York: Random House, 2012), p. 143.

6 **"um sonho de dois homossexuais vivendo juntos"**: Fredric Wertham, *Seduction of the Innocent* (Nova York: Rinehart & Company, 1954).

7 **"Nós meio que demos a ideia"**: Stan Lee, entrevista para a rádio WNYC em 1970, transcrita em *Stan Lee: Conversations*, p. 28.

8 **"teoria do corpo quente"**: Mike W. Barr, "You Can't Spell 'Implosion' Without 'I': A Bottom-Rung View of One of DC Comics' Darkest Hours," *Back Issue* nº 2, fevereiro de 2004, pp. 72–82.

9 **porta-voz da DC, Mike Gold, admitiu na época**: "DC Announces Format Change 50¢ – 40 Page Books in June", *Comics Journal* nº 38, fevereiro de 1978, pp. 8–9.

10 **"A menos que eles se saiam muito bem"**: "Stan the Man Raps with Marvel Maniacs at James Madison University", *Comics Journal* nº 42, outubro de 1978, pp. 45–55.

11 **"Maior participação de mercado para a gente"**: Mike W. Barr, *Back Issue* nº 2.

12 **"Os quadrinhos estavam bem abaixo dele"**: N. R. Kleinfield, "Superheroes' Creators Wrangle", *New York Times*, outubro de 13, 1979, p. 25.

13 **Cockrum, que na época estava ilustrando a Legião dos Super-Heróis para a DC**: Jim Amash, "We Kicked the Whole Thing Around a Lot", *Alter Ego* nº 24, maio de 2003, pp. 34–47.

14 **"ele 'era muito conservador'"**: *Alter Ego* nº 24, maio de 2003.

15 **"Há apenas duas ou três pessoas na Marvel"**: Kim Thompson, "Roy Thomas Leaves Marvel", *Comics Journal* nº 56, junho de 1980, pp. 9–12.

16 **"Se Gene Colan está sendo posicionado como rejeitado"**: "Gene Colan Leaves Marvel", *Comics Journal* nº 63, abril de 1981, pp. 11–13.

17 **"Eu realmente não invejo a DC por estar com Marv"**: "Marv Wolfman Now at DC", *Comics Journal* nº 51, novembro de 1979, p. 11.

18 **Wein e Wolfman montaram uma equipe com personagens novos**: Keith Dallas, *American Comic Book Chronicles: The 1980s* (Raleigh, NC: TwoMorrows Publishing, 2013), p. 21.

19 **"três refugiados da terra de Shooter"**: Heidi MacDonald, "DC's Titanic Success", *Comics Journal* nº 76, outubro de 1982, pp. 46–51.

20	**"mantinha sistematicamente seu pessoal distante da amizade"**: De *Chain Reaction*, citado em *Marvel Age* nº 19, outubro de 1984.
21	**"Isso realmente não me impressiona"**: "Marvel Unimpressed with DC's Move", *Comics Journal* nº 53, janeiro de 1980, p. 10.
22	**Eles concordaram em fazer um *release* conjunto**: coluna "Meanwhile", de Dick Giordano, janeiro de 1985.
23	**"A meu ver…"**: ibidem.
24	**"Infundada e tola"**: *Marvel Age* nº 19, outubro de 1984.

CAPÍTULO 8

1	**"De certa forma, éramos o laboratório de experimentos"**: Les Daniels, *DC Comics: Sixty Years of the World's Favorite Comic Book Heroes* (Nova York: Bulfinch, 1995), p. 174.
2	**"A equipe começou a entender"**: *Back Issue* nº 2, fevereiro de 2004.
3	**Os primeiros passos da DC em outra mídia**: Bruce Scivally, *Superman on Film, Television, Radio and Broadway* (Jefferson, NC: McFarland, 2007), p. 25.
4	**"Temos pessoas que estão trabalhando"**: "Stan Lee em Princeton, 1966: Steve Ditko's Departure Announced", YouTube, postado em 28 de dezembro de 2013, www.youtube.com/watch?v=A73KehrmpOU5.
5	**"Levar isso para a televisão"**: John Romita Sr., "Off My Chest", *Back Issue* nº 5, agosto de 2004, pp. 57–60.
6	**"'café da manhã' para 'crianças de 4, 5 e 6 anos'"**: Stan Lee, discurso na Vanderbilt University, 1972, transcrito em *Stan Lee: Conversations*, p. 33.
7	**O filho de Martin Goodman, Chip, fez um acordo terrível**: Jordan Raphael e Tom Spurgeon, *Stan Lee and the Rise and Fall of the American Comic Book* (Chicago: Chicago Review Press, 2004), p. 190.
8	**"Eu ficaria mais feliz se as séries"**: Stan Lee, "Stan's Soapbox", novembro de 1978.
9	**"Eu me sentia um idiota"**: Jackson Ayres, "When Were Superheroes Grim and Gritty?", *Los Angeles Review of Books*, 20 de fevereiro de 2016, https://lareviewofbooks.org/article/when-were-superheroes-grim-and-gritty.
10	**"Não é uma 'série de histórias em quadrinhos', insiste o astro"**: *Us*, 11 de julho de 1978.
11	**O Salkind mais velho se referia ao personagem como "Sr. Superman"**: "Movie Might Have Been Different", *Dispatch*, 23 de dezembro de 1978.
12	**"Não é uma boa propriedade para fazer um filme"**: Ilya Salkind em *Superman vs. Hollywood: How Fiendish Producers, Devious Directors, and Warring Writers Grounded an American Icon*, de Jake Rossen (Chicago: Chicago Review Press, 2008), p. 60.
13	**"Quando o roteiro para o primeiro filme do Superman"**: Spurlock, *The Amazing World of Carmine Infantino*, p. 124.
14	**"É um filme para adultos que as crianças vão ver"**: Susan Heller Anderson, "It's a Bird! It's a Plane! It's a Movie!", *New York Times*, 26 de junho de 1977, www.nytimes.com/1977/06/26/archives/its-a-bird-its-a-plane-its-a-movie.html.

15 **"Tínhamos um filme muito caro e um problema muito difícil na comercialização"**: Al Jean Harmetz, "The Marketing of Superman and his Paraphernalia", *New York Times*, 21 de junho de 1981, www.nytimes.com/1981/06/21/movies/the-marketing-of-superman-and-his-paraphernalia.html.

16 **"infeliz, sem graça e sem ânimo"**: Roger Ebert, "Supergirl", RogerEbert.com, www.rogerebert.com/reviews/supergirl-1984.

17 **"O primeiro *Superman* tinha muito"**: *Chaffey College Mountain Breeze*, 10 de outubro de 1987.

18 **Havia um boato de que em 1966**: Vartanig G. Vartan, "Batman Fad Aids Stock Rise", *New York Times*, 20 de março de 1966, p. 148.

19 **"O método de produção"**: "The Dick Giordano Interview (Part One of Three)", *Comics Journal*, http://classic.tcj.com/superhero/the-dick-giordano-interview-part-one-of-three/2.

CAPÍTULO 9

1 **"Há leitores de quadrinhos que querem comprar de maneira definitiva"**: *Comics Scene* 1, nº 7 (janeiro de 1983).

2 **"A maioria das queixas vem de leitores mais velhos"**: David Anthony Kraft e Jim Salicrup, "Marv Wolfman", *Comics Interview* nº 3, maio de 1983, pp. 19–30.

3 **"Nós não vamos ficar aqui parados"**: Kim Thompson, "DC Creates New Royalties System for Freelancers", *Comics Journal* nº 69, dezembro de 1981, pp. 16–17.

4 **"Eu não achei que eles não fossem atrás"**: *Comics Journal* nº 69, dezembro de 1981.

5 **"Realmente nos custou uma fortuna"**: "Marvel Offers Own Royalty Plan", *Comics Scene* 1, nº 3 (maio de 1982), p. 10.

6 **"Diga-me o que é que você realmente gostaria de fazer"**: Jennifer M. Contino, "A Chat with Kahn", Sequential Tart, www.sequentialtart.com/archive/may01/kahn.shtml.

7 **"*Ronin* provocou em mim não só decepção"**: Kim Thompson, "*Run of the Miller*", *Comics Journal* nº 82, julho de 1983.

8 **"A vantagem para a Warner Comunications"**: Memorando, JimShooter.com, http://jimshooter.com/2011/08/superman-first-marvel-issue.html.

CAPÍTULO 10

1 **"um filme sueco sem legendas"**: "Clash of the Comic Book Giants", *New York City Business*, fevereiro de 1985.

2 **"Não coloquem revistas que se contradizem nas prateleiras"**: Jay Zilber, "An Interview with Martin Pasko", *Comics Journal* nº 37, dezembro de 1977, pp. 37–46.

3 **"Era a vingança por não ter podido fazer"**: Keith Dallas, *American Comic Book Chronicles: The 1980s* (Raleigh, NC: TwoMorrows Publishing, 2013), p. 130.

4 **"Quando as pessoas pensam na DC"**: Mark Waid, "Beginnings and Endings", *Amazing Heroes* nº 66, março de 1985, pp. 23–30.

5 **"sobrepor a estreia da série da DC"**: "Clash of the Comic Book Giants".

6 **A razão da compra, ele admitiu timidamente, era "estupidez"**: *Comics Interview* nº 20, fevereiro de 1985.

7 **"Sejamos honestos. Guerras Secretas foi uma porcaria"**: Paul Howley, "Paul Howley's Story: Parts 70–79", http://paulhowleysstory.blogspot.com/2009/12/part-70-79.html.

8 **"A cada vez que a Marvel lançava um gibi assim"**: Mitch Cohn, "Bruce Conklin", *Comics Interview* nº 28, 1985, pp. 47–56.

9 **Além de enviar um recado claro tanto para os leitores**: Kevin Dooley, "The Total Marv Wolfman Interview", *Amazing Heroes* nº 135, fevereiro de 1988, pp. 22–45.

10 **"indigesta imagem de *Wall Street Journal*"**: Gary Groth, "Brushes and Blue Pencils: An Interview with Dick Giordano", *Comics Journal* nº 62, março de 1981, p. 44.

11 **"Uma empresa com os recursos da DC"**: Calum Iain Johnston, carta, *Comics Journal* nº 85, outubro de 1983.

12 **"A DC é a Marvel e a Marvel é a DC"**: Martin Pasko, "Messages from a Curmudgeon", *Comics Scene* 1, nº 11 (setembro de 1983), pp. 38–40.

13 **"O motivo da contratação era obviamente tirar Byrne"**: Dwight Jon Zimmerman, "Steve Gerber", *Comics Interview* nº 37, 1986, pp. 6–17.

14 **"A audiência moderna agora quer um super-herói que ronca"**: Paul E. Akers, "Bring Back the Real Superman", *Washington Post*, 31 de dezembro de 1988.

15 **"Ninguém notou, então eles abandonaram"**: Rita Kempley, "Superman", *Washington Post*, 2 de novembro de 1985.

16 **"Se ele luta, é de uma forma que acaba com eles a ponto de não conseguirem falar"**: Abraham Riesman, "What We Talk About When We Talk About Superman and Batman", Vulture, março de 2016, www.vulture.com/2016/03/batman-v-superman-c-v-r.html.

17 **"Eles odiaram"**: Ethan Alter, "'The Dark Knight Returns' at 30: Frank Miller on His Comic Book Classic", Yahoo! Movies, 15 de janeiro de 2016, www.yahoo.com/movies/the-dark-knight-returns-at-30-frank-miller-on-151604704.html.

18 **"Nós provavelmente copiaremos cada um de seus formatos"**: Dwight Jon Zimmerman, "Mark Gruenwald", *Comics Interview* nº 54, 1987, pp. 5–23.

19 **"Acho que a DC, mais cedo ou mais tarde"**: *Chaffey College Mountain Breeze*, 10 de outubro de 1987.

20 **"A qualidade se tornou a motivação"**: Mike Richardson e Steve Duin, *Comics: Between the Panels* (Milwaukie, OR: Dark Horse, 1998), p. 121.

21 **"A DC Comics publicando algo chamado"**: George Khoury, *Kimota! The Miracleman Companion* (Raleigh, NC: TwoMorrows Publishing, 2001).

22 **Em um painel na Comic Con de Chicago de 1985**: James Vance, "R. A. Jones", *Comics Interview* nº 48, 1987, p. 47.

23 **"Tais criaturas eram quase inexistentes"**: Mike Cullen, "Real Life Super-Villains", *Amazing Heroes* nº 186, dezembro de 1990, pp. 6–8.

24 **"A Marvel é um gigante corporativo voltado para trás"**: Darcy Sullivan, "Marvel Comics and the Kiddie Hustle", *Comics Journal* nº 152, agosto de 1992, pp. 30–37.

25 **"Me parece que a Marvel está no mesmo lugar"**: Cory Strode, carta, *Amazing Heroes* nº 168, julho de 1989.

CAPÍTULO 11

1. ***Batman* foi capaz de fornecer dólares como nenhum outro filme**: Graeme McMillan, "Batmania – The Merchandise", io9, 21 de junho de 2009, http://io9.gizmodo.com/5296771/batmania- -the-merchandise.
2. **McFarlane era mais um atleta**: "'… That's the Spice of Life, Bud': The Todd McFarlane Interview", *Comics Journal*, http://www.tcj.com/thats-the-spice-of-life-bud-the-todd-mcfarlane-interview/2.
3. **"Tipo, porra, eu não deixei"**: Ibidem.
4. **Ele logo estava recebendo 85 mil dólares por mês em royalties**: Alec Foege, "The X-Men Files", *New York Magazine*, http://nymag.com/nymetro/arts/features/3522.
5. **Grant Morrison, o roteirista escocês por trás da *graphic novel* em capa dura**: Lance Parkin, *Magic Words: The Extraordinary Life of Alan Moore* (Londres: Aurum Press, 2013).
6. **a *Newsweek* escreveu um artigo influente sobre o fandom dos quadrinhos**: "Superfans and Batmaniacs", *Newsweek*, 15 de fevereiro de 1965.
7. **O contrato da DC foi renegociado desde então**: Eric Reynolds, "The New Dynamics", *Comics Journal* nº 177, maio de 1995, pp. 9–19.
8. **""Vencemos!", lia-se na página em uma grande fonte vermelha**: Brian Cronin, "Comic Book Legends Revealed nº 461", Comic Book Resources, www.cbr.com/comic book-legends-revealed-461.

CAPÍTULO 12

1. **"Eu gostava quando as duas empresas se odiavam"**: Sridhar Pappu, "As the $139 Million Spider-Man Debuts in Movie Theaters, Joe Quesada, the Trash-Talking Editor in Chief of Marvel Comics, Spins", *New York Observer*, 29 de abril de 2002.
2. **"Em algum lugar, alguém escreveu uma regra"**: "AICN Comics: Gray Haven Interview Bill Jemas of Marvel Comics!!!", Ain't It Cool News, 17 de agosto de 2001, www.aintitcool.com/node/9897.
3. **"A DC poderia fazer um quadrinho do Homem-Aranha"**: "AICN Comics: Don't Ask Bill Jemas!!", Ain't It Cool News, 20 de março de 2002, www.aintitcool.com/node/11806.
4. **"Aqueles que o amam dizem que"**: Bill Jemas, "Introduction", em Jim McLaughlin, *2000–2001 Year in Review: Fanboys and Badgirls Bill & Joe's Marvelous Adventure* (Nova York: Marvel Comics, 2002).
5. **"Que merda que é a DC?"**: "As the $139 Million Spider-Man Debuts".
6. **Rotulá-lo como "Bill Jemas light"**: "Topic: DC's Single Biggest Mistake?", Byrne Robotics, www.byrnerobotics.com/forum/forum_posts.asp?TID=18585&PN=0&TPN=1.
7. **"Nossos personagens tinham sido criados"**: George Gene Gustines, "Recalibrating DC Heroes for a Grittier Century", *New York Times*, 12 de outubro de 2005.
8. **Bendis ficou lamentando de brincadeira que agora ele nunca trabalharia para a DC**: "Another Reason Why DC Sucks!", www.classicmarvelforever.com/phorum_archive/read.php?3,21658,21697; and CBR, www.comicbookresources.com/?page=article&old=1&id=4075.

9   **"Seria ótimo ter sua opinião"**: Tasha Robinson, "Stan Lee", A.V. Club, 20 de junho de 2001, www.avclub.com/article/stan-lee-13719.

CAPÍTULO 13

1   **"A definição de *meme*"**: Brian Hiatt, "Grant Morrison on the Death of Comics", *Rolling Stone*, 22 de agosto de 2011, www.rollingstone.com/music/news/grant-morrison-on-the-death-of-comics-20110822.

2   **Sozinho, o gênero arrecadou cerca de 1,9 bilhão**: "Box Office History for Super Hero", The Numbers, www.the-numbers.com/market/creative-type/Super-Hero.

3   **Uma edição de 1988 listava nos trabalhos uma tentadora gama de negócios**: *Comics Scene* 3, nº 13 (1988).

4   **"Batman era um sucesso na TV"**: Kevin Melrose, "Stan Lee Wishes Bob Kane Were Alive to See Marvel's Film Success", Bloomberg Television, 3 de abril de 2014, www.cbr.com/stan-lee-wishes-bob-kane-were-alive-to-see-marvels-film-success.

5   **"Os estúdios estavam atrás da curva"**: Robert Greenberger, "The Path of Kahn", *Back Issue* nº 57, julho de 2012, pp. 3–38.

6   **O Aranha foi vendido em 1985 por reportados 225 mil dólares**: Janet Shprintz, "Spider-Man's Legal Web May Finally Be Unraveled", *Variety*, 19 de agosto de 1998, http://variety.com/1998/film/news/spider-man-s-legal-web-may-finally-be-unraveled-1117479641.

7   **"O filme do Homem-Aranha é o desastre mais duradouro de que já se ouviu falar"**: "Stan Lee Discusses Marvel Screen Projects at Sales Conference", *Amazing Heroes* nº 167, junho de 1989, p. 15.

8   **"Inventem uma nova palavra"**: Carl DiOrio, "Spidey's Webbed Feat Rewrites Record Books", *Variety*, 5 de maio de 2002, http://variety.com/2002/film/markets-festivals/spidey-s-webbed-feat-rewrites-record-books-1117866452.

9   **"Precisou esperar que a Marvel fizesse seus filmes de super-heróis "**: *Back Issue* nº 57, julho de 2012.

10 **"Não vamos deixar isso acontecer"**: Ben Fritz, "Warner Bros. on a Caped Crusade", *Wall Street Journal*, 27 de abril de 2014.

11 **Os críticos acabaram com a *Mulher-Gato***: "Me-Ouch!", *Time*, 28 de julho de 2004.

12 **"Veja, é isso que eu quero fazer no filme"**: Ben Child, "Christopher Nolan 'Took 15 Minutes' to Win Batman Begins Job", *Guardian*, 23 de setembro de 2013, www.theguardian.com/film/2013/sep/23/christopher-nolan-batman-begins-christian-bale.

13 **"O que eu queria fazer era contar a história do Batman"**: Laurence Maslon e Michael Kantor, *Superheroes: Capes, Cowls, and the Creation of Comic Book Culture* (Nova York: Crown Archetype, 2013), p. 283.

14 **a Marvel recebeu 25 mil dólares**: Sean Howe, "Avengers Assemble!", Slate, 28 de setembro de 2012, www.slate.com/articles/business/the_pivot/2012/09/marvel_comics_and_the_movies_the_business_story_behind_the_avengers_.html.

15 **"Não se preocupem. Vamos ficar bem felizes"**: Kim Masters, "Marvel Studios' Origin Secrets Revealed by Mysterious Founder: History Was 'Rewritten'", *Hollywood*

Reporter, 5 de maio de 2016, www.hollywoodreporter.com/features/marvel-studios-origin-secrets-revealed-889795.

16 **"Essa não é minha ideia do que quero ver em um filme"**: "Robert Downey Jr. on 'The Dark Knight': 'Fuck DC Comics'", *Huffington Post*, 17 de setembro de 2008, www.huffingtonpost.com/2008/08/17/robert-downey-jr-on-the-d_n_119414.html.

17 **"Não se trata apenas de uma abordagem única de tudo"**: Ben Fritz, "Warner Bros. on a CapedCrusade", *Wall Street Journal*, 27 de abril de 2014, www.wsj.com/articles/SB10001424052702303626804579505421209271680.

18 **"Teria sido falso sugerir que não estávamos pensando"**: Edward Wyatt, "DC Comics Revamped Under a New President", *New York Times*, 9 de setembro de 2009, www.nytimes.com/2009/09/10/business/media/10warner.html.

19 **"As pessoas supõem que vamos espelhar a estratégia da Marvel"**: Diane Nelson, "DC: We're Not Marvel", IGN, 21 de setembro de 2010, www.ign.com/articles/2010/09/21/dc-were-not-marvel.

20 **"Nós não gostamos de nos gabar"**: " Reddit, www.reddit.com/r/comicbooks/comments/1unxy2/my_brother_had_to_send_a_letter_to_a_company_for.

21 **"Colocamos nossa bandeira lá primeiro"**: Brian Gallagher, "Joss Whedon and Kevin Feige Talk Avengers 2, Ant-Man and Thanos", MovieWeb, http://movieweb.com/joss-whedon-and-kevin-feige-talk-avengers-2-ant-man-and-thanos.

22 **"Talvez o nosso reconhecimento de área não tenha sido maravilhoso"**: Jeff Labrecque, "'Superman versus 'Cap': The Superhero Showdown that Everybody Won", *Entertainment Weekly*, 7 de agosto de 2014, http://ew.com/article/2014/08/07/superman-versus-captain-america-the-superhero-showdown/?hootPostID=6381940b4456a21ce-99819d9cad96d61.

23 **"A fundação da DC corretamente"**: Stephen Galloway, "Warner Bros.' Chilly Summer Puts Execs in the Hot Seat (Analysis)", *Hollywood Reporter*, 19 de agosto de 2015, www.hollywoodreporter.com/news/warner-bros-chilly-summer-puts-816176.

24 **"Um balde fedorento de decepção"**: Alex Abad-Santos, "Batman v Superman Review: This Movie Is a Crime Against Comic Book Fans", Vox, 23 de março de 2016, www.vox.com/2016/3/23/11291550/batman-v-superman-dawn-of-justice-review.

25 **"É quase tão divertido"**: A. O. Scott, "Review: Batman v Superman... v Fun?". *New York Times*, 23 de março de 2016, https://www.nytimes.com/2016/03/25/movies/review-batman-v-superman-dawn-of-justice-when-super-friends-fight.html?_r=0.

26 **"Depois de a Warner Bros. anunciar *Batman* vs. *Superman*"**: Patrick Brzeski, "'Captain America: Civil War' Director Joe Russo on the Film Industry's Chinese Future", *Hollywood Reporter*, 22 de abril de 2016, www.hollywoodreporter.com/news/captain-america-civil-war-director-886842.

27 **"Esquadrão Suicida é ruim"**: Richard Lawson, "*Suicide Squad* Isn't Even the Good Kind of Bad", *Vanity Fair*, 2 de agosto de 2016, www.vanityfair.com/hollywood/2016/08/suicide-squad-review.

28 **um antigo funcionário da Warner Bros., que se autodenominava "Gracie Law"**: Gracie Law, "An Open Letter to Warner Bros. CEO Kevin Tsujihara About Layoffs,

Zack Snyder, and Donuts", Pajiba, 11 de setembro de 2016, www.pajiba.com/think_pieces/an-open-letter-to-warner-bros-ceo-kevin-tsujihara-about-layoffs-zack-snyder-and-donuts.php.

29 **"Equivocadamente, no passado"**: Ben Fritz, "Warner Bros.'s New Strategy on DC: Lighten Up, Superheroes", *Wall Street Journal*, 8 de setembro de 2016, www.wsj.com/articles/warner-bros-s-new-strategy-on-dc-lighten-up-superheroes-1473350000.

30 **"Eu acho que a outra parte que nos separa"**: Shirley Li, "The Defenders: Jeph Loeb on Whether the Show Will Connect to Marvel's Films", *Entertainment Weekly*, 13 de janeiro de 2017, http://ew.com/tv/2017/01/13/defenders-marvel-cinematic-universe-crossover-jeph-loeb.

CAPÍTULO 14

1 **"Eles são a concorrência!"**: Vaneta Rogers, "Tom Brevoort Says 'Marvel Better Off When DC Is Strong'", Newsarama, 7 de setembro de 2011, www.newsarama.com/8309-tom-brevoort-says-marvel-better-off-when-dc-is-strong.html.

2 **A revista *Tech Times* escreveu um artigo com o título**: Robin Parrish, "Are Marvel's 'Secret Wars' and DC's 'Convergence' the Exact Same Story? We Look at the Similarities", *Tech Times*, 25 de março de 2015, www.techtimes.com/articles/42145/20150325/summer-event-comics-secret-wars-convergence-exact-same-story.htm.

3 **"Nestes tempos econômicos difíceis"**: Jason Cranforoteague, "Marvel Bribes Retailers to Destroy DC Comics", *Wired*, 10 de agosto de 2011, http://archive.wired.com/geekdad/2011/08/the-great-marvel-comics-rip-off.

4 **"uma resposta a *tudo* que a Marvel estava fazendo..."**: Jevon Phillips e Geoff Boucher, "Marvel vs. Burbank-based DC Comics' 'New 52'", *Glendale News-Press*, 13 de março de 2012, http://articles.glendalenewspress.com/2012-03-13/the818now/tn-818-0313-marvel-vs-burbankbased-dc-comics-new-52_1_avengers-chief-creative-officer-dc--title.

5 **"parar de tentar ser um clone ruim da Marvel"**: Sean T. Collins, "Quote of the Day | Tom Brevoort: DC Is 'the Charlie Sheen of Comics,'" Comic Book Resources, 14 de julho de 2011, www.cbr.com/quote-of-the-day-tom-brevoort-dc-is-the-charlie-sheen-of-comics.

6 **"Para deixar claro: a DC não está em busca de mercado"**: John Rood, "Counting Down to DC Comics – The New 52: A Note from John Rood", DC Comics blog, 29 de agosto de 2011, www.dccomics.com/blog/2011/08/29/counting-down-to-dc-comics-the--new-52-a-note-from-john-rood.

7 **"A *Nova Marvel* começa com os criadores"**: Axel Alonso e Kiel Phegley, "Inside Marvel NOW", Comic Book Resources, www.cbr.com/inside-marvel-now.

8 **"Dar maior prioridade no mercado direto"**: Release, "DC Entertainment Reveals First Details of 'Rebirth' to Retailers at Comics Pro 2016", DC Comics, 18 de fevereiro de 2016, www.dccomics.com/blog/2016/02/18/dc-entertainment-reveals-first-details-of--%E2%80%9Crebirth%E2%80%9D-to-retailers-at-comics-pro-2016.

9 **"A DC reinicia mais compulsivamente do que o Windows 7**: Jules Rivera (@julesrivera) no Twitter, https://twitter.com/julesrivera/status/690717540490735616.

10 **Então a Fox exigia uma parte sobre as vendas**: Erik Larsen (@ErikJLarsen) no Twitter, https://twitter.com/ErikJLarsen/status/722319604597411840.

EPÍLOGO

1 **Quando se trata da bilheteria**: Marvel Comics, Box Office Mojo, www.boxofficemojo.com/franchises/chart/?id=marvelcomics.htm; e DC Comics, Box Office Mojo, www.boxofficemojo.com/franchises/chart/?id=dccomics.htm.

CITAÇÕES

1 **"Eu não sei se o material deles se deteriorou"**: Paul Gambaccini, *O espetacular Homem-Aranha* nº 7.

2 **"Há, entretanto, uma empresa que lança quadrinhos"**: Robert Wilczynski, *The Flash* nº 161.

3 **"Vocês notaram a deprimente bagunça"**: Stan Lee, "Stan's Soapbox", outubro de 1965.

4 **"É por isso que todos chamam as revistas"**: Mort Weisinger, *World's Finest* nº 156, março de 1966.

5 **"Não há competição. A Marvel domina e pronto"**: 3."Marvel Is Better Than DC", página no Facebook, www.facebook.com/Marvel-is-better-than-DC-163079197046288.

6 **"Eles podem falar o que quiserem"**: "DC Is Better Than Marvel", página no Facebook, www.facebook.com/DcIsBetterThanMarvel.

7 **"Eu poderia pegar a minha avó, colocar uma capa nela"**: Kevin Jagernaurth, "'I Could Take My Grandma and Put Her in a Cape… Anybody Can Do It' Says Jason Statham About Marvel Movies", I 400 Calci, 5 de junho de 2015, www.indiewire.com/2015/06/i-could-take-my-grandma-and-put-her-in-a-cape-anybody-can-do-it-says-jason-statham-about-marvel-movies-263255.

8 **"É Jason Statham"**: Kat Ward, "Mark Ruffalo Thinks He Could Take Jason Statham", Vulture, 9 de junho de 2015, www.vulture.com/2015/06/mark-ruffalo-thinks-he-could-take-jason-statham.html.

9 **"A Mulher-Aranha tem um cabelo melhor"**: Graeme McMillan, "Why All the Wonder Woman Hate?", 7 de junho de 2009, http://io9.gizmodo.com/5272808/why-all-the-wonder-woman-hate.

10 **"Sei que isso é parte de todo o lance público de Marvel *vs.* DC"**: Smith Michaels, "Stay Classy, Brian!", Blurred Productions, 8 de junho de 2009, https://blurredproductions.wordpress.com/2009/06/08/stay-classy-brian.

11 **"Vou falar francamente"**: Josh Wilding, "Geoff Johns Confirms DC's Lack of Plans for a *Justice League* Movie!", Comic Book Movie, 8 de outubro de 2010, www.comicbookmovie.com/justice_league/geoff-johns-confirms-dcs-lack-of-plans-for-a-justice-league-movie-a23674.

12 **"Chupa, DC, chupa as bolas peludas de um macaco"**: tony_von_terror, "Our Characters Are Bigger than Marvel's", IGN, 8 de outubro de 2010, www.ign.com/boards/threads/our-characters-are-bigger-than-marvels.196547041/page-2.

13 **"Sinto o cheiro de puxa-sacos da Marvel por aqui!"**: Lan Pitts, "The Rock Calls Out Marvel Stars on MTV Movie Awards", CB WWE, 10 de abril de 2016, http://comicbook.com/wwe/2016/04/11/the-rock-calls-out-chris-hemsworth-on-mtv-movie-awards.

14 **"Estávamos tentando forçar uma briga DC vs. Marvel"**: Dwayne "The Rock" Johnson (@TheRock) no Twitter, https://twitter.com/TheRock/status/719321185499160577.

15 **"Sinto como se o Batman e o Superman de certa forma fossem transcendentes"**: Jen Yamato, "Zack Snyder: Sorry Marvel, 'Batman v. Superman' Transcends Superhero Movies", *Daily Beast*, 10 de setembro de 2015, www.thedailybeast.com/articles/2015/09/10/zack-snyder-sorry-marvel-batman-v-superman-transcends-superhero-movies.html.

16 **"Se quero disparar contra a DC agora, contra Zack Snyder?"**: Dave Trumbore, "'Captain America: Civil War': Sebastian Stan Talks Winter Soldier, Returns Fire at Zack Snyder", Collider, 18 de setembro de 2015, http://collider.com/captain-america-3-sebastian-stan-zack-snyder-comments.

17 **"Acho que a Marvel descobriu uma maneira"**: Russ Burlingame, Comicbook, 13 de fevereiro de 2015, http://comicbook.com/2015/02/14/samuel-l-jackson-says-marvel-has-figured-out-something-dc-hasnt-/.

18 **"Não tenho medo de Sam"**: Tom Cox, "Marvel 'Bitches' V DC Battle Triggered by the Rock Dressed as Superman on MTV Awards", Movie Plot, 22 de abril de 2016, https://moviepilot.com/posts/3864294.

ÍNDICE

Abel, Jack, 46
Action Comics nº 1, 6, 7, 8, 51, 91, 194, 272,
Adams, Neal
    sobre compensação na indústria, 154
    sobre os super-heróis da DC e Marvel, 221, 222, 256
    sobre crossover DC-Marvel, 276
    sobre experimentação da DC, 65
    sobre Joe Simon ser contratado pela DC, 60
    sobre a capa da heroína em Lanterna Verde, 86
    contratado pela DC, 54-56
    convida os amigos de artistas para a DC, 58
    trabalha para a Marvel, 66
adultos, como público dos quadrinhos, XI
As Aventuras do Super-Homem (programa de TV), 136
Aventuras do Superman nº 500, 194
Agentes da S.H.I.E.L.D., 262
Alias, 219
Alonso, Axel, 220, 228, 273, 276, 297
Alyn, Kirk, 136
Amálgama, 206, 207
American News Company, 16
Andru, Ross, 102, 103, 117
Arad, Avi, 208, 245, 248, 249, 253
Arak, Filho do Trovão, 124
Archie Comics, 201, 219, 220, 280
Archie Meets the Punisher, 201
Arlington, Gary, 146
Arqueiro (série de TV), 261
Arrasa-quarteirão, 78, 93, 175
Atlas News Company, 16, 17, 18

Augustyn, Brian, 43, 61, 168, 191, 217, 229
Ayer, David, 234, 235, 259
Azrael, 203, 224

Barr, Mike W., 117, 134, 152, 290
Bates, Cary, 116
Batman
    adaptado para TV e cinema, 135
    O Cavaleiro das Trevas, X, XXI, 171, 172, 174, 175, 184, 185, 239, 247, 250, 251, 279,
    O Cavaleiro das Trevas (HQ), X
    "A Queda do Morcego", 192
    longevidade, 10
    mudança, XVII, XX, 5, 9, 39, 40, 50, 51, 53, 54, 59, 64, 68, 74, 79, 81, 82, 83, 85, 106, 111, 113, 114, 115, 116, 117, 128, 138, 144, 154, 161, 170, 191, 198, 212, 213, 217, 227, 235, 236, 242, 243, 256, 258, 260, 268, 276, 278, 280, 287
    merchandising, 66, 118, 176, 177, 178, 179, 206, 213, 248, 252
    modernização da DC, 57, 59, 103, 167
    nova aparência, 55, 57, 197
    conteúdo sexual, 112, 113, 226, 290,
Batman (filme), 56, 58, 177-79, 231, 237, 239, 243-44
Batman (série de TV), 51, 68, 135, 136, 140, 143
Batman & Robin, 113, 239, 246
Batman Begins, 246, 247, 248, 252, 295
Batman vs. Superman: A Origem da Justiça, XII, 190, 255, 256, 257, 258, 262
Bedner, Lauretta, 23, 286
Beerbohm, Robert, 48, 82, 123, 148, 193

Bendis, Brian Michael, 169, 219, 227, 294
Berg, John, 260
Beyonder, 164
Binder, Otto, 58
Bissette, Steve, 118, 168, 173, 181, 199, 239, 264
Bixby, Bill, 138, 139
Blade, 240, 248
Blake, Len, 23
Boltinoff, Murray, 35, 36, 56, 114, 122
bônus, 187
Brevoort, Tom, 289, 266, 272, 297
Budiansky, Bob, 186, 187, 192, 193, 229
Bullpen Bulletins, 44, 46
Buscema, John, 71, 111, 129, 302
Busiek, Kurt, 221, 222, 276
Byrne, John, 21, 28, 122, 123, 168, 169, 184, 229, 240, 286, 293, 294

Cadence Industries, 178
Camelot 3000, 152
Cameron, James, 240
Cannon Group, 243
capas
   design, 52, 53
   truques, 188, 193
   variantes, 184, 185, 193, 271
Capitão América (filme de 1992), 237
Capitão América (série de TV), 136
Capitão América, revivido, 28
Capitão América: Guerra Civil, 255, 256, 257
Capitão América: O Primeiro Vingador, 250
Capitão Marvel, 88, 89
Carlin, Mike, 203, 204, 205, 219, 223, 232
Carlson, K. C., 194, 208
Castellini, Claudio, 204
Campeões de Angor, 96
O Cavaleiro das Trevas, 174, 175, 239, 277
Chaykin, Howard, 58, 160
Cimino, John, 93
Claremont, Chris
   sobre os X-Men de Adams, 122, 127
   sobre a rivalidade DC/Marvel, 276
   sobre a queda de vendas da DC, 127
   sobre Lee como editor-chefe, 119,
   sobre Novos Titãs, 127
   voltando a Marvel, 231
   sobre royalties, 187
   sobre Fabulosos X-Men, 122
   sobre o filme dos X-Men, 240
Cockrum, Dave, 240, 290, 121, 122, 188
Colan, Gene, 46, 47, 59, 124, 287, 290
Colletta, Vinnie, 76, 79, 106, 107, 114
Colorização por computador, 197
Comic Art Convention, 94, 147
Comics Code Authority, 84, 85, 86, 113, 219
Compensação para os criadores de quadrinhos, 154, 155, 209, 210
Conan, o Bárbaro, 111, 124
conceito de anti-heróis, 25
Conklin, Bruce, 166, 171, 293
conservadorismo, 5, 216
contratos, 196, 228, 229, 241, 264, 265, 270
contratos exclusivos, 228
convenções, XX, 92, 148, 228
Convergência, 233, 270
Conway, Gerry,
   sobre *Crise nas infinitas terras*, 163, 167, 191, 275
   sobre a rivalidade DC/Marvel, 98
   sobre Infantino deixando a DC, 107
   sobre o debute do Homem-Coisa, 87, 88, 90
   sobre o sentimento da Marvel em relação à DC, 59
   sobre o sucesso da Marvel, 83
   retorno à DC, 118
   e *Superman* vs. *O Espetacular Homem-Aranha*, 100, 102, 103
   sobre adaptações televisivas, 76, 79, 106, 114, 140
   sobre Vinnie Colletta, 76
créditos, 45, 67
Crise de Identidade, 225
Crise nas Infinitas Terras, 163, 166, 191, 275
Cristal, 150, 151
crossovers
   nos quadrinhos da DC, 22, 44, 153

rivalidade DC/Marvel, 260, 271
não oficiais, 93, 97
tentativas frustradas, 223, 226-28
futuro, 276
LJA/Vingadores, 131, 133, 163, 200, 220-23, 225
durante a quebra do mercado, 267
oficial, 95, 98
Superman vs. O Espetacular Homem-Aranha, 100-106
cultura dos fãs, 91, 93
Curtis Circulation, 49

Daley, Don, 209
Demolidor, 154, 156, 157, 170, 214, 243
Dave's Comics, IX, X, XX, XXI, 171, 172
David, Peter, 45, 127, 205, 210, 212, 253, 269
DC Comics
   adaptação de super-heróis para a tela, abordagem para o cinema, 229
   sobre ataques aos quadrinhos, 8, 9
   início e sucesso, 7, 8
   problema Capitão Marvel, 88, 89
   coesão da marca, 251, 252
   coesão do universo, 27
   como líder no setor, XIII, XIV
   sobre competição por talentos, 46, 48
   conservadorismo, 5, 216
   problemas de continuidade, 28, 34, 41, 92, 161-63
   design de capa, 52, 53
Deadpool, XI, 149, 183, 212, 241, 258, 261
DeFalco, Tom,
   e *Archie Meets the Punisher*, 201
   sobre crossovers, 202
   sobre vendas de *Cristal*, 151
   sobre mercado direto, 161
   sobre a compra da Heroes World, 197, 198
   sobre crossover Liga da Justiça/Vingadores, 131
   como editor-chefe da Marvel, 175
   sobre a fusão Marvel-Malibu, 198
   sobre o filme do Homem-Aranha, 224, 243

Deighan, Vincent, 230
DeMatteis, J. M., 172
Detective Comics, Inc., 6
Detective Comics nº 1, 6
Diamond, 199
Diaz, Ruben, 187, 189, 210, 229, 242
DiDio, Dan, 113, 224, 225, 226
Direct Currents, 44
Disney, 248, 252
Ditko, Steve, XVII, XX, 24, 29, 60, 275, 291
Donenfeld, Harry, 6
Donenfeld, Irwin, XV, 9, 10, 32, 39, 51, 52
Donner, Richard, 140, 142, 143, 246, 247, 260
Dooley, Kevin, 192, 293
Downey, Robert Jr., XIII, 249, 250, 296
Dozier, William, 139
Drake, Arnold, 31, 32, 33, 34, 35, 36, 37, 39, 40, 51, 55, 58, 61, 67, 154, 287, 288
drogas, 64, 85
Duffy, Chris, 192, 206, 207

Ebert, Roger, 143, 292
Edelman, Scott, 44
Ellsworth, Whit, 9, 113, 290,
Emmett, Jay, 106
encadernados, 175, 226
Englehart, Steve
   e conservadorismo da DC, 111
   e DC/Marvel crossover, *89*
   sobre Kirby, 90, 98
   sobre a estrutura de corporação da Marvel, 269
   sobre as capas da Marvel, 53
   sobre o sucesso da Marvel, 84
   roubado pela DC, 112
   sobre guerra de preços, 84
   sobre royalties, 264
Ennis, Garth, 214
espionagem, 77, 78
Esposito, Mike, 46
Esquadrão Caça-Skrull 191
Esquadrão Sinistro, 77-78

Esquadrão Suicida, 234, 259
Essência do Medo, 270
Eury, Michael, 185, 244
Evanier, Mark
    sobre sugestão de crossover, 93
    sobre cancelamentos da DC, 65
    sobre capas da DC, 52
    sobre editores da DC, 4
    sobre a DC aprender com a Marvel, XVI
    sobre a DC perder Novick, 228
    sobre Kirby ir para a DC, 72, 73
    sobre a paranoia de Kirby, 77
    sobre os primeiros anos da Marvel, 15
    sobre a modernização da DC, 62
    sobre Showcase nº 1, 11
    sobre espionagem entre a DC e a Marvel, 78
eventos, 166
Everett, Bill, 15, 33
Esquadrão Supremo, 96, 210, 222
Extremistas, 210

Fagan, Tom, 97
falência, XVI, 137, 207, 208, 209, 213, 214, 217, 228, 231, 243
fandom 3, 92, 93, 148, 194
    em eventos, 92
    entusiasmo, XII
    como público focal, 152, 163
Fawcett Comics, 81, 88, 89, 181
Feige, Kevin, 234, 253, 255, 256, 258, 259, 296
filmes
    adaptação de super-heróis para, XIII, 134-145, 235-252, 255-262, 264
    coesão da marca DC, 251-253
    e rivalidade DC/Marvel, XIII, 234-235, 253-258
    e reorganização da DC, 253
    falhas e desafios, 236-240, 243-244, 258-260
    abordagem da Marvel *versus* a da DC, 250-256, 260
    possibilidade de sucesso em, 238-248, 260-261
    produzido diretamente pela Marvel, 247-251

    lucratividade, 235-236
    royalties, 263-265
Finger, Bill, 8, 58
First Comics, 160, 196
Flash (HQ), 10, 11
Flash, The (série de TV), 262
Fox, 240-242
Friedman, Rob, 141
Friedrich, Mike
    sobre Batman, 171
    sobre mudanças no trabalho de Kirby, 79
    sobre crossover DC/Marvel, 95
    sobre os escritórios da DC, 2
    sobre histórias de DC versus Marvel, 24
    e venda direta, 149
    contratado pela DC, 57
    sobre Kirby ir para a DC, 71
    sobre a Marvel e a DC na década de 1960, 12
    sobre a pressão em Infantino, 53
    e Fabulosos X-Men, 120
    sobre votar para fechar a DC, 66

Gabriel, David, 291
Gafford, Carl, 102
Gaiman, Neil, 174, 182, 210, 281
Galton, Jim, 159
Gambaccini, Paul, 38, 298
Gancho, 28
García-López, José Luis, 204
Gavião Negro, 10, 12, 22, 23, 45, 46
Gerber, Steve, 22, 90, 169, 170, 293
Giacoia, Frank, 29, 46, 59
Giffen, Keith, 185, 210, 270
Gillis, Peter, 29, 286
Giordano, Dick
    sobre distribuição de quadrinhos, 145
    contratado pela DC, 56
    sobre a imagem da DC, 166-167
    sobre crossover Liga da Justiça/Vingadores, 132
    sobre ida de Kirby para a DC, 70
    sobre novos roteiristas, 56
    sobre plano de royalties, 155

e *Superman* vs. *O Espetacular Homem-Aranha*, 105
e *Warrior*, 173
Glaser, Milton, 115, 116
Goldberg, Stan, 29
Goodman, Chip, 80, 81, 98, 137, 291
Goodman, Martin
    estratégia de negócios, 14, 15
    estreia do Homem-Aranha, 24
    e guerra de preços, 83
    aposentadoria, 98
    vende a Marvel, 48
    relacionamento com Stan Lee, 80
    e sucesso da Marvel, 16-19
    estreia dos X-Men, 34
Greenberg, Glenn, 209
Greenberger, Bob
    sobre *Crise nas Infinitas Terras*, 165, 167
    sobre acordo de crossover, 223
    sobre editores da DC, 25
    sobre o conteúdo limpo da DC, 9
    sobre mercado direto, 154
    sobre Infantino, 52
    sobre Jemas, 213-15
    sobre *Origem*, 219
Griepp, Milton, 151, 175, 255, 267, 271
Gruenwald, Mark, 131, 161, 203, 204, 205, 212, 293
Guerras Secretas, 164-166, 191, 270

Hammond, Nicholas, 138
Haney, Bob, 31, 32, 33, 35, 40, 62, 286, 287
Hanley, Tim, 63
Harras, Bob, 183, 209, 214, 276
Harris, Jack C., 114, 115, 158
Harrison, Sol, 59, 73, 148
Hart, Kevin, 277
Heroes World, 200
Hibbs, Brian, 185, 194, 200, 226, 268, 278
Hilty, Joan, 22, 232
História do Universo DC, 162
histórias em quadrinhos,
    ataques, 5

audiência, 40, 169, 258
altos e baixos da indústria, 176,-178
queda no mercado, 64-65
inovação, 9
interativos, 92
como investimentos, 193
abordagem da Marvel, XIX
impacto dos filmes nas vendas, 143
retorno, 149
tendência sem, 10
Hobson, Mike, 99, 132, 144, 151, 159, 178, 195, 201
Homem-Aranha
    adaptado para a TV, 136
    O Espetacular Homem-Aranha, 28, 66, 85, 86, 101, 102, 103, 105, 117, 124, 129, 131, 137, 180, 186, 193, 200, 218, 258
    estreia, 24
    insultado no gibi do Batman, 38
    Superman e Homem-Aranha, 128, 129
    Superman vs. O espetacular Homem-Aranha, 100-104
    "A Saga do Clone", 193
Homem-Coisa, 87-88
Homem-Aranha (filme), 241-242
O Homem de Aço (filme), 249-250
O Homem de Aço (gibi), 24-25
Homem de Ferro, 24
Homem de Ferro (filme), 249
Horn, Alan, 246
Howard, o Super-Herói, 237
Hoyle, Jonathan, 93
Hulk, 24

Imagine…, 231-33
Image, 195
imitação, 14-16
Incrível Hulk (HQ), 180
Incrível Hulk (série de TV), 138-139
Independent News, 17, 49
informação de contato, 230
Infantino, Carmine
    desconcertado pelo sucesso da Marvel, XVII, XVIII

sobre mudar o trabalho de artistas, 73
sobre a aprovação da Code Authority, 85
demissão, 107
contratar novos talentos, 52, 53
melhorar a produção, 84
sobre a partida de Kane da DC, 63
e ida de Kirby para a DC, 70, 71
estilo de gerenciamento, 20, 63
sobre tratamento preferencial da Marvel, 49
e sucesso da Marvel, 34
sobre necessidade de mudança, 52, 53
sobre guerra de preços, 84
colocado no comando da DC, 52
reação a Adams ir trabalhar para a Marvel, 67
relacionamento com Lee, 81
e renascimento do Flash, 10
e espionagem entre DC e Marvel, 78, 79
sobre o roteiro de *Superman: O Filme*, 143
e *Superman vs. O Espetacular Homem-Aranha*, sobre a aposentadoria de Weisinger, 68
Infantino, Jimmy, 70
inovação, XI
Irmandade do Mal, 37, 287
Irmão Poder, 60, 64

Jackman, Hugh, 242, 252
Jackson, Samuel L., 262, 277, 299
Javins, Marie, 230
Jemas, Bill, 212-220, 223-226, 227, 294
Jenkins, Barry, XX
Johns, Geoff, 129, 260, 297, 298
Johnson, Dwayne "The Rock", 236, 299
Jovens escritores 59
Jovens Titãs, 55–56. Ver também New Teen Titans
Jurgens, Dan, 193, 204

Kahn, Jenette
    e adaptação de super-heróis no cinema, 244
    sobre Bissette, 173
    sobre audiência dos quadrinhos, 238
    sobre crossovers, 129
    contratada pela DC, 109
    sobre Novos Titãs, 131
    casamento do Superman, 190
    oferece royalties, 155
    revisa o Universo DC, 165
    rouba autores da Marvel, 156
    sobre Ronin, 157
    sacode a DC, 109
Kalish, Carol, 146, 159, 166, 185
Kaminsky, Howard, 100
Kane, Bob, 8, 63, 178, 231, 237, 288, 295
Kane, Gil, 29, 46, 52, 61
Kanigher, Robert, 4, 5, 11, 12, 38, 54, 61, 228
Kashdan, George, 56
Katzman, Sam, 136
Kempton, Sally, 25, 286
Kinberg, Simon, 261
Kinney National Service, 50, 51, 61, 63, 66
Kirby, Jack, XIV, XVII, XVIII, XX, 5, 19, 20, 21, 23, 24, 27, 28, 29, 32, 33, 34, 45, 60, 67, 70, 71, 72, 73, 74, 75, 76, 77, 78, 79, 80, 90, 98, 101, 102, 106, 108, 119, 120, 122, 124, 154, 169, 286, 289
Koblish, Scott, 149
Kraft, David Anthony, 22
Kubert, Adam, 229
Kubert, Andy, 229
Kubert, Joe, 56
Kung-Fu Fighter, 108
Kupperberg, Paul, 34

Landau, Al, 103
Lanterna Verde/Arqueiro Verde, 86
Larsen, Erik, 195
Liga Extraordinária, 211
Lee, Jim, 195
Lee, Stan
    sobre Bissette, 173
    sobre ganchos, 28
    sobre coesão da marca Marvel, 27
    sobre conteúdo de vários quadrinhos, 140
    sobre criação dos Vingadores, 33
    sobre créditos nos quadrinhos, 45
    sobre a Explosão da DC, 117
    sobre a rivalidade DC/Marvel, 109

sobre o nome da DC, 114
envolvimento decrescente no dia a dia, 120
sobre interação com fãs, 97
sobre Funky Flashman ser baseado nele, 75
sobre acusação de imitação/plágio, 54
influência na DC, 64
sobre o Homem de Ferro, 24
sobre a rivalidade Homem-Coisa/Monstro do Pântano, 88
sobre o sucesso inicial da Marvel, XVI, 14
sobre o sucesso da Marvel, XIX
sobre o estilo visual da Marvel, 29
mudança para a DC, 80
adaptações para o cinema, 236
personalidade, 38
se recusa a reduzir a produção, 85
sobre o rejuvenescimento da DC, 172
relacionamento com Infantino, 98
sobre o filme do Homem-Aranha, 243
sobre a equipe, 47
e ressurgimento de super-heróis, 18-20
sobre o filme do Superman, 141
sobre *Superman* vs. *O espetacular Homem-Aranha*, 68
sobre adaptações para a TV, 136
tenta comprar a Marvel, 213
visão para a Marvel, 250
sobre Wundarr, 90
sobre o debute dos X-Men, 34
sobre o filme dos X-Men, 239-40
Lendas do Cavaleiro das Trevas, 184
Lendas do Amanhã (série de TV), 261
Levitz, Paul
    sobre *Batman Begins*, 247
    sobre crossovers, 133
    sobre fusão DC/Malibu, 195
    sobre rivalidade DC/Marvel, 109
    sobre a "Morte do Superman", 190
    sobre mercado direto, 149
    sobre coordenação editorial, 114
    impacto da saída, 267
    golpes entre as empresas, 209
    antagonismo de Jemas, 213
    saída da Marvel do Comics Code Authority, 219
    e discrepância salarial entre a DC e a Marvel, 188
    sobre rejuvenescimento da DC, 172
    sobre Ronin, 158
    sobre plano de royalties, 154
    sobre funcionários saindo da Marvel para a DC, 124
    sobre Superman e Homem-Aranha, 129
    sobre o filme do Superman, 142
    sobre o licenciamento do Monstro do Pântano, 173
    sobre encadernados, 174
licenciamento, 88
Lieber, Larry, 25, 78
Liebowitz, Jack, 10, 18, 50, 51
Liefeld, Rob, 183, 195
LJA/Vingadores, 220, 221
Liga da Justiça da Europa, 210
Liga da Justiça da América, 220
Lobdell, Scott, 187, 207
Loeb, Jeph, 230, 262
lojas especializadas, 146-150, 195
Lyons, Robert, 274

O Mágico de Oz, 99
Maisel, David, 248, 249
Malibu, 196-197
Mantis, 98
Marden, Scott, 207
Marston, William Moulton, 8
Marvel Comics
    adaptação dos super-heróis para o cinema, XIII, 136-138, 236-253 255-257, 262-265
    abordagem para o cinema, 249-256
    falência, 207-209, 213
    problema do Capitão Marvel, 88-89
    desafios, 119-121
    coesão da marca, 25-29
    eventos de quadrinhos, 191-193
    competição com a DC, XVII-XXI, 31-34
    competição por talento, 45-48, 65-69, 122-126, 155-158, 167-169, 209-211, 227-233
    conservadorismo, 112-114

design de capa, 52-53
crossovers, 93-106, 129-133, 199-208, 220-225, 226-228, 276
DC licencia personagens para, 158-160
e mercado direto, 148-152
e queda nas vendas dos quadrinhos, 276-278
primeiros anos, XVI, 14-17
rivalidade dos fãs, 92-94
crescimento, 48
impacto da propriedade corporativa, 266-271, 275-276
aumenta a produção, 84-85
problemas internos, 175
sob Jemas, 218-220, 225, 228
saída de Kirby, 70-73
sai da Comics Code Authority, 219-220
como líder do mercado, 121-123, 127-128
parcela do mercado, 278
fusões e compras, 48-49, 196-200, 252-253, 276
nova abordagem à narração de histórias, XX--XXI, 19-26
nova estratégia, 179-186
crossovers oficiais com a DC, 98-106
passa a DC em vendas, 82-84
comprada por Perelman, 178-179
guerra de preços com a DC, 81-83
técnicas de impressão, 153-155
produz seus próprios filmes, 247-251
reboot, 273-274
rivalidade com a DC, 38-40, 43-46, 127-133, 214-218, 223-228, 234-235, 267, 270-272, 279-281
royalties e bônus, 155-156, 187-188, 264-265
Shooter como editor-chefe, 120-121, 123
espionagem com a DC, 77-79
sucesso, 188-190
e ressurgimento de super-heróis, 16-21
adaptações para a TV, 262
estilo visual, 28-30
Marvel Comics nº 1, 14-15
Marvel/DC: Super Guerra, 202-207
Marvel Films, 237-239

Marvelman, 173
Nova Marvel, 273, 297
Marvels, 221
Marvel Studios, 248-251, 253
Marvel Super Heroes, The, 137
Marvel Super Heroes Secret Wars, 164-166
Marville, 216
Marz, Ron, 200, 204, 205, 265, 268, 270
Max, 219
McCarthy, Ray, 230
McFarlane, Todd, 180, 181, 182, 183, 185, 195, 291, 294
McNeil, Darrell, 120
Melniker, Benjamin, 177
Meltzer, Brad, 225
MIB: Homens de Preto, 239-240
merchandising, 176, 177-179
mercado direto, 149-154
Meyer, Barry, 253
M. F. Enterprises, 88-89
MGM's Marvelous Wizard of Oz, 99
Michaels, Smith, 169, 298
Michelinie, David, 189, 264
Milgrom, Al, 168
Millar, Mark, 215, 218
Miller, Frank, 153, 154, 156, 157, 170, 171, 175, 247, 292, 293, X
Mitchell, Steve, 1
Monstro do Pântano (HQ), XIII
Monstro do Pântano (filme), 58
monstros, 86-87
Moore, Alan, 21, 29, 172, 173, 174, 211, 228, 245, 285, 286, 294
Moore, Stuart, 174, 215, 220, 224
Morrison, Grant, 61, 187, 209, 210, 230, 235, 288, 294, 295
Most, Jeff, 249
"Morte do Superman" 190-194, 204
My Greatest Adventure nº 1, 34-35
Mystery in Space, 41
Mulher-Gato, 171, 245, 252, 295

Narrativa 158
abordagem da DC, 25
abordagem da Marvel, 21-25

National Allied Publications, 5-7
National Periodical Publications. *Ver também* DC Comics
Nelson, Diane, 251, 254, 268, 296
Novos 57, 58, 271, 272, 273
New Fun Comics, 5
Novos Deuses, 74, 76, 77, 78
Novos Titãs, 125-127
Newton, Rick, 79
New World Pictures, 178
Nocenti, Ann, 122, 156, 179, 186, 265, 275
Nolan, Christopher, 42, 246, 247, 251, 254, 255, 257, 295
Nolan, Graham, 202
North, Sterling, 8, 285
Novick, Irv, 228

O Espetacular Homem-Aranha, 28, 38, 66, 85, 86, 91, 101, 102, 103, 105, 106, 117, 124, 129, 131, 137, 180, 181, 186, 193, 200, 218, 258, 298
Obst, David, 100, 101, 103, 104
Ômega Men, The, 153
O'Neil, Denny 26, 57, 59, 60, 62, 63, 64, 66, 84, 86, 89, 95, 96, 97, 103, 108, 109, 115, 116, 123, 153, 156, 172, 251
  sobre o Capitão Marvel, 87
  Rastejante, 60
  sobre editores da DC, 27
  sobre gerência da DC, 59
  sobre crossovers DC/Marvel, 94-96
  sobre o nome da DC, 114
  sobre Frank Miller, 153
  sobre a capa da heroína do Lanterna Verde, 85
  contratado pela DC, 51-52
  sobre influência de Lee na, 63
  sobre a visão de Lee para a Marvel, 250
  sobre o sucesso da Marvel, 83-84
  oferece série de artes marciais, 108-109
  sobre rejuvenescimento da DC, 116
  sobre plano de royalties, 155-156
  sobre funcionários deixarem a Marvel para ir para a DC, 123
Ordway, Jerry, 89, 168, 190, 232, 267, 268

Origem, 219
Orlando, Joe, 2, 39, 56, 57, 58, 106, 109, 111, 113, 130, 220, 285, 288

Pacheco, Carlos, 209
Pagamento por página de freelancers, 99
Palmer, Tom Jr., 67, 213, 228, 247
Pasko, Marty, 116, 162, 292, 293
Patrulha do Destino, 34
Perelman, Ronald, 178, 179, 184, 187, 196, 197, 198, 200, 207, 231
Perez, George, 125, 126, 131, 132, 133, 155, 163, 170, 221, 222
Perlmutter, Ike, 125, 208, 209, 230, 231, 245, 248
Pittarese, Frank, 186, 209, 255, 268, 273
plágio, 35-36, 76
Plant, Bud, 157
Ponto de Ignição, 270
Povo da Eternidade, 74, 79
Potts, Carl, 151, 237
Pozner, Neal, 186
Power of Shazam, The, 89
problemas de continuidade, 41
pseudônimos, 42-43, 67
Purcell, Dick, 136
Puzo, Mario, 139, 140

Quarteto Fantástico (HQ), XIV-XVI, 20-24
Quarteto Fantástico (filme), 237
Quarto Mundo, 74, 76
Quesada, Joe, 214, 217, 218, 221, 223, 224, 227, 230, 272, 294
Quitely, Frank, 230

Rapina e Columba, The, 60, 64, 183
Rastejante, 60
Raimi, Sam, 244
Raspler, Dan, 110, 186, 188, 210, 211, 217, 224
Redes sociais, 259, 267
Renascimento, 12, 274, 275
reboots, 272, 274, 275
Reeve, Christopher, 134, 140
Reeves, George, 136

Rhoades, Shirrel, 202, 203, 208, 213, 226, 229, 231, 232, 241, 285, 287, 290
Rivera, Jules, 290, 297
Robbins, Frank, 99
Romita, John Sr., XVI, 25, 55, 59, 77, 137, 180, 201, 204, 291
Ronin, 157, 158
Rood, John, 273, 297
Rosenberg, Scott, 195, 196, 239, 230
royalties, 20, 59, 154-56, 187
Roy's Memory Shop, 146
Rozakis, Bob
   sobre truques de capas, 186,
   sobre estilo DC, 58
   sobre rivalidade DC/Marvel, XXI
   sobre desinteresse em quadrinhos, 145
   sobre fracasso da Explosão DC, 117
   sobre Infantino roubar Conway, 102
   sobre crossover Liga da Justiça/Vingadores, 132
   sobre Kahn, 102
   sobre impacto de Kirby na DC, 80
   sobre Novos Titãs, 126
   sobre espionagem entre a DC e a Marvel, 78
Rubinstein, Joe, 4, 76, 105, 106, 157
Ruffalo, Mark, 138, 298
Russo, Anthony, 258, 296
Russo, Joe, 258

Saffel, Steve, 152
Sale, Tim, 230, 295
Salkind, Alexander, 139
Salkind, Ilya, 139, 291
Sandman, 174, 182
San Francisco Comic Book Company, 146
Sarnoff, Bill, 110, 158, 159
Sassa, Scott, 208
Schanes, Bill, 127, 147, 274
Schiff, Jack, 51, 53, 56
Schigiel, Gregg, 183, 213, 225, 230
Schreff, David, 202, 203
Schwartz, Julius, 4, 5, 11, 30, 40, 41, 42, 45, 52, 56, 77

Senhor Milagre, 71, 74, 75, 79, 80
Sexteto Secreto, 60, 65, 64
Sekowsky, Mike, 41, 56, 74
Seuling, Phil, 148, 150
Severin, Marie, 53, 79
Sherman, Steve, 70
Shooter, Jim
   sobre *Crise nas Infinitas Terras*, 163
   sobre *crossovers*, 131
   sobre continuidade da DC, 163
   sobre rivalidade DC/Marvel, XXI
   sobre os escritórios da DC, 2
   sobre a confusão da DC sobre o sucesso da Marvel, XXI
   sobre mercado direto, 154
   demitido da Marvel, 165
   introduz a sensibilidade da Marvel na DC, 43
   sobre *crossover* Liga da Justiça/Vingadores, 132
   sobre licenciamento dos personagens da DC, 157
   sobre Homem de Aço, 170
   como editor-chefe da Marvel, 121
   sobre o sucesso da Marvel, 123
   sobre Marvel Super Heroes Secret Wars, 164
   zomba dos quadrinhos da DC, 108
   sobre aumento dos preços, 129
   sobre rejuvenescimento da DC, 172
   sobre Ronin, 143
   sobre plano de royalties, 141
   sobre pessoal, 124
   sobre a mentalidade superior da DC, 8
   sobre Weisinger, 5
   trabalhando para a Marvel, 68
Showcase, 11
Shukin, Ed, 149, 159
Shuster, Joe, 6
Siegel, Jerry, XIV, 6
Silberkleit, Michael, 219
Simon, Joe, 60
Simonson, Walt, 210
Singer, Bryan, 242, 247

Skeates, Steve, 57
Skinn, Dez, 173
Skroce, Steve, 229
Smallville: As Aventuras do Superboy, 261
Smith, Kevin, 214
Snyder, Zack, 254, 257, 260
Spiegelman, Art, XIII
spin-offs, 143, 180, 183, 234
Stan, Sebastian, 255
Statham, Jason, 138
Steinberg, Flo, 31
Steranko, Jim, 113
Stewart, Terry
   sobre *crossovers*, 200
   sobre a "Morte do Superman", 194
   sobre distribuição, 198
   sobre vendas de quadrinhos, 195
   sobre fusão Marvel/Malibu, 195
   sobre filmes da Marvel, 238
   sobre nova estratégia da Marvel, 179
   sobre sucesso da Marvel, 177
   sobre McFarlane, 182
   sobre a compra de Perelman, 179
   sobre os quadrinhos Vertigo, 174
St. Pierre, Joe, 230
Sullivan, Darcy, 175
Summer, Ed, 147
Supergirl (HQ), 144
Supergirl (filme), 143, 261
Supergirl (série de TV),
super-heróis
   compartimentalização de, 145
   nova abordagem da DC, 34
   queda no mercado de quadrinhos, 277
   como populares, 264
   abordagem Marvel, 19-24
   merchandising, 162-163
   modernização da DC, 60-63
   nostalgia, 279-280
Superman
   As Aventuras do Super-Homem (programa de TV), 136
   Aventuras do Superman nº 500, 194
   Capitão Marvel e, 87
   criação, 1
   morte, 189
   debute, 5
   como boa influência, 22
   representação de Kirby, 73
   longevidade, 9
   mudança, 168
   Homem de Aço (HQ), 169
   Homem de Aço (filme), 254
   Wundarr, 89
Superman (filme), 134
Superman e Homem-Aranha, 130
Superman IV: Em Busca da Paz, 142
Superman: O Retorno, 247
Superman's Girlfriend Lois Lane, 61
Superman's Pal Jimmy Olsen, 72
Superman vs. O espetacular Homem-Aranha, 100-103
Supersnipe Comics Emporium, 147

Televisão
   adaptação dos super-heróis, 134
   adaptações da DC, 262
   adaptações da Marvel, 262
"teoria do corpo quente", 117
Thomas, Roy
   sobre *crossover* DC/Marvel, 95
   sobre a confusão da DC sobre o sucesso da Marvel, XVIII
   a opinião da DC sobre Kirby, 20
   vai para a DC, 123
   vai para a Marvel, 46
   representado como Houseroy, 75
   sobre a volta de Kirby à Marvel, 76
   sobre a possibilidade de Lee se juntar à DC,
   sobre o debute do Homem-Coisa, 87
   sobre guerra de preços, 84
   demissão, 107
   Superman vs. Homem-Aranha, 103
   e Fabulosos X-Men, 271
   sobre Wundarr, 90
Thompson, Kim, 157
Transmetropolitan, 174
truques, 185

Tsujihara, Kevin, 245, 256, 260
20th Century Fox, 240, 241

Ultimate, 218
Uslan, Michael, 231

Vartanoff, Irene, 110
Vertigo, 174
Vingadores, XVI, 28, 33, 62, 95, 96, 97, 98, 112, 131, 132, 133, 163, 200, 205, 206, 220, 221, 222, 223, 225, 230, 241, 254, 262, 264

Waid, Mark, 226
Warner Bros., 51, 110, 176, 178, 254-56, 266
Warner Communications, 51, 117, 150, 158, 245
Warrior, 173
Watchmen, 172
Wayne, Bob, 223, 227, 125, 194, 264
Wein, Len, 57, 86, 97, 101, 103, 117, 122
Weisinger, Mort
   fundo e temperamento de, 2, 3
   desconcertado pelo sucesso da Marvel, XVI-XIX
   Irmão Poder, 60
   crossover com a Marvel, 47
   sobre roteiristas da DC, 38, 40
   sobre Patrulha do Destino, 40
   sobre imitação, 55
   aposentadoria, 73
   sobre Shooter, 68
   série *Showcase*, 12
Weiss, Alan, 58
Wertham, Fredric, 8, 113
Wheeler-Nicholson, Malcolm, 5
Wilczynski, Robert, 38
Windsor-Smith, Barry, 108
Wolfman, Marv
   sobre conteúdos conservadores nos quadrinhos, 153
   sobre *Crise nas Infinitas Terras*, 275
   sobre rivalidade DC/Marvel, 128
   contratado pela DC, 124
   sobre *Novos Titãs*, 194
   propõe um relançamento da DC, 167

Wolverine, 202
Mulher-Maravilha, 4, 8, 10, 18, 22, 46, 60, 62
Wrightson, Bernie, 58, 86, 264
Wundarr, T 90

X-Force, 183, 185, XIX, XX, 34-37, 66, 67, 72, 85, 121-23, 126, 127, 168, 183, 185, 187, 191, 195, 206, 209, 218, 220, 229, 230
X-Men (quadrinhos), 240-242
X-Men (filme), 238, 247, 252, 253, 260, 261

Impressão e Acabamento:
GRÁFICA SANTA MARTA